la grande odyssée des chats

Le bonheur baigne le chat qui sait se tenir immobile.
Mais le chat qui va devant lui, les pattes souples et les narines ouvertes,
le bonheur se tient sur sa route.

Maurice GENEVOIX

www.editions-hozhoni.com

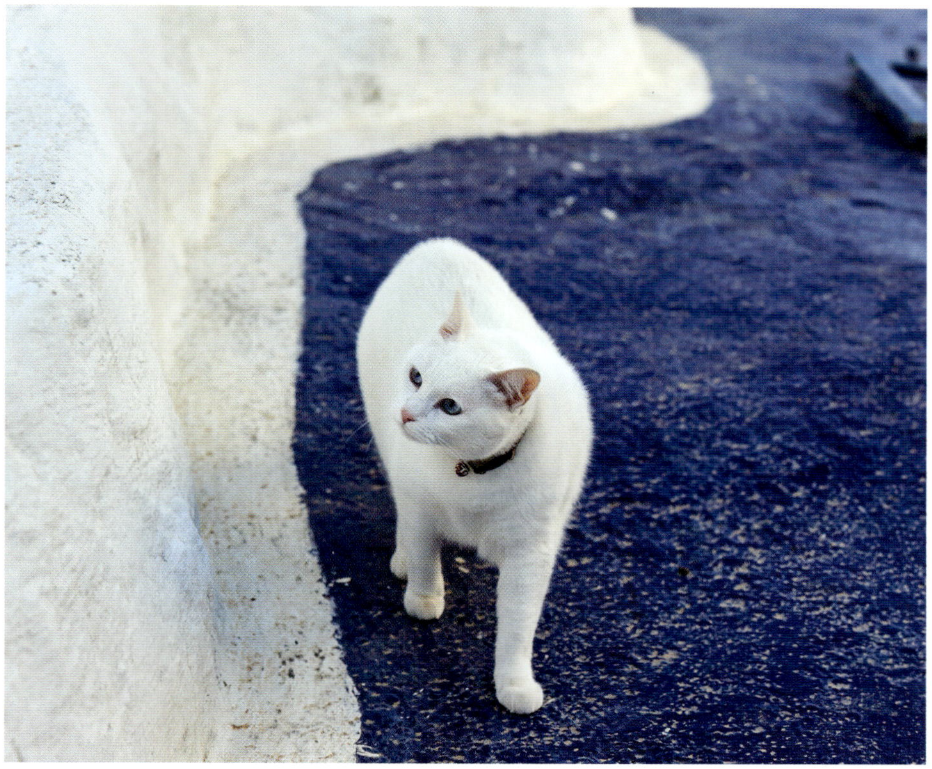

la grande odyssée des chats

TUUL ET BRUNO MORANDI

HOZHONI
ÉDITIONS

Le chat minuscule
Les griffes transparentes et nacrées
Les oreilles mobiles il écoute ma voix
Les yeux humides et clairs
Un soir où le quartier avait une légère odeur mentholée
Tu es venu de loin
Viens ! Bonjour !
Je suis un être humain et toi tu es un chat.

Inaba MAYUMI

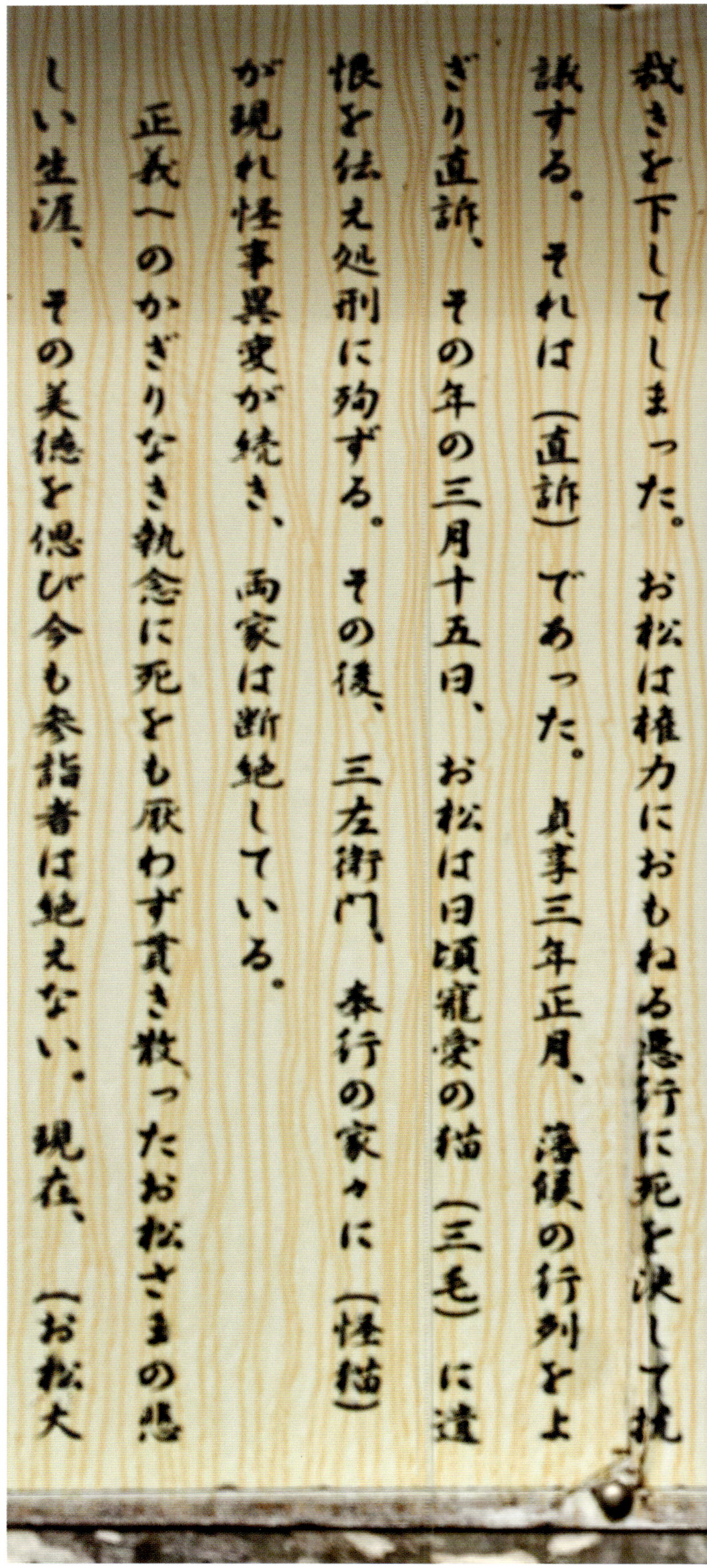

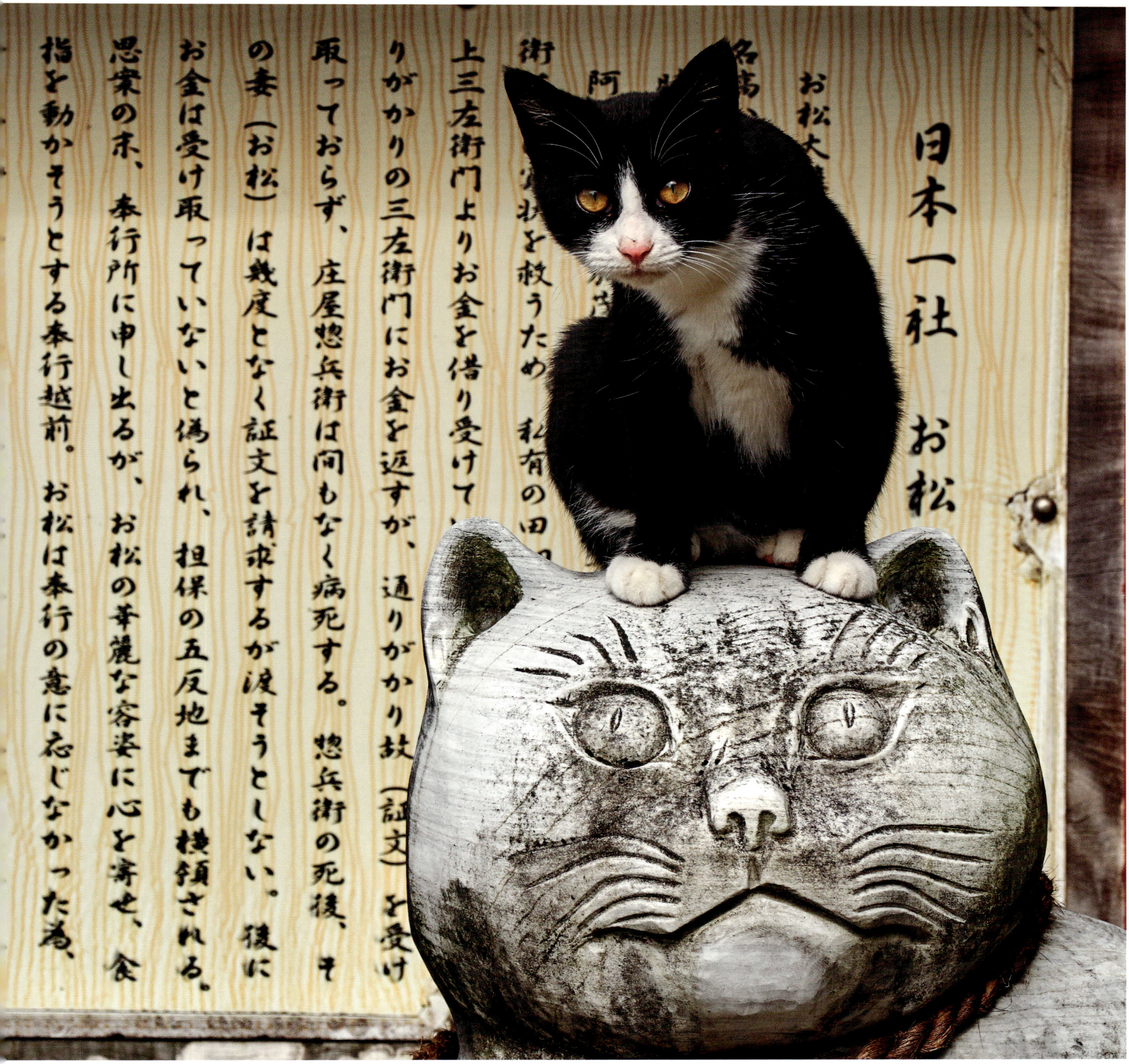
日本一社　お松
状を救うため　私有の田
上三左衛門よりお金を借り受けて
りがかりの三左衛門にお金を返すが、通りがかり
（証文）を受け
取っておらず、庄屋惣兵衛は間もなく病死する。惣兵衛の死後、そ
の妻（お松）は幾度となく証文を請求するが渡そうとしない。後に
お金は受け取っていないと偽られ、担保の五反地までも横領される。
思案の末、奉行所に申し出るが、お松の華麗な容姿に心を寄せ、食
指を動かそうとする奉行越前。お松は奉行の意に応じなかった為、

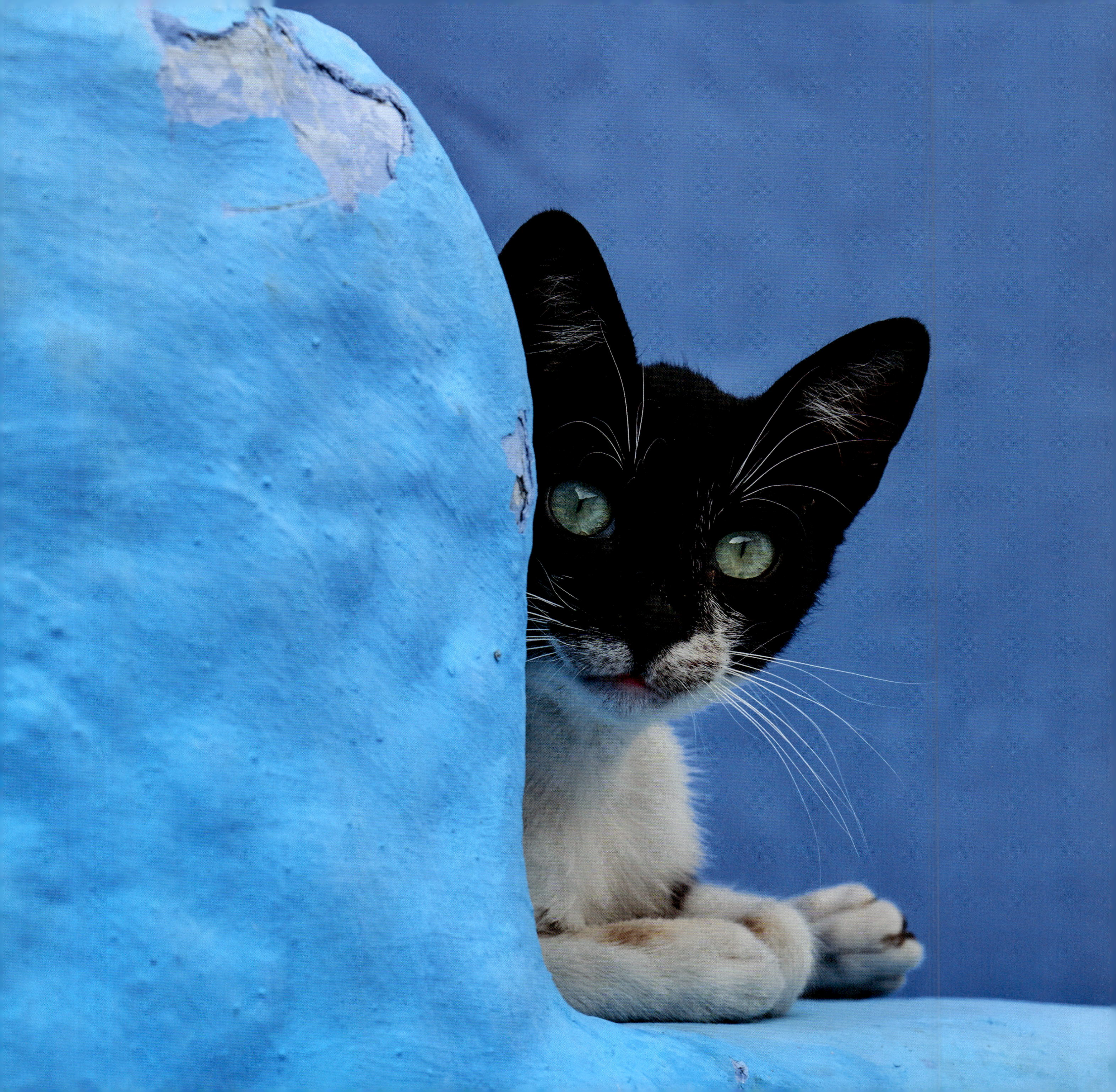

« Le chat s'en va tout seul et tous lieux valent pour lui. »
Il sillonna les mers sur les bateaux avec pour mission de réduire la présence des rats ;
les longs chemins ne lui font pas peur ; il se nourrit de peu, boit moins encore,
et surtout il sait où il va : vers l'est, là où le soleil reparaît à l'aube, car il est, lui, le chat,
le gardien de la naissance de la lumière.

Nelly DELAY

Les chats ont toujours fait partie de notre environnement familial. Dès l'enfance, en Mongolie ou en France, ils nous ont domptés, éduqués à les respecter, apporté tendresse et bonheurs simples. Plus tard, devenus adultes, nous avons mué en photographes-voyageurs. Une vie de nomades où le chat, devenu bien sédentaire au fil des siècles, ne pouvait guère trouver sa place. Nous parcourons ainsi la planète depuis dix-huit ans à la recherche de fugaces instants où capturer le souffle du moment et le jeu des couleurs, en privilégiant toujours une vision optimiste du monde, afin d'illustrer les pages des magazines, produire des livres ou donner à rêver… Lors de nos voyages nous vivons toutes nos rencontres avec les chats comme une parenthèse heureuse dans notre travail, une pause obligatoire car il n'est pas imaginable pour nous de passer à côté d'un chat sans échanger au moins l'éclair d'un regard. Nous avons à plusieurs reprises récupéré un chaton en détresse et après l'avoir restauré dans notre chambre d'hôtel, nous sommes partis avec lui en quête d'une âme sensible, de son futur compagnon de vie… et nous avons toujours trouvé quelqu'un !

Dans les ruelles et sur les places du monde, les chats déambulent paisiblement, colonisant les espaces et offrant à notre œil de photographes des inspirations sans cesse renouvelées. Saisir leur quotidien et les observer nous a donné de belles leçons de patience. Ils peuvent rester de très longs instants immobiles à surveiller un coin de rue ou à profiter des premiers rayons du soleil matinal. Effrontés et malins, ces félins sympathiques nous jouent souvent des tours, nous entraînant dans des jeux de chat et de souris. Câlins et séducteurs, ils se laissent néanmoins volontiers tirer le portrait. Esthètes accomplis, ils choisissent les lieux les plus photogéniques pour poser négligemment. Poètes ou clowns, ils s'installent dans des niches ou des recoins insoupçonnables pour se prélasser, musarder ou dormir. Photographier ces moments rares et saisir les postures inattendues de ces aimables peluches à quatre pattes s'est imposé comme un intarissable sujet de reportage pour nous. Notre démarche pour photographier les chats est devenue la même que celle pour photographier les humains : se promener pendant des heures le plus discrètement possible afin de surprendre un moment de grâce, un instant décisif sans jamais troubler la quiétude de nos sujets. Oublier le temps en leur compagnie, les contempler dans leurs différentes activités, jouer avec eux, échanger des câlins, noter leurs habitudes et revenir les voir les jours suivants, telle est notre routine de photographes de chats. Sans oublier bien sûr notre inséparable sac de croquettes, notre dû, car la vie de chat de rue n'est jamais facile !
Après dix-huit ans de pérégrination et de rencontres félines, l'idée de leur dédier un livre, un récit en images, s'imposait tout naturellement. *La grande odyssée des chats* est une manière de partager notre passion pour ces êtres si craquants, si sensibles et pourtant si forts et si fragiles à la fois. Ce livre est aussi une manière de révéler à Mujra, l'amour de chat qui partage pour notre plus grand bonheur notre vie parisienne depuis dix ans, ce fil d'Ariane discret mais ininterrompu qui relie en secret tous nos voyages.

Animal de compagnie préféré des Français, déifié par les pharaons, vénéré par les Japonais, chéri par les poètes et les écrivains, adulé ou parfois honni par la foule… le petit félin, « orgueil de la maison », a bel et bien conquis toute notre planète.

DE L'ANIMAL SAUVAGE À LA PELUCHE ADORÉE

Beau et mystérieux, domestiqué pour son appétence à chasser les rongeurs, le chat a su en tous lieux devenir un intime de l'homme. Ni sauvage ni soumis, tacheté ou rayé, de gouttière ou résolument pomponné, il tient une place singulière dans la société, déambulant à sa guise dans les ruelles, colonisant silencieusement villes, villages et médina, décidément à son aise partout. On murmure qu'il a eu sept vies. Lorsque l'homme se sédentarise et devient agriculteur il y a quelque 10 000 ans au Proche-Orient, c'est en obtenant le poste de gardien des récoltes que le félin gagne son ticket d'entrée dans le monde des humains. Venu lui aussi du creuset africain, l'animal sauvage surgi de la forêt se métamorphose bientôt en chat domestique ou supposé tel, car nul n'a jamais pu l'asservir. Trouvés à Chypre, les vestiges d'un chat vieux de 10 600 ans enterré en compagnie d'un enfant témoignent de cette très ancienne connivence affective. Une cohabitation décisive pour l'histoire humaine car ce prédateur attentif permet alors à l'homme de stocker ses récoltes et de vivre plus d'agriculture que de cueillette. Dès lors, usant tantôt de ses charmes, tantôt de son talent de ratier, il ne restait plus au chat qu'à partir à la conquête du monde.

LE TOUR DE LA PLANÈTE

Les multiples dons attribués à cette créature énigmatique lui permettent de régner en dieu dans l'Égypte antique – où il offre ses traits à Bastet, la bienveillante déesse du plaisir – et les pharaons lui vouent un culte affirmé dès 1 500 avant J.-C. Il est alors l'allié et le compagnon de Râ, le dieu du jour et du soleil, et d'Isis, la déesse de la nuit et de la beauté. Mais c'est son talent plus prosaïque de ratier qui reste l'élément moteur de son périple à travers le monde. Les Phéniciens dérobent subrepticement aux Égyptiens leur "Déesse Chat" pour l'employer dans leur commerce maritime. Il y a 3 000 ans, le chat débarque ainsi dans les cités grecques et bientôt en Crète et aux Cyclades où il apprécie fort le fruit de la pêche et la clémence du soleil. Requinqué, il repart bientôt d'Anatolie à l'assaut du continent européen. De l'Afrique du Nord aux côtes italiennes, la Méditerranée n'a plus de secret pour l'envahisseur à quatre pattes. De là, il emprunte les routes commerciales pour pénétrer plus avant encore en Europe. Les déplacements des légionnaires romains accélèrent son introduction et au Ve siècle, les coussinets du félin miniature ont déjà foulé tout le territoire de l'empire. L'islam aussi lui réserve une place de choix. Sa propreté légendaire lui permet de fouler les tapis de prière et même de dormir sur le manteau du Prophète qui, dit-on, préfère le découper pour éviter de réveiller son chat. De la Turquie au Maroc, le chat poursuit son irrésistible conquête. Il accompagne derechef les prêtres chrétiens dans leur diffusion de la foi jusqu'en Europe du Nord. Polyvalent dans sa fonction de ratier, il garde les monastères tout en endiguant la peste, un grand service vite oublié par l'Église qui inflige au chat un sort cruel dès le XIIe siècle, en lui imputant une supposée nature diabolique et une alliance avec les sorcières qui fait plutôt de lui un vrai bouc émissaire. Une terrible chasse au chat se met alors en place dans une Europe médiévale qui sombre dans la peur des épidémies.

VERS L'ASIE

La sagesse bouddhiste lui épargnera un tel sort. S'étant vu attribuer la tâche délicate de protéger les manuscrits sacrés de la voracité des rongeurs, le chat parcourt nonchalamment les routes de la soie en compagnie des moines en toges orange et véhicule le message du Bouddha dans les coins les plus reculés du continent asiatique. Bien que sa cohabitation avec l'humain soit attestée dès 4 000 ans avant J.-C. dans la vallée de l'Indus (Harrapa) et même 5 000 ans avant J.-C. en Chine (Shaanxi et Hunan), qu'il soit déjà célébré dans les rites hindous ou chanté plus tard par les poètes confucéens, ce n'est qu'avec la diffusion du bouddhisme et l'intensif commerce de la soie que le chat conquiert définitivement l'Asie quelque 500 ans avant J.-C. La voie du bouddhisme conquérant l'aurait ainsi conduit jusqu'à l'archipel du Japon à travers la Corée et l'Asie du Sud-Est en passant par l'Inde. Associé au renard et au pouvoir de la nuit, le culte qu'on lui rend sur l'archipel prend vite d'incroyables proportions et les temples voués à la fécondité de la terre, qu'il est censé garantir, se multiplient.

LE CHAT CONTEMPORAIN

Réhabilité à la Renaissance par les savants et les esprits humanistes, le chat s'apprête à partir à la conquête du Nouveau Monde aux côtés des colons. Au XVIIIe siècle, le petit félidé a fini par se répandre en douceur sur toute la planète et sa longue odyssée autour du monde s'achève. Sa nature mystérieuse et sa grâce inspirent dès lors poètes et artistes, son élégance plaît dans les salons mondains, les peintres l'immortalisent dans leurs tableaux, les écrivains louent son intelligence et son indépendance. De Balzac à Colette en passant par Jean Cocteau et Ernest Hemingway, d'Auguste Renoir à Picasso, ou de Gustave Klimt à Paul Klee, le chat est célébré par les plus grands d'entre eux. Plus encore, de grandes expositions félines où sa beauté est mise en compétition voient le jour dès la fin du XIXe siècle.

À l'ère du XXIe siècle, cet ex-ratier, un peu rangé des affaires, s'est littéralement mué en animal de compagnie, ami de l'homme, membre de la famille, aimé et idolâtré au point d'obtenir enfin le statut d'« être vivant doué de sensibilité ». Aujourd'hui on nous assure que 400 millions de chats domestiques peuplent le monde dont 10 millions pour le seul Japon et 9,6 millions pour la France. Les croquettes les plus sophistiquées, light ou enrichies, ont remplacé les rats, et on ne fouette plus son chat mais on le choie ! En réalité, il nous a définitivement pris à son service. Ne dit-on pas pour se rassurer que Dieu, prévenant, a créé le chat pour donner à l'homme le plaisir de caresser un tigre en toute impunité ?

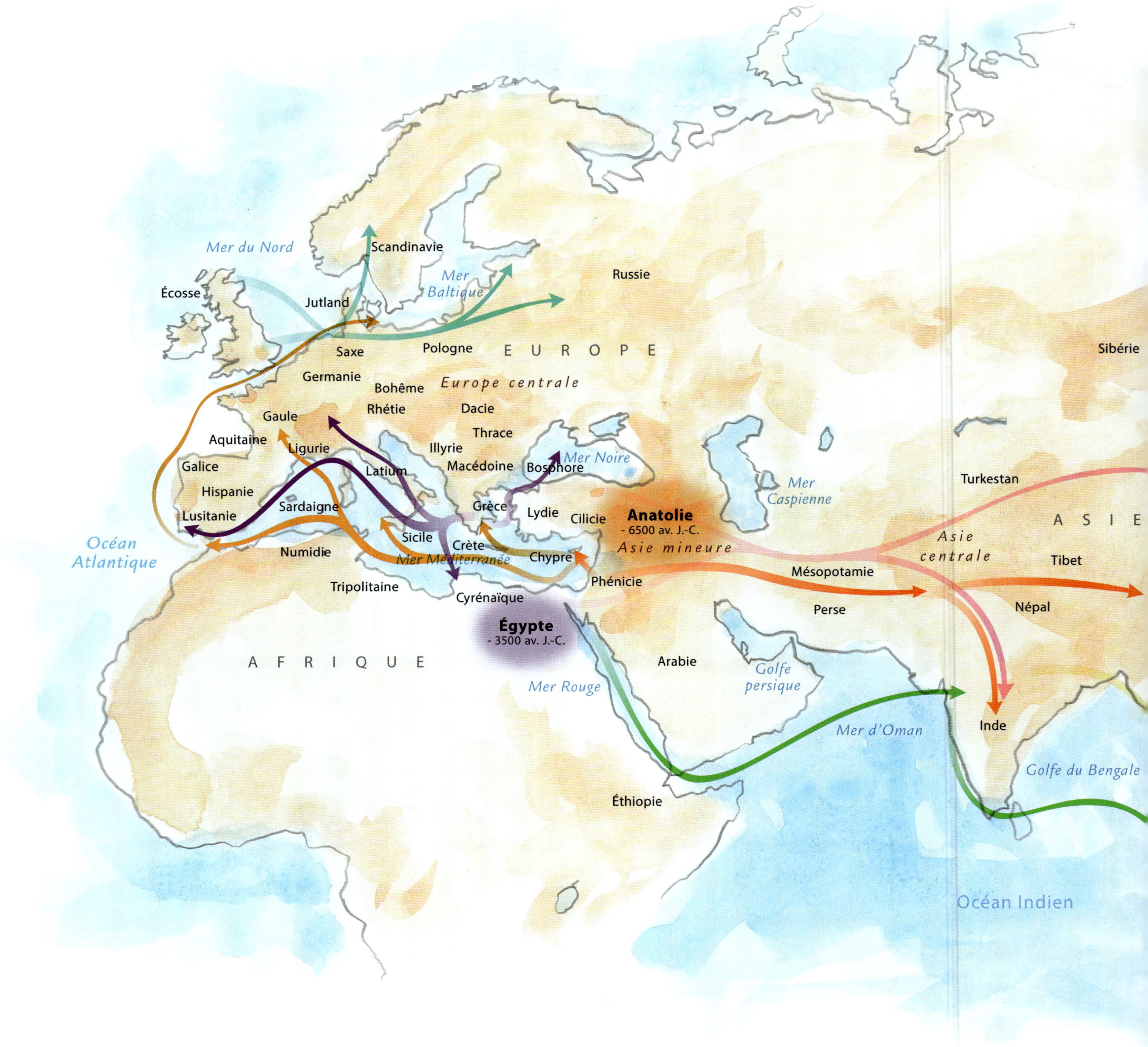

Mer du Nord
Scandinavie
Mer
Baltique
Russie
Écosse
Jutland
Saxe
Pologne
E U R O P E
Sibérie
Germanie
Bohême
Europe centrale
Gaule
Rhétie
Dacie
Aquitaine
Ligurie
Illyrie
Thrace
Galice
Latium
Macédoine
Bosphore
Mer Noire
Mer
Caspienne
Turkestan
Hispanie
Sardaigne
Grèce
Lydie
Cilicie
Anatolie
- 6500 av. J.-C.
A S I E
Lusitanie
Sicile
Crète
Asie mineure
Asie
centrale
Océan
Atlantique
Numidie
Mer Méditerranée
Chypre
Tibet
Phénicie
Mésopotamie
Tripolitaine
Cyrénaïque
Perse
Népal
Égypte
- 3500 av. J.-C.
A F R I Q U E
Arabie
Golfe
persique
Mer Rouge
Mer d'Oman
Inde
Golfe du Bengale
Éthiopie
Océan Indien

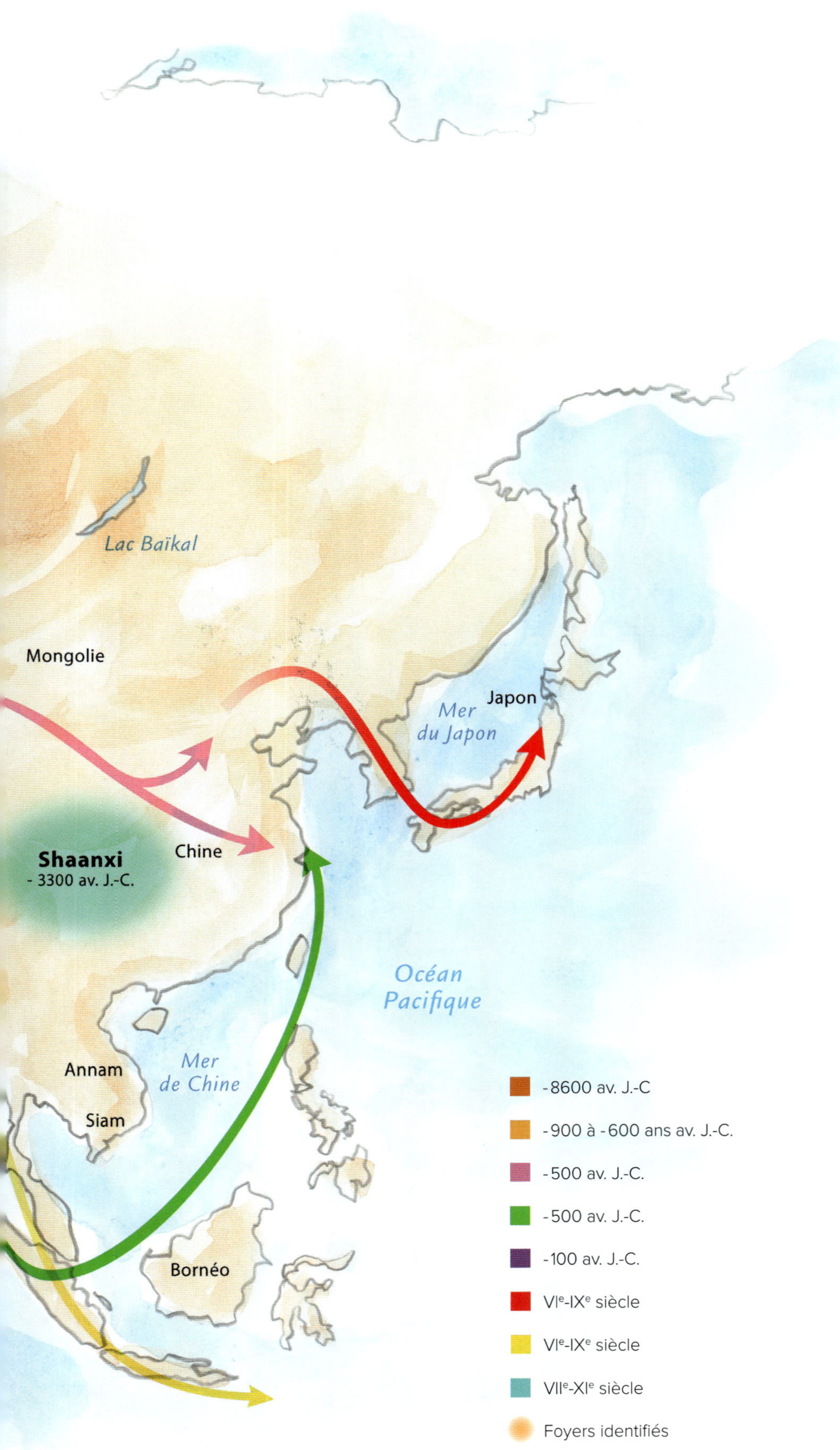

Le Chat « allait son chemin tout seul et, pour lui, tous les endroits se valaient », écrit Kipling. Certes, mais depuis quand le chat s'est-il avisé de cohabiter avec l'homme ? Après avoir longtemps pensé que le premier compagnonnage harmonieux datait de quelque 4000 à 5500 ans en Égypte, on considère aujourd'hui qu'il est bien antérieur depuis qu'on a trouvé à Chypre le vestige d'un chat datant de 10600 ans, probable compagnon de voyage d'un marin. On a aussi découvert depuis peu que le gardien des récoltes remplissait déjà son office il y a peut-être 5300 ans dans le Shaanxi en Chine. Selon toute vraisemblance, l'ancêtre du chat domestique que nous connaissons est originaire d'Anatolie – il y a 7500 à 8500 ans – puis, ensuite, d'une nouvelle naissance à partir de l'Égypte qui l'a déifié. Le premier foyer de migration anatolien a alimenté l'Europe via les Balkans et le Moyen-Orient et le second foyer, beaucoup plus tardif, l'Iran, l'Arménie, le Proche-Orient et l'Afrique avant de suivre, enrôlé sur les navires grecs et phéniciens, les voies maritimes de la Méditerranée jusqu'au nord de l'Europe. Suivant les légions romaines comme les routes de la soie ou contournant la péninsule arabique, le chat serait parvenu il y a 1300 ans aux confins de l'Europe, puis en Scandinavie et en Russie, alors que sa présence est attestée en Inde et en Chine il y a 2500 ans. Plébiscité par les moines bouddhistes, il mettra plus longtemps à rejoindre, via la Chine et la Corée, l'archipel du Japon, nouvelle Égypte pour lui tant il y est vénéré. Il n'y apparaît qu'entre le VIe et le IXe siècle tout comme il le fera aussi en Indonésie. On ne le trouve pas en Amérique du Sud ou du Nord avant l'arrivée des colons portugais ou espagnols au XVe et au XVIe siècle, et, anglais, au XIXe siècle.

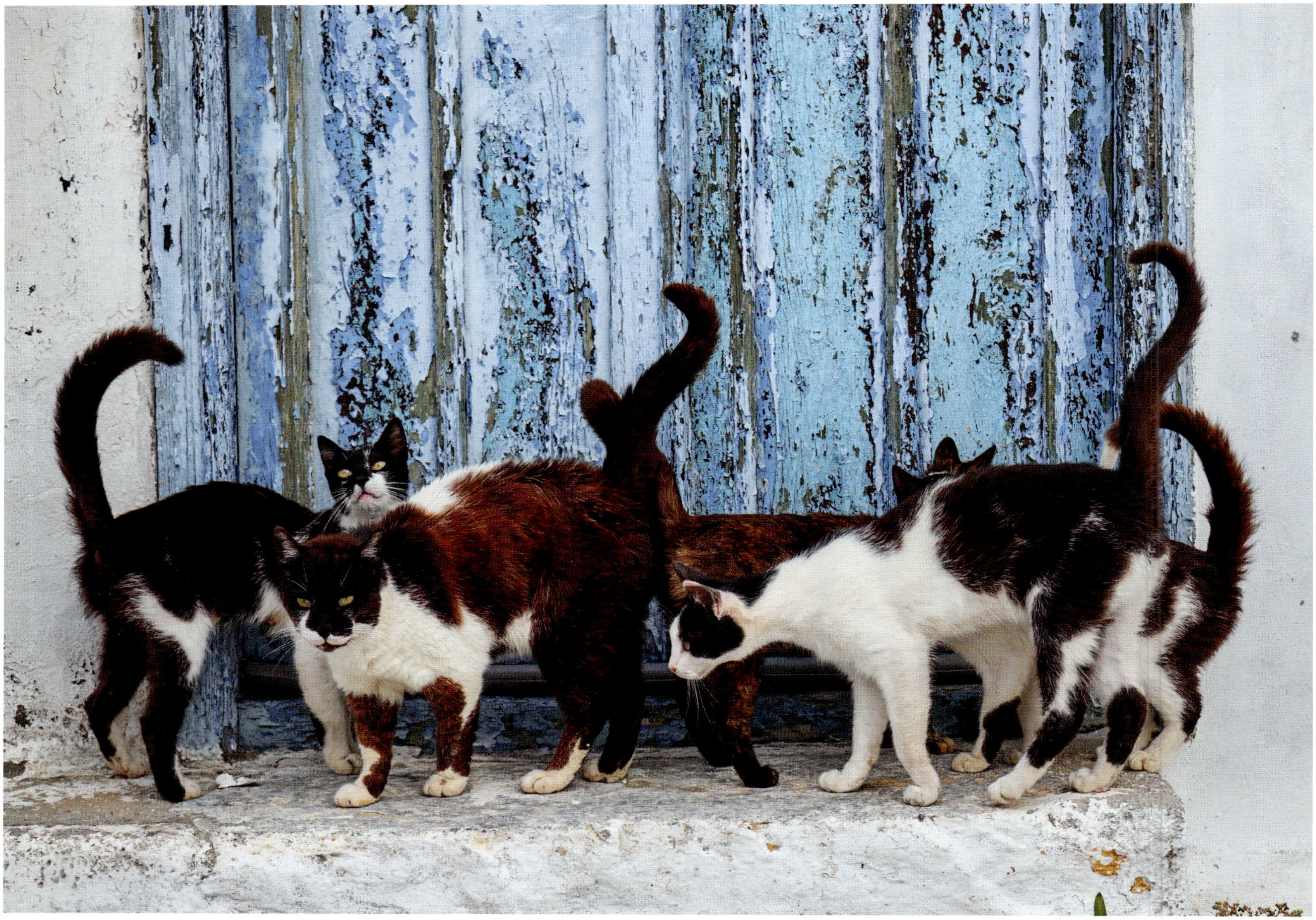

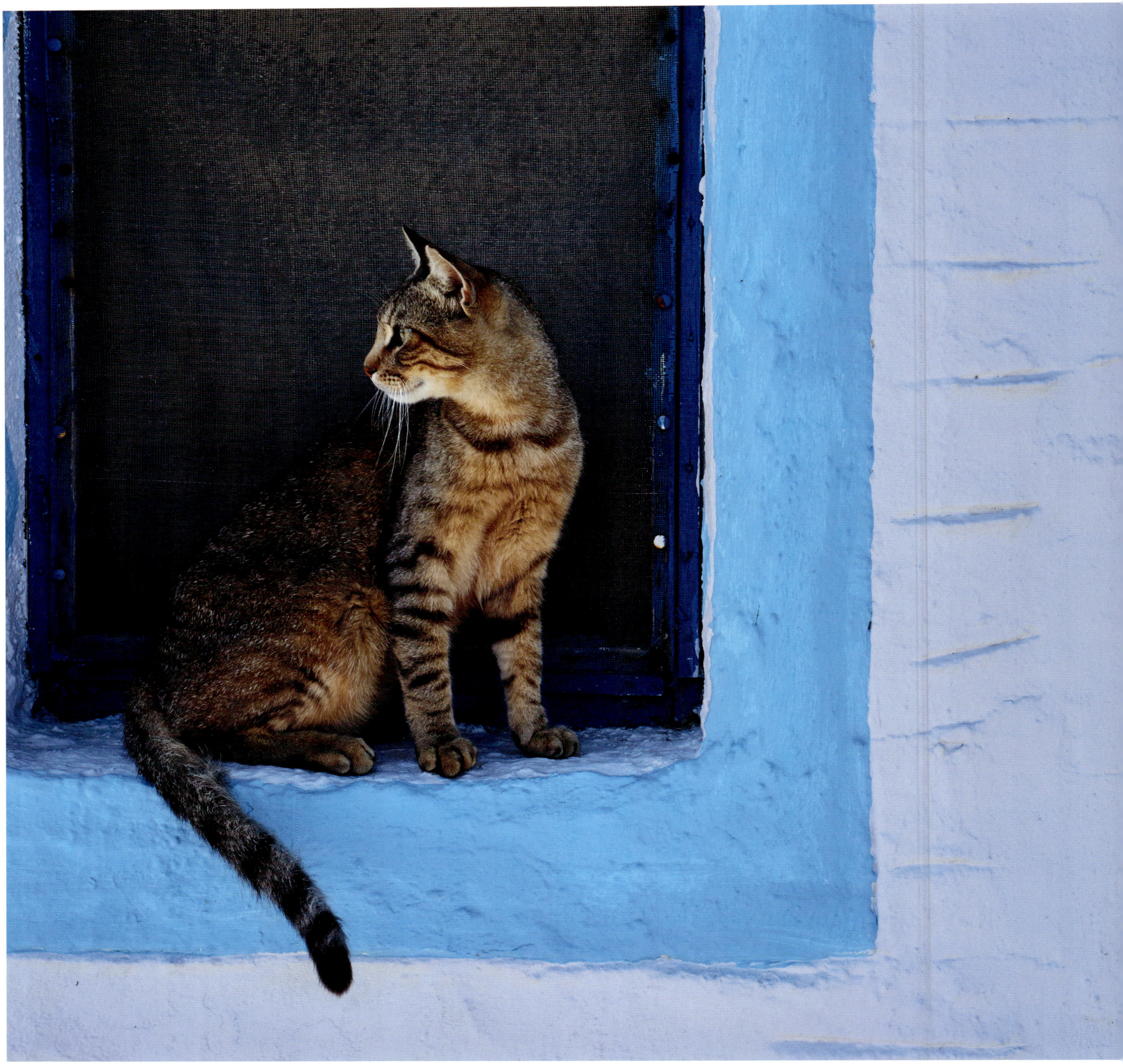

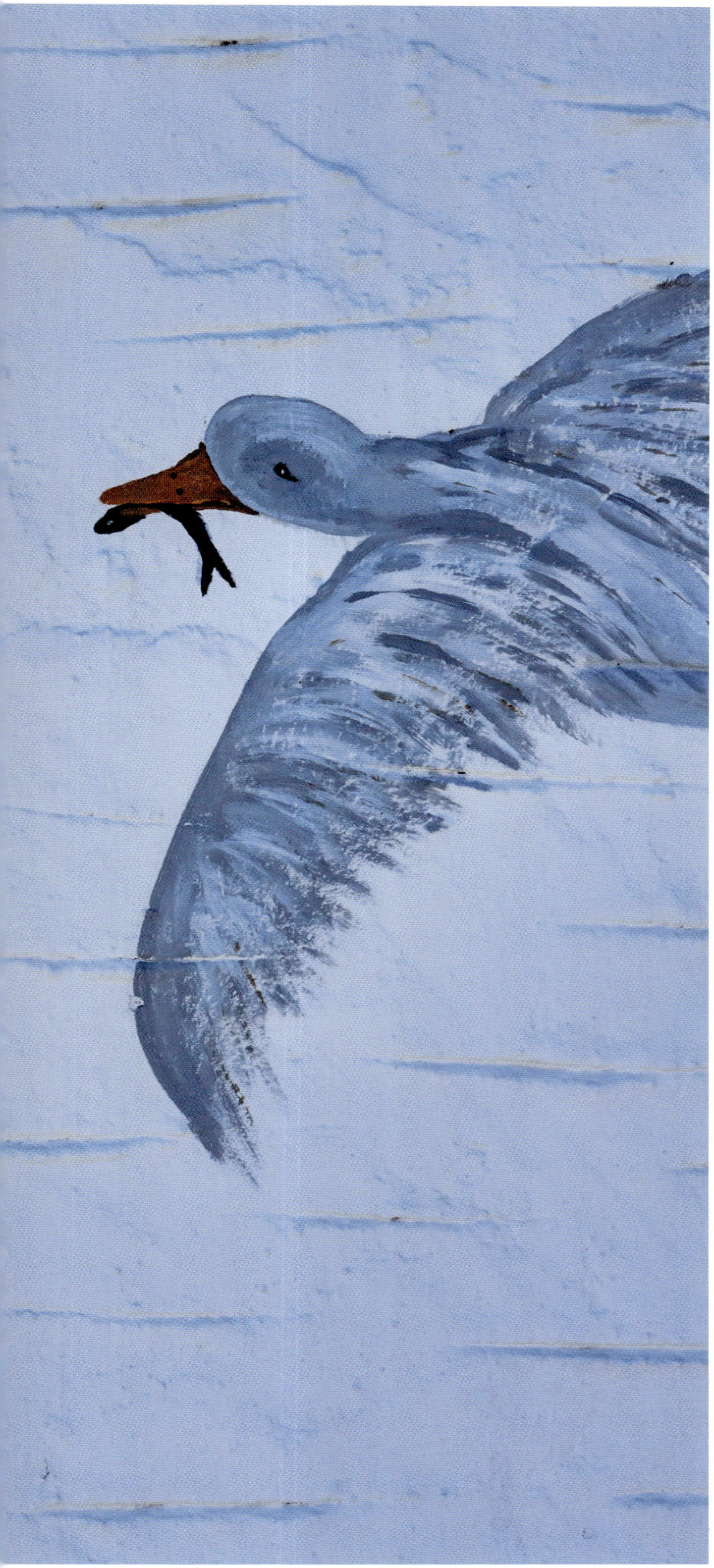

Qu'il déambule ou qu'il dorme,
un chat est une œuvre d'art vivante,
en perpétuelle métamorphose.

Patricia HIGHSMITH

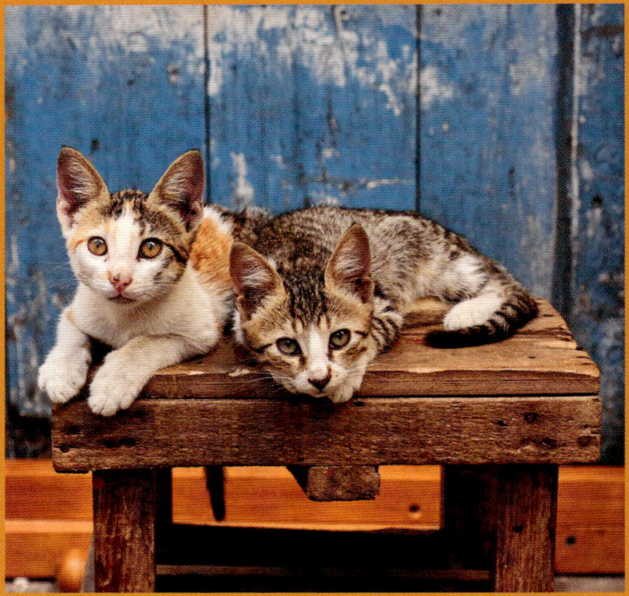

Escale africaine

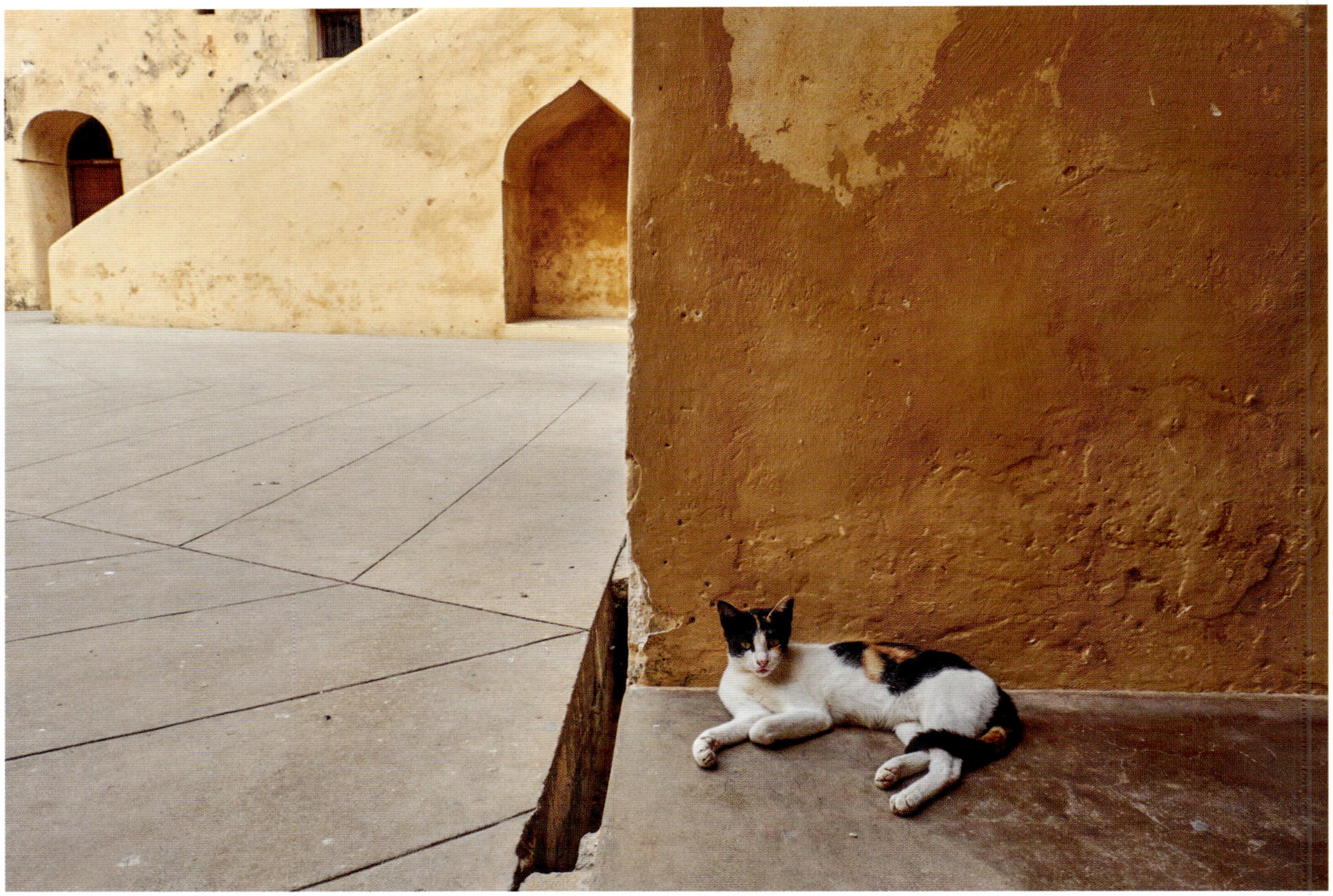

Fraîcheur et tranquillité à l'abri du fort de Lamu au Kenya.

Z*an-zi-bar*… Trois syllabes, un nom mythique, une sonorité musicale, l'évocation d'un pays lointain et exotique qui a nourri notre imaginaire et a fait fantasmer les plus grands écrivains-voyageurs, qu'ils soient Henri de Monfreid, Joseph Kessel, Arthur Rimbaud ou Joseph Conrad, qui désespéraient de n'avoir jamais pu l'atteindre. Cette île paradisiaque, située au large des côtes tanzaniennes, où florissait jadis le commerce des épices, de l'ivoire et des esclaves fut l'un des grands carrefours d'échanges entre la Perse, l'Inde, l'Arabie et l'Afrique.

Une vraie fascination pour cette terre d'escale, rendez-vous obligé d'aventuriers et d'explorateurs en tout genre, nous a conduits à Zanzibar il y a quelque dix ans. La Ville de Pierre (*Stone Town*) est l'âme zanzibarite même où s'entremêlent féerie persane, pudeur islamique, culture swahilie et palais princiers, le tout agrémenté du fumet des épices de l'Inde… Et les chats qui se faufilent dans ses innombrables ruelles tortueuses nous ont volontiers guidés à la découverte des palais en ruine, des balcons de bois ciselé, des portes cloutées, des églises et des mosquées discrètes ou du hammam surchauffé comme autant de vestiges de la splendeur passée de Zanzibar…

Un voyage que nous avons récemment poussé jusqu'à l'île de Lamu, la voisine kényane de Zanzibar, pour y rencontrer, une fois encore, nos amis chats. Ici, même histoire, même ressemblance, même culture. Mais c'est à Lamu que résident aujourd'hui le plus grand nombre de félins baguenaudant en toute quiétude entre les palais délabrés et le fort imposant, après avoir visiblement scellé un pacte avec les pêcheurs du cru. Il faut dire que, situation avantageuse, les habitants les considèrent comme les descendants des chats des pharaons… Employés comme ratiers sur les boutres marchands en provenance du Caire, ils auraient il y a bien longtemps débarqué sur l'archipel de Lamu aux premiers temps des échanges entre l'Arabie et l'Afrique de l'Est. Longs sur pattes, ossature anguleuse, queue volumineuse, roux, tigrés, noir et blanc… leur parure métissée raconte, à l'instar de celle des hommes, l'histoire de ces îles à l'épicentre du commerce et des trafics de l'océan Indien où frayent les cultures venues des quatre angles du monde.

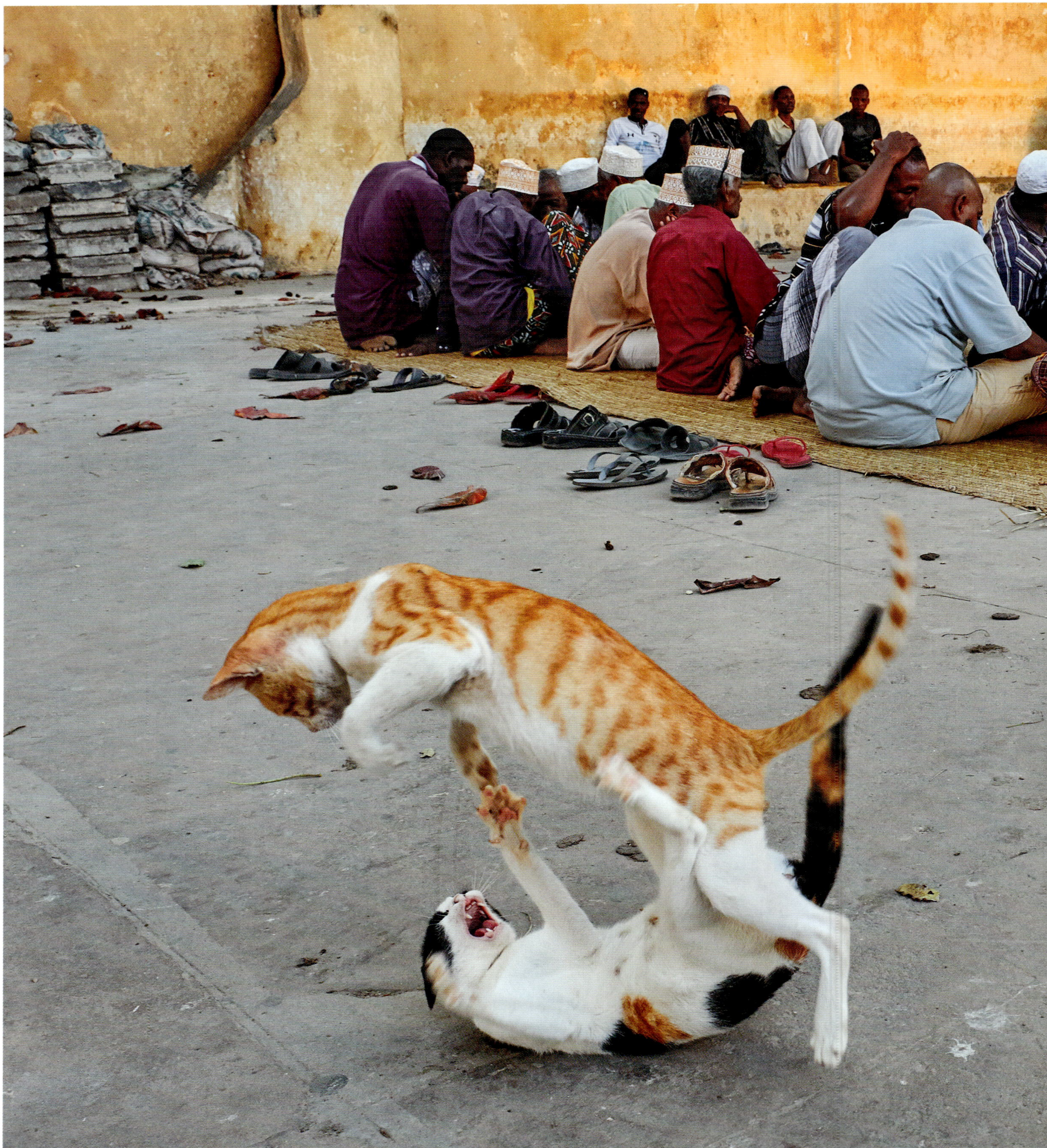

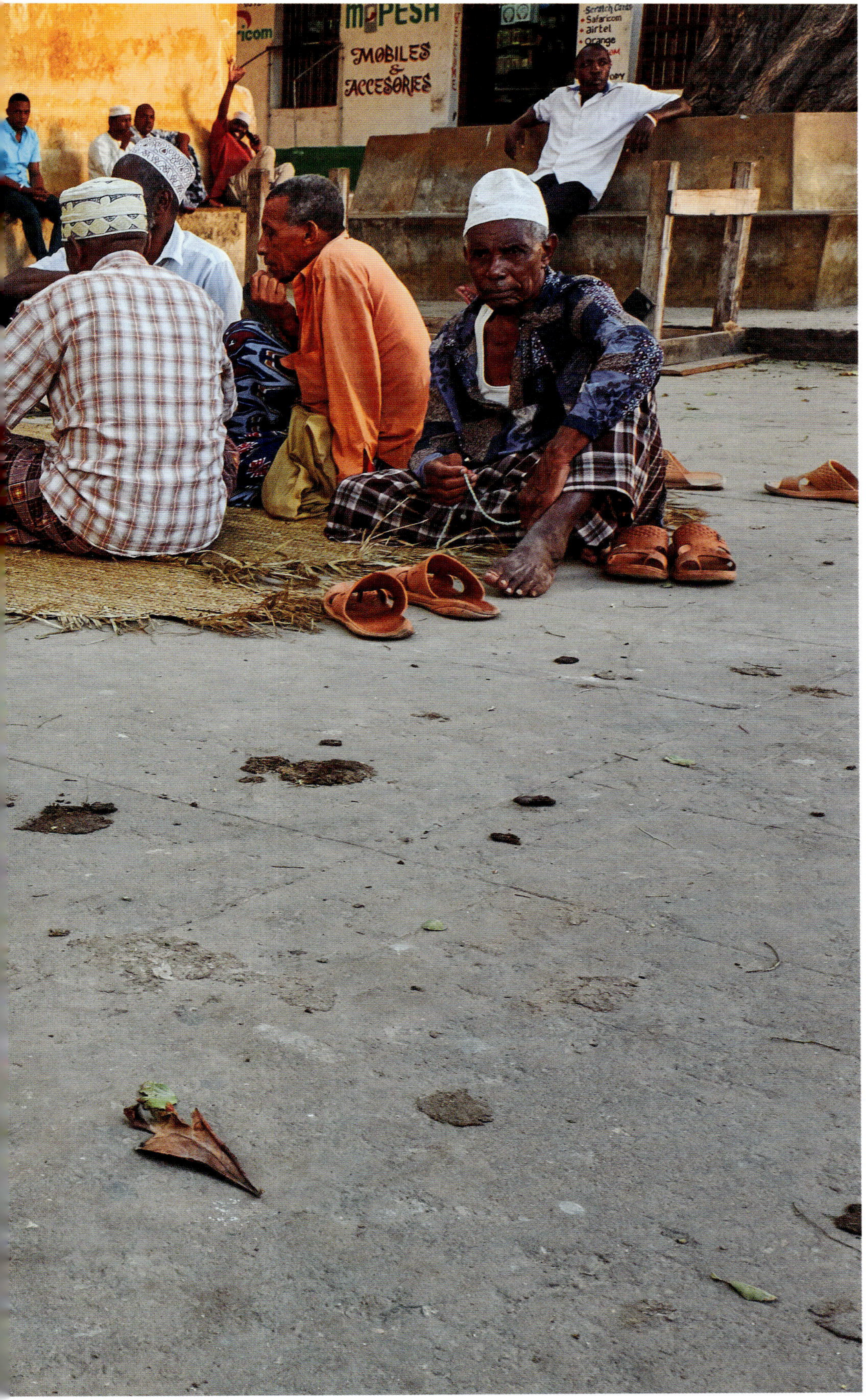

Les jeunes chats sont gais, vifs, jolis et seraient aussi très propres à amuser les enfants si les coups de patte n'étaient à craindre ; mais leur badinage, quoique toujours agréable et léger, n'est jamais innocent, et bientôt il se tourne en malice habituelle...
Leur naturel, ennemi de toute contrainte, les rend incapables d'une éducation suivie.

Buffon

Sur la place principale de la ville de Lamu au Kenya,
le jeu des chats ne trouble nullement les hommes qui palabrent.

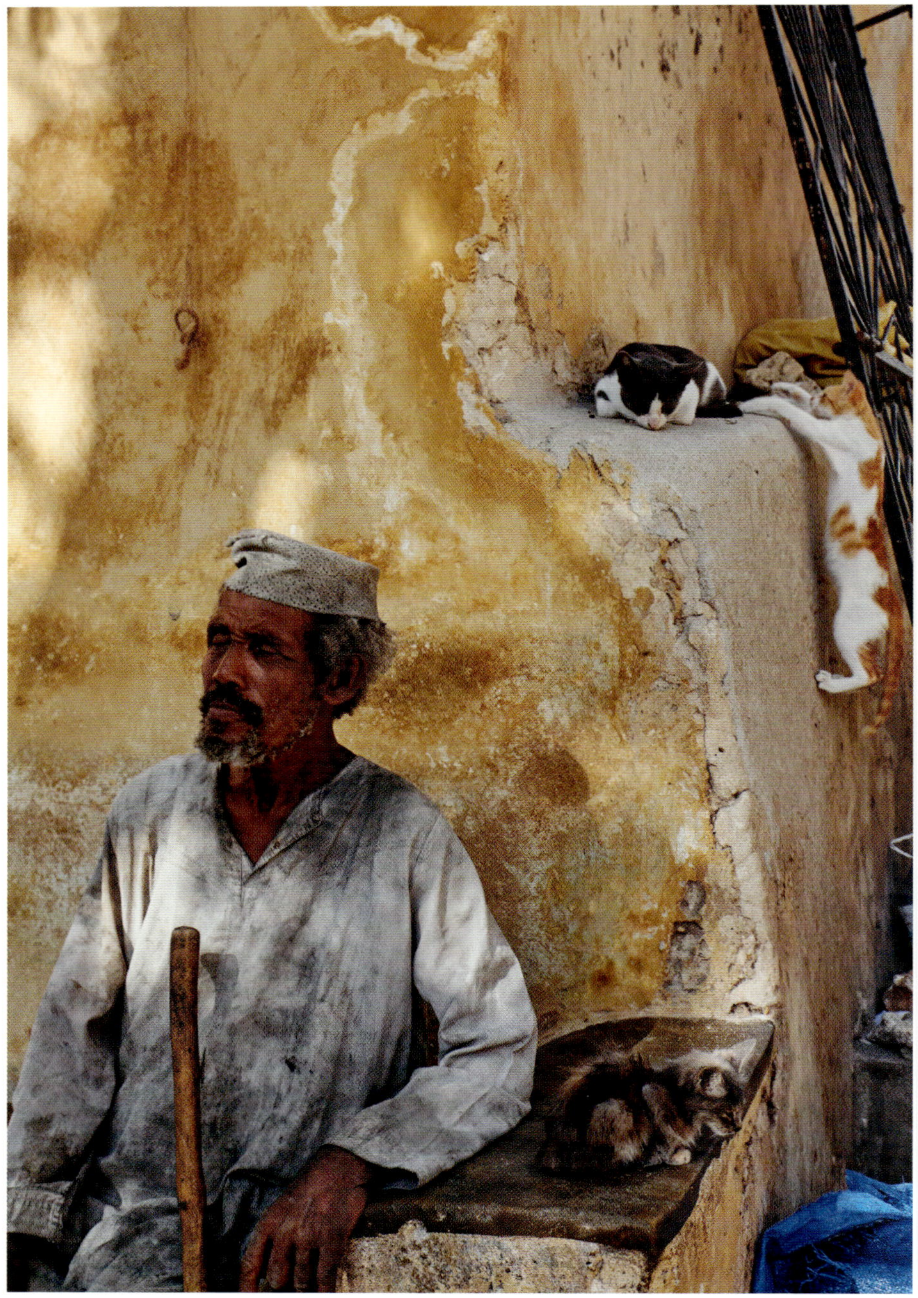

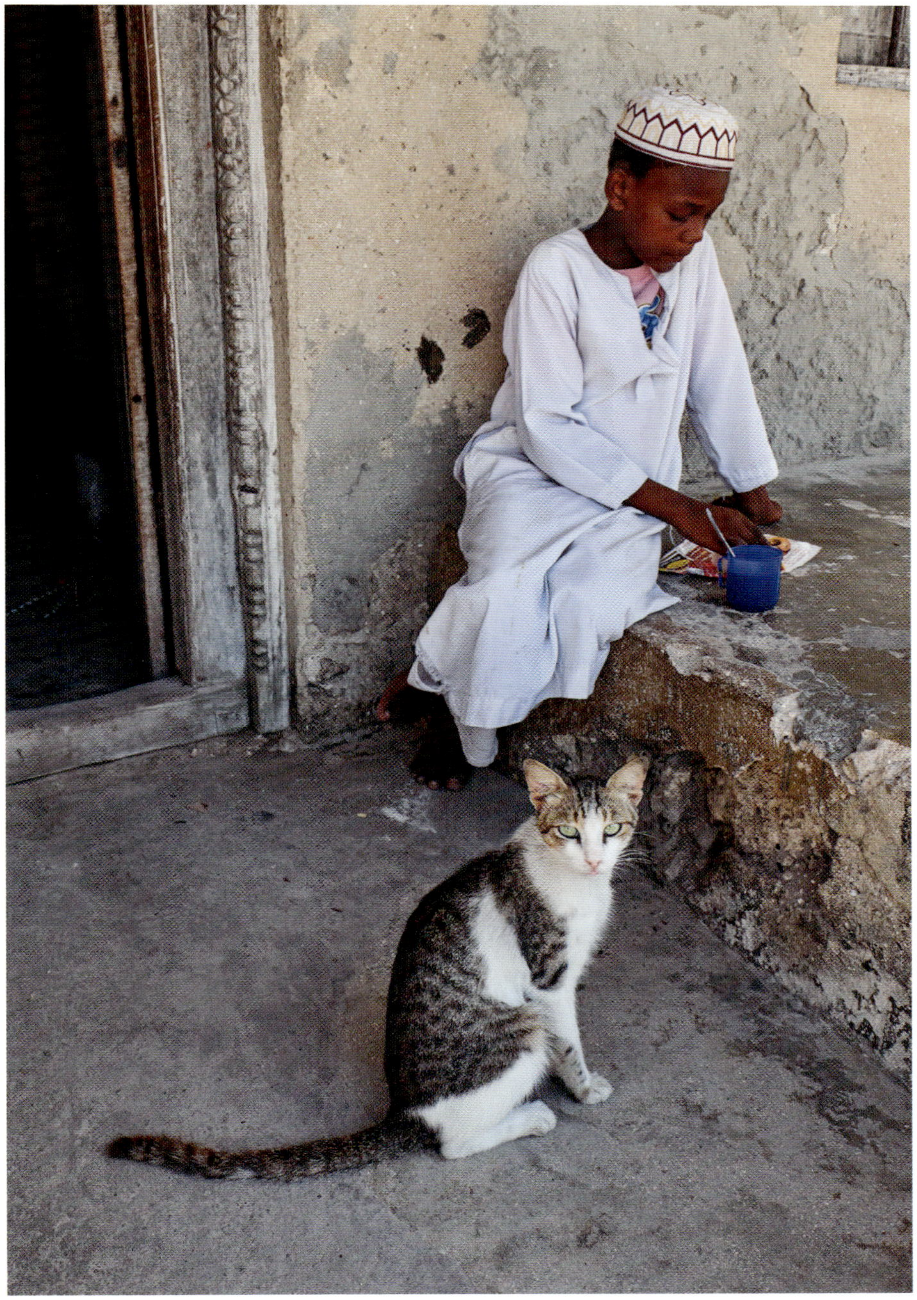

Sur les îles de Lamu et de Zanzibar,
les chats des rues sont respectés par les habitants
et les côtoient sans nulle crainte.

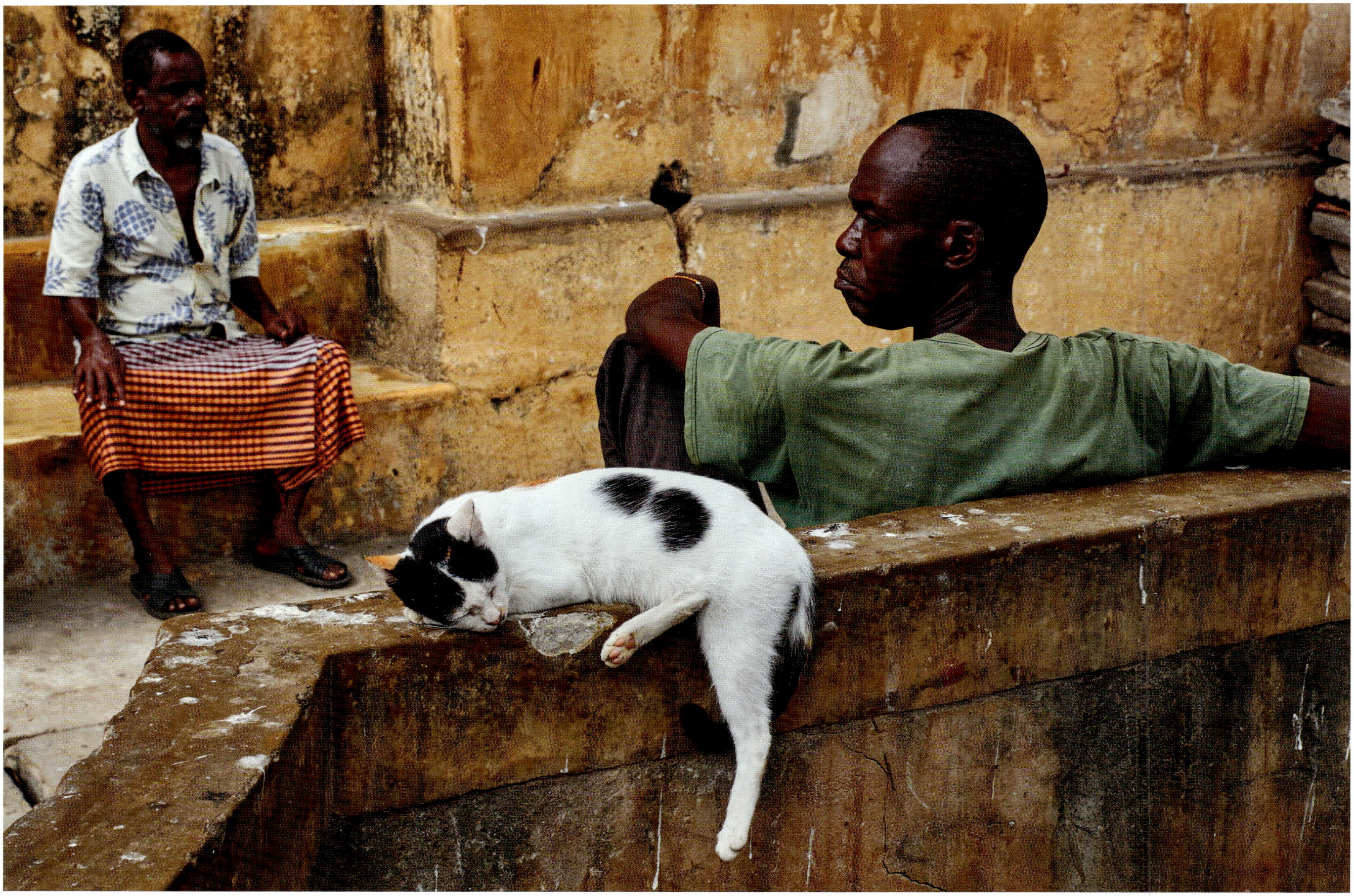

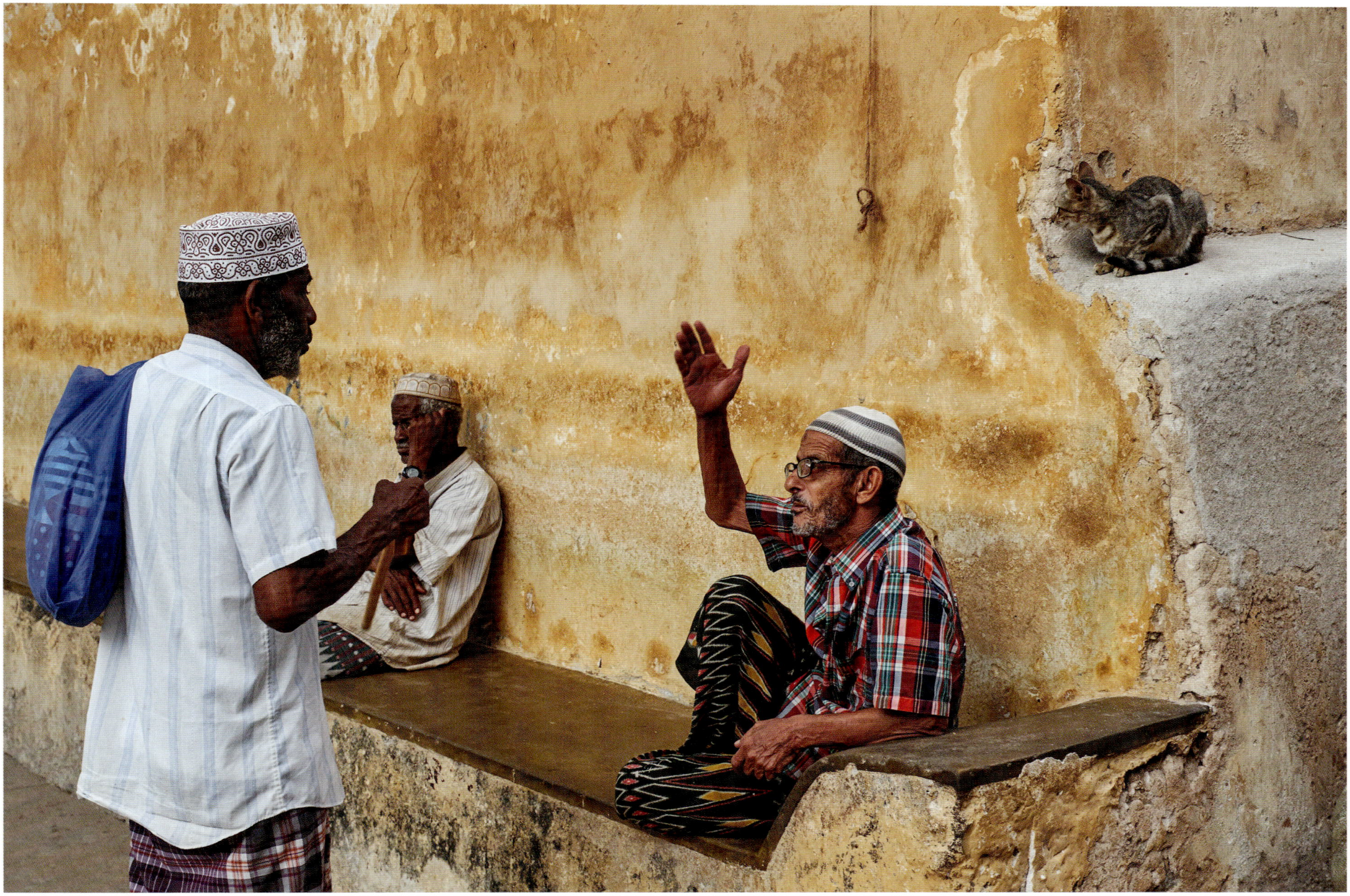

Un chat qui dort vingt heures sur vingt-quatre, c'est peut-être ce que Dieu a fait de plus réussi.

Jules RENARD

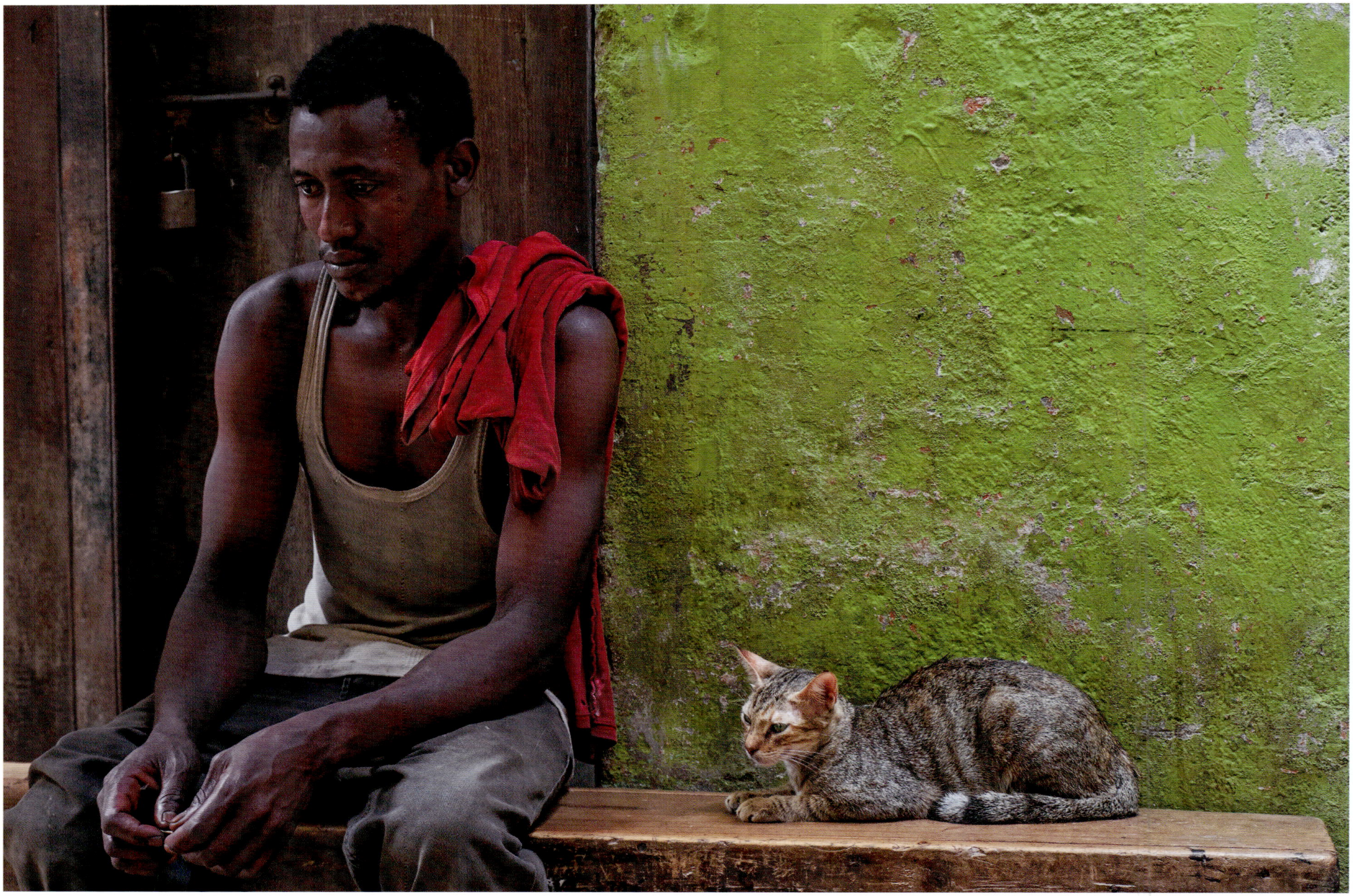

Lamu, Kenya.

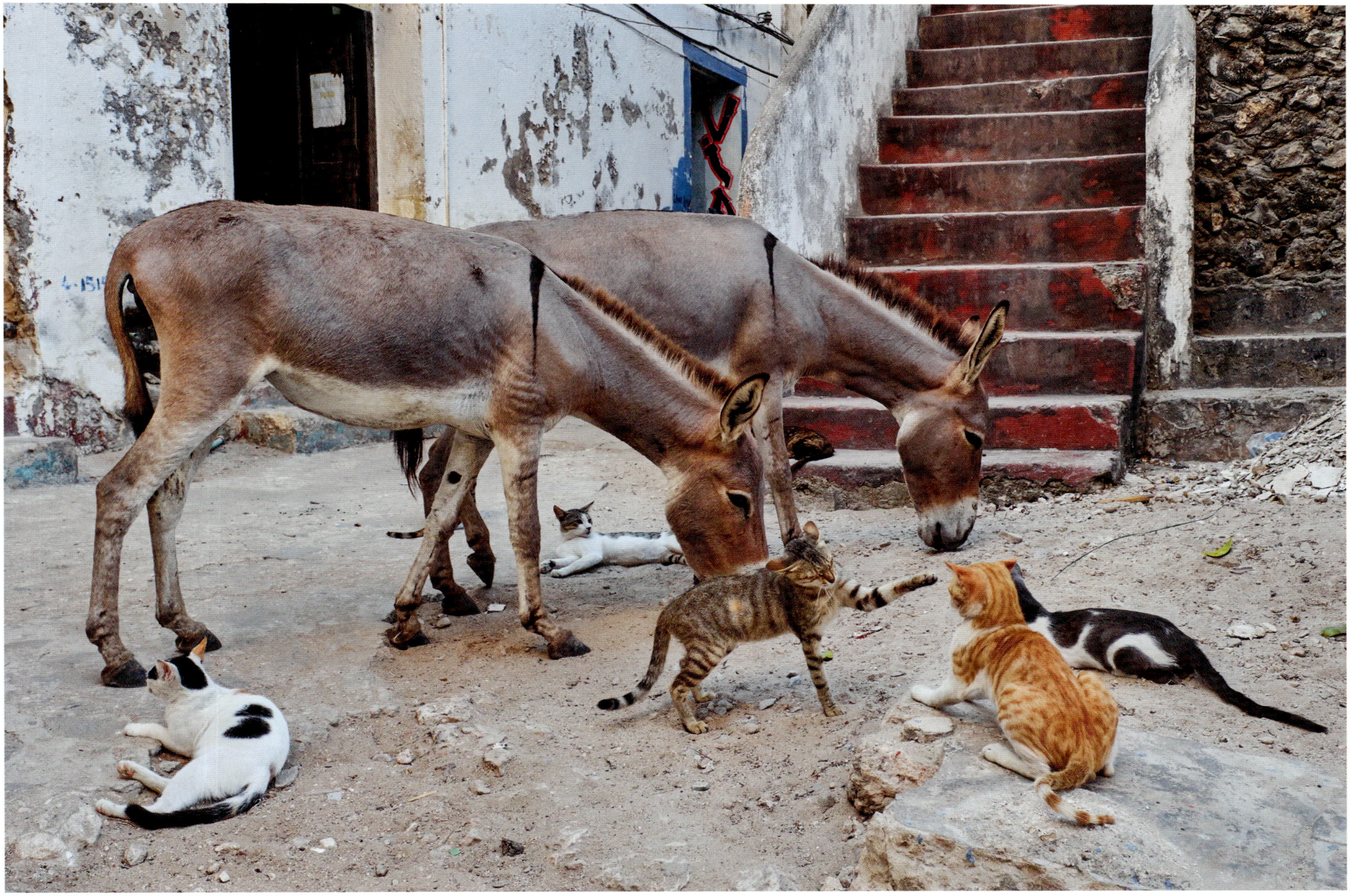

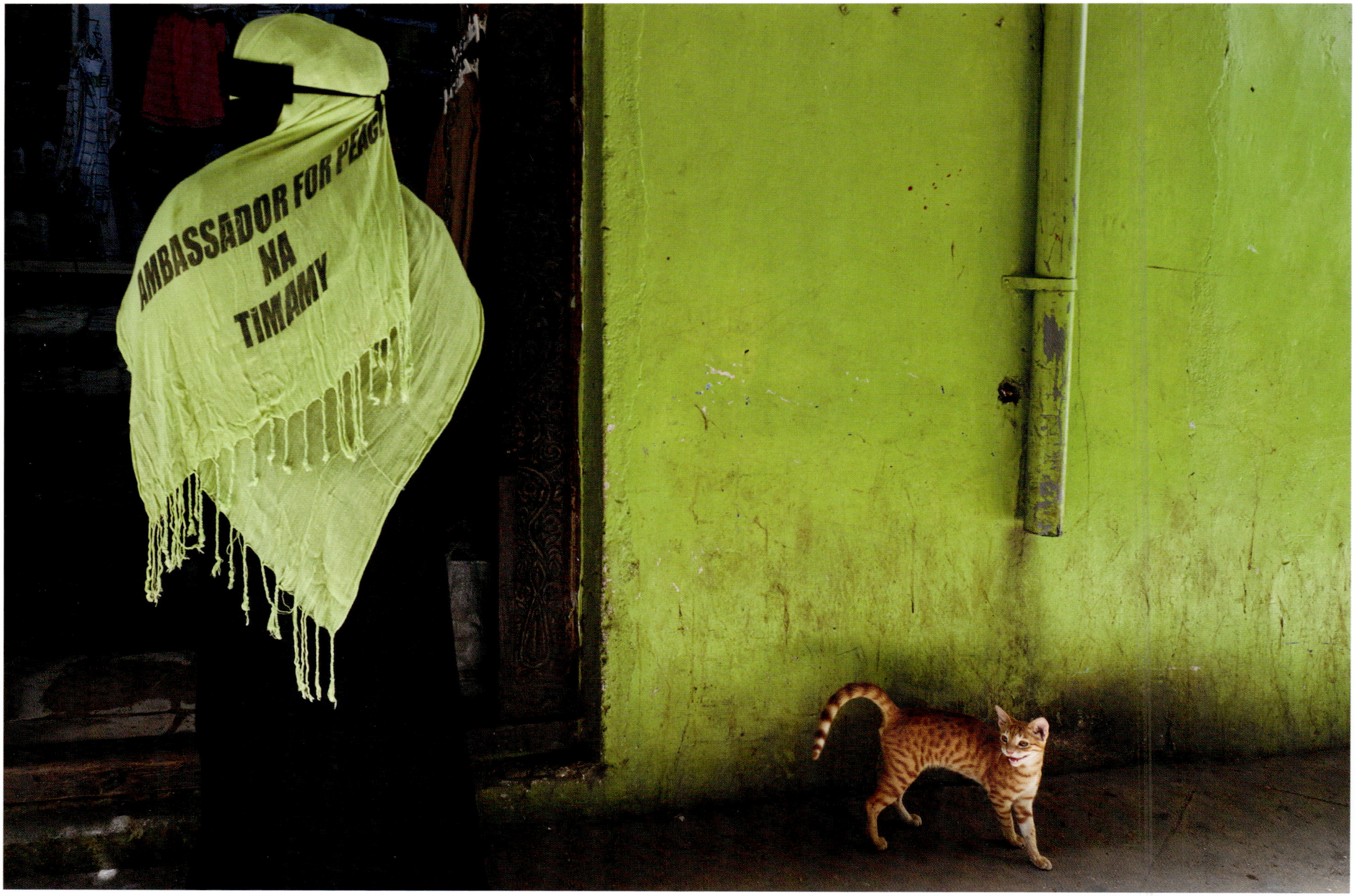
AMBASSADOR FOR PEAC
NA
TIMAMY

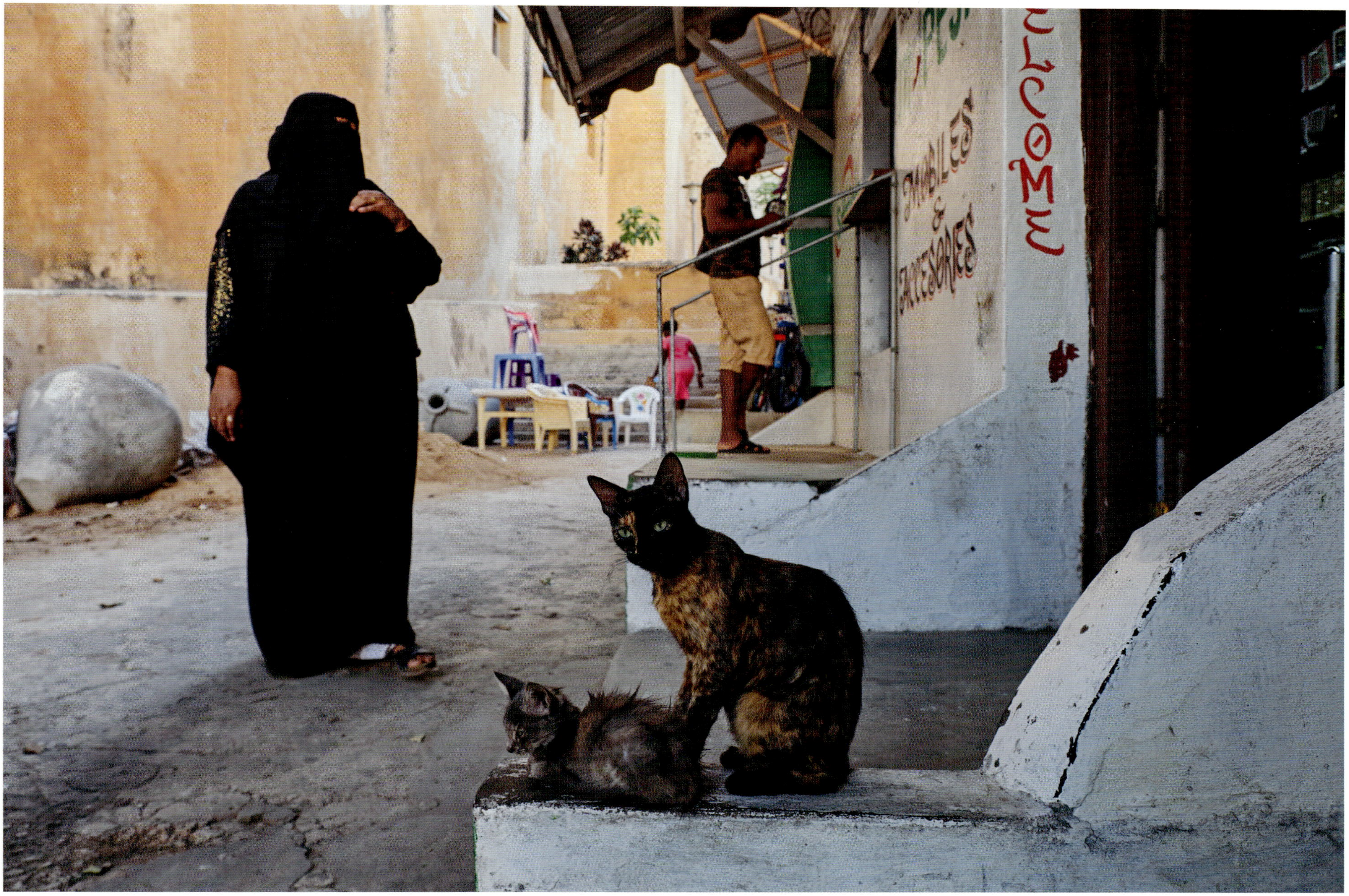

Mimétisme : *propriété que possèdent certaines espèces animales, pour assurer leur protection, de se rendre semblables par l'apparence au milieu environnant ou à une autre espèce.*

Dictionnaire

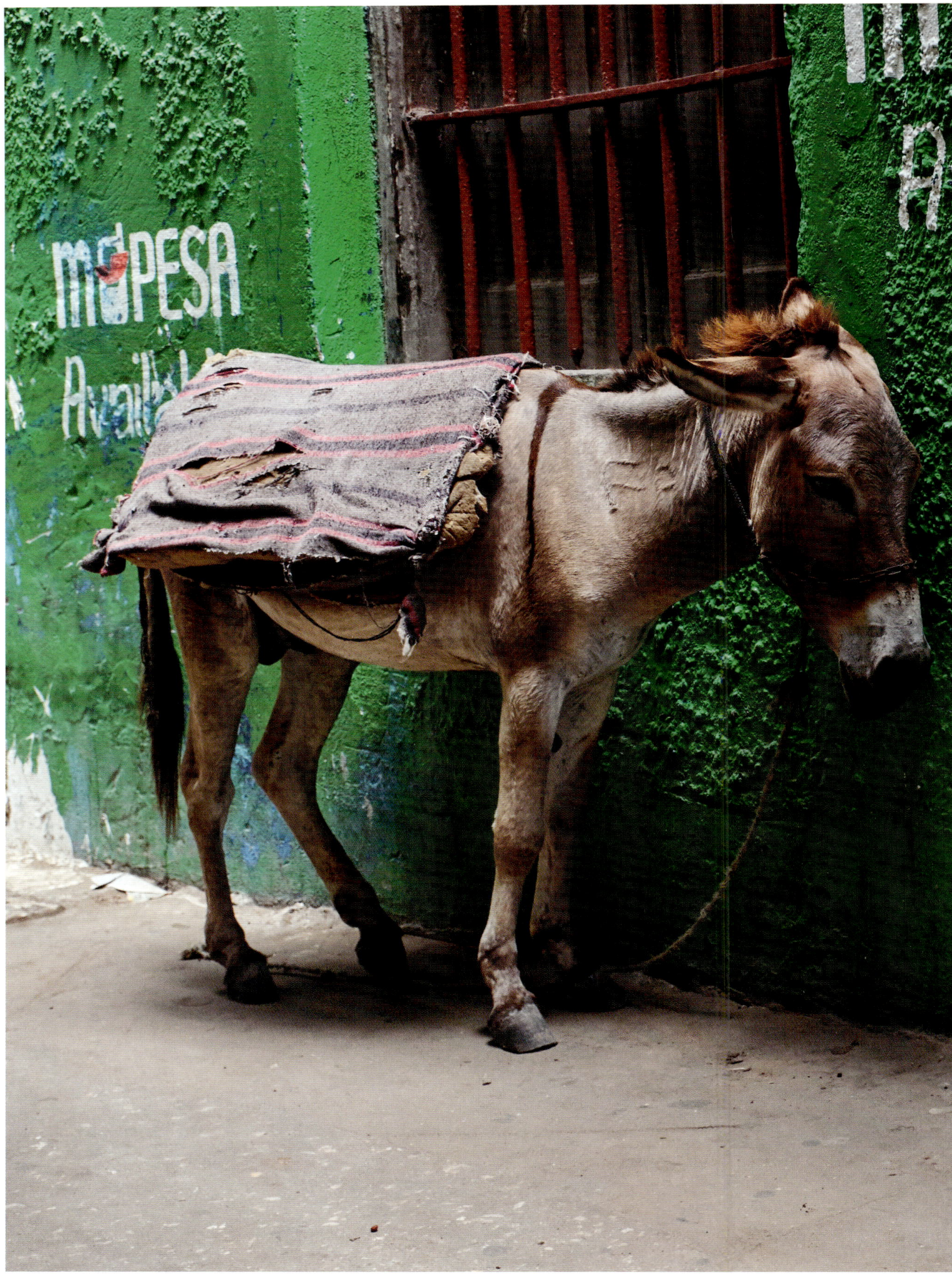
m PESA

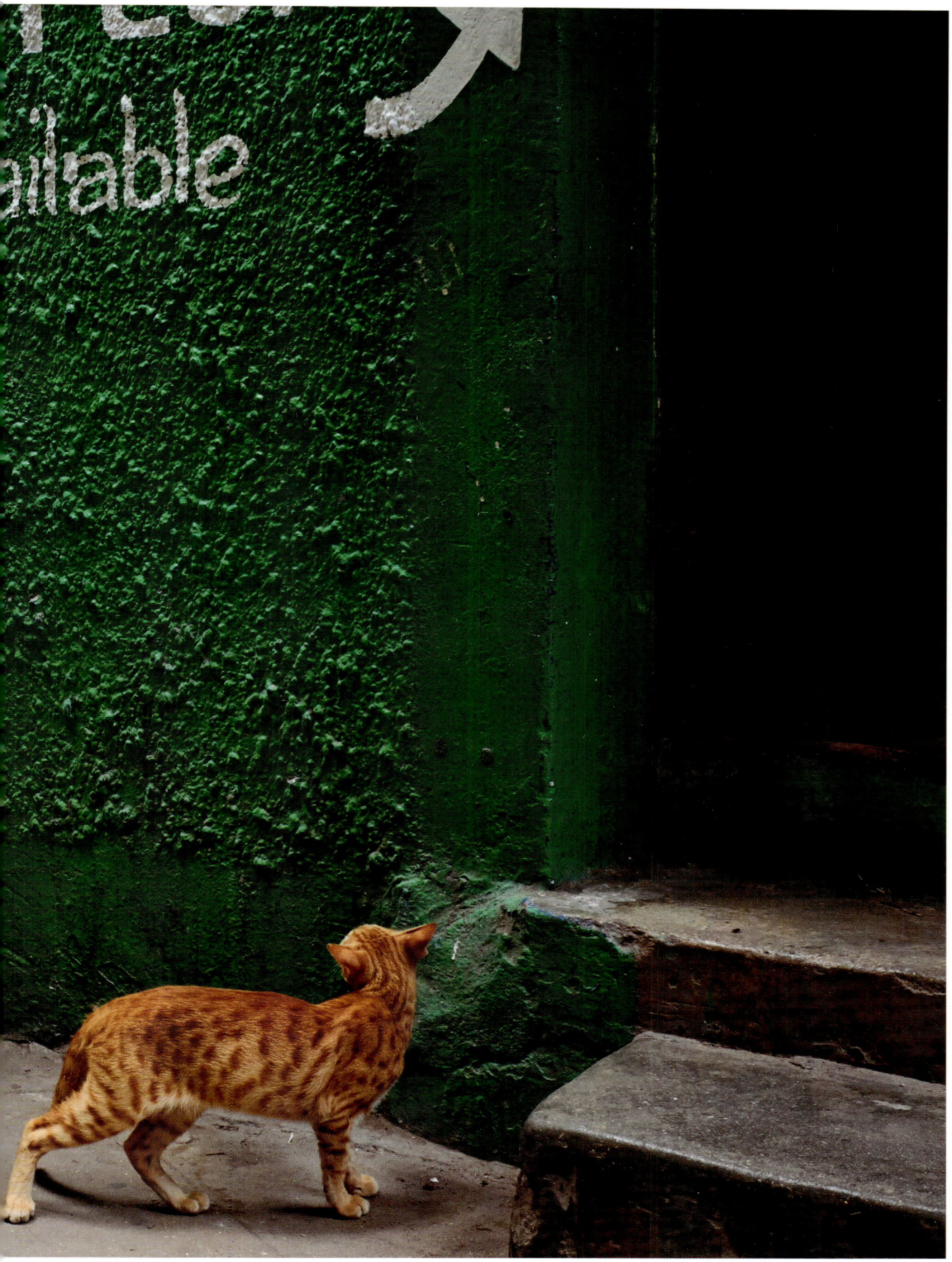
ailable

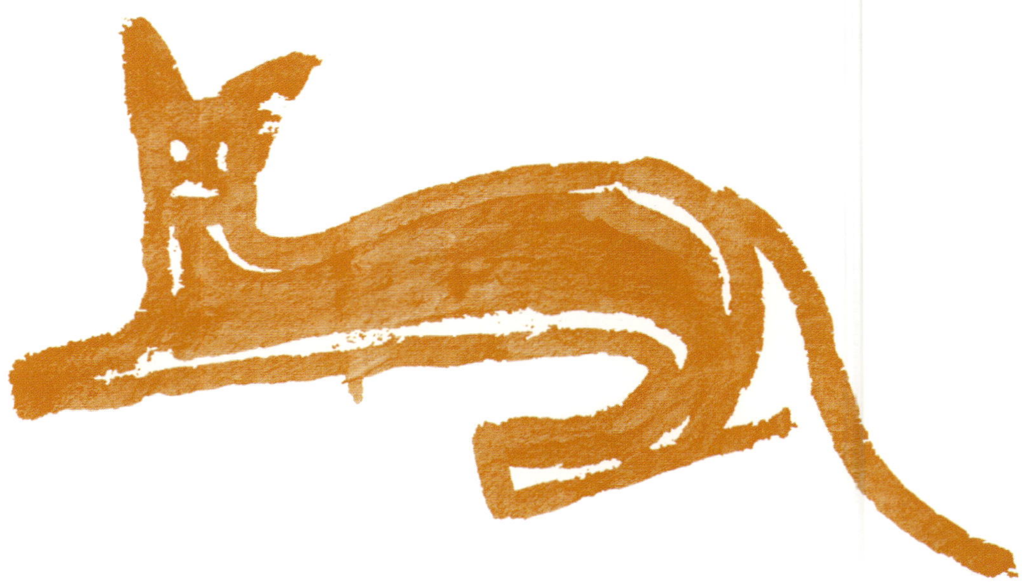

J'ai souvent rêvé d'un partage du monde qui ne serait plus celui des intérêts, des patries ou des « blocs », mais qui se ferait sur le chat.

C'est un sujet qui ne peut se traiter à la légère, et d'un intérêt plus durable que tous ces conflits longtemps inexpiables et bientôt oubliés.

La querelle, en tout cas, ferait couler moins de sang. On y verrait néanmoins se déployer tous les artifices de la guerre psychologique, de la propagande grossière, des passions aveugles.
Dans l'un et l'autre camp s'affronteraient
des gens intelligents, mais également déterminés.

Car le chat ne permet pas la tiédeur ; il ne souffre aucun compromis entre l'amour et la haine, entre l'admiration et la peur.

Gilbert GANNE

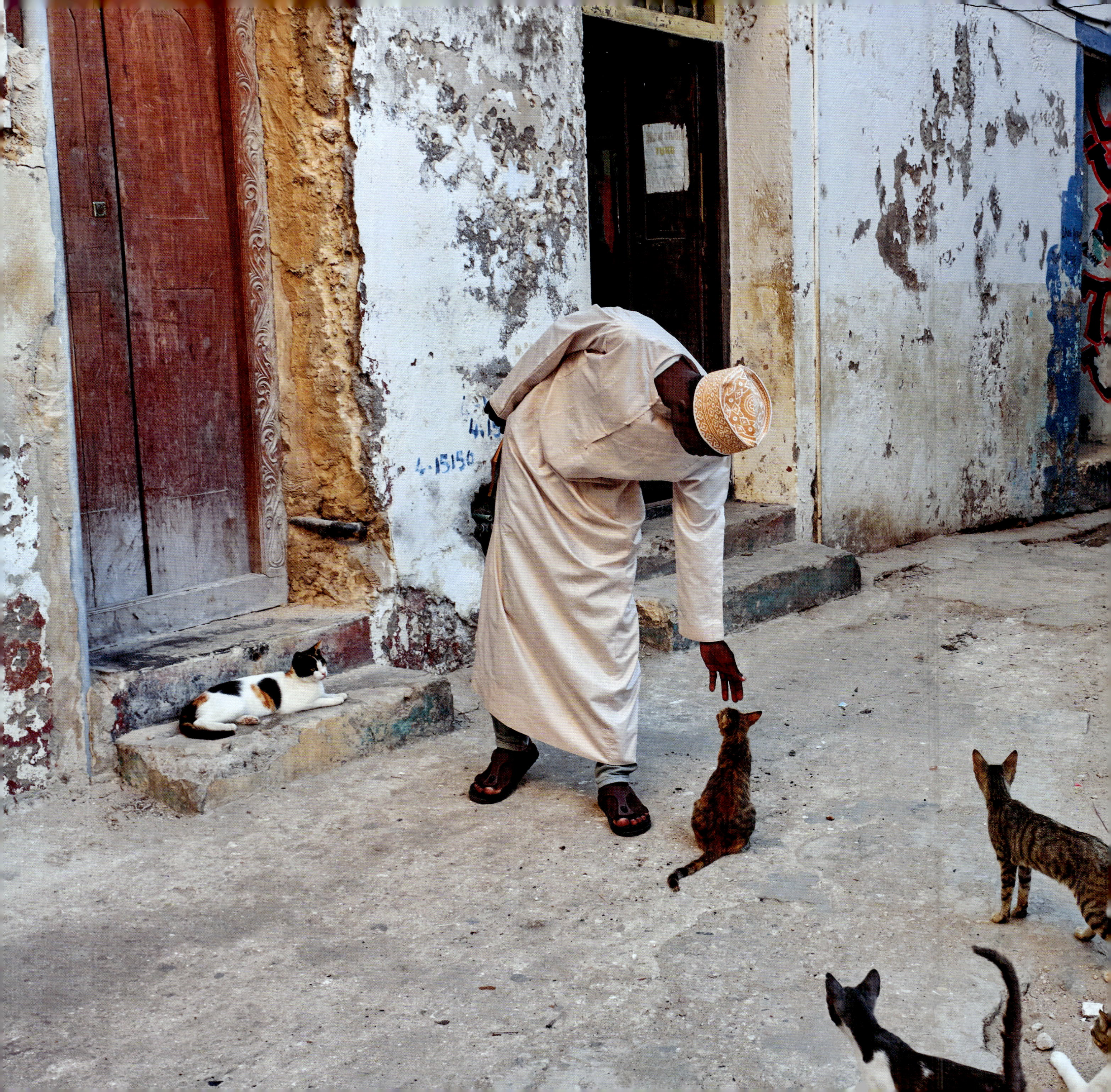
4-15150

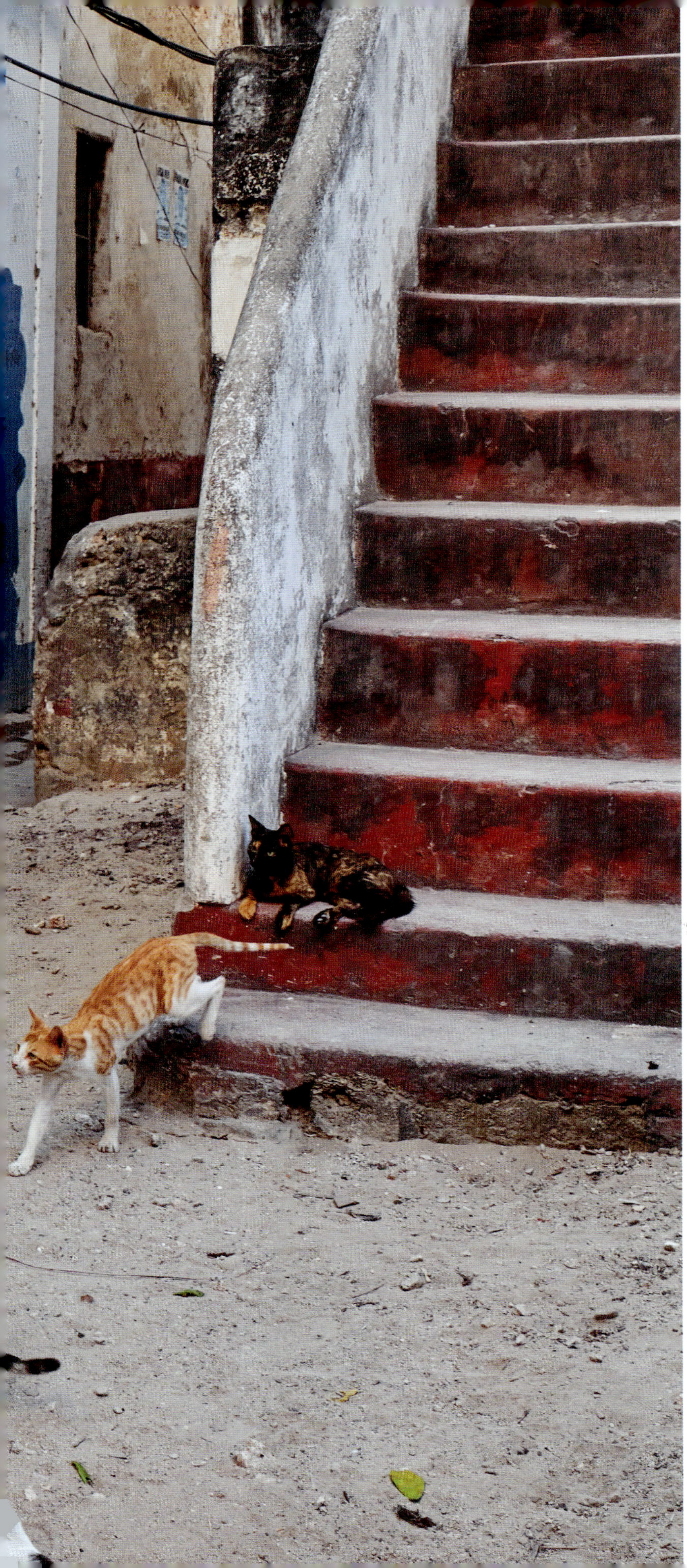

Tu deviens responsable pour toujours
de ce que tu as apprivoisé.

Antoine de SAINT-EXUPÉRY

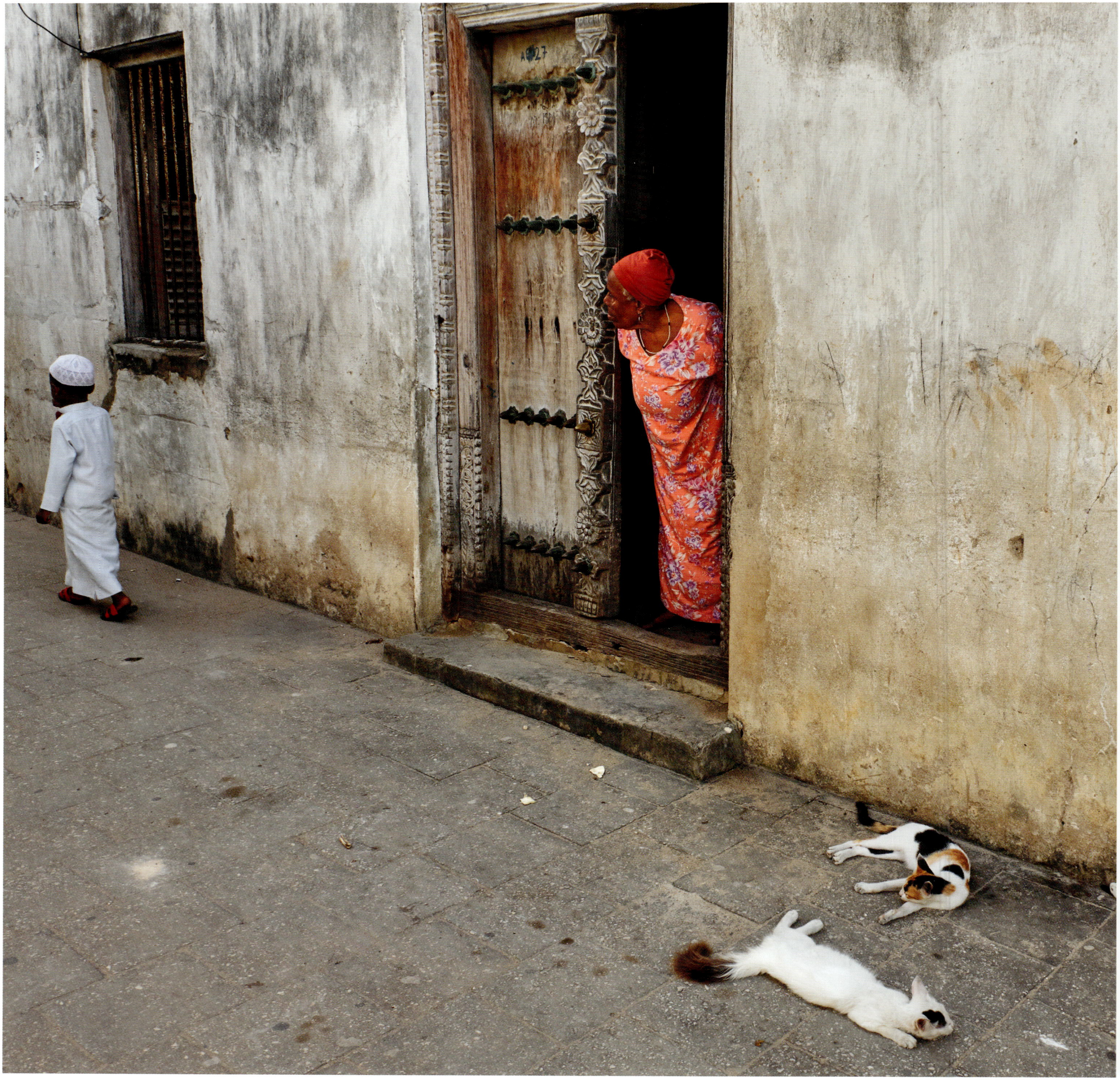

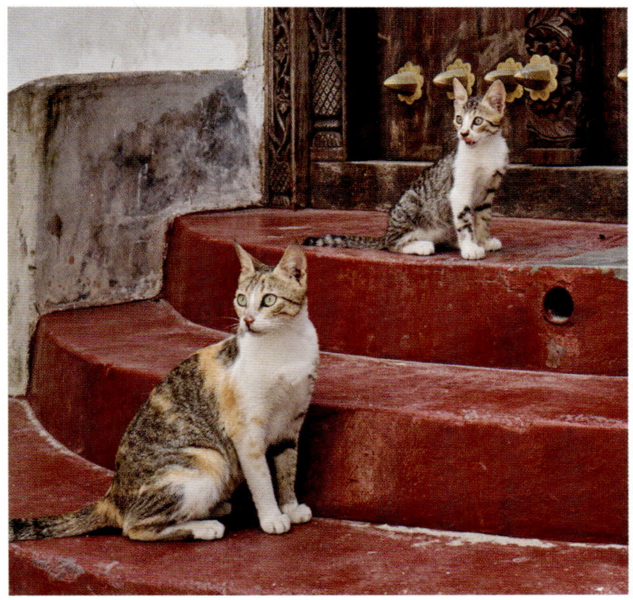

Dans les ruelles de Stone Town, la capitale de Zanzibar.

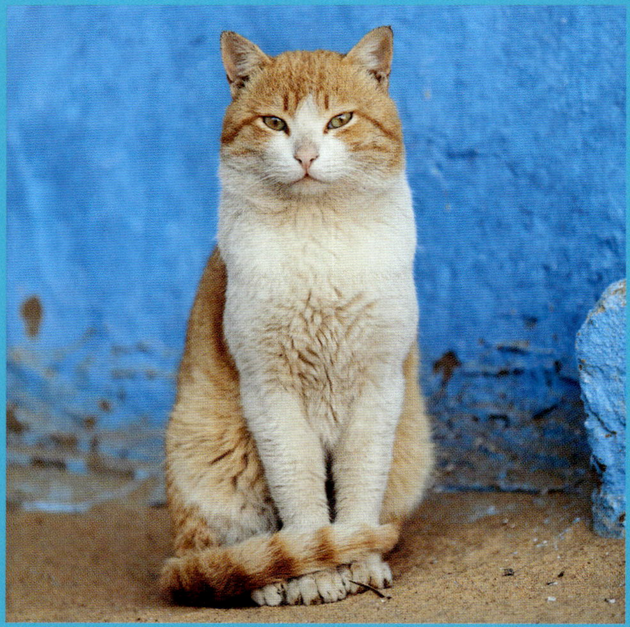

Sultans d'Orient

De la Turquie au Maroc

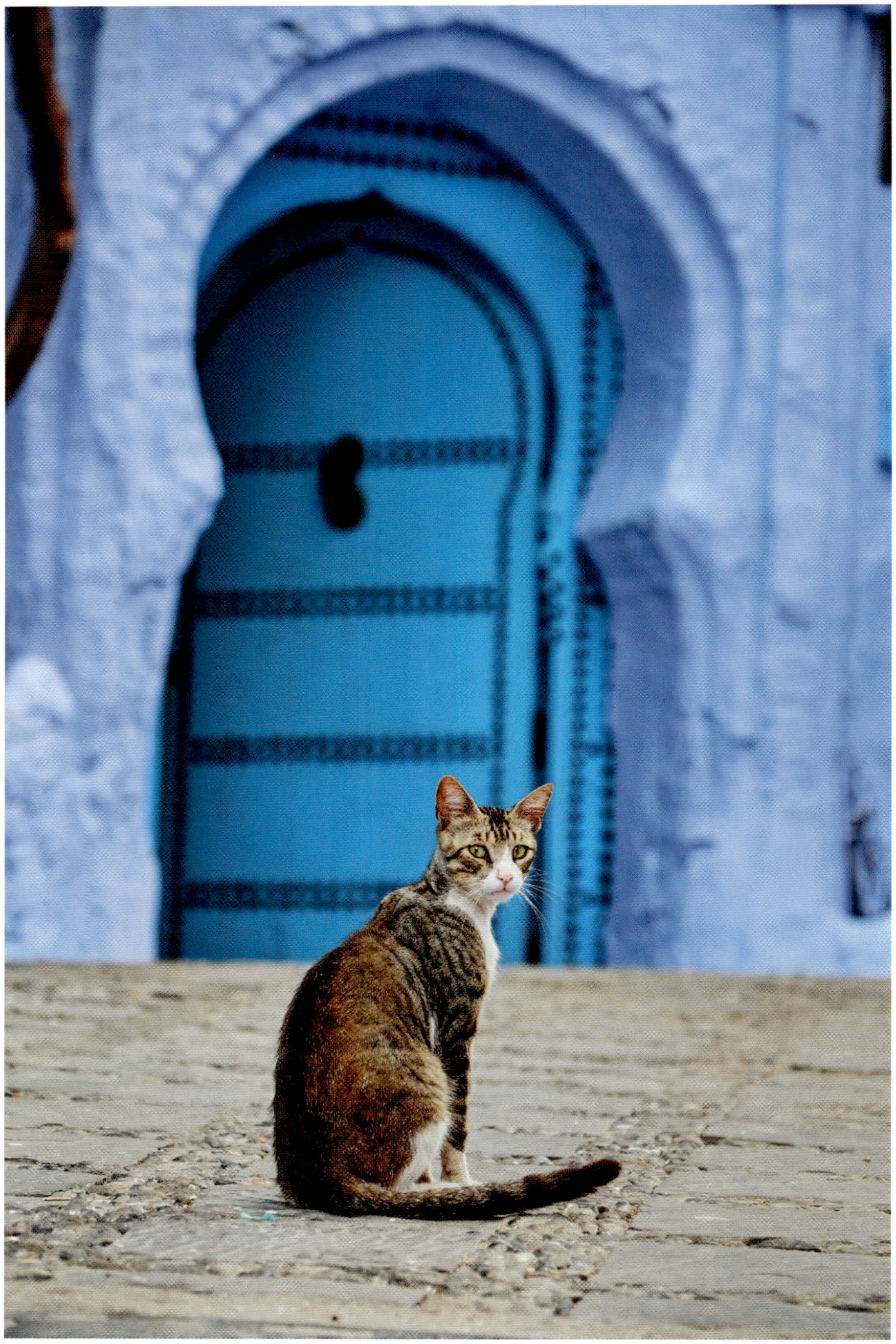

Dans le monde musulman, médinas et bazars savent encore restituer l'ambiance féerique des *Mille et Une Nuits*. Nous prenons toujours plaisir à y flâner en quête de l'écho d'un temps lointain où l'esthétique semblait aller de soi et où l'harmonie entre l'homme et son environnement était empreinte de noblesse et de sobriété. Nostalgiques, nous avons ainsi parcouru villes et villages du Maroc, de l'Iran ou de la Turquie à la recherche de nos chères rencontres félines. Les chats sont en effet très aimés dans le monde musulman, le prophète Muhammad lui-même très attaché à sa chatte Muezza a largement influencé tout l'islam dans son affection pour les chats. Pacha ottoman, sultan arabe ou shah de Perse, le petit roi à la moustache proéminente fait toujours partie du décor.

Au Maroc, la ville bleue de Chefchaouen était l'endroit rêvé et peut-être l'un des décors les plus photogéniques pour observer la mise en scène de nos amis félins. Sa médina, l'une des plus belles du nord marocain, avec son labyrinthe de ruelles escarpées, d'escaliers plongeants, de murets à escalader qui interdit toute présence motorisée, se prête à merveille à leur déploiement. En toute quiétude, ils peuvent y délimiter leur territoire et y côtoyer sans coup férir femmes, hommes et enfants jusqu'à se fondre en toute discrétion dans la vie quotidienne de la cité. Garnements effrontés, ils dévalent en courant les venelles en escalier, déambulent fièrement la queue dressée dans les rues du souk et apparaissent ça ou là au cœur des habitations aux enduits vigoureusement bleutés. Une vie de pacha dans un décor de ciel presque monochrome ! Le bleu enveloppe toute la ville d'une douce et apaisante atmosphère qui s'offre en écrin. À la fin du jour, tous se regroupent opportunément devant les portes de certaines échoppes où on leur distribue généreusement une nourriture qu'ils dédaignent chercher d'eux-mêmes. Les amitiés félines, dit la tradition, apportent la baraka !

Quiconque visite le monde islamique
peut constater combien les chats
sont nombreux dans les rues du Caire
– mais aussi d'Istanbul, de Kairouan,
de Damas et de bien d'autres villes.
Il n'est pas un lieu qui ne vous rappelle
cet adage, que la croyance populaire
attribue au prophète Mohammed :
« L'amour des chats fait partie de la foi ».

Annemarie SCHIMMEL

Les chats déambulent librement
dans le souk de Tanger.

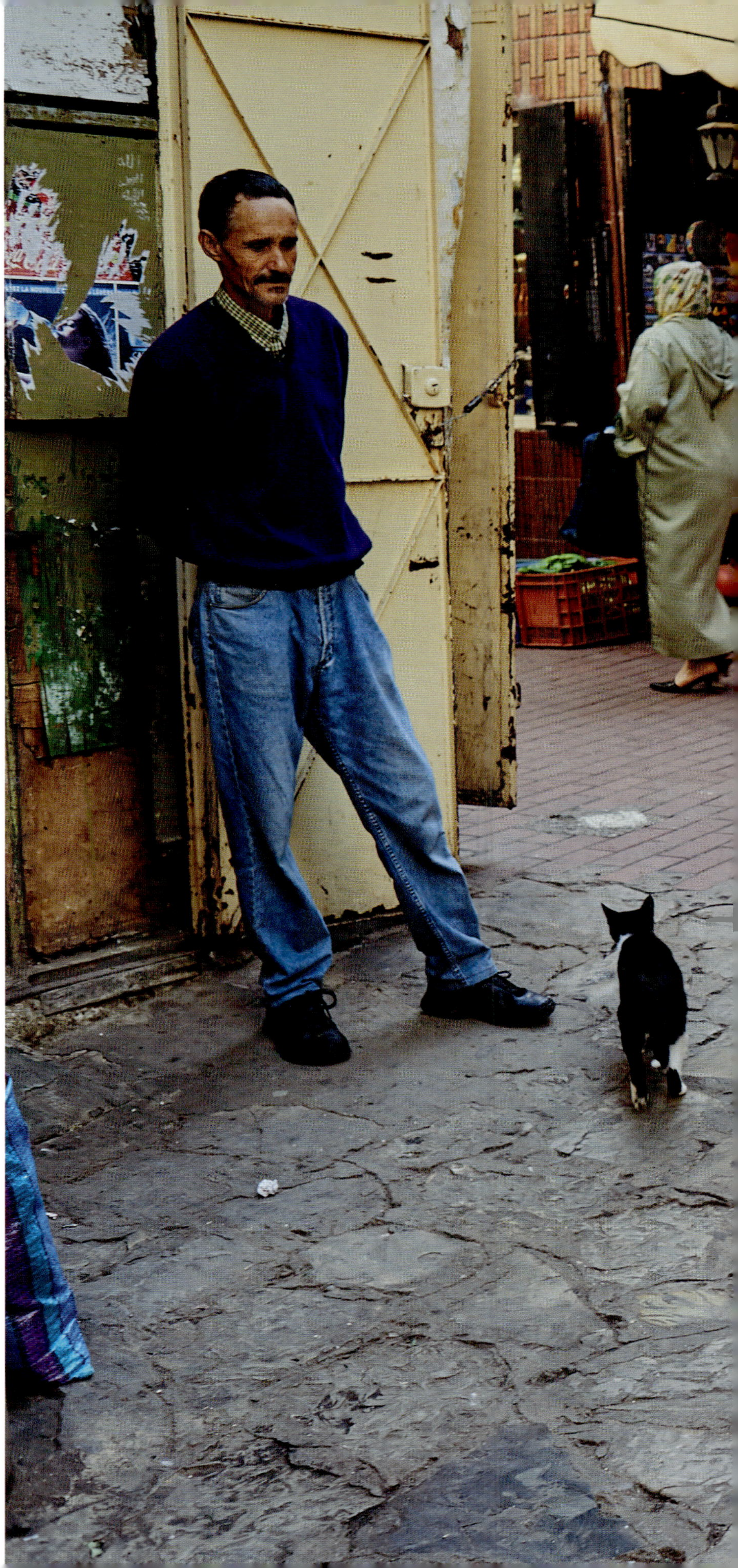

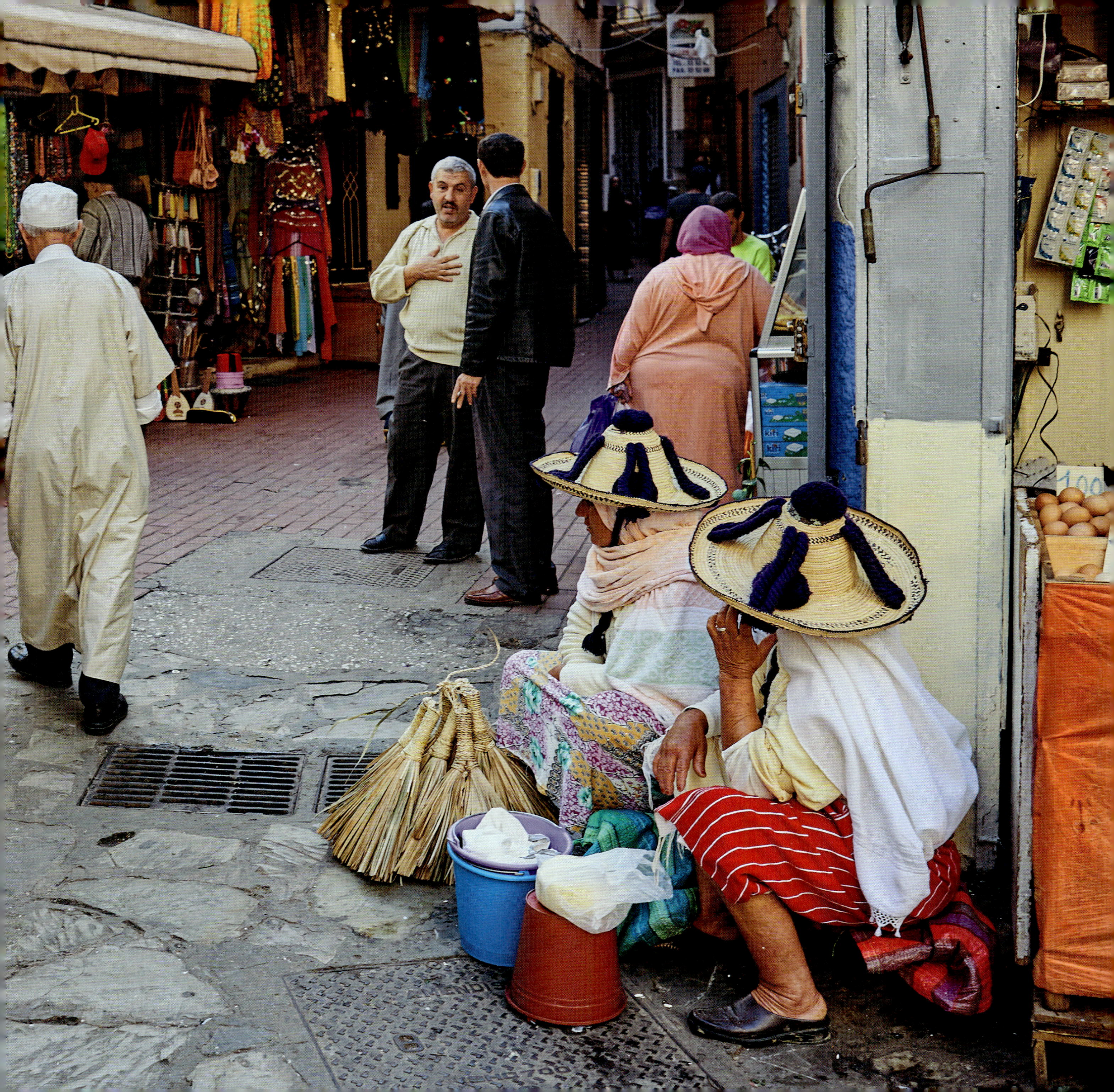

Les chats sont incompris parce
qu'ils dédaignent de s'expliquer.
Ils ne sont énigmatiques
que pour ceux qui ignorent
le pouvoir expressif du silence.

Paul MORAND

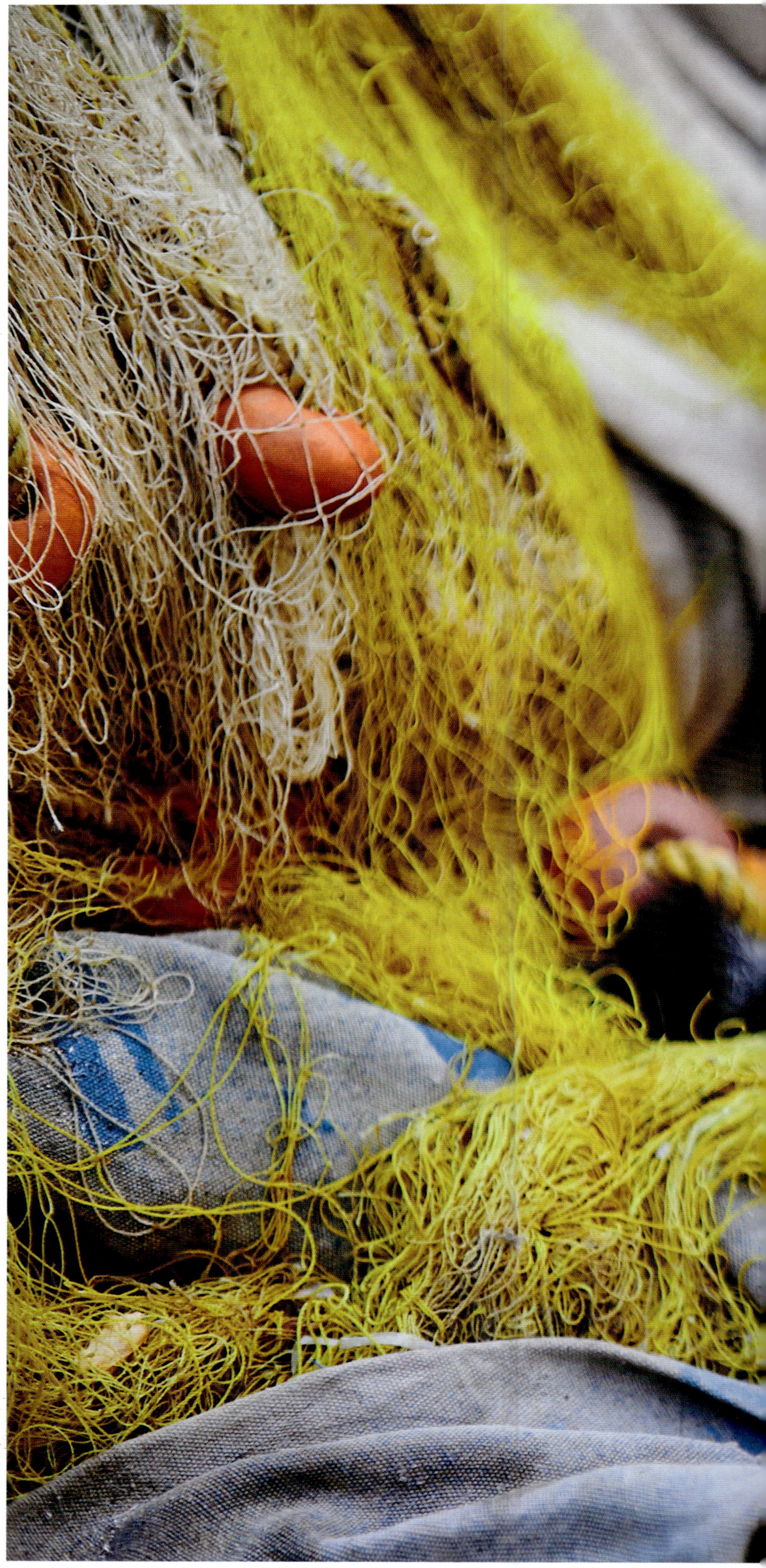

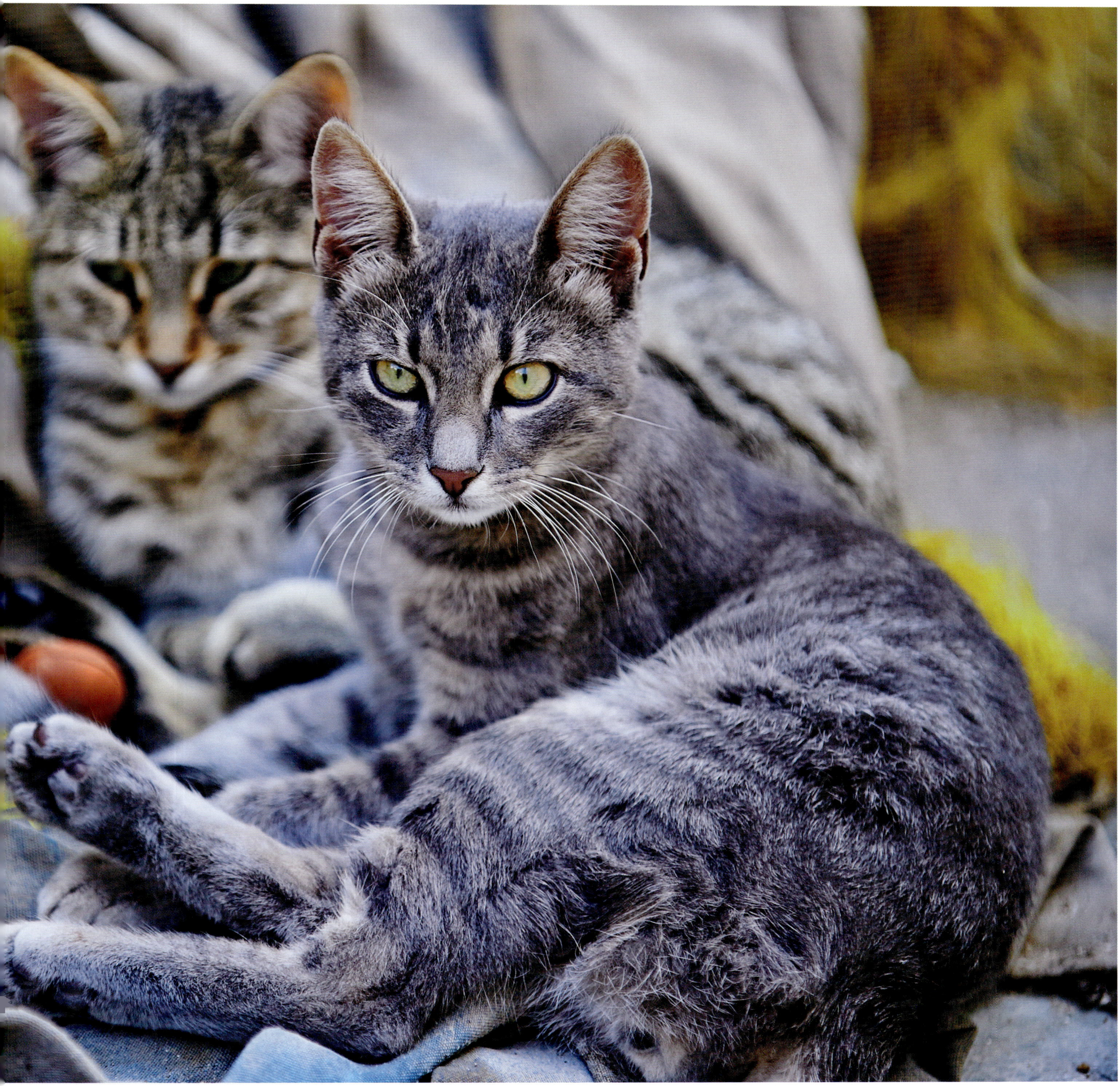

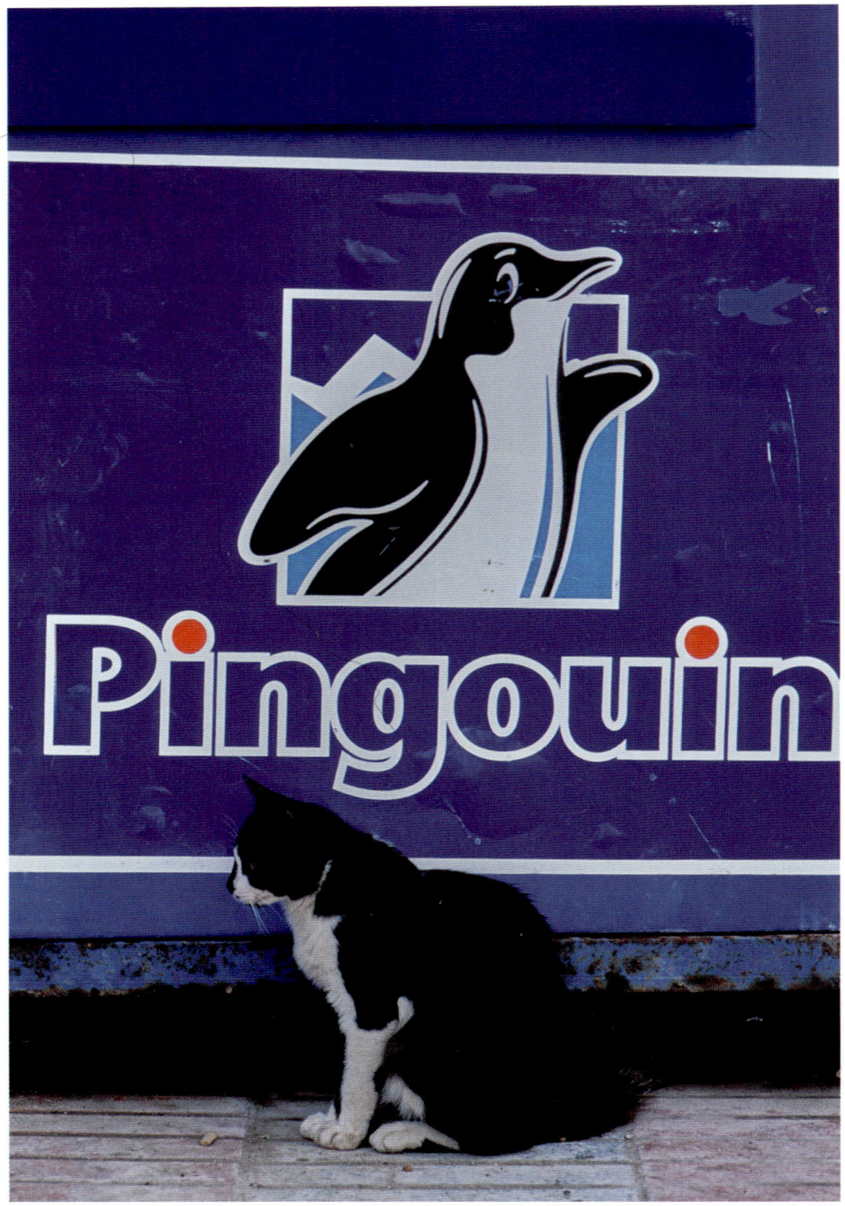
Pingouin

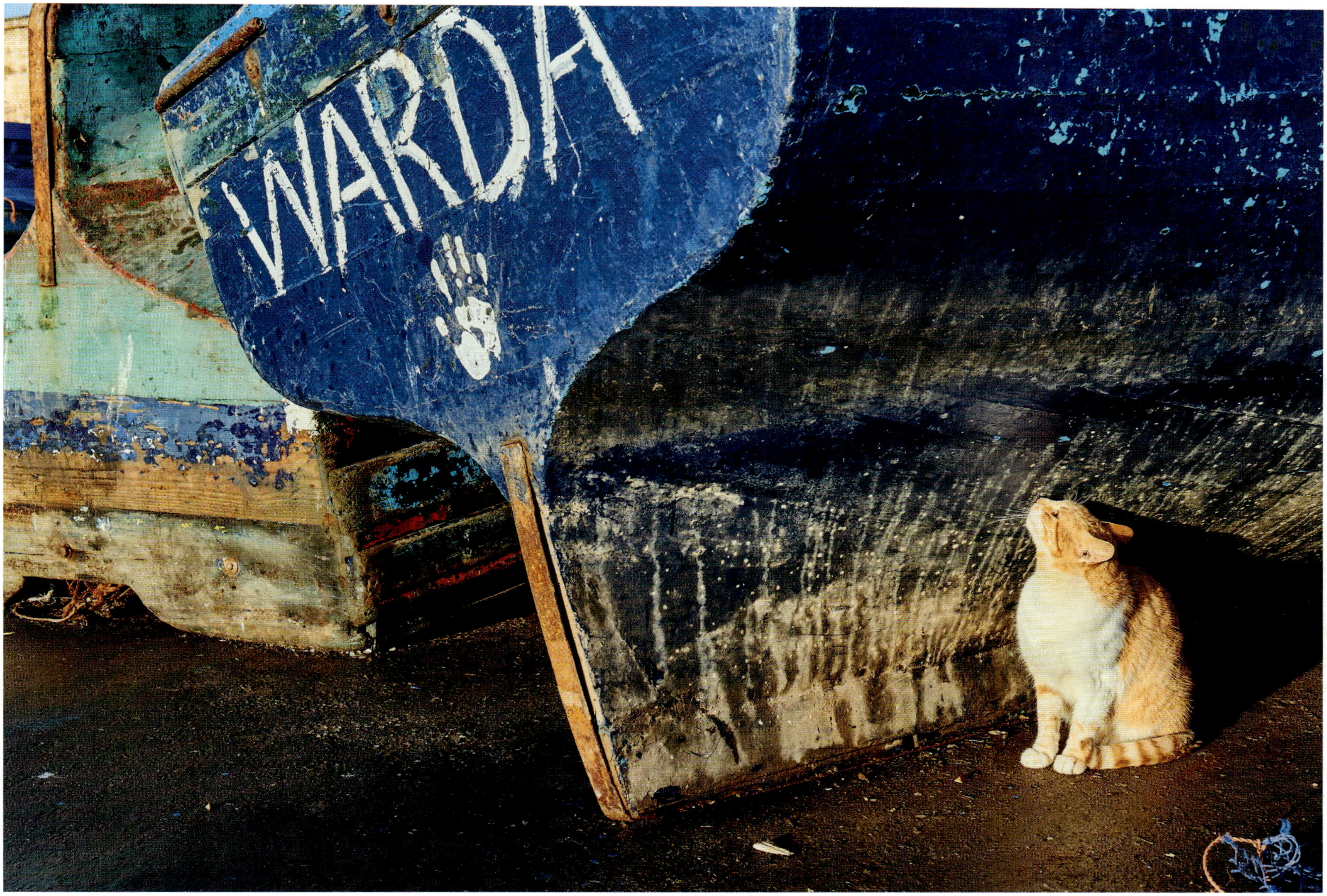
WARDA

Caractères mis à part, on ne peut vraiment imaginer un chat, fût-il de gouttière ou persan, qui ne soit pas « bien » de sa personne, qui n'ait de la classe et du raffinement.

Gilbert GANNE

La médina de Tanger assure un paisible royaume à nos amis félins.

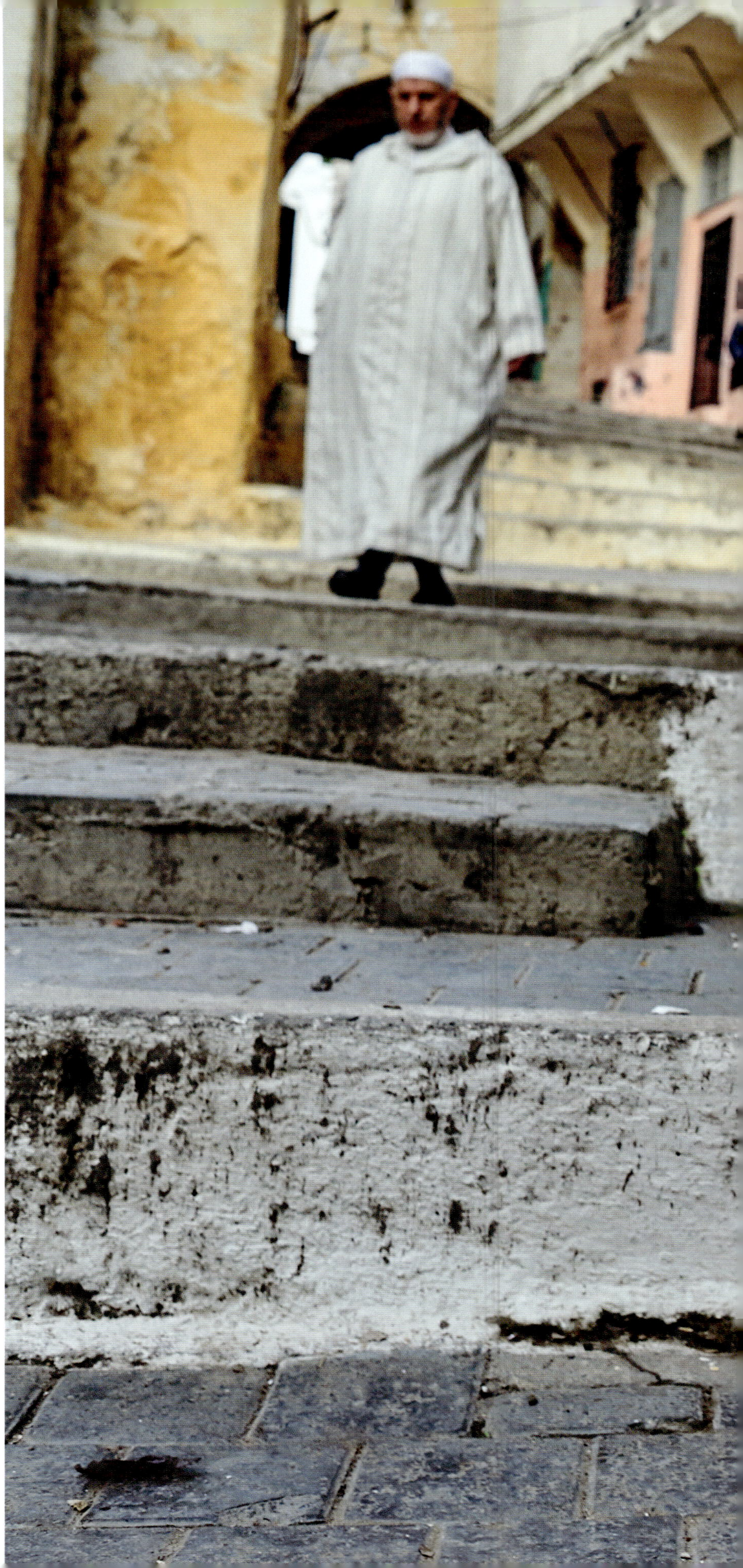

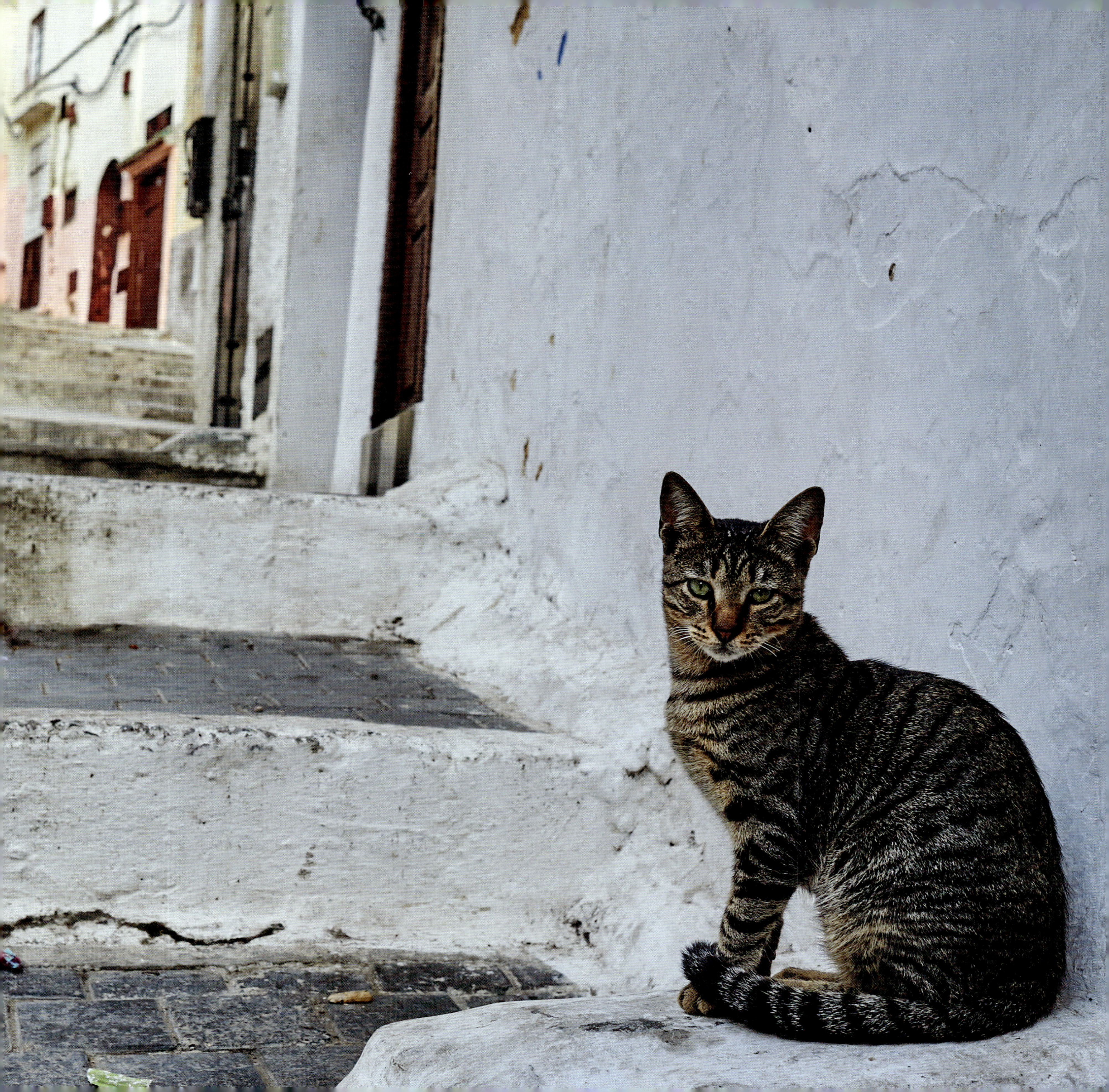

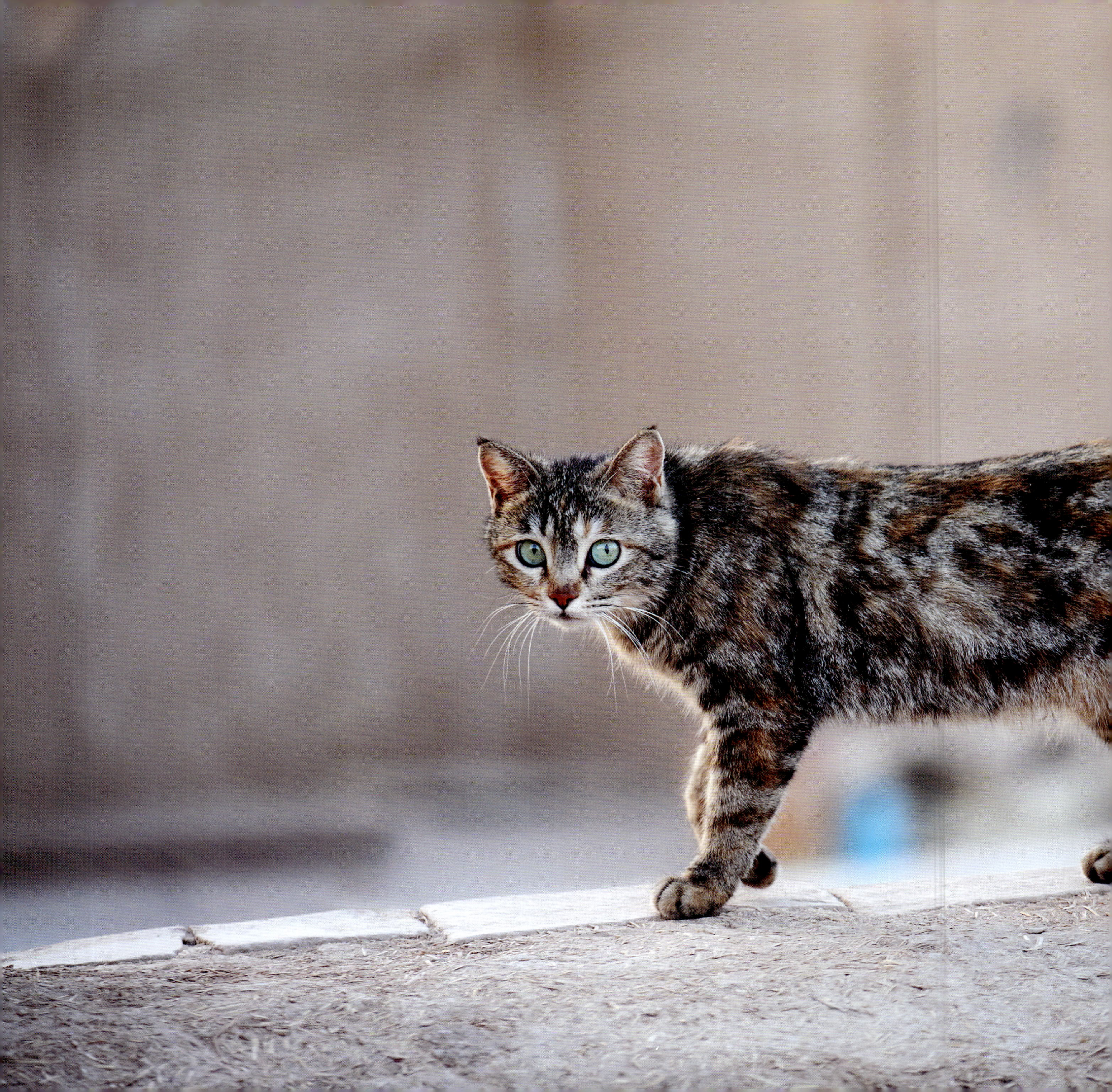

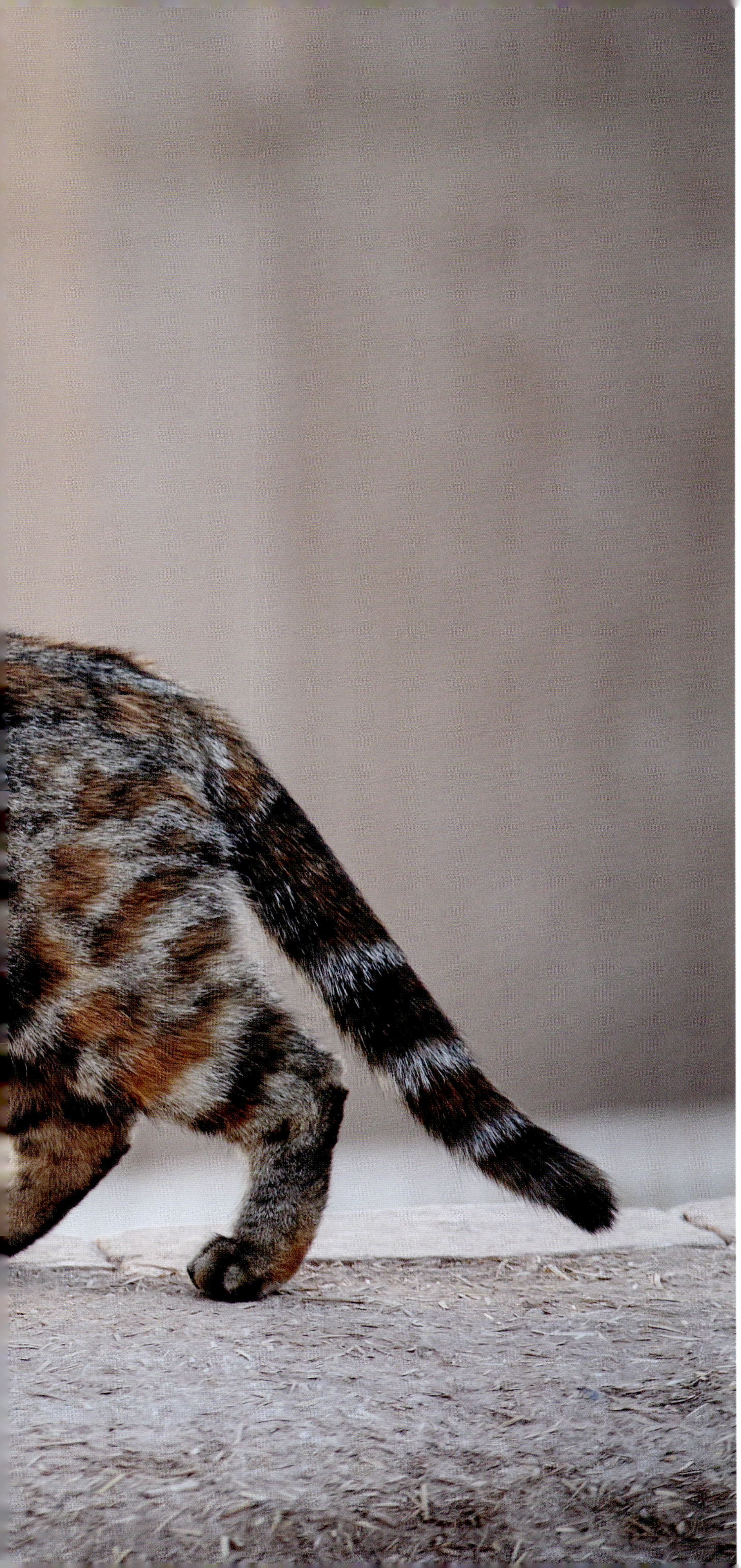

Je crois que le chat est le dernier
représentant du paradis terrestre.
C'est l'animal le plus domestique
et le plus sauvage en même temps.

Remo FORLANI

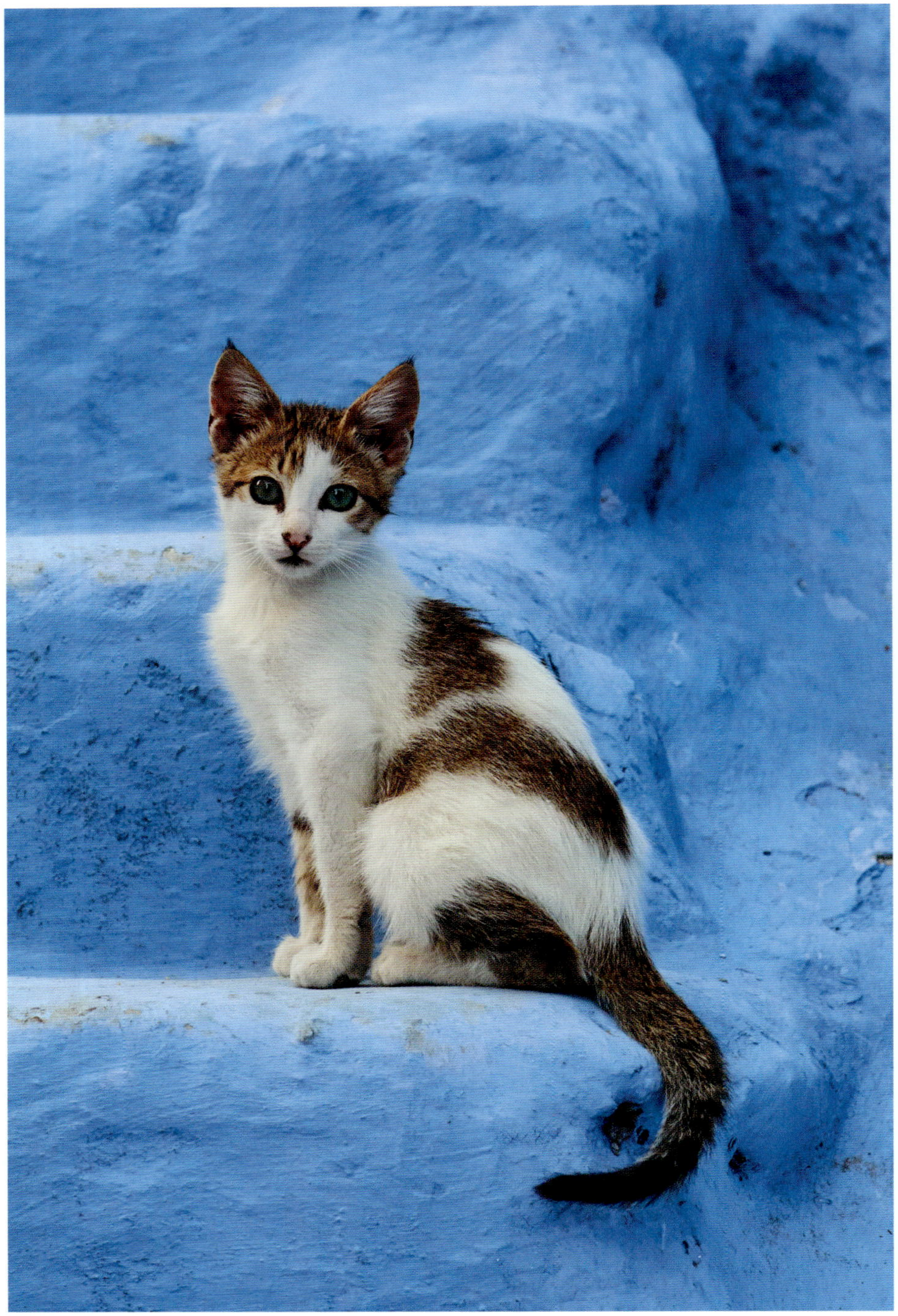
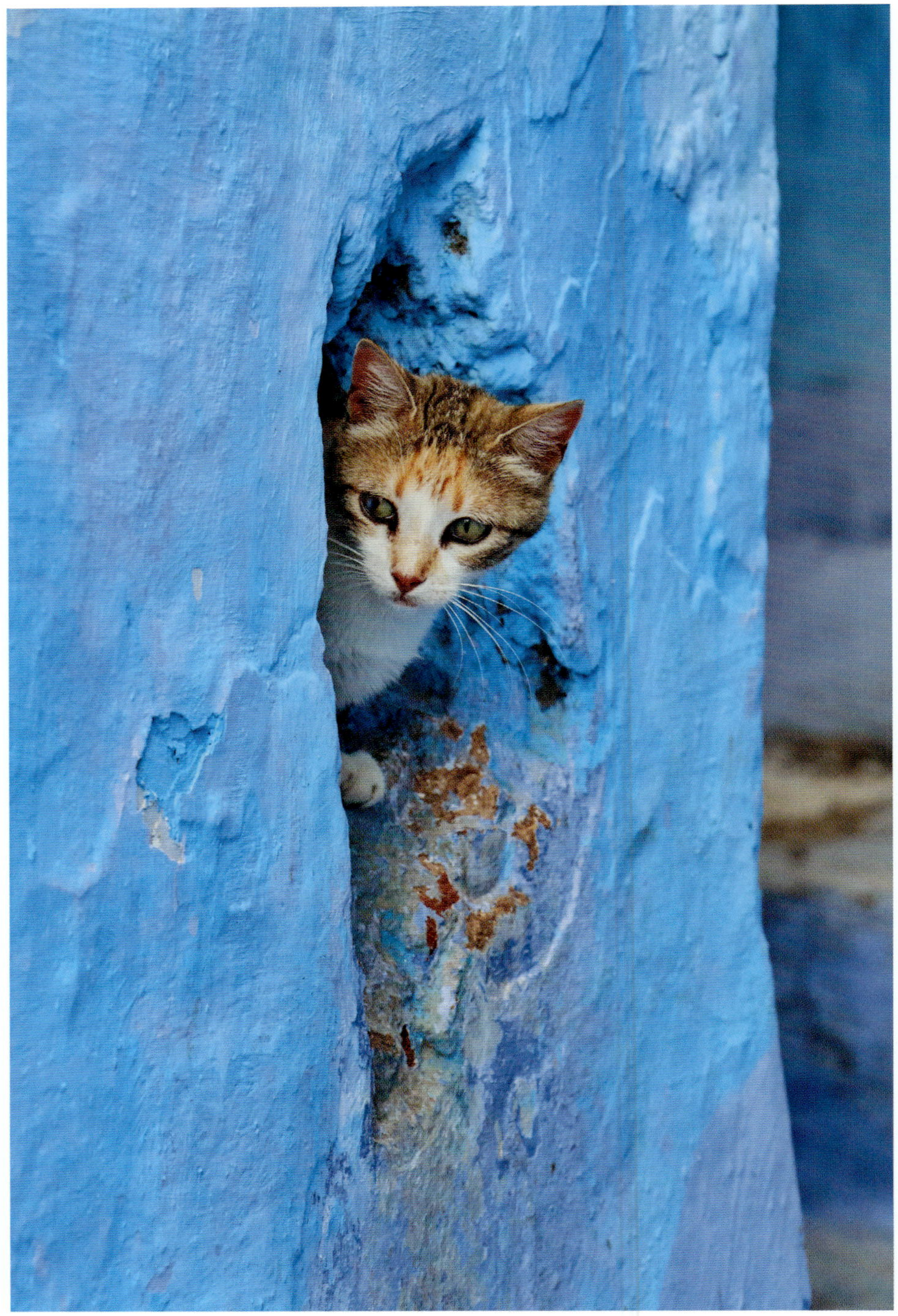

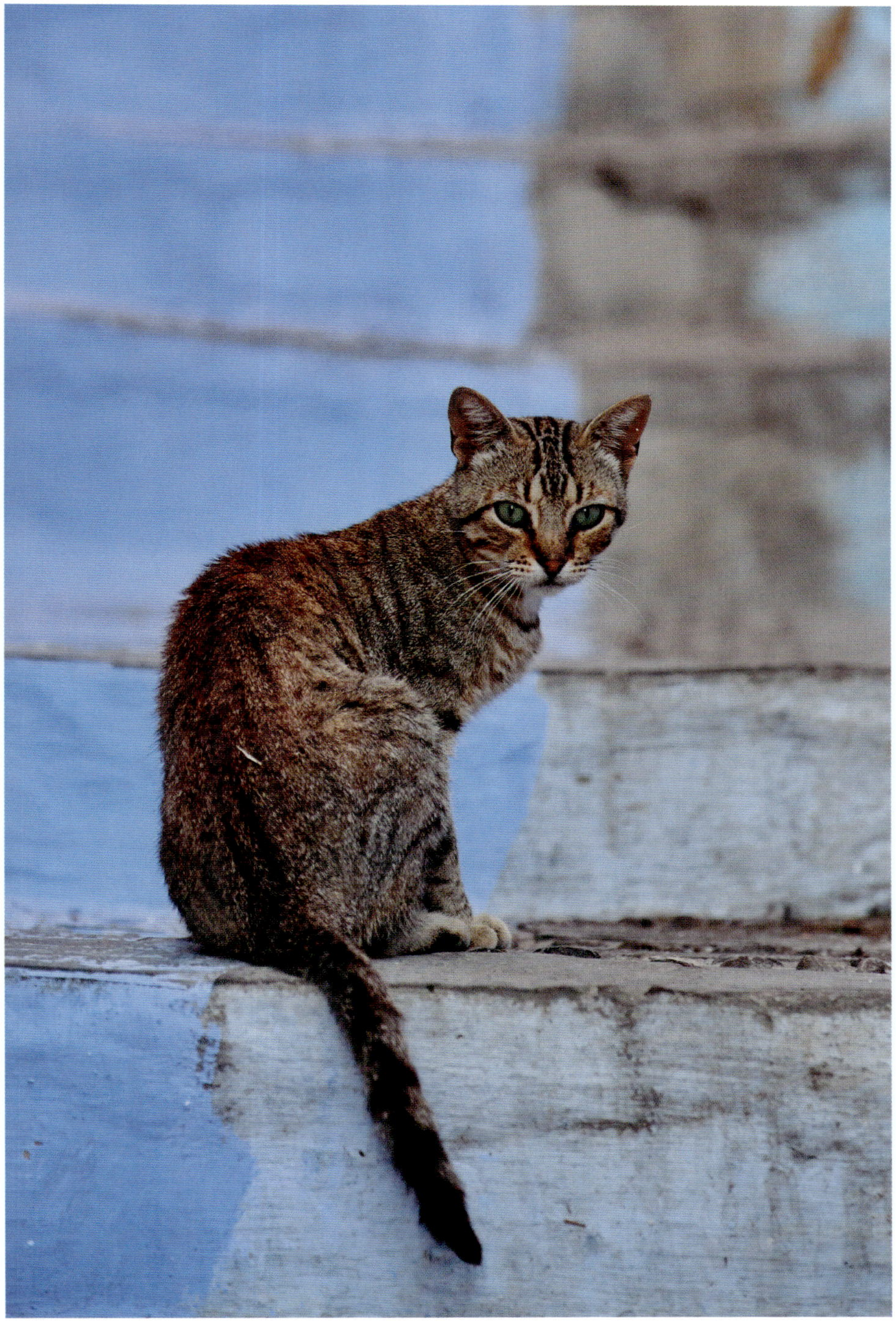

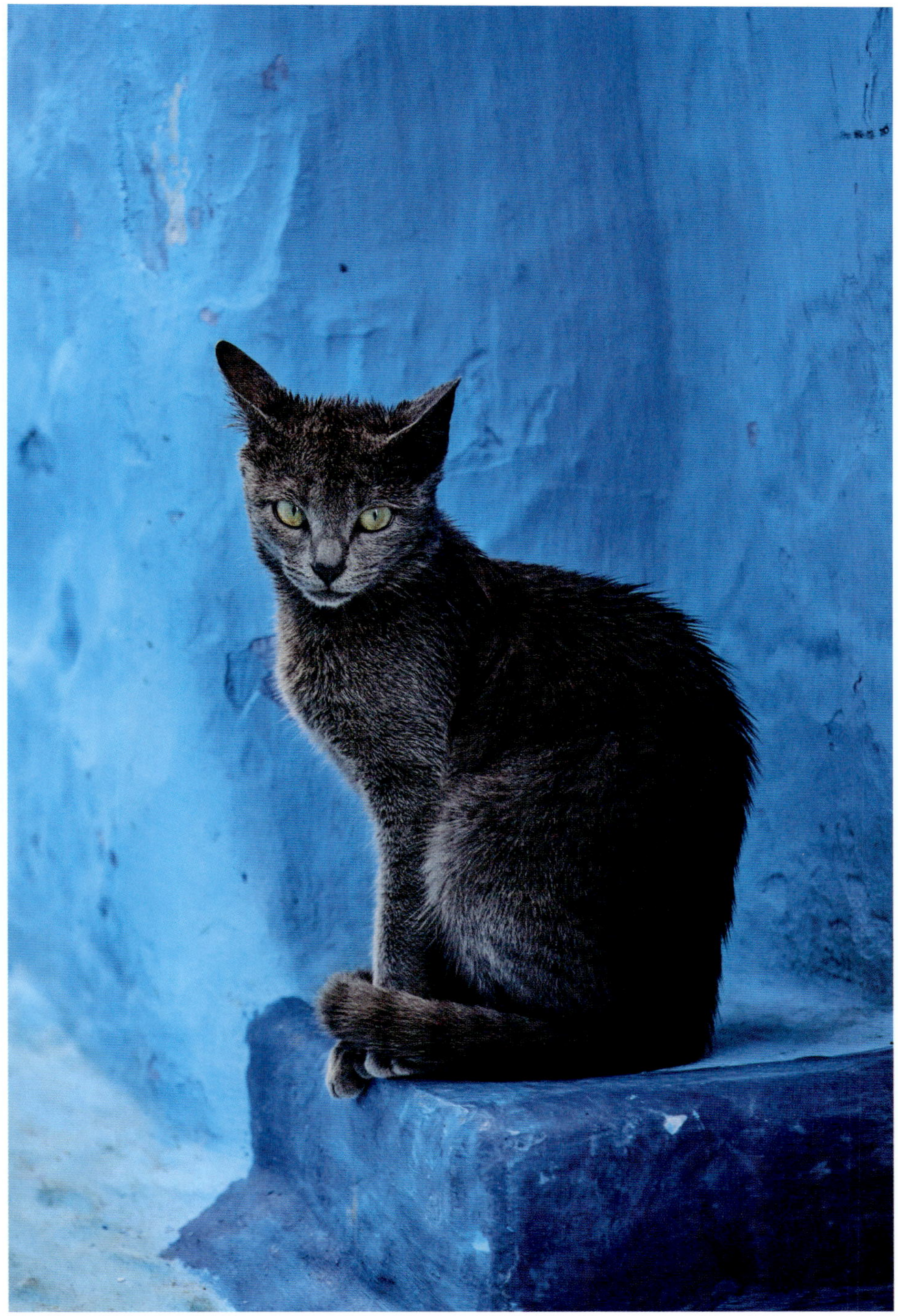

Dans la médina bleue de Chefchaouen au Maroc.

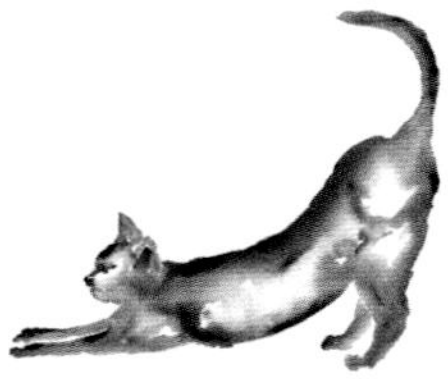

Le chat est d'une honnêteté absolue :
les êtres humains cachent,
pour une raison ou une autre,
leurs sentiments. Les chats non.

Francis BLANCHE

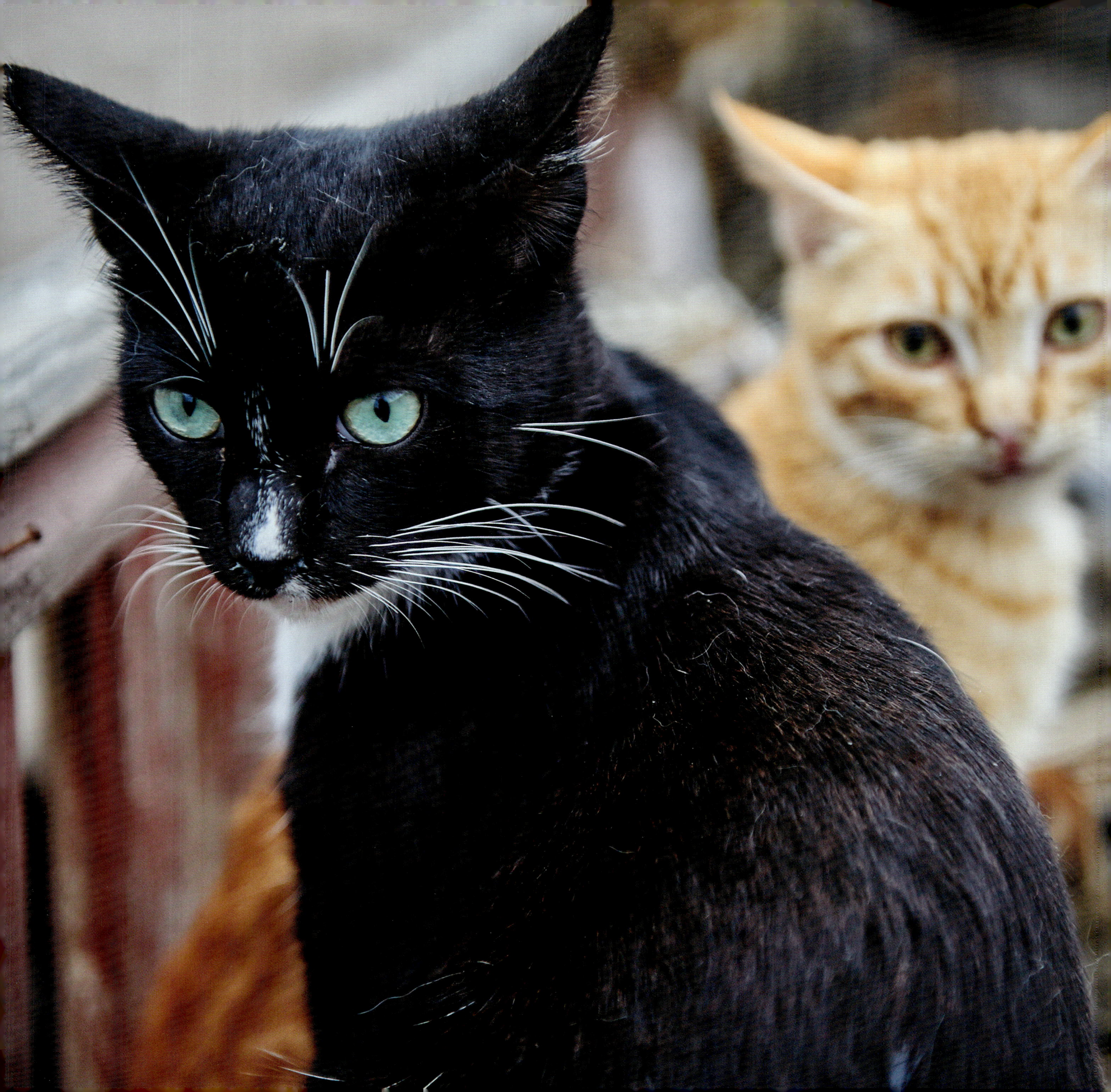

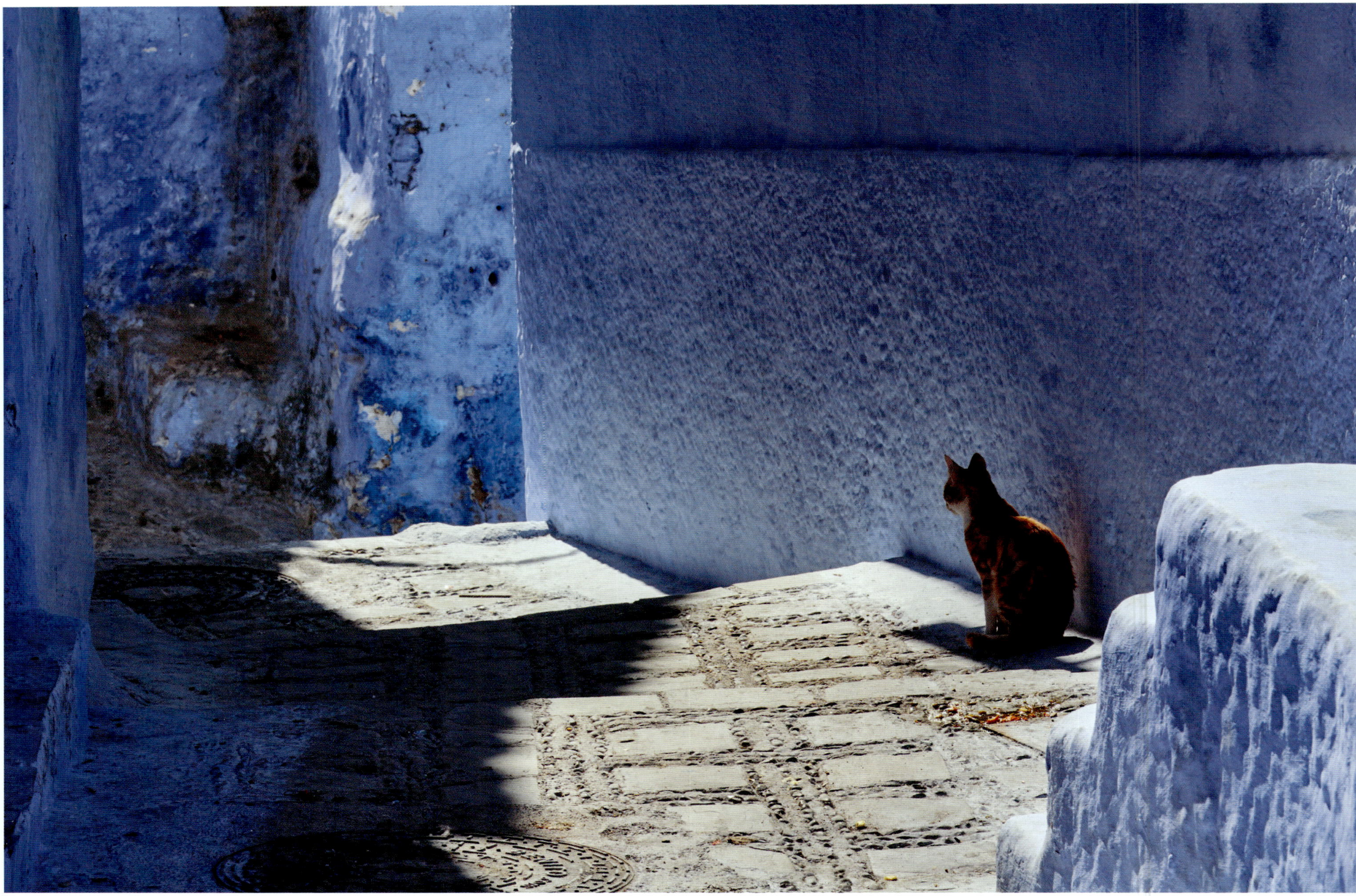

Les chats se partagent en bonne entente la vieille ville de Chefchaouen tout en ombre bleutée,
en escaliers, ruelles et recoins tranquilles.

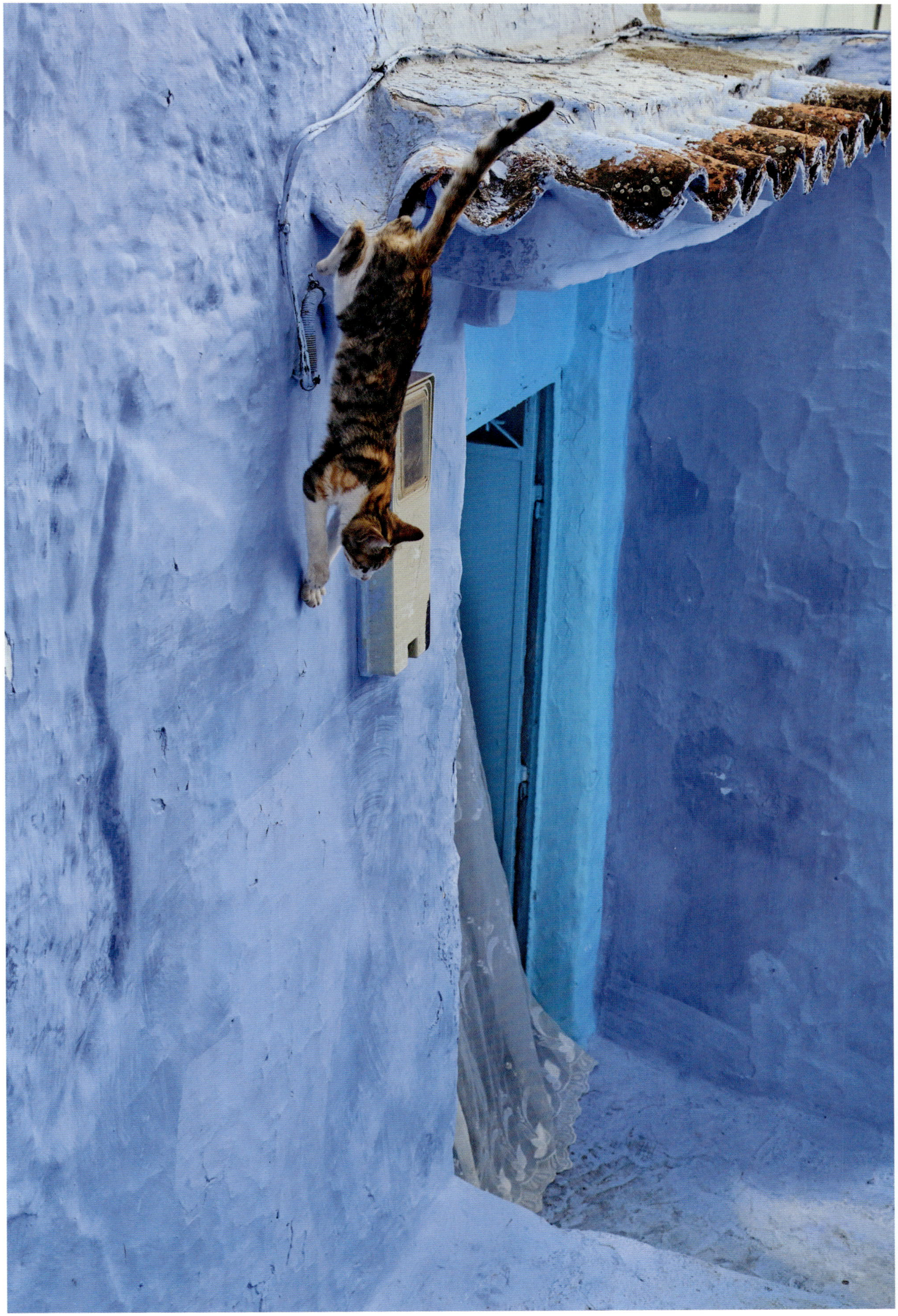

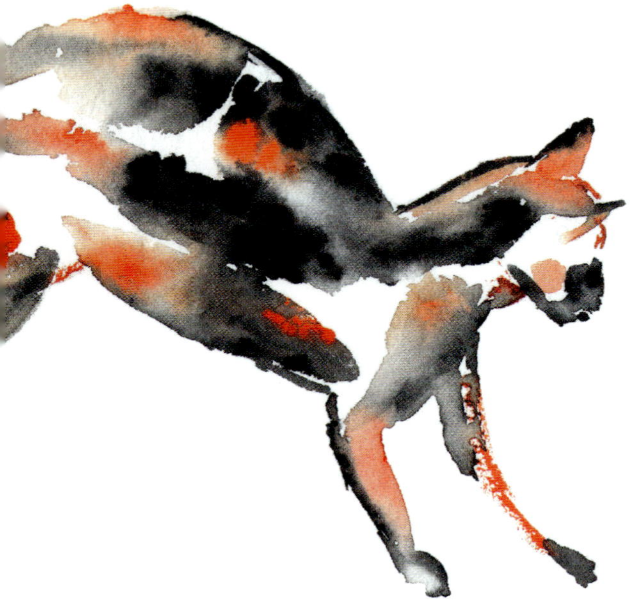

Les pattes du chat font oublier son existence ;
on n'a jamais entendu dire qu'elles aient fait
du bruit par maladresse, où qu'elles aillent.
Les chats se déplacent aussi silencieusement
que s'ils foulaient l'air ou qu'ils
marchaient sur les nuages.

Sôseki NATSUM

Sa course seule était toutes les joies.
Elle avait la saveur d'une évasion sans but,
la clarté d'un espoir plus lumineux que toute conquête.
Il courait, libre, dans la nuit froide et pure,
dans l'étendue illimitée du monde.

Maurice GENEVOIX

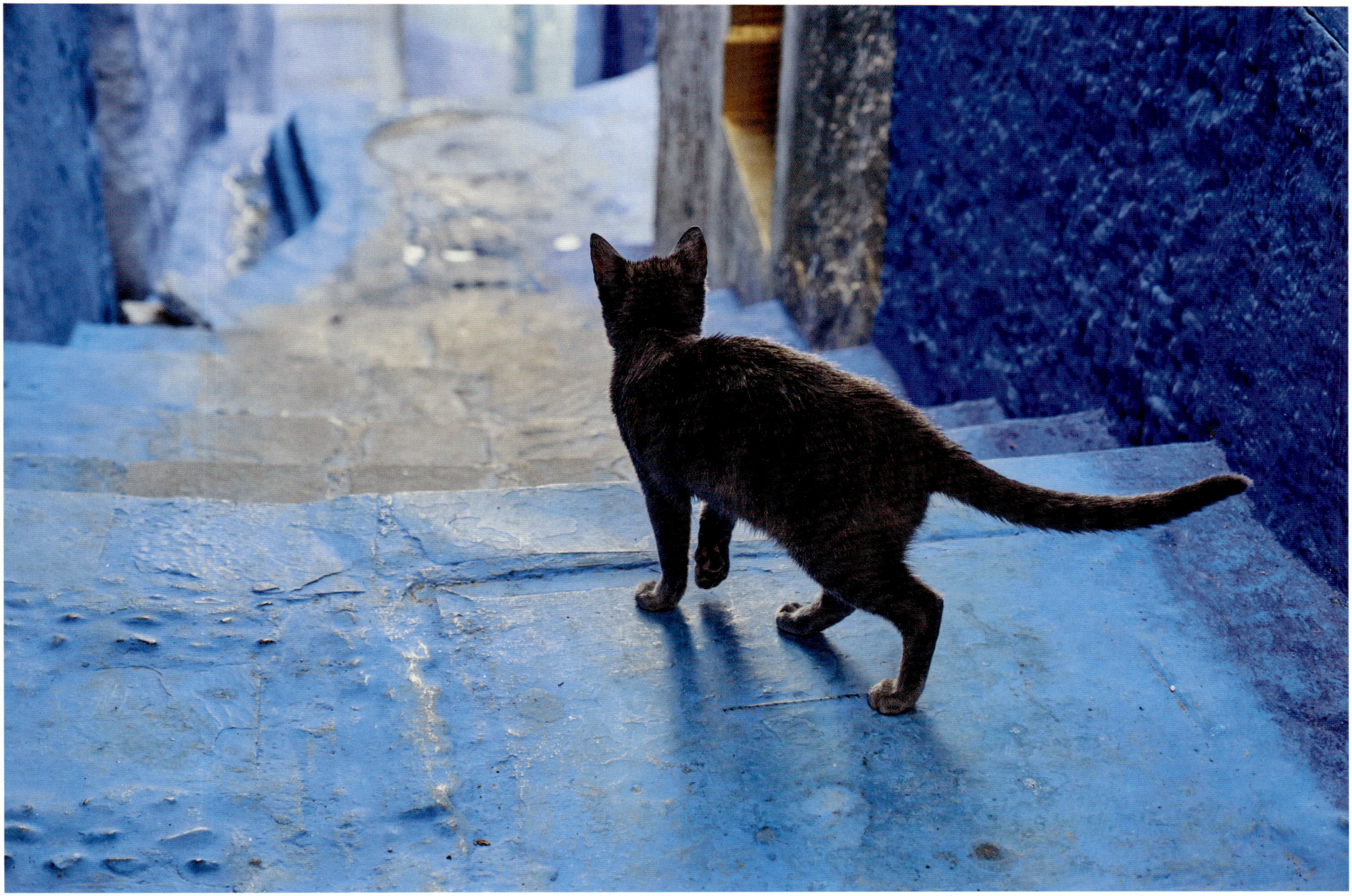

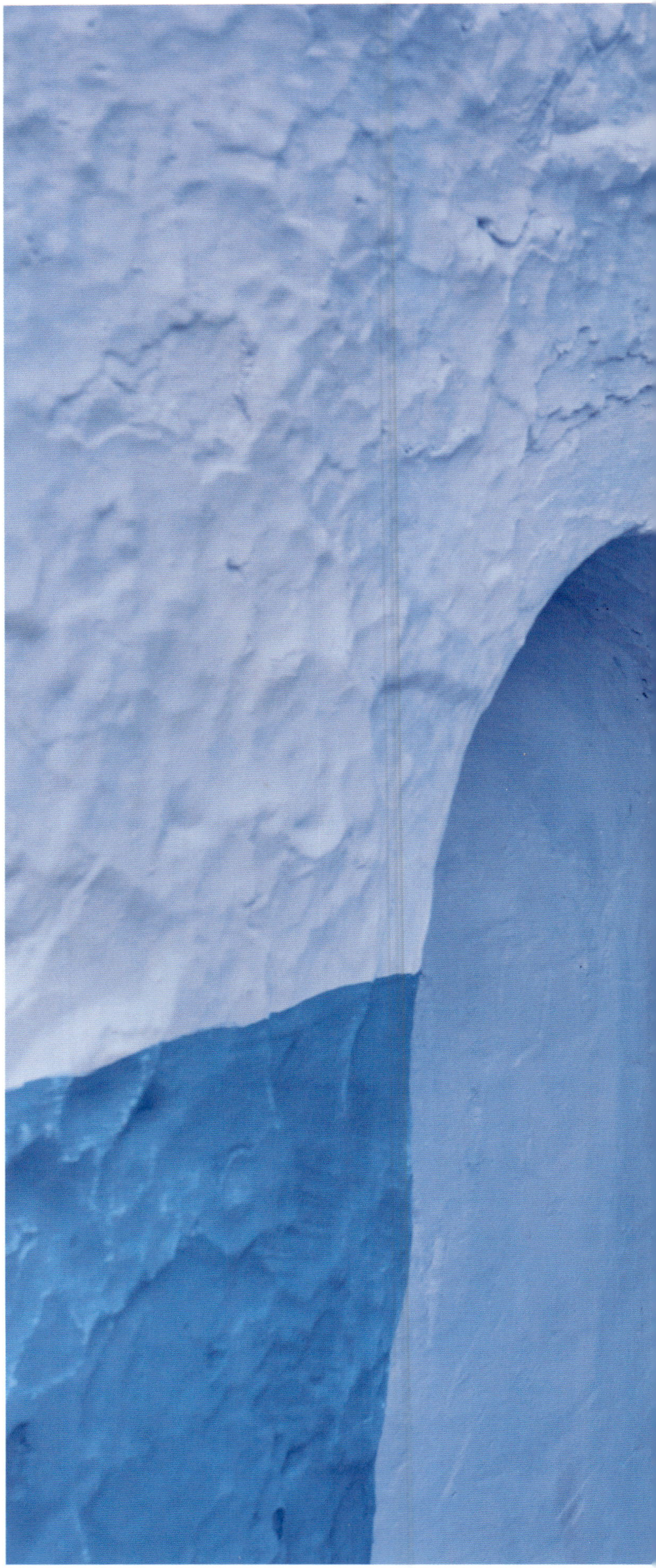

Il y a un sens du règne chez les chats.
C'est un sens des lieux comme autant
de royaumes. Comme leur royaume.
Quels sont les êtres pour qui
les lieux sont des royaumes ?
Les chats.

Pascal QUIGNARD

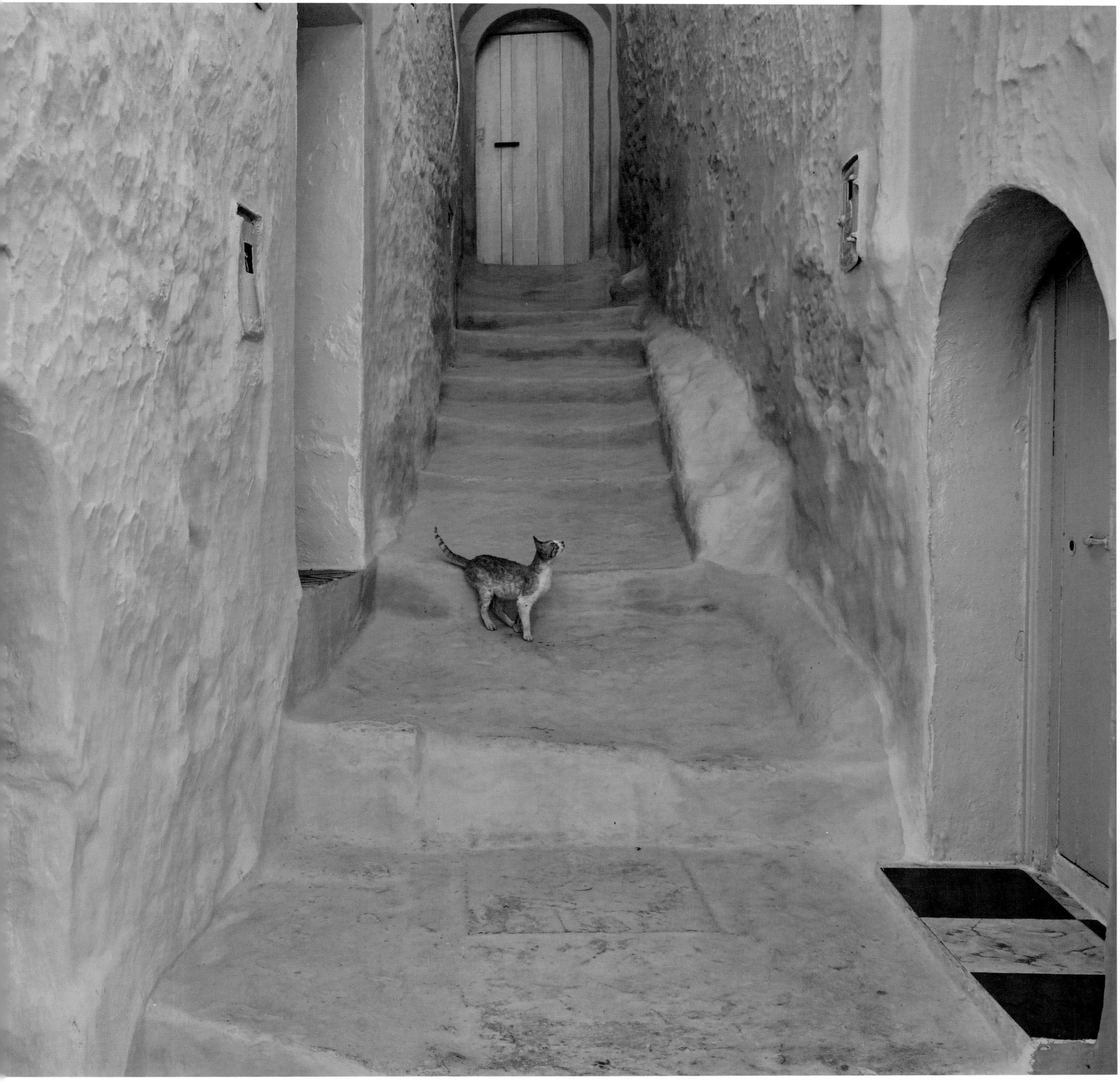

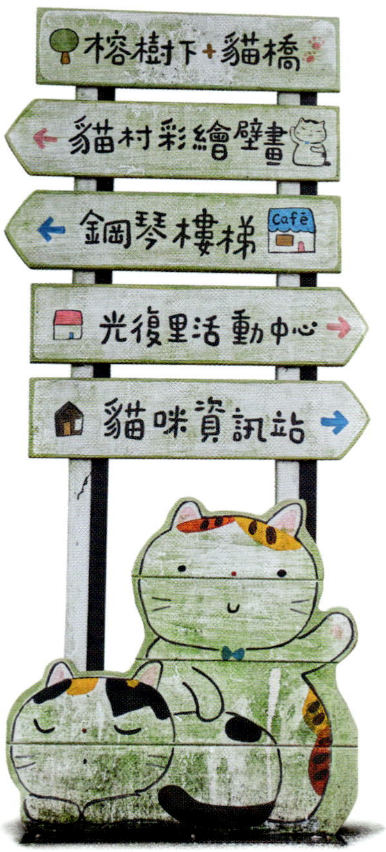
榕樹下+貓橋
貓村彩繪壁畫
鋼琴樓梯
Café
光復里活動中心
貓咪資訊站

« Je voudrais bien que vous cessiez d'apparaître
et de disparaître si soudainement :
vous donnez le vertige aux gens » dit Alice.

« Très bien fit le Chat » ; et cette fois-ci
il disparut en commençant par le bout de la queue
et en finissant par le sourire, qui demeura
un moment après que le reste se fut effacé.

« Eh bien, j'ai souvent vu un chat sans sourire »,
pensa Alice ; « mais un sourire sans chat !
C'est la chose la plus étrange que j'aie jamais
vue dans toute ma vie. »

Lewis CARROLL

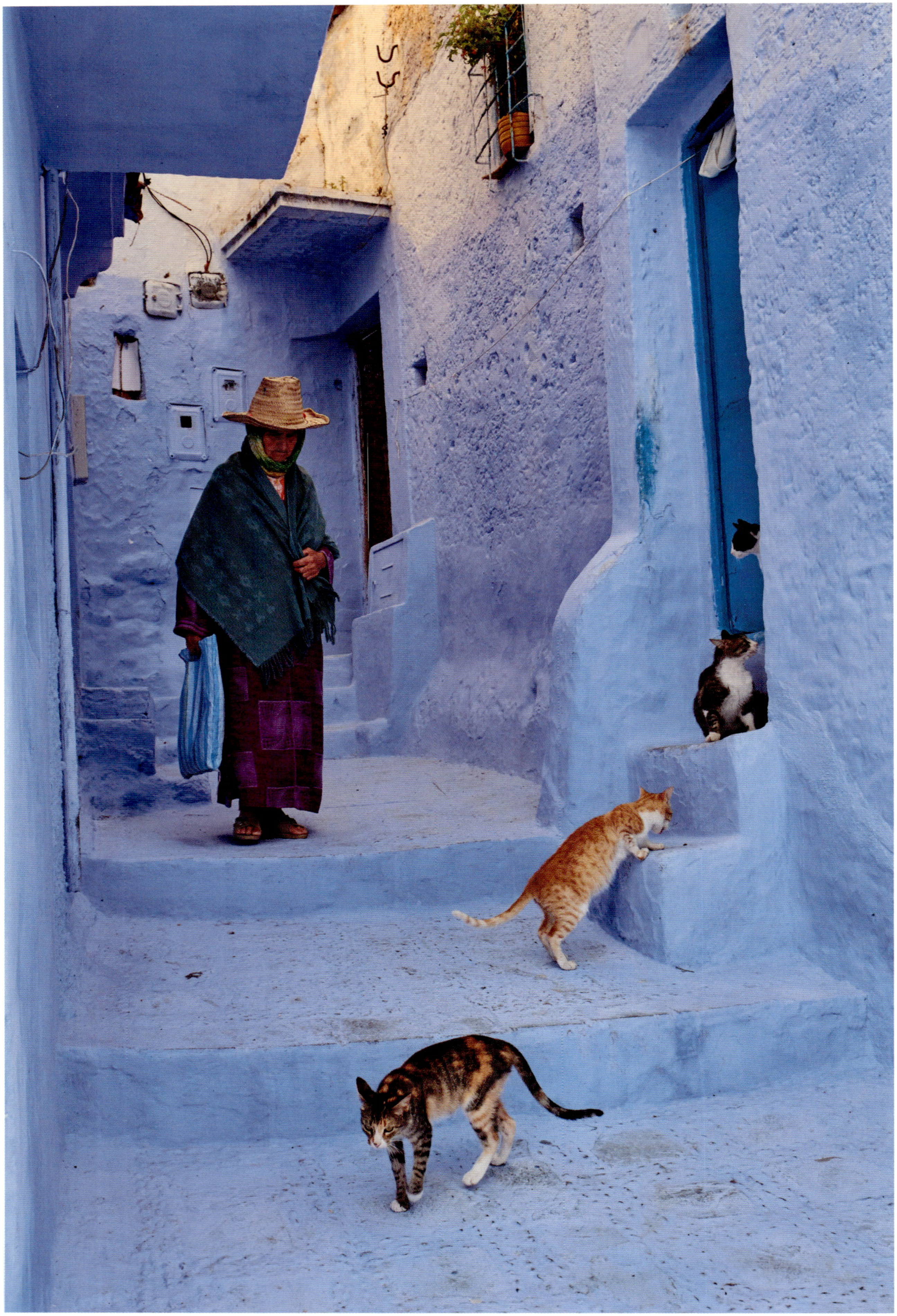

Dans chaque quartier de la ville bleue,
des habitants généreux nourrissent
les chats sans propriétaire.

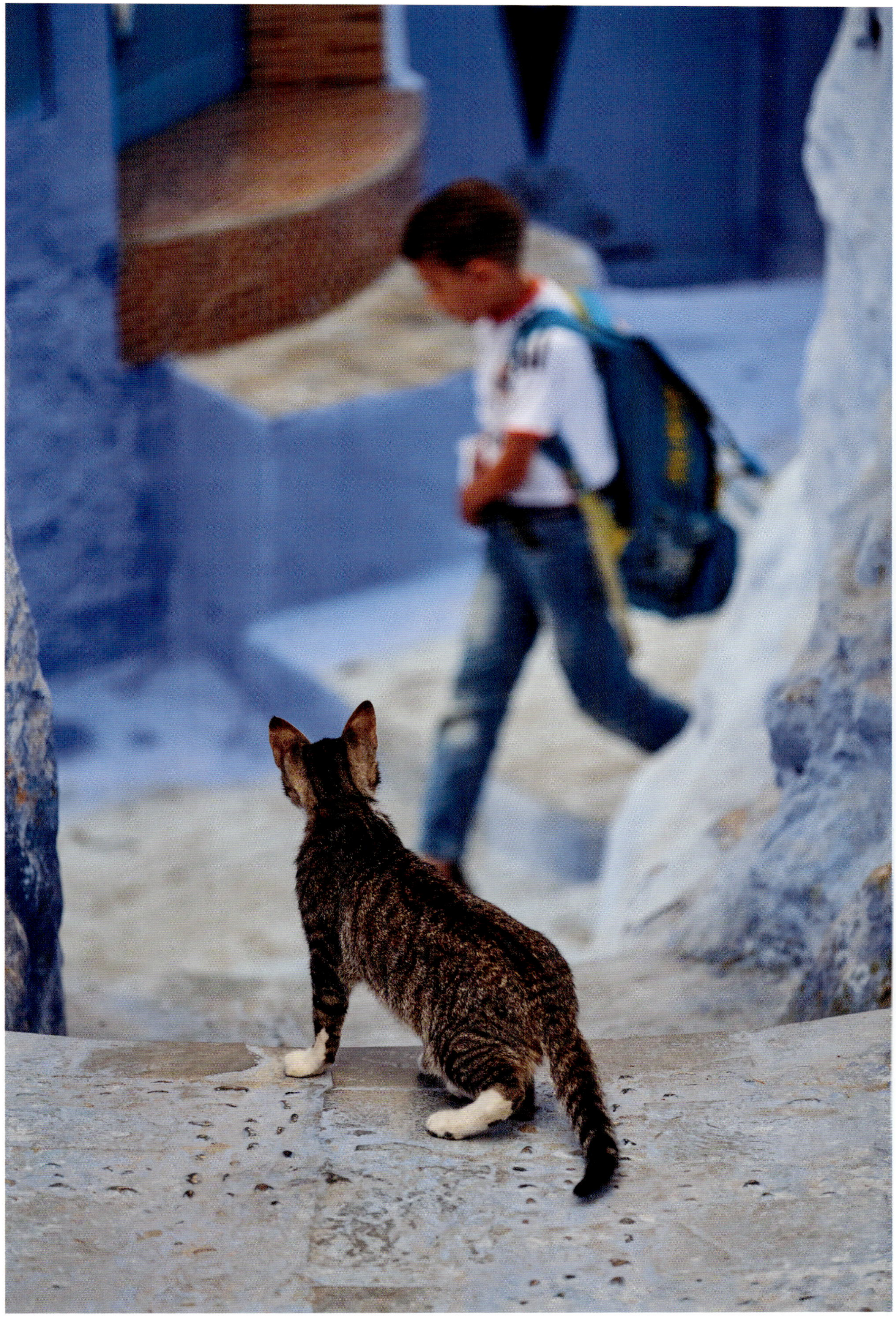

Il n'y a pas de chats ordinaires.

Colette

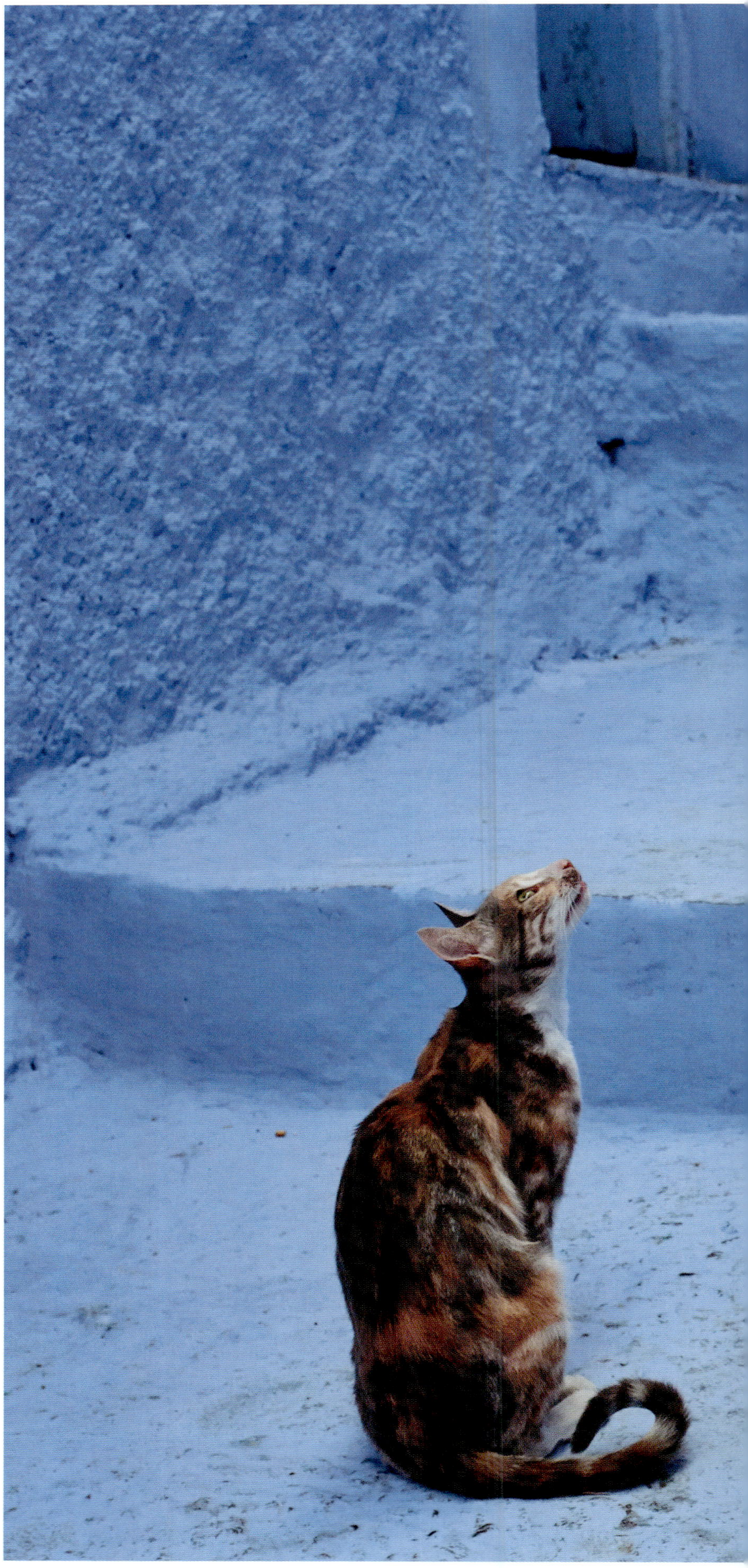

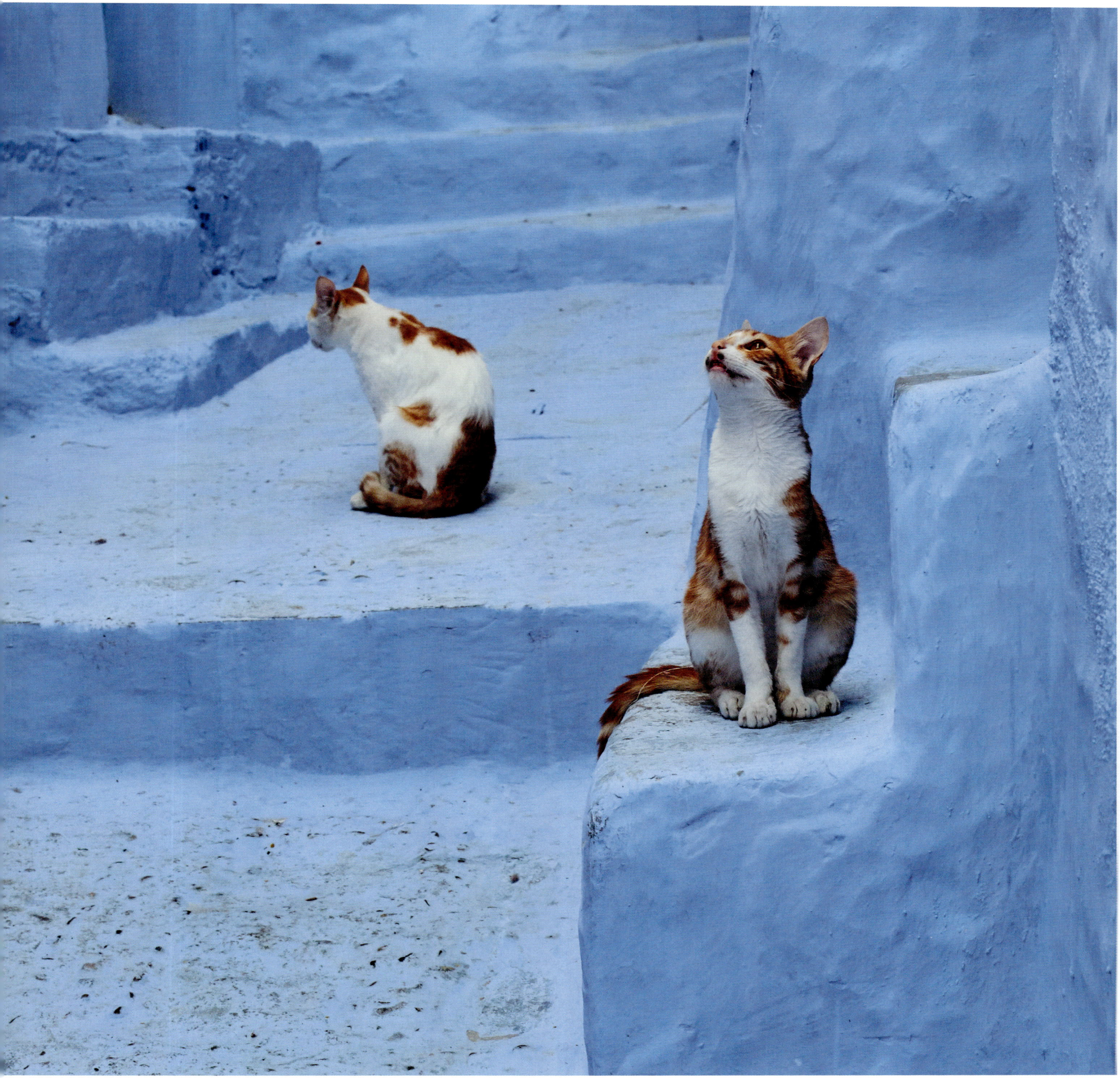

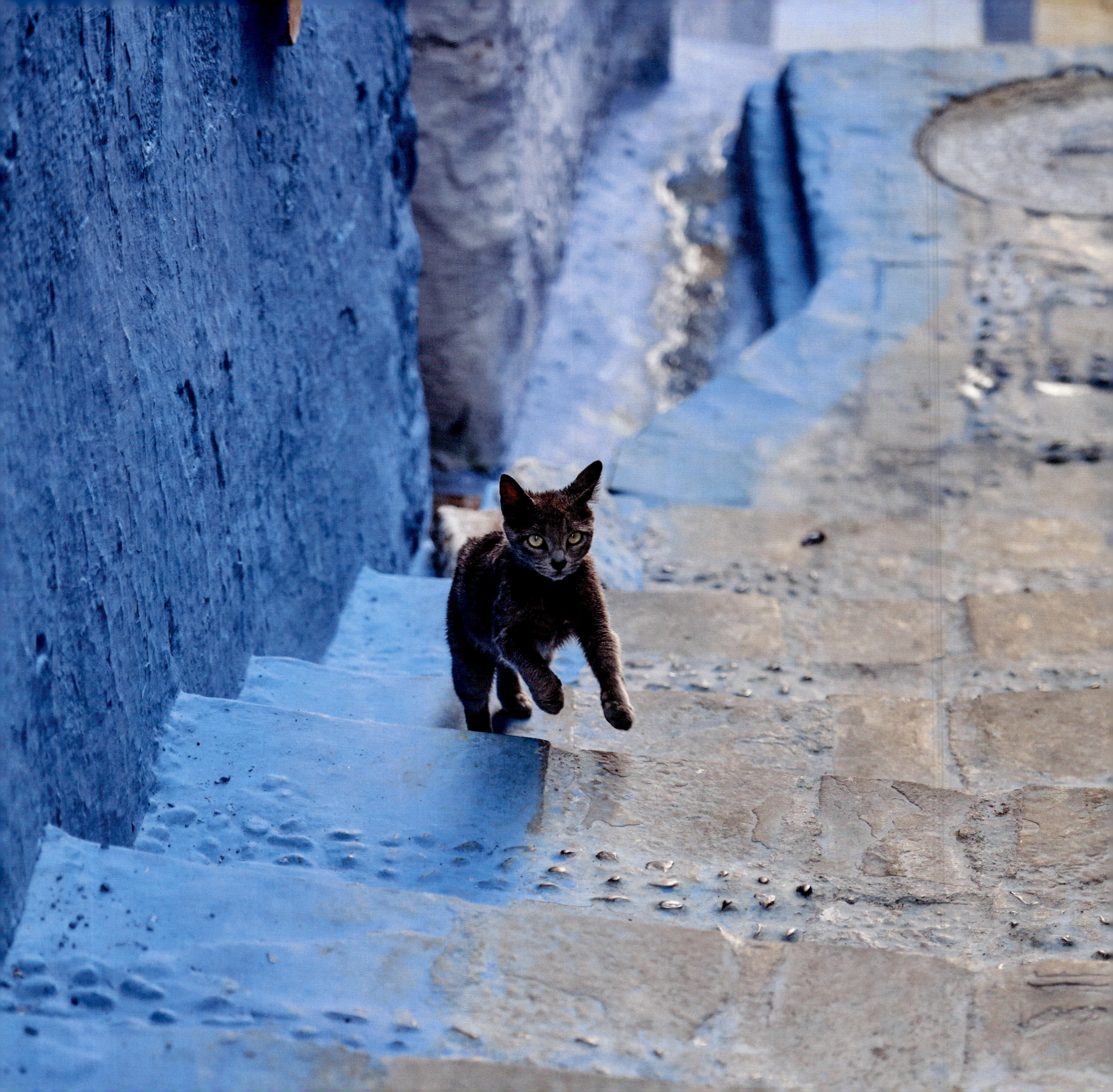

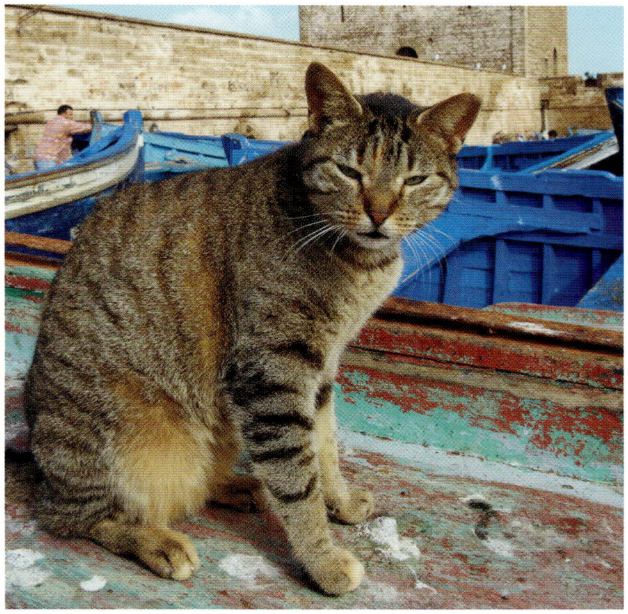

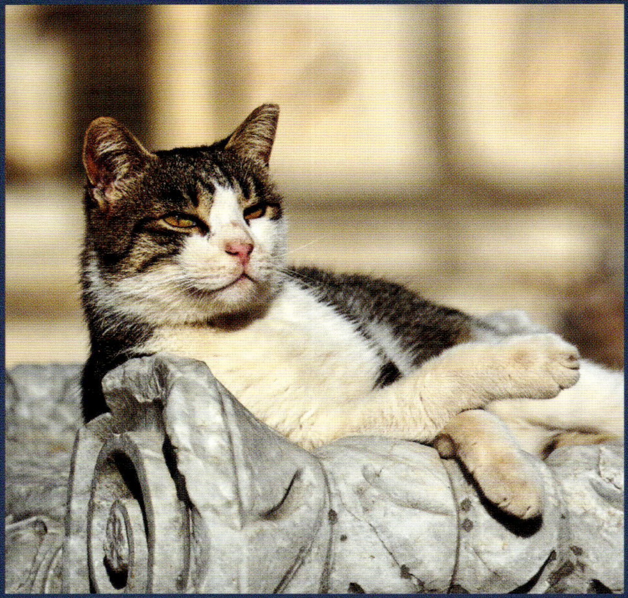

Petits dieux grecs

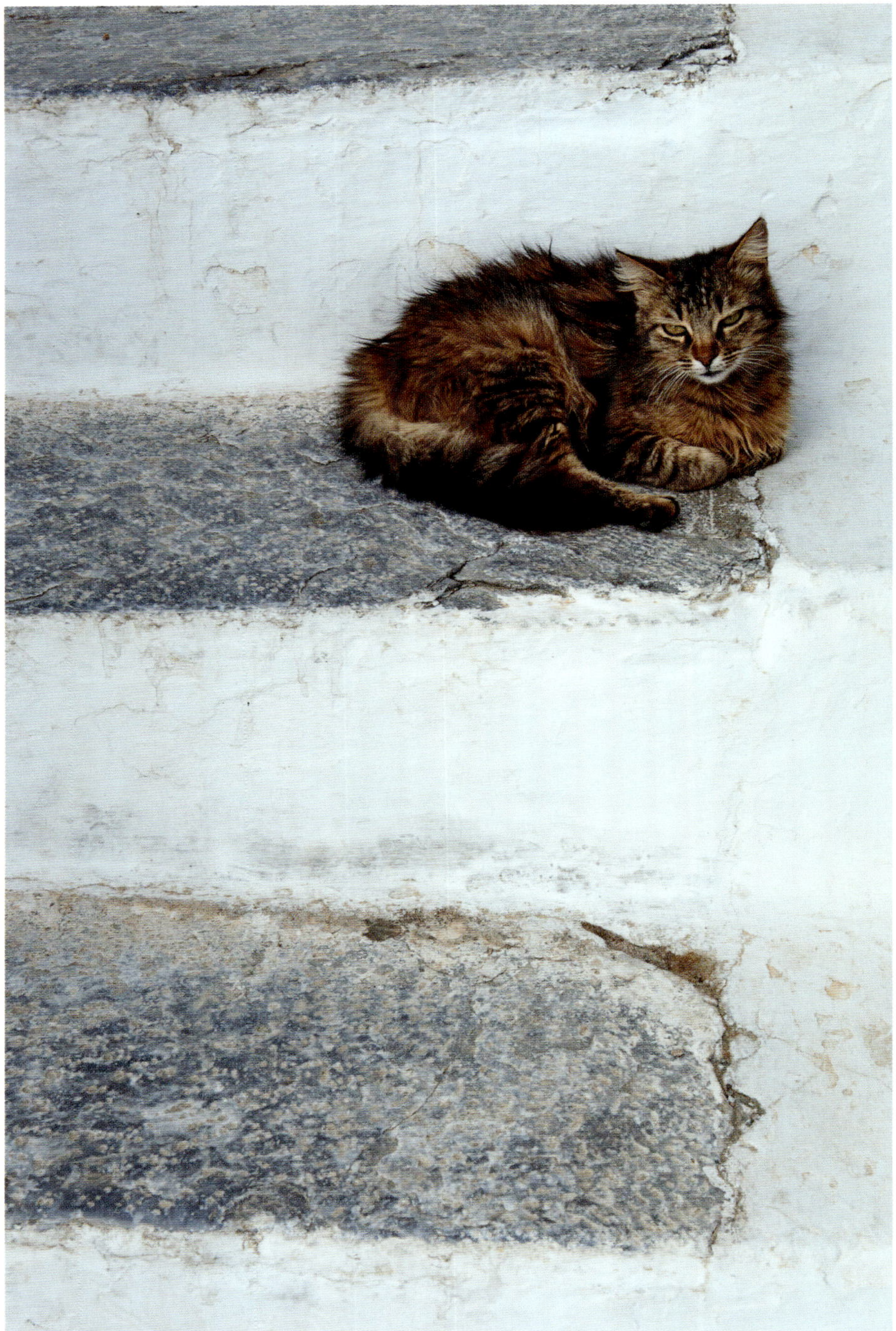

Situé au cœur de la mer Égée, l'archipel des Cyclades est fidèle à l'idée que nous nous faisons tous des îles grecques : maisons éclatantes de blancheur, labyrinthes de ruelles, moulins à vent, minuscules ports colorés, criques baignées de soleil… et des chats se prélassant sans retenue, heureux locataires de ces lieux si particuliers. Depuis sept ans, la lumière singulière de ces îles joue les sirènes et nous invite irrésistiblement à les rejoindre chaque printemps et chaque automne. Il y règne une indicible douceur à la tonalité toute méditerranéenne. Parmi les quelque 2 200 îles et îlots cycladiques, 33 seulement sont habités mais chacun montre un caractère affirmé… et d'innombrables chats.

Durant l'Antiquité, lorsque la navigation se faisait encore par cabotage, le carrefour des Cyclades était devenu le passage obligé de toutes les marchandises qui traversaient Notre Mer en tous sens. Jugeant le climat et la pitance à son goût, notre ami le chat s'était enfui des embarcations des riches marchands phéniciens où on l'obligeait à veiller « aux grains ». Cet *ailouros* – « celui qui remue la queue » – n'a pas tardé à entrer dans la mythologie lorsque Artémis reprit judicieusement sa forme afin d'échapper au coléreux Typhon. Depuis, libres et désœuvrés, les petits résidents des Cyclades ont su développer une incroyable faculté de survie. Maigres et élancés, habiles et sauvages, ils vivent avec élégance et détachement bien qu'ils ne soient guère choyés par les hommes. Les hivers sont durs pour eux mais dès que le printemps reparaît, ils s'adonnent avec délice aux chauds rayons du soleil de midi que vient tempérer la douce brise de l'Égée. On les voit courir au petit trot dans les ruelles pavées, s'envoler d'un toit à l'autre, quémander avec insistance quelque poisson puis se retirer, repus, pour la sieste. Et, lorsque le soleil vient à décliner, ils n'hésitent plus à s'aventurer dans la blancheur ourlée de bleu de leur beau royaume.

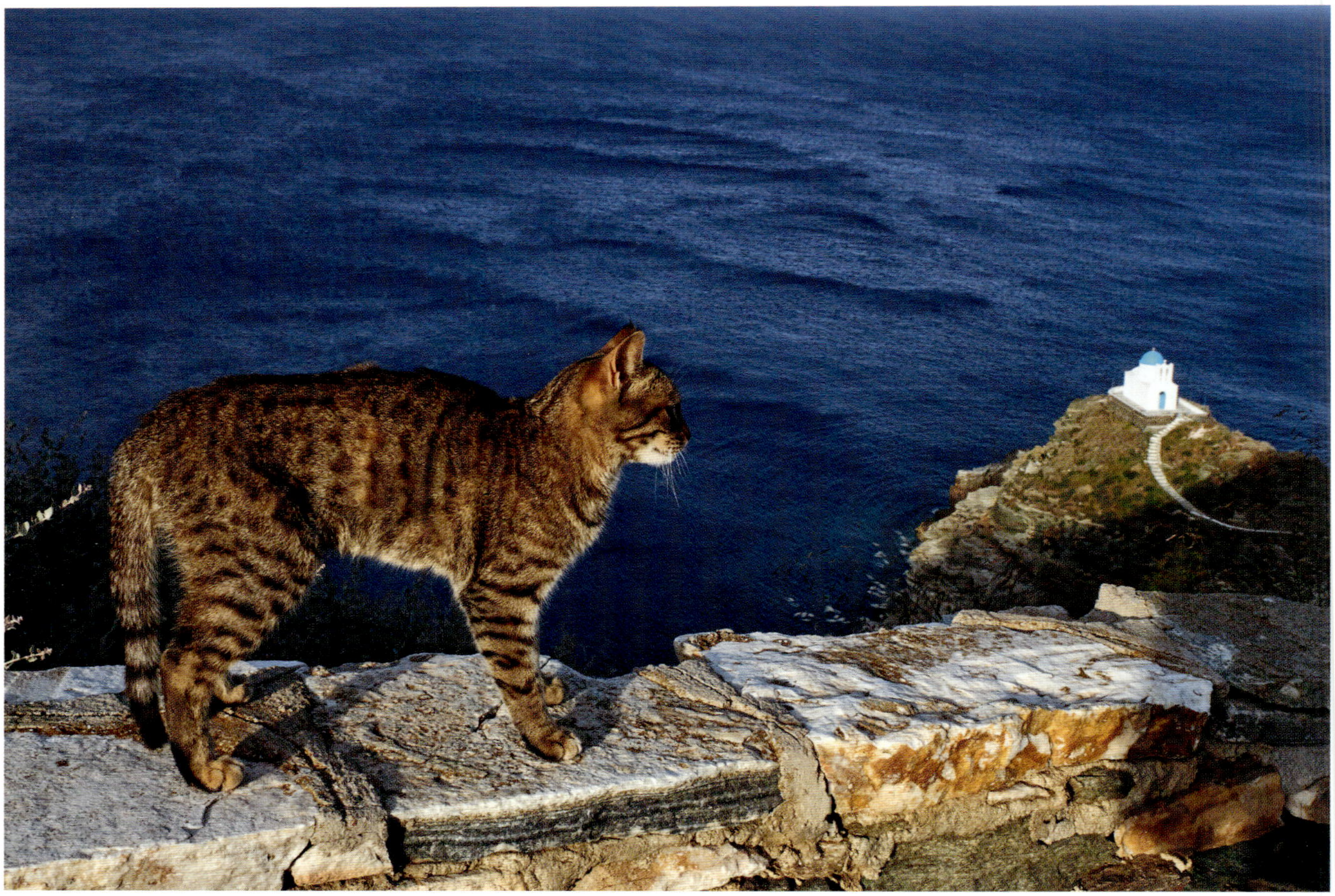

Les félins ont adopté comme refuge les églises et chapelles qui ornent presque chaque colline des Cyclades.

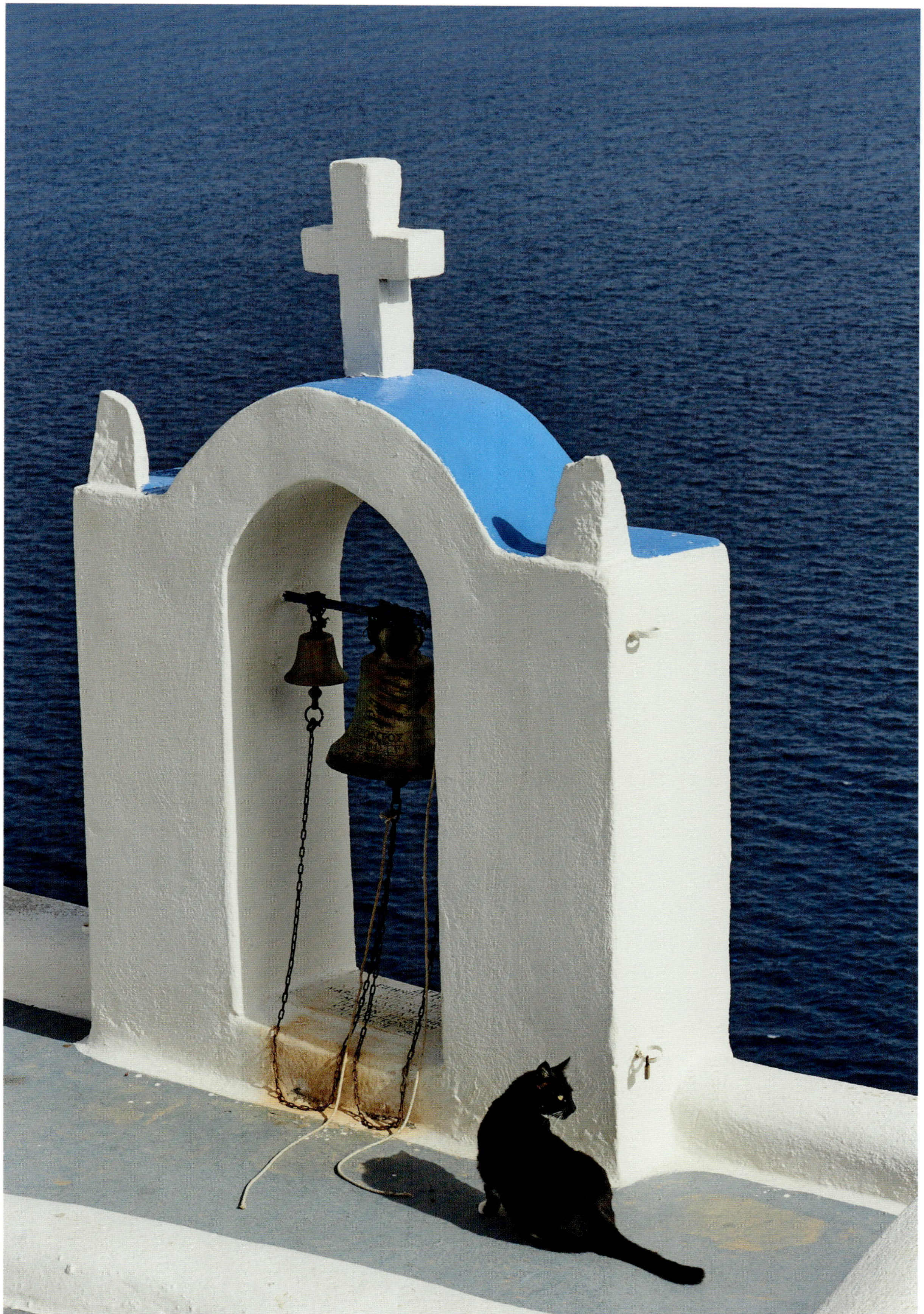

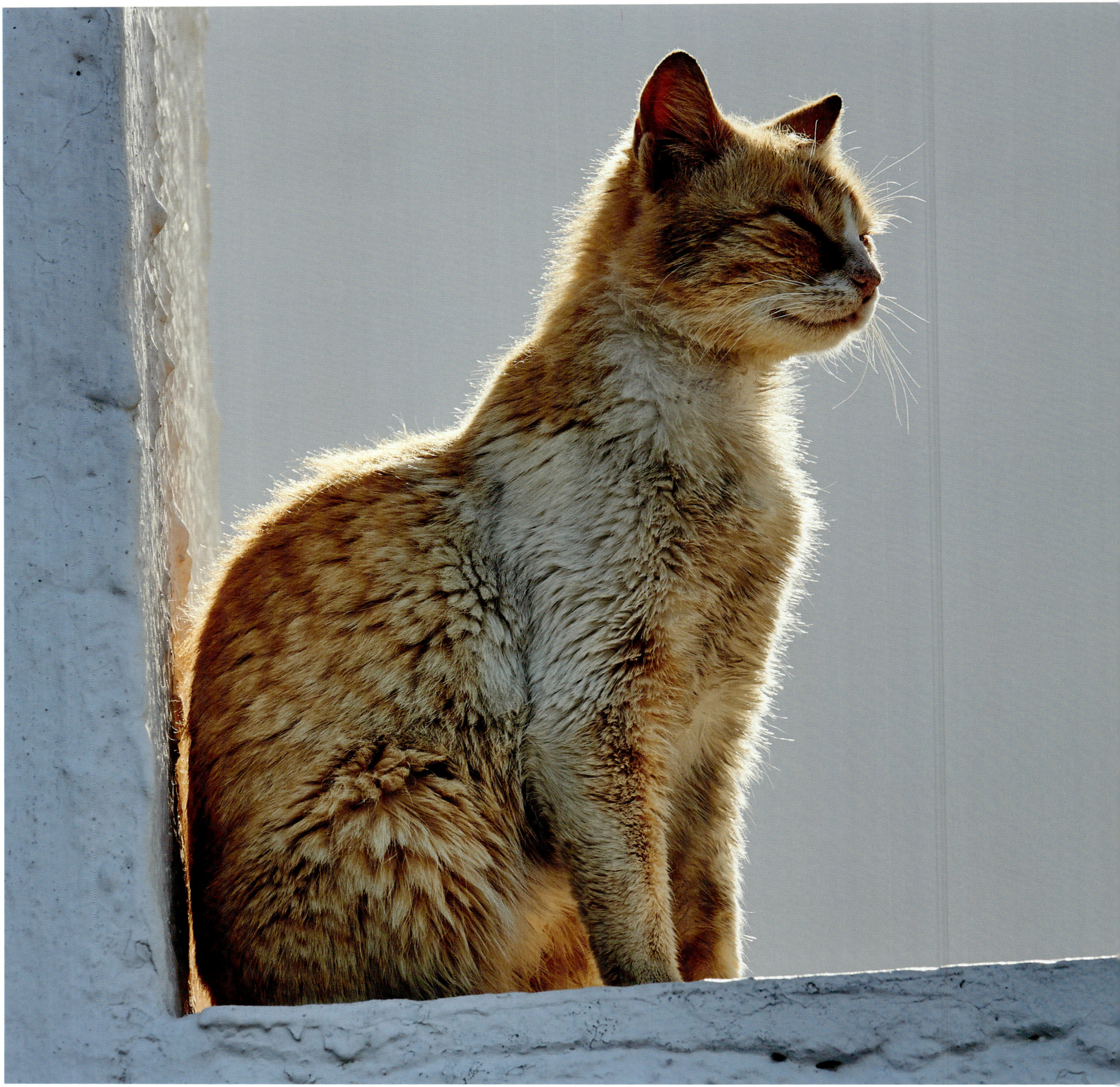

C'est l'esprit familier du lieu ;
Il juge, il préside, il inspire
Toutes choses dans son empire ;
Peut-être est-il fée, est-il dieu ?

Charles BAUDELAIRE

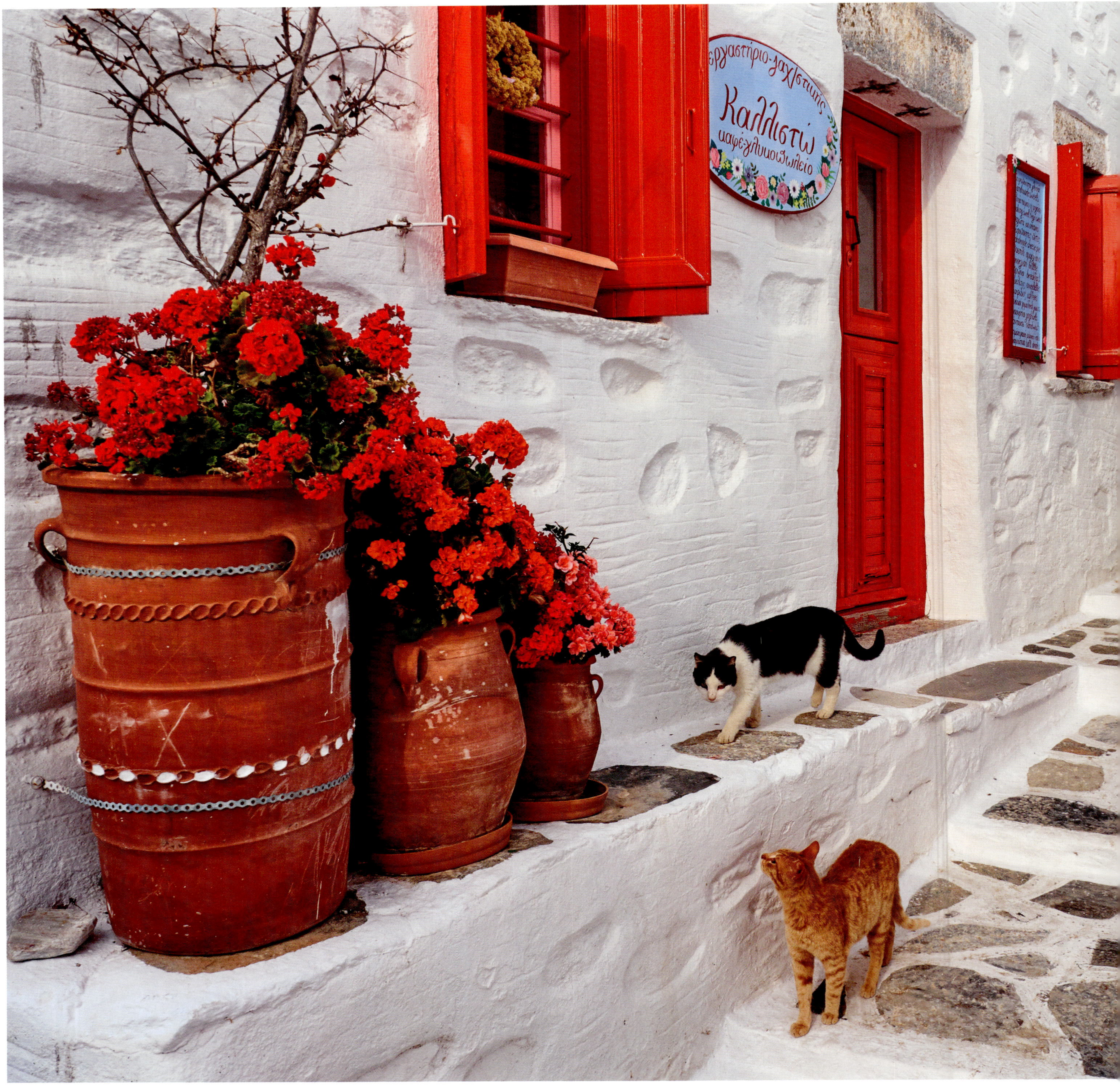
εργαστήριο-ζαχ/στικής
Καλλιστώ
καφέ-γλυκοπωλείο

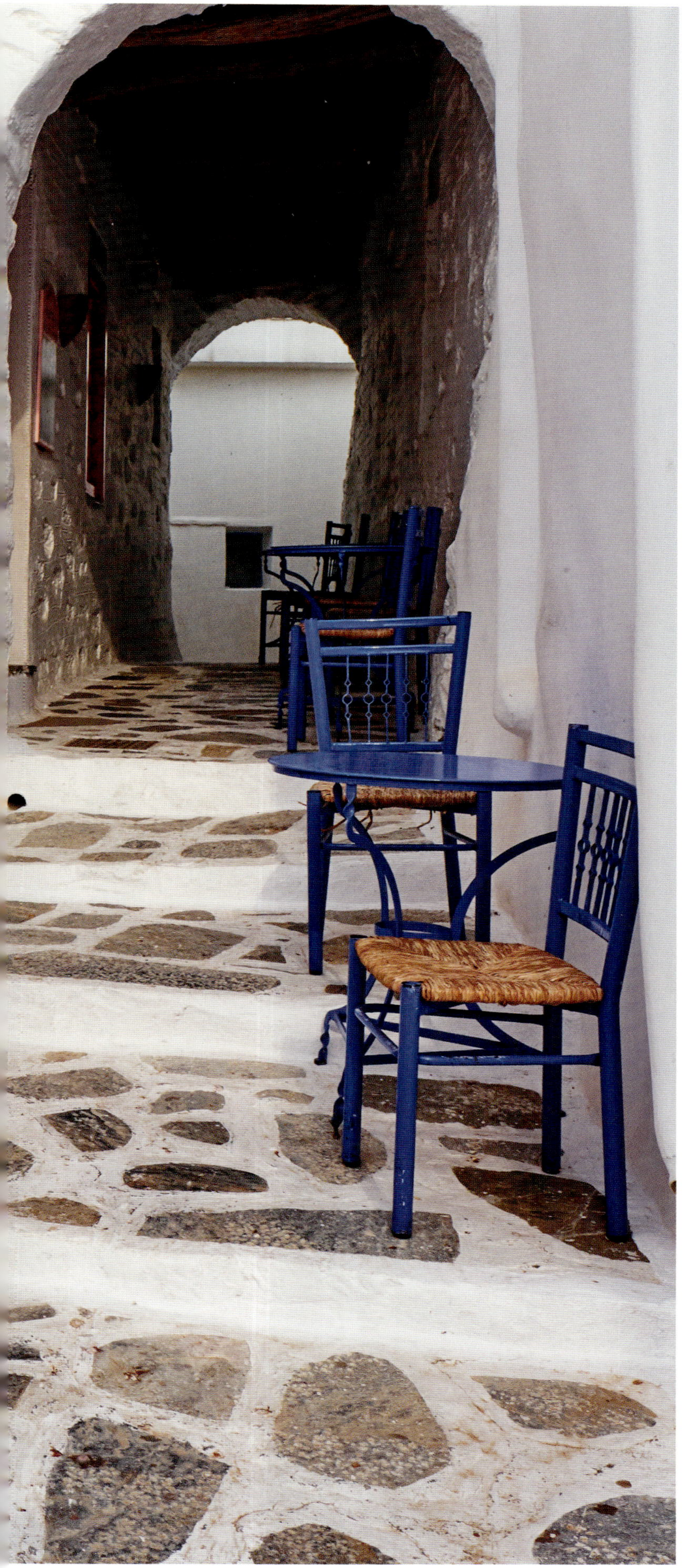

Jeu de chats dans les très esthétiques ruelles de Chora, sur l'île d'Amorgos aux Cyclades.

Le chat n'a qu'une valeur dans l'âme,
au bout de ses pattes, sur ses petites
narines toutes roses : être libre.
Fraternel et pourtant indomesticable.

Pascal QUIGNARD

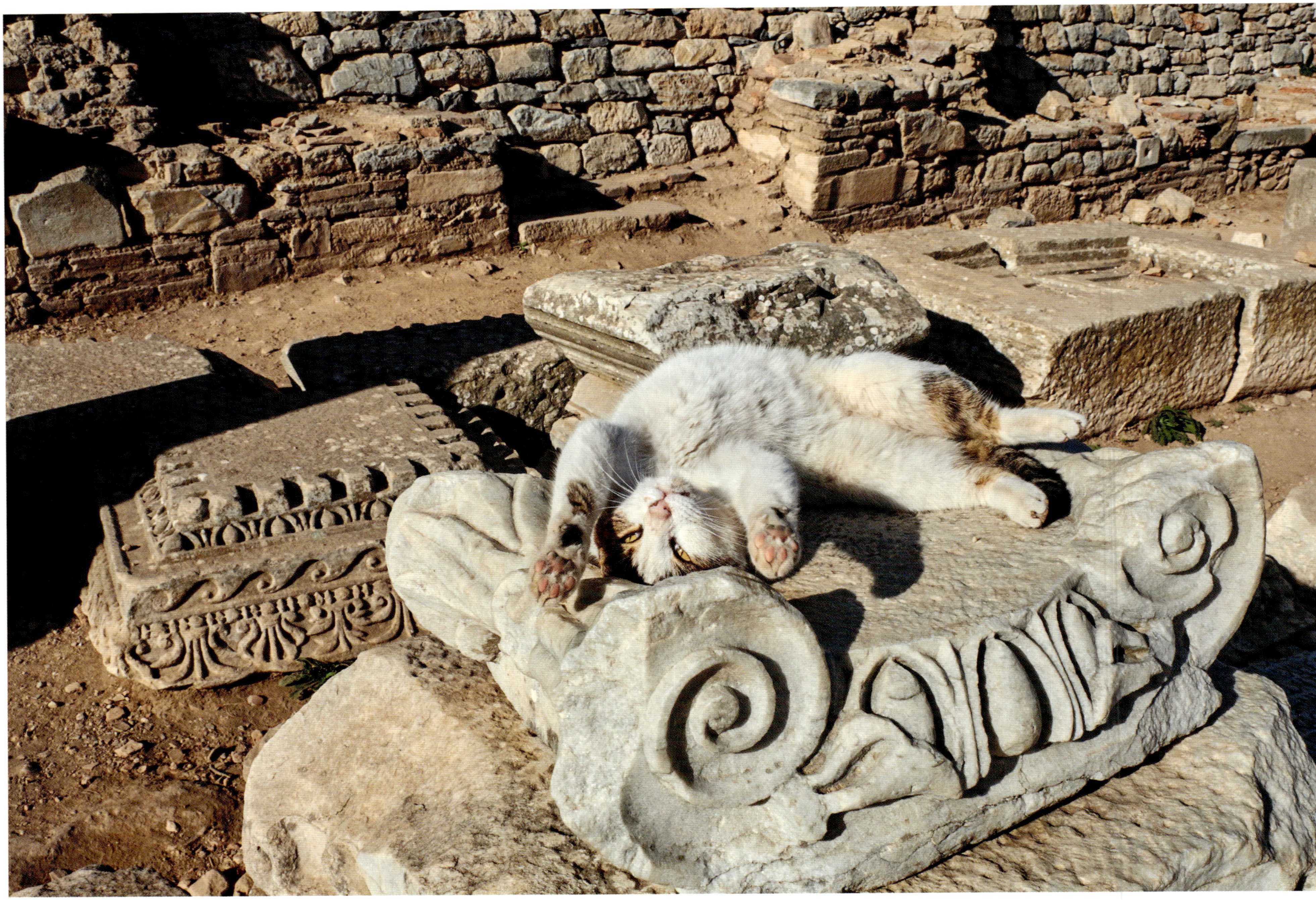

Tels de petits dieux, les chats se sont approprié les ruines de la cité grecque d'Éphèse en Turquie.

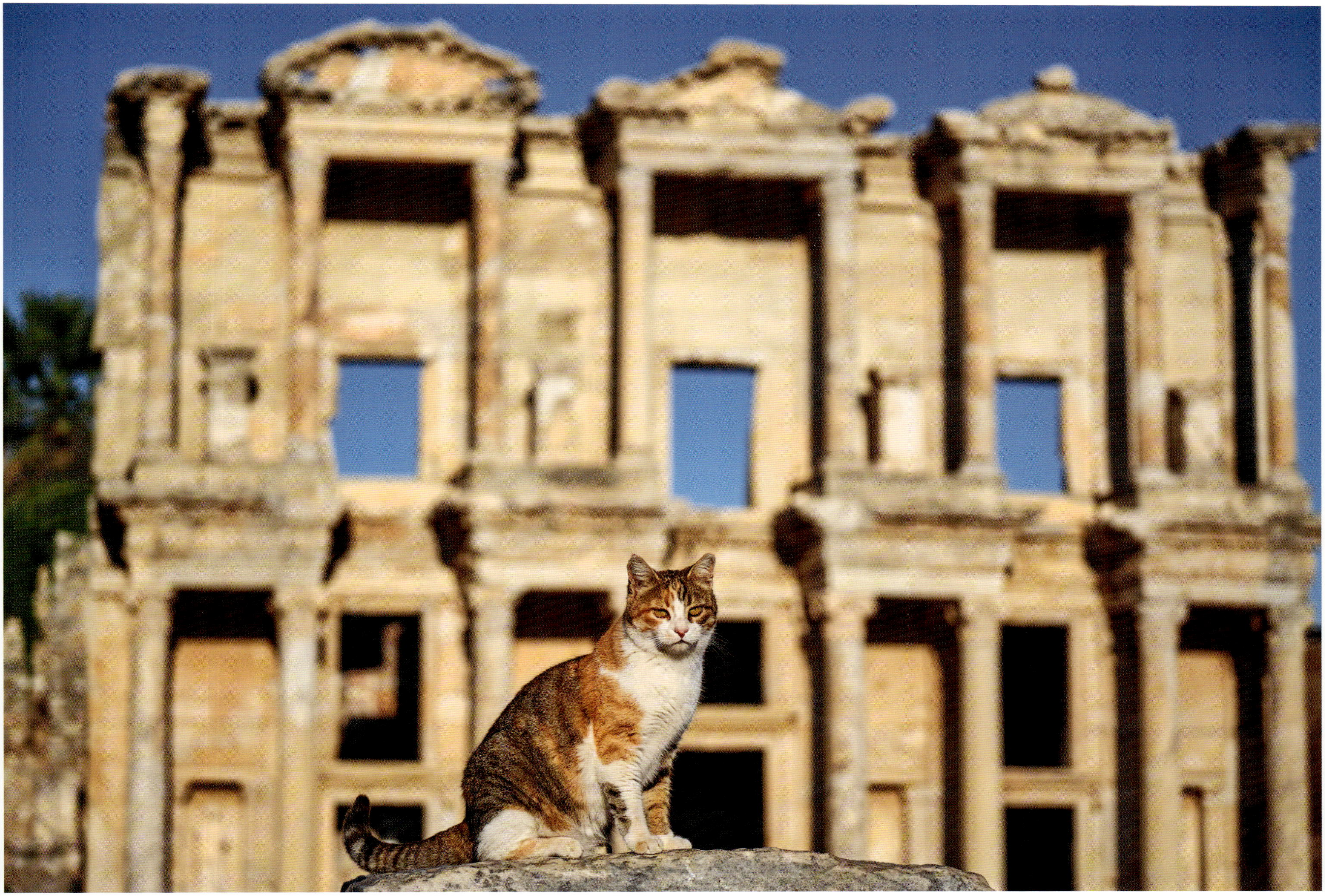

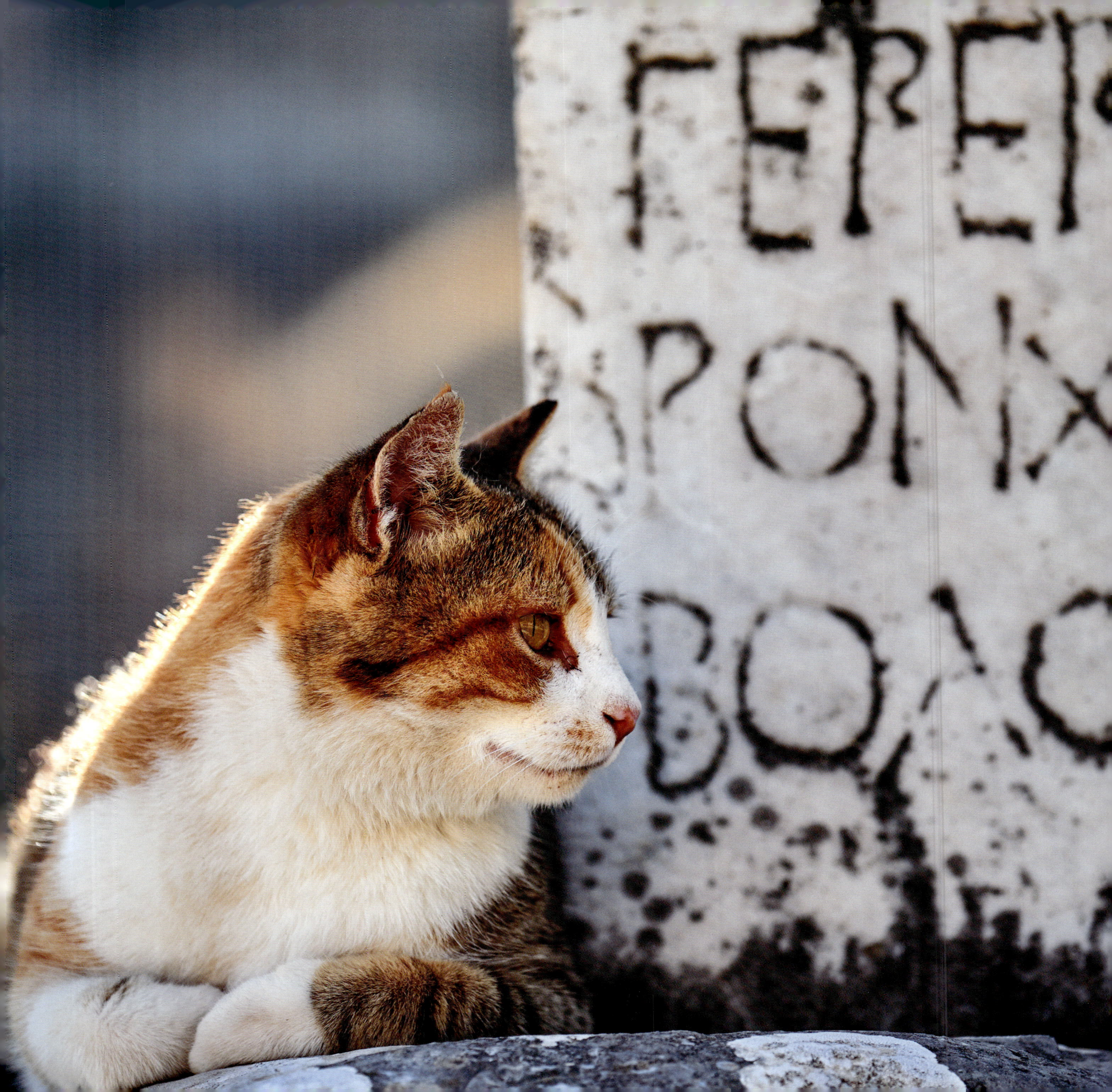

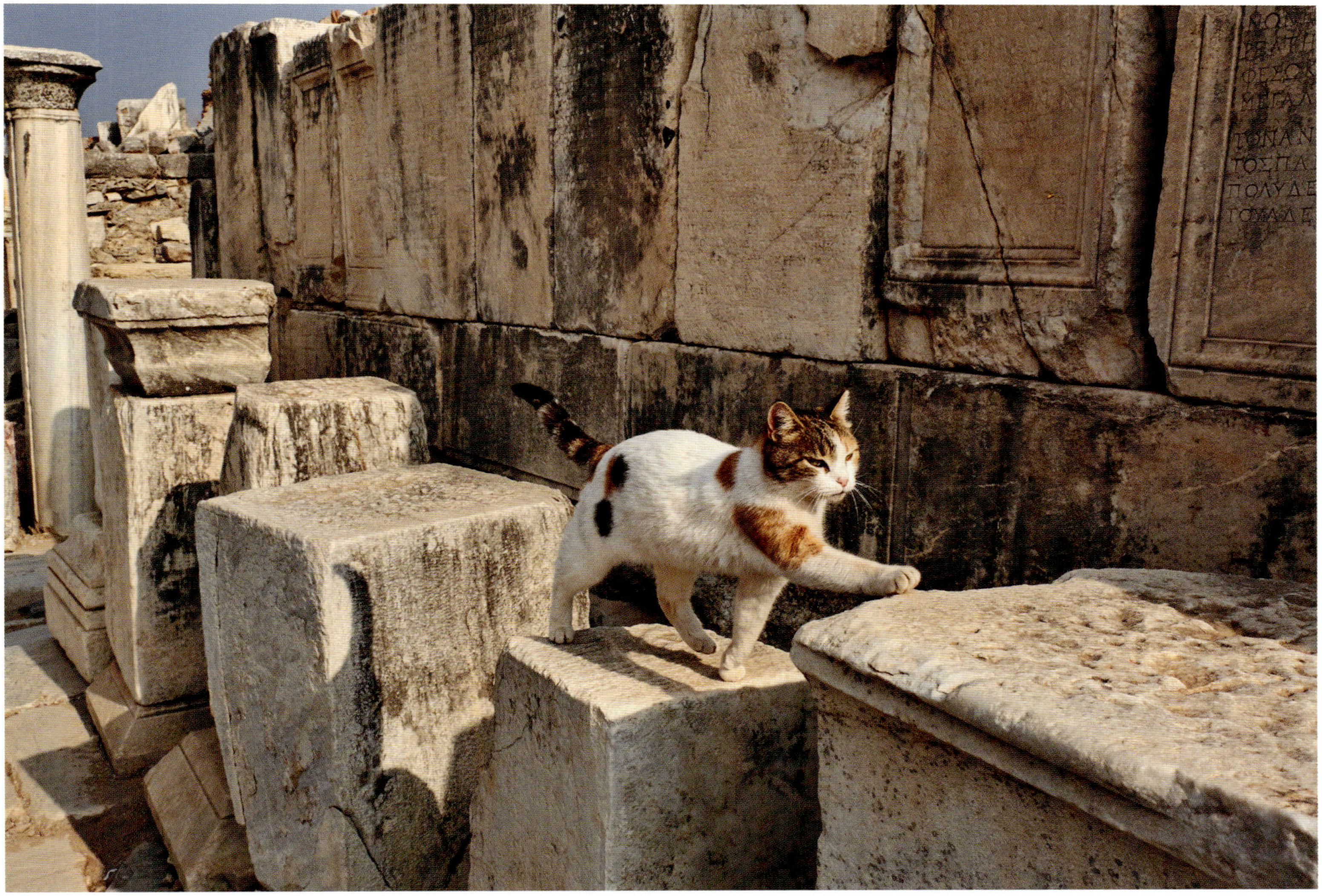

Les chats s'accordent aux cimetières. Ils passent parmi les défunts.
Ils ne troublent pas la paix des lieux. Ils organisent au contraire cette paix.
Ils la préservent. Ce sont des divinités tutélaires.

Frédéric VITOUX

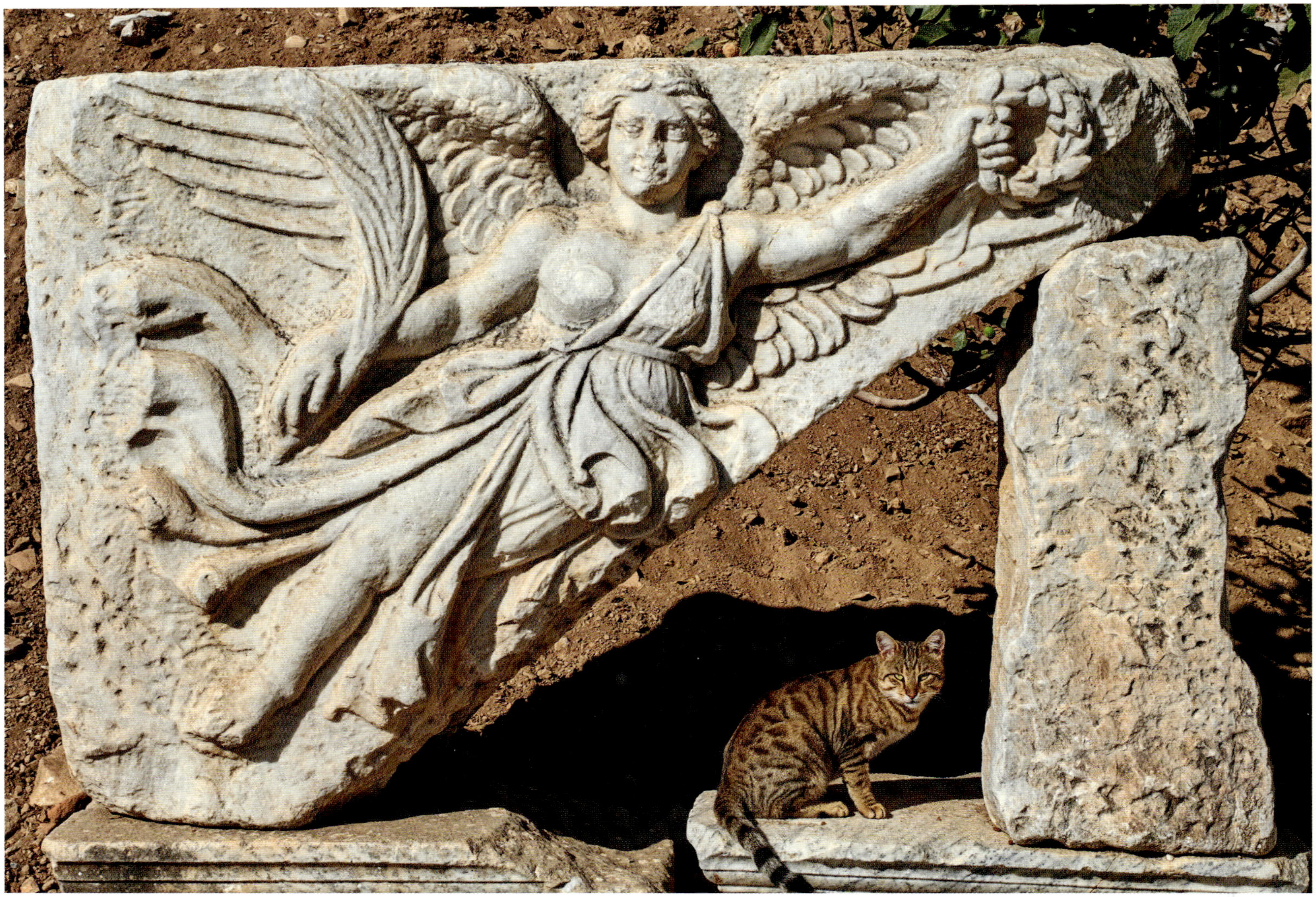

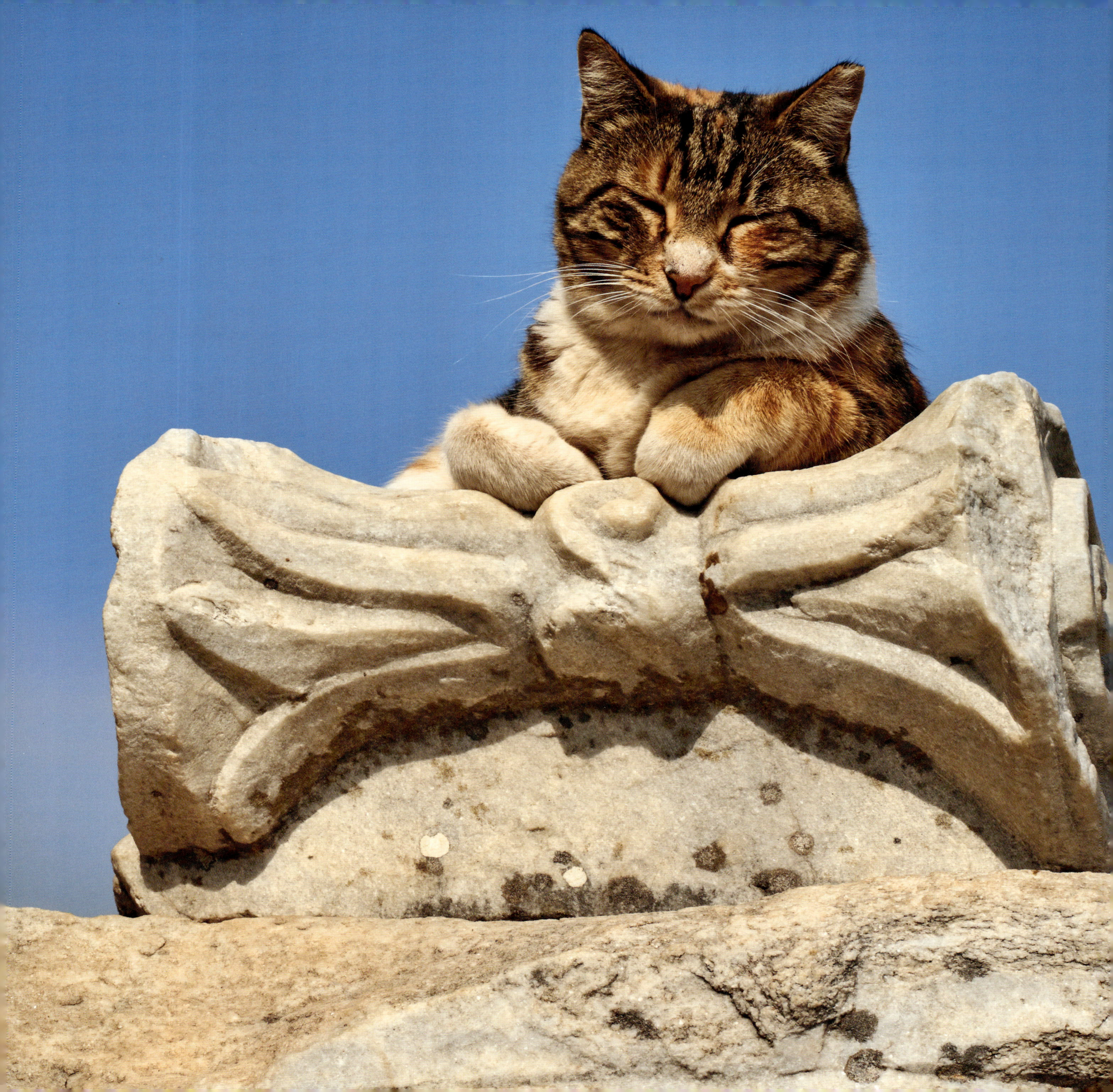

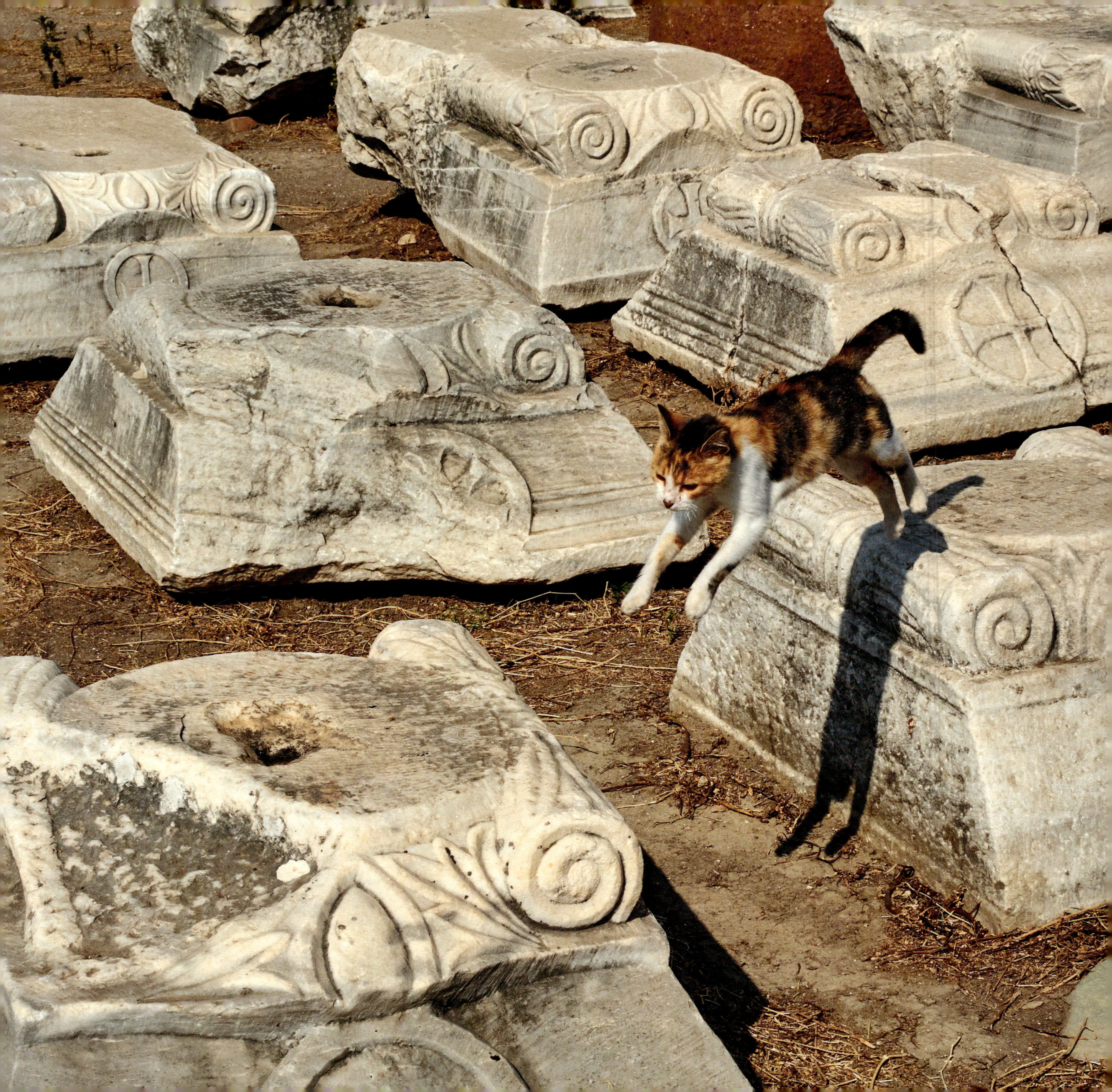

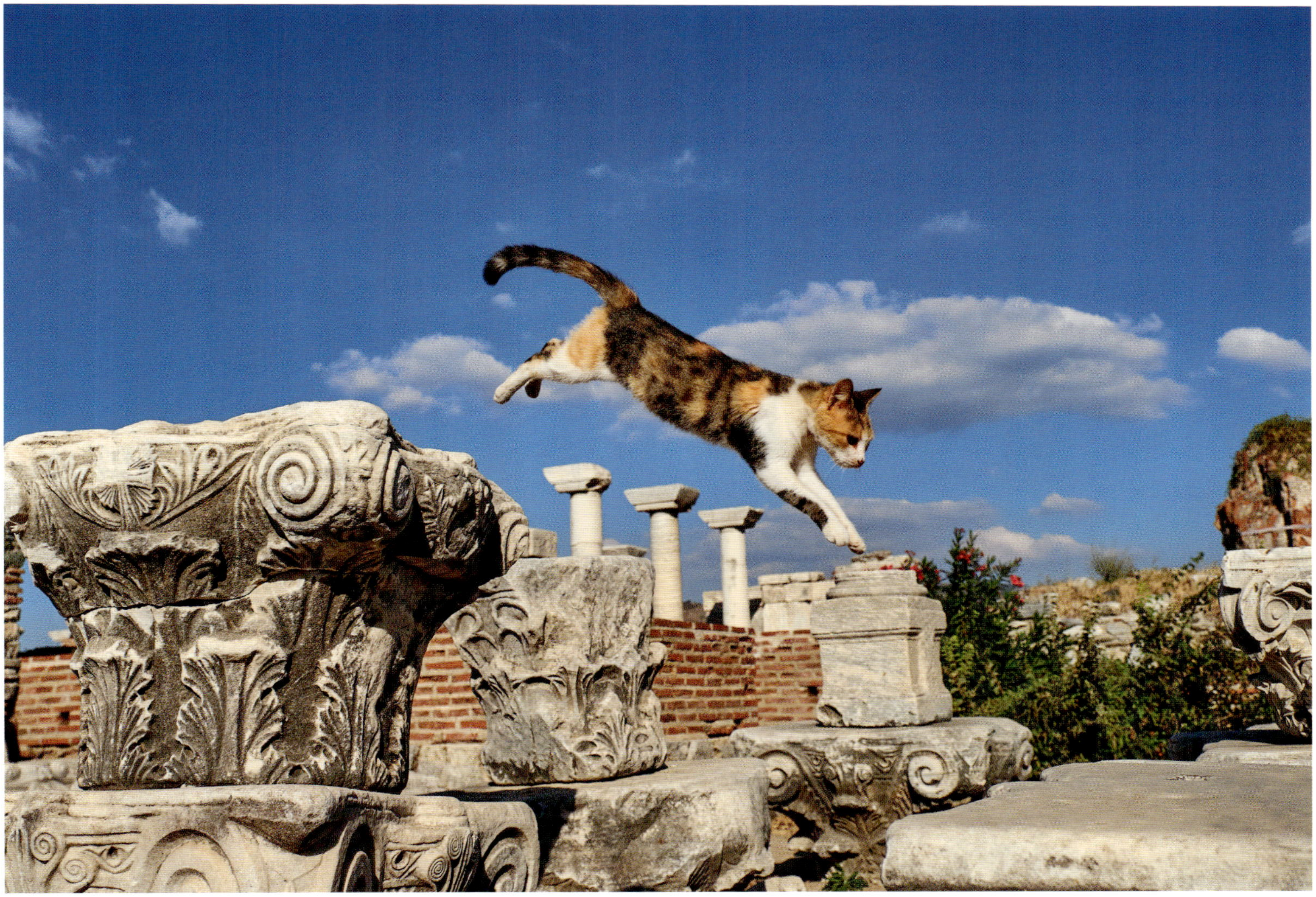

Chats volants au milieu des ruines de la basilique Saint-Jean à Éphèse.

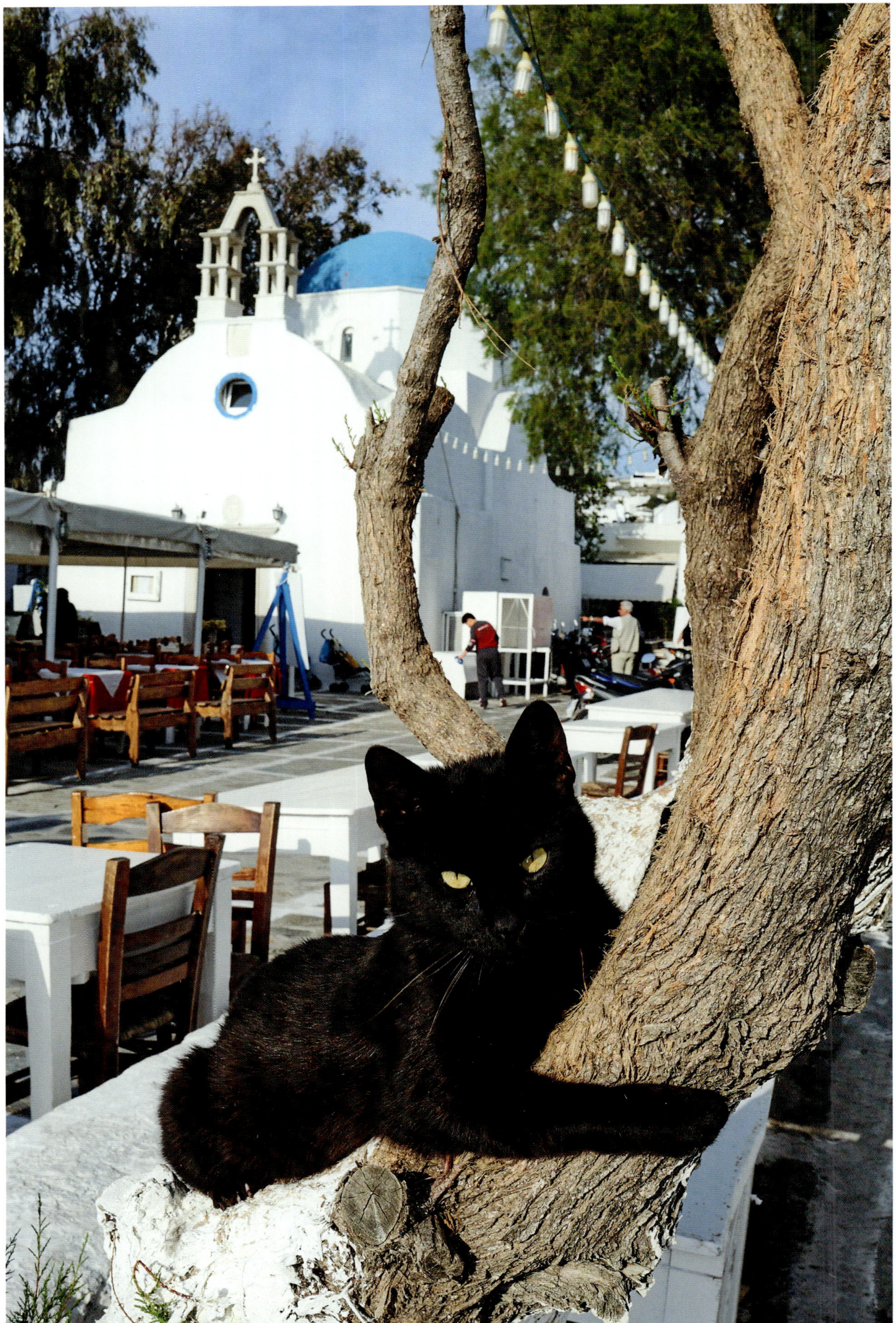

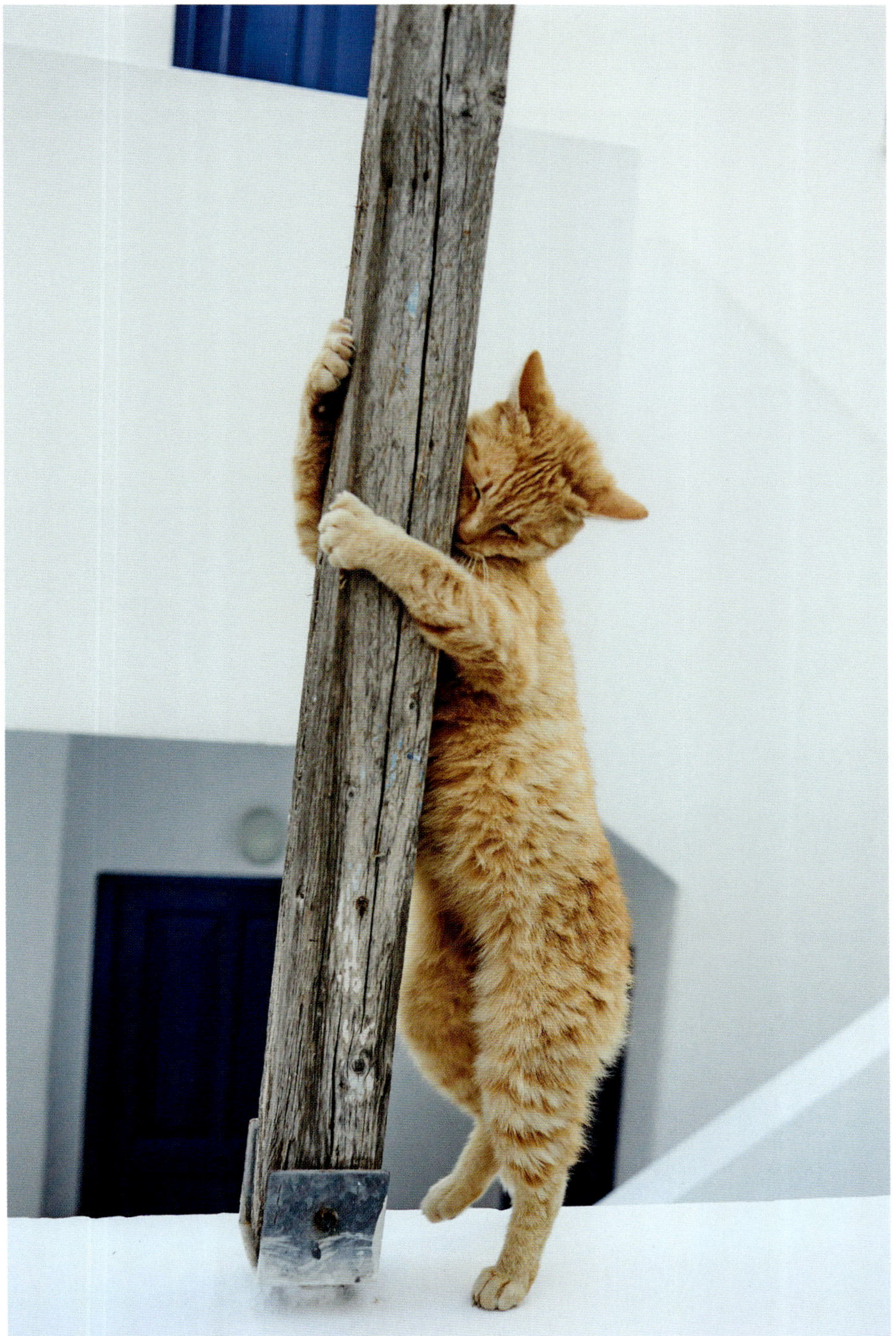

Mais voilà que des chats
surgissent et patatras !
Plus d'éternité !
Plus de certitudes bourgeoises !
Des chats surgissent
et voilà le désordre et la vie.

Frédéric VITOUX

À Mykonos comme ailleurs, le chat fait ses griffes afin de marquer son territoire.

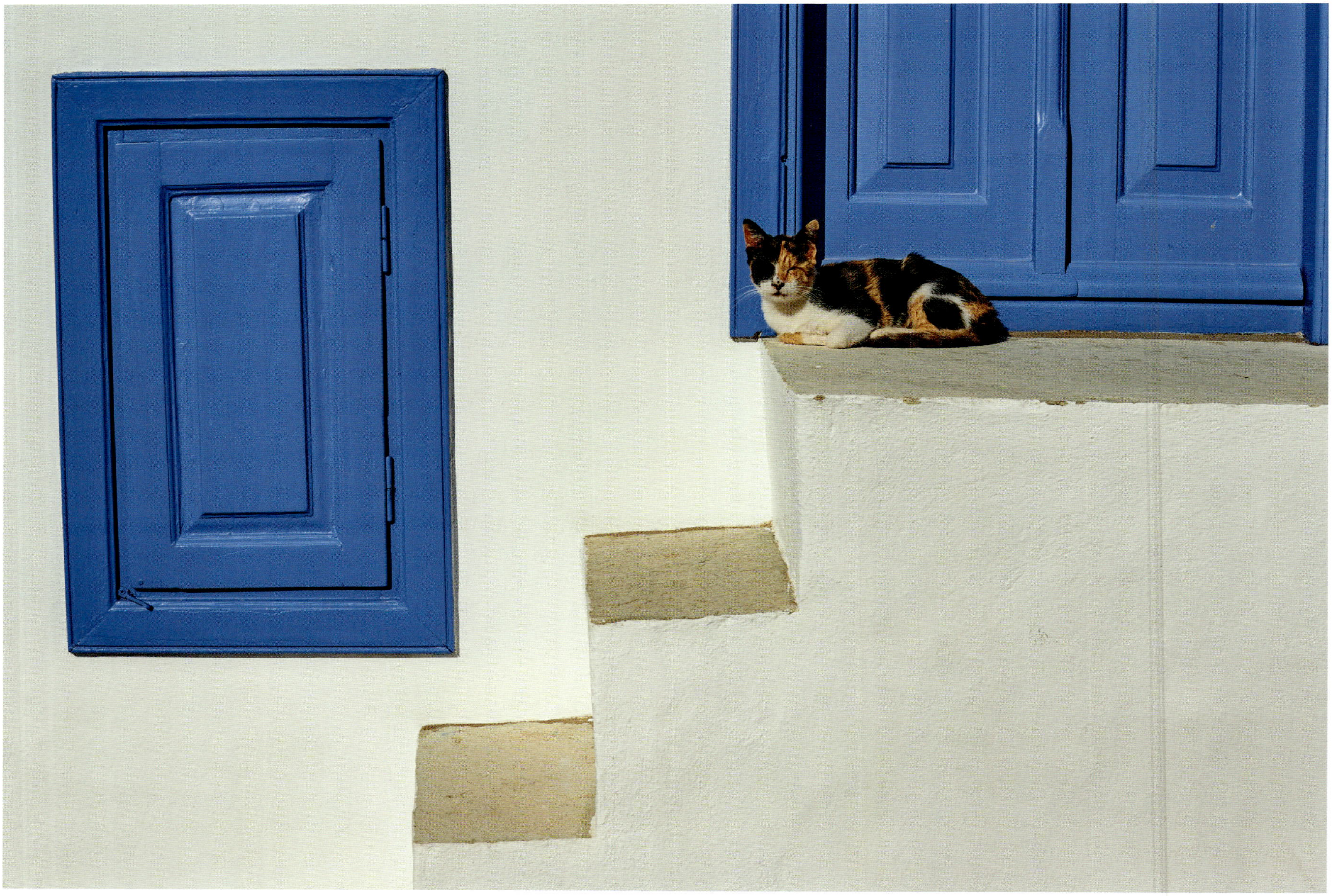

Sur l'île de Santorin dans les Cyclades.

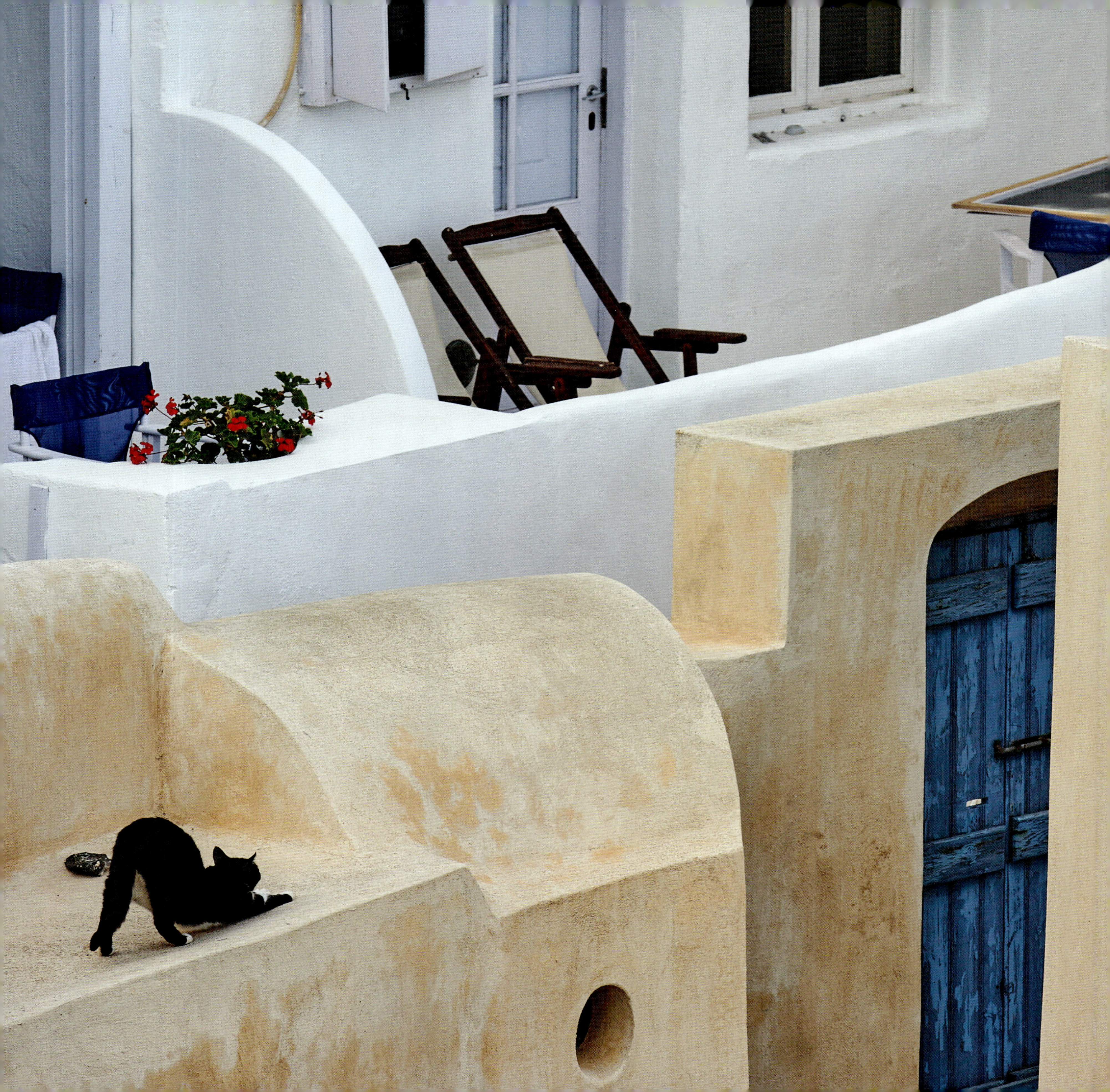

Quand tu le laisses entrer,
il veut soudain sortir ;
il est toujours du mauvais côté de la porte,
et dès qu'il est à la maison,
l'envie lui prend de se balader.

T. S. ELIOT

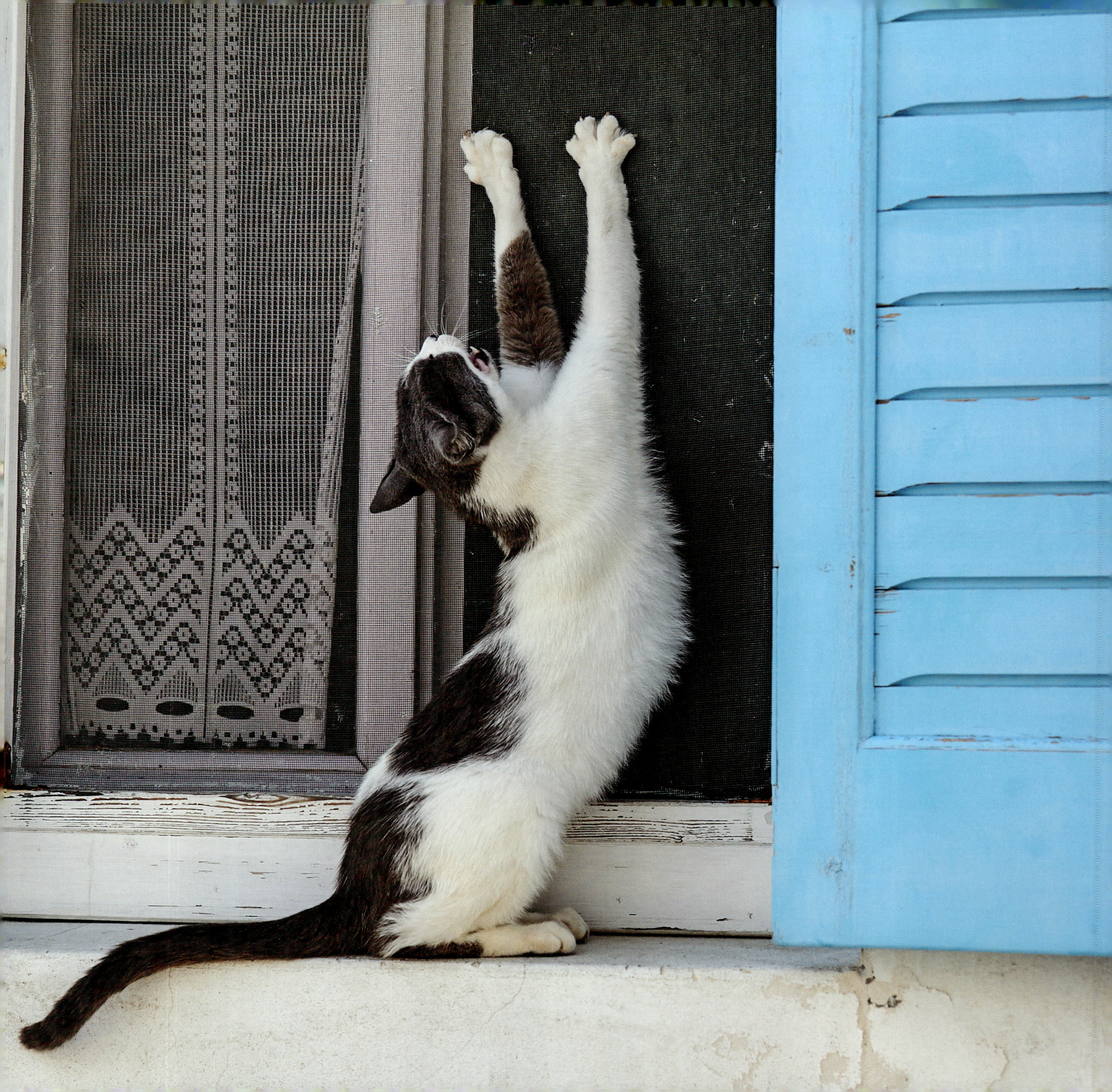

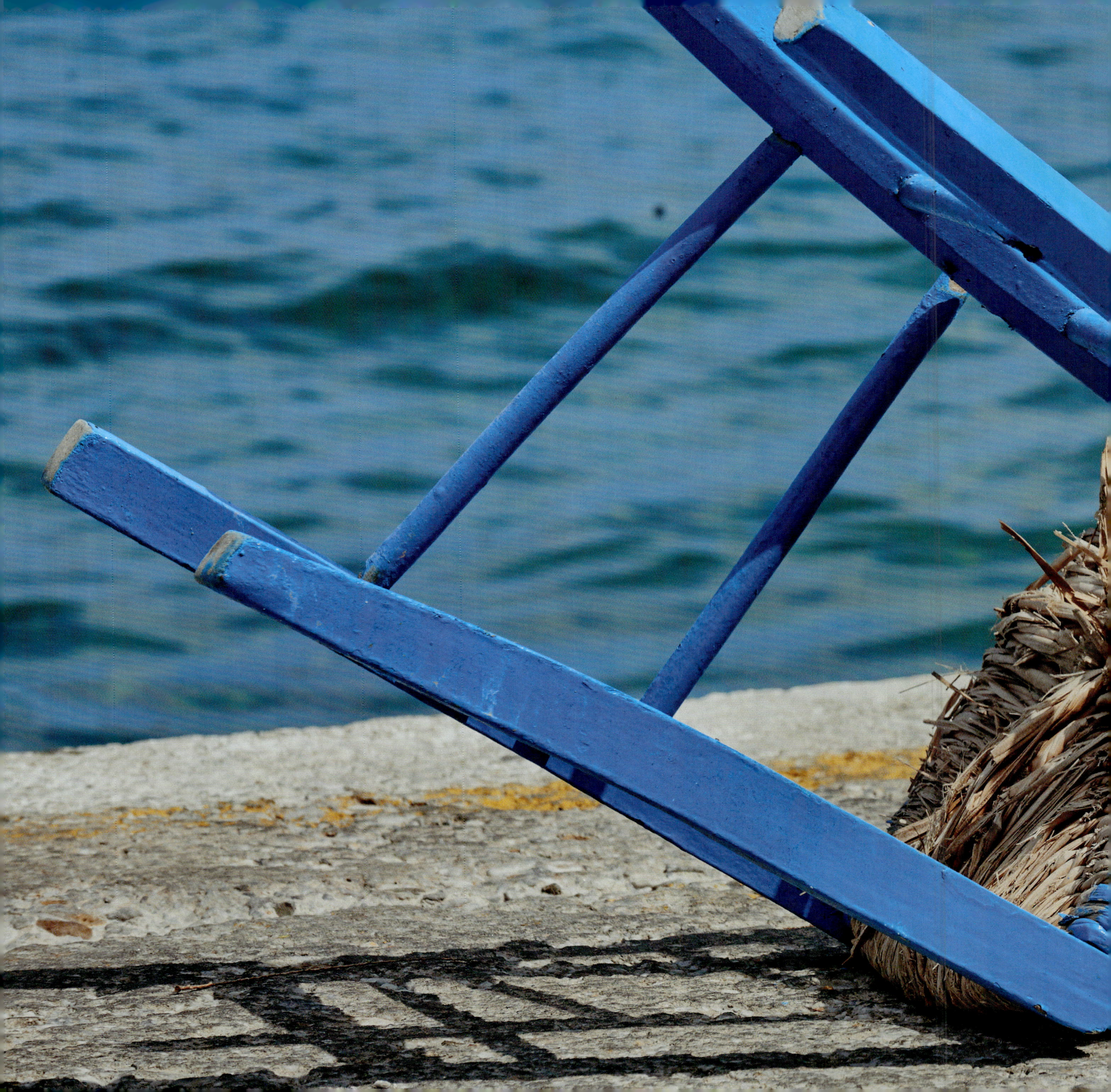

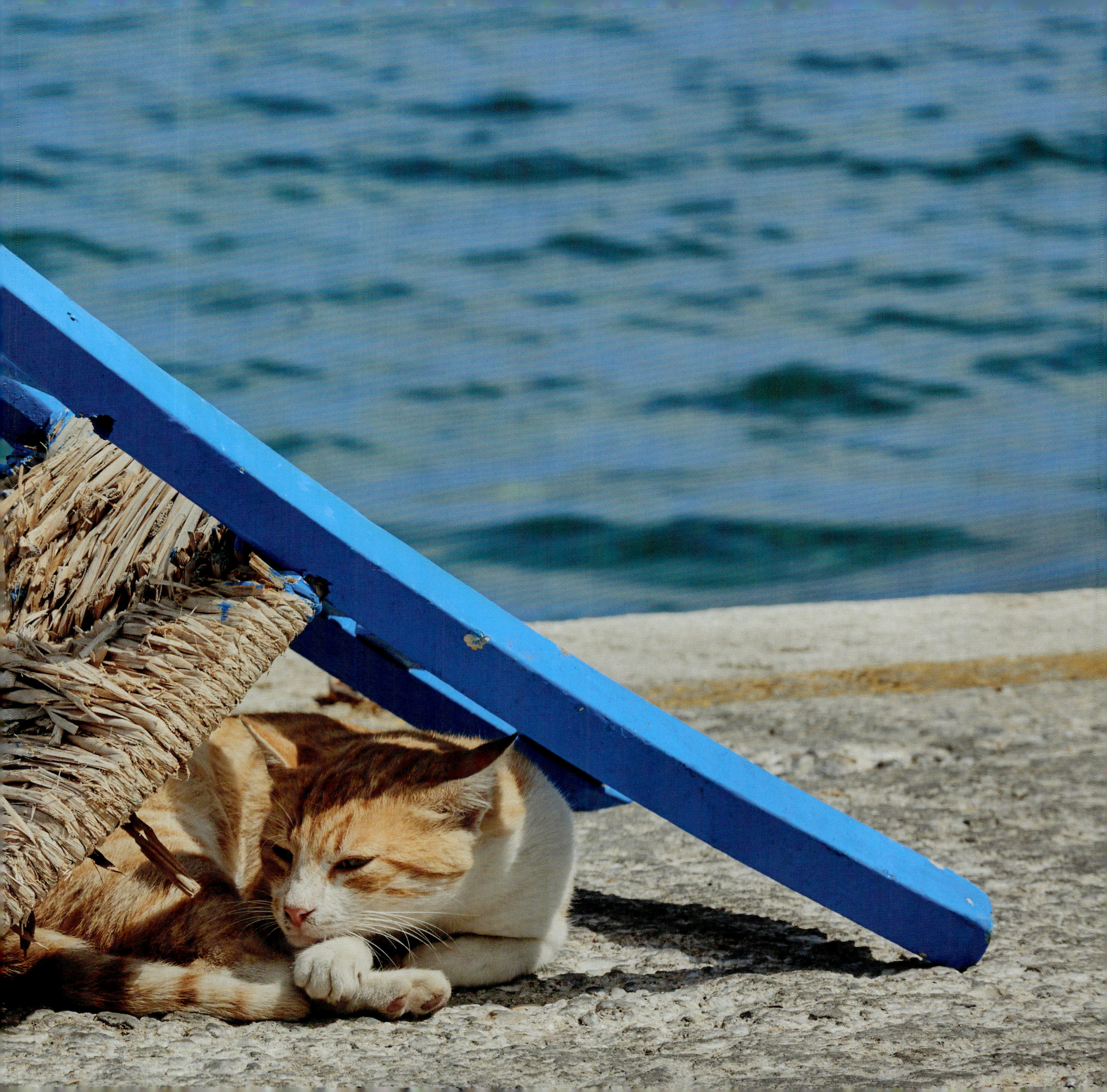

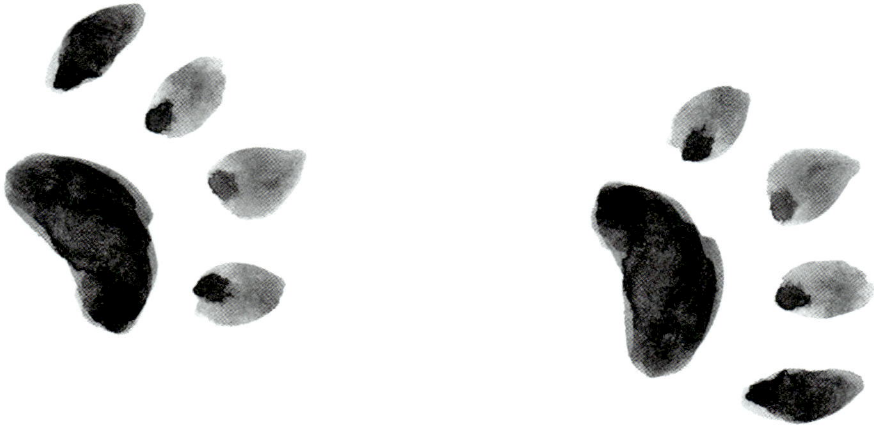

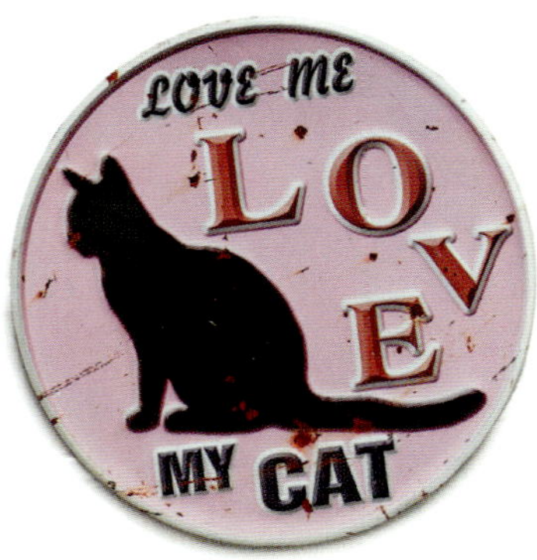

LOVE ME
LOVE
MY CAT

Le chat a ceci de commun
avec Shakespeare que tout,
absolument tout, a été écrit sur lui,
y compris qu'il n'existait pas.
À nous de prouver qu'il existe.
Et s'il a tant inspiré les plumes,
c'est qu'à l'instar de Shakespeare,
il est l'un des plus puissants
miroirs de l'humanité qui fut.

Stéphanie HOCHET

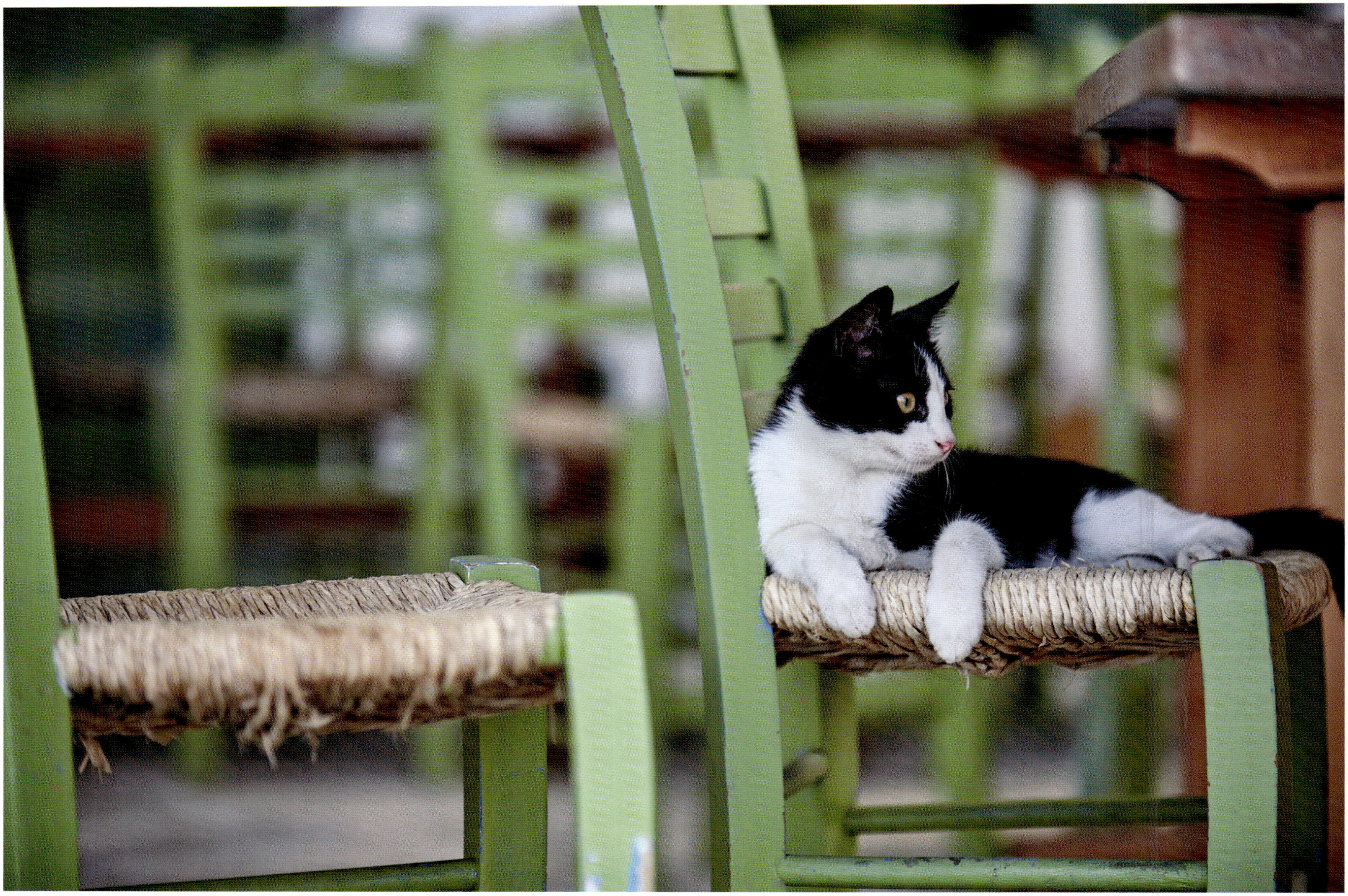

À quoi bon un psychanalyste ? Le chat remplit à merveille cette fonction. Lui aussi se tait.
S'il occupe personnellement le divan, c'est que celui-ci est plus confortable...

Frédéric VITOUX

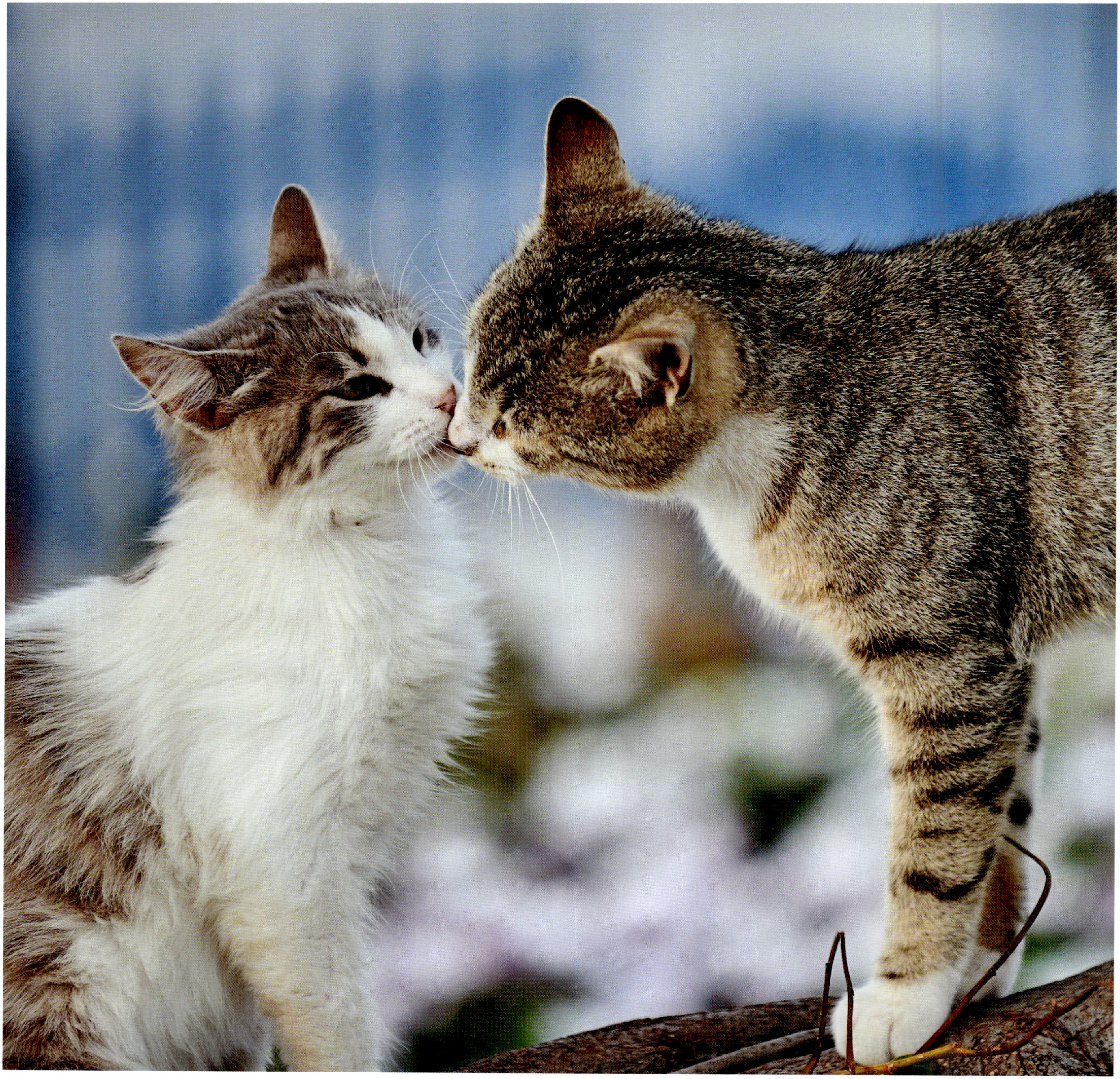

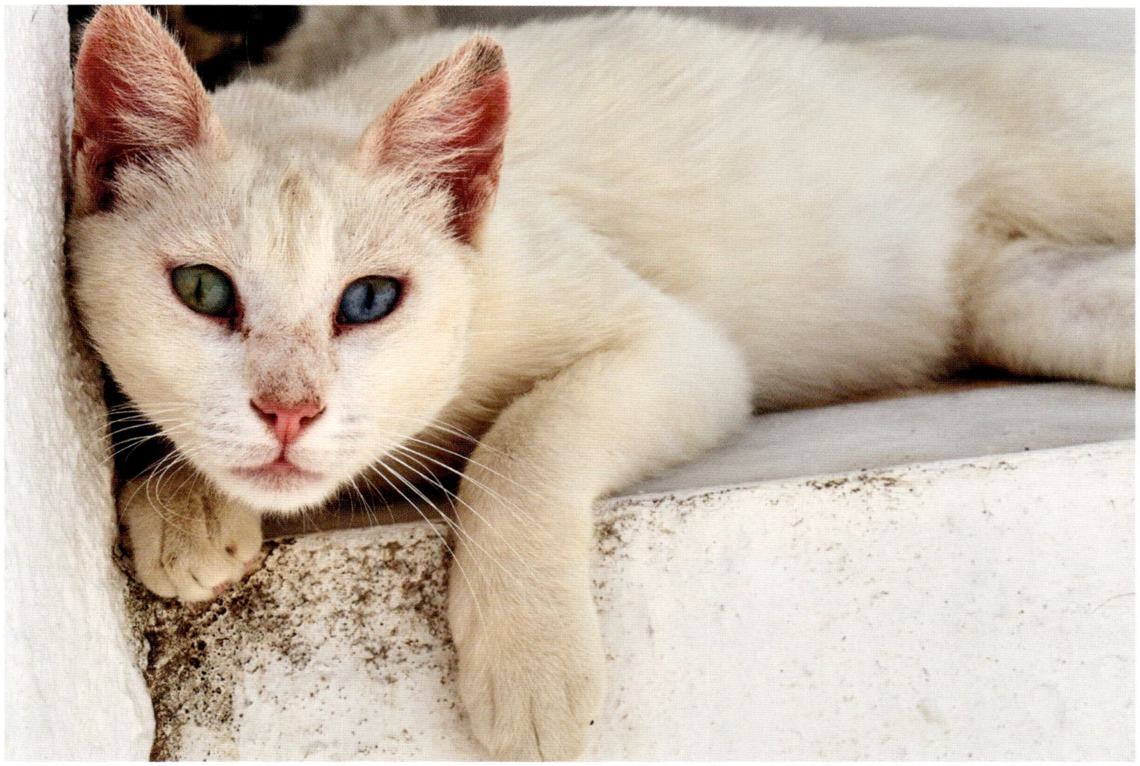

Tendresse féline et yeux vairons à Mykonos.

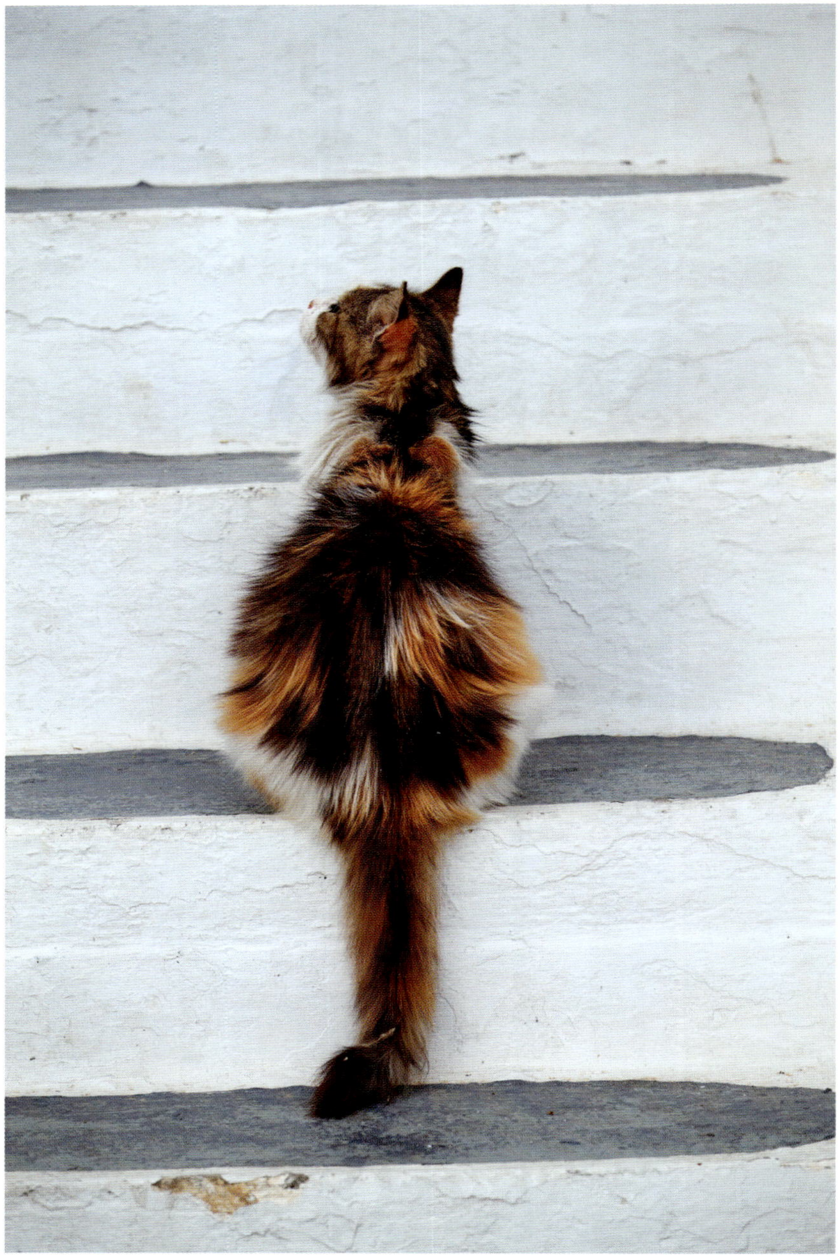

À Santorin, les chats font partie intégrante de la carte postale.

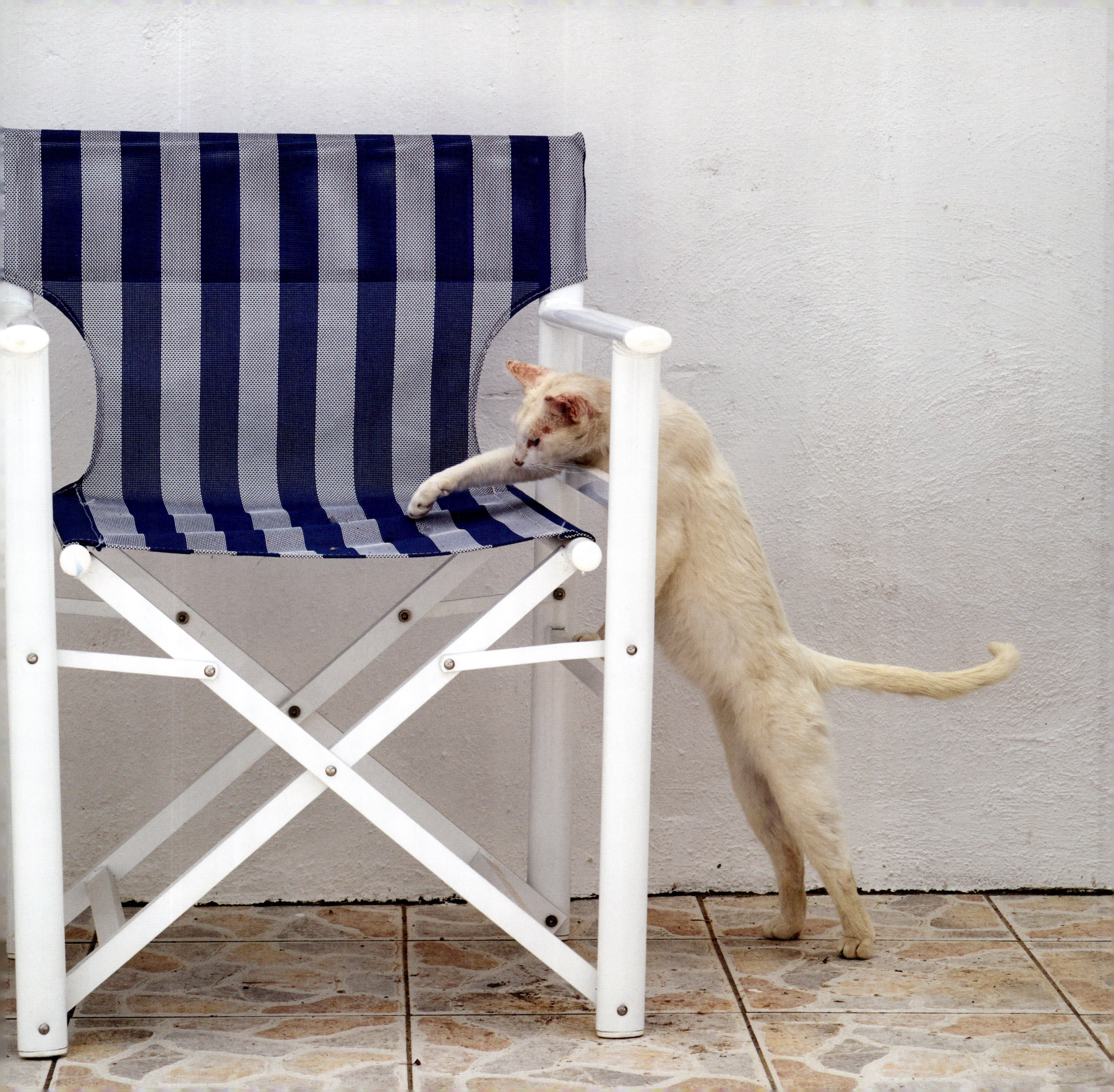

Hautain, libre, mystérieux, voluptueux, babylonien, impersonnel, il est l'éternel compagnon de la supériorité et de l'art – incarnation de la beauté parfaite et frère de la poésie – le chat doucereux, grave, savant et patricien.

H. P. LOVECRAFT

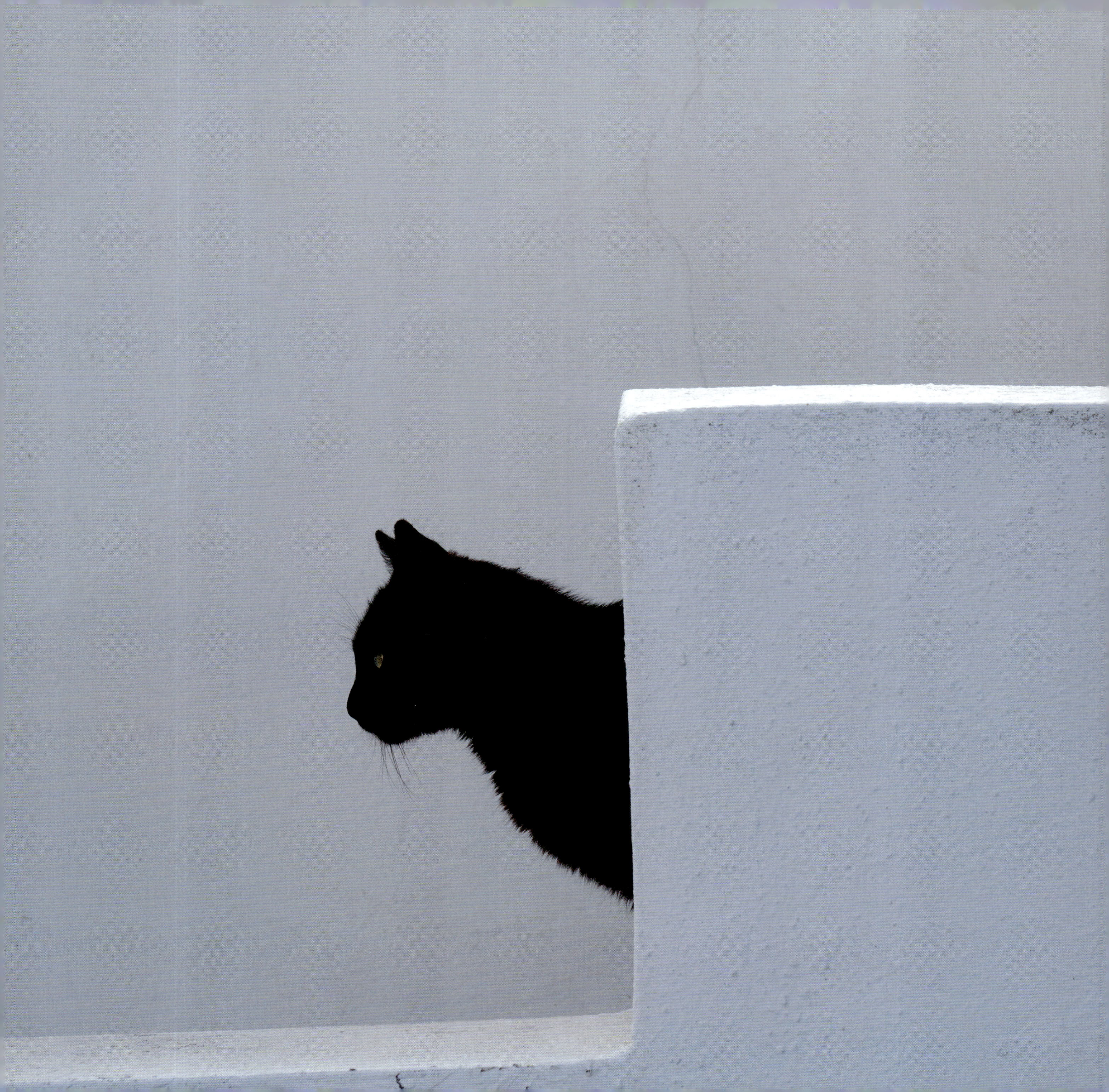

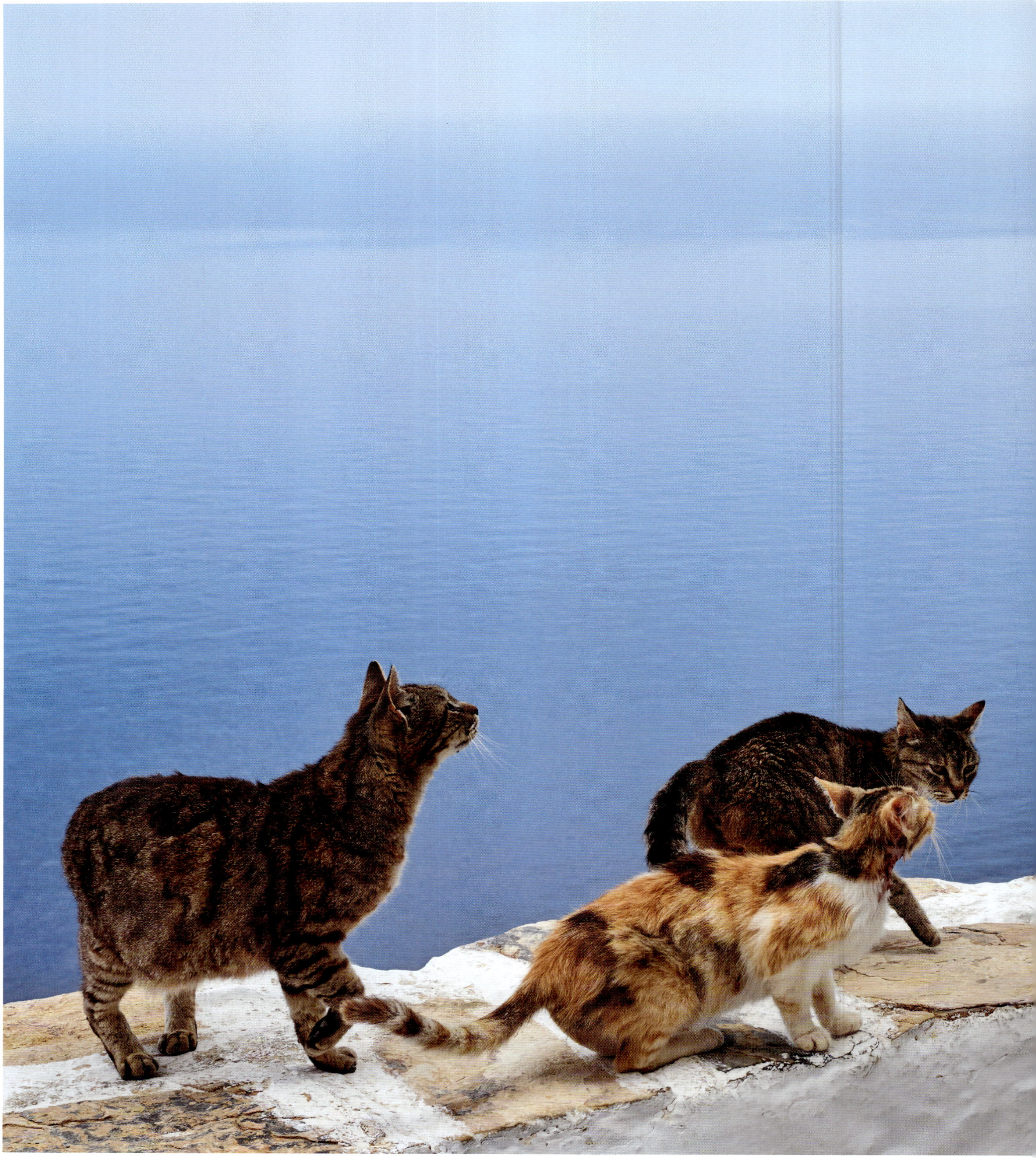

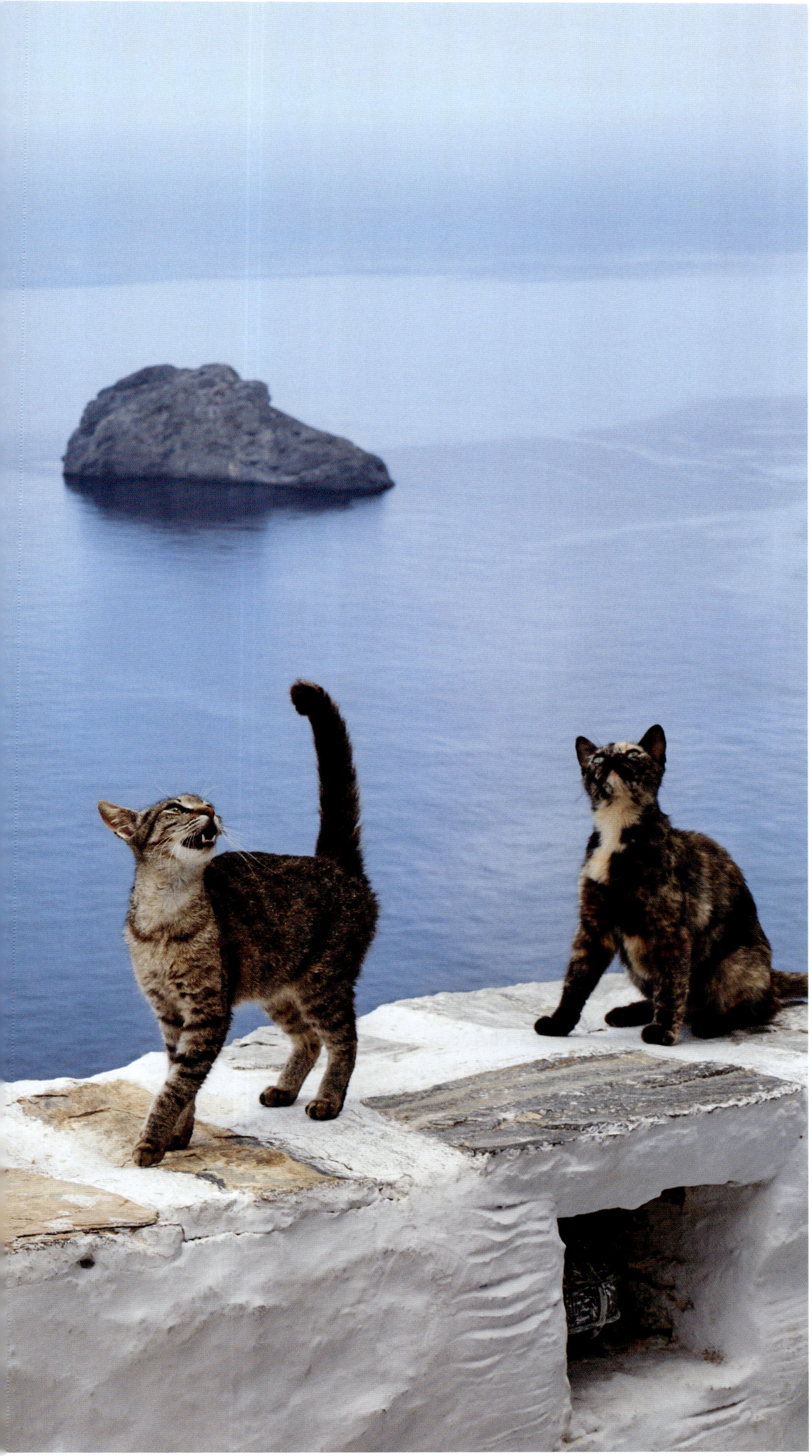

Le chat, où qu'il soit dans le monde,
persiste dans la vie jaillissante et sauvage.
Il vit dans son jadis.

Pascal QUIGNARD

Les chats des Cyclades jouissent
d'une vue imprenable sur la mer Égée.

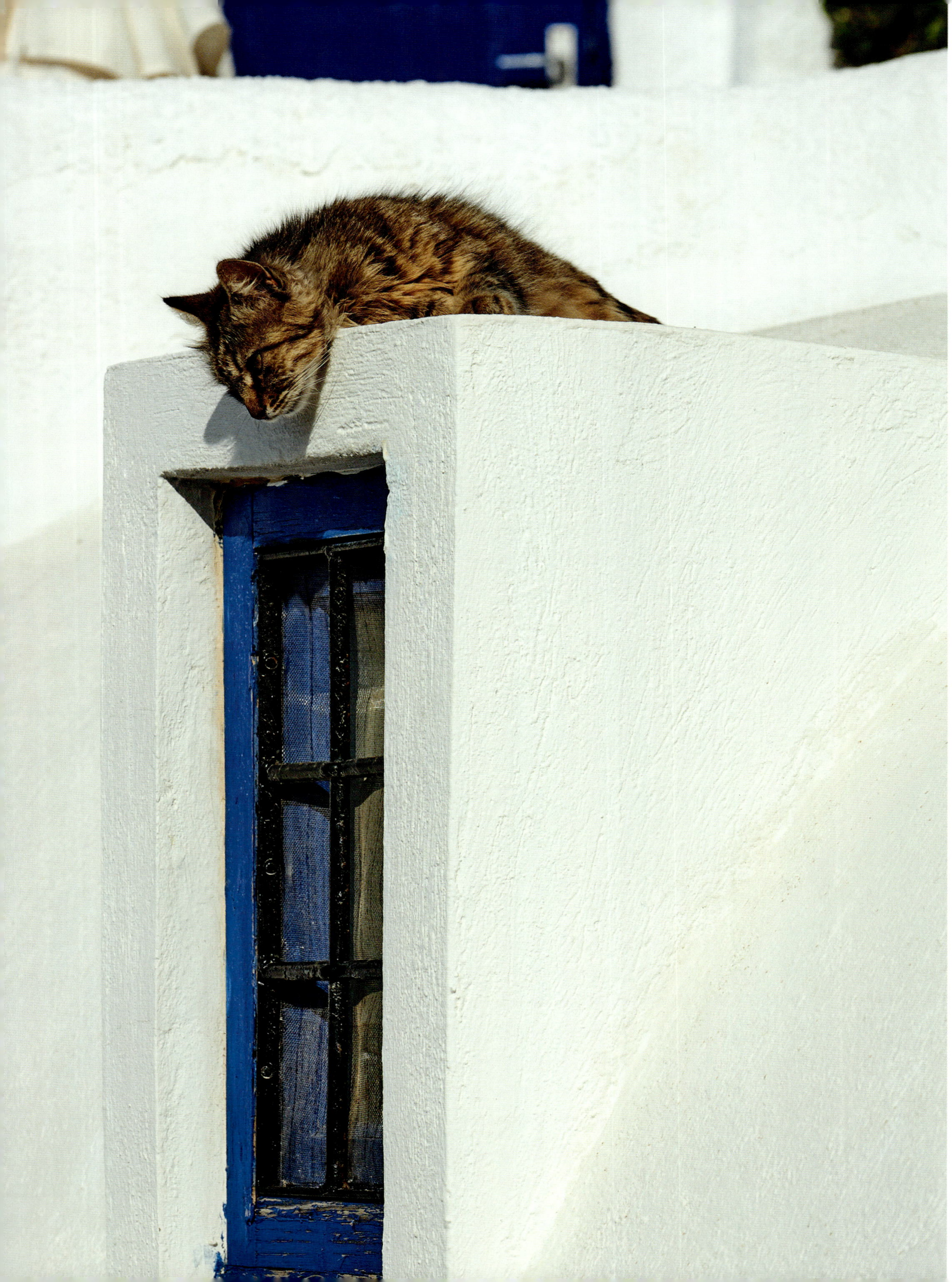

Perché sur les toits,
le chat observe les soubresauts
de la cité en toute sécurité.

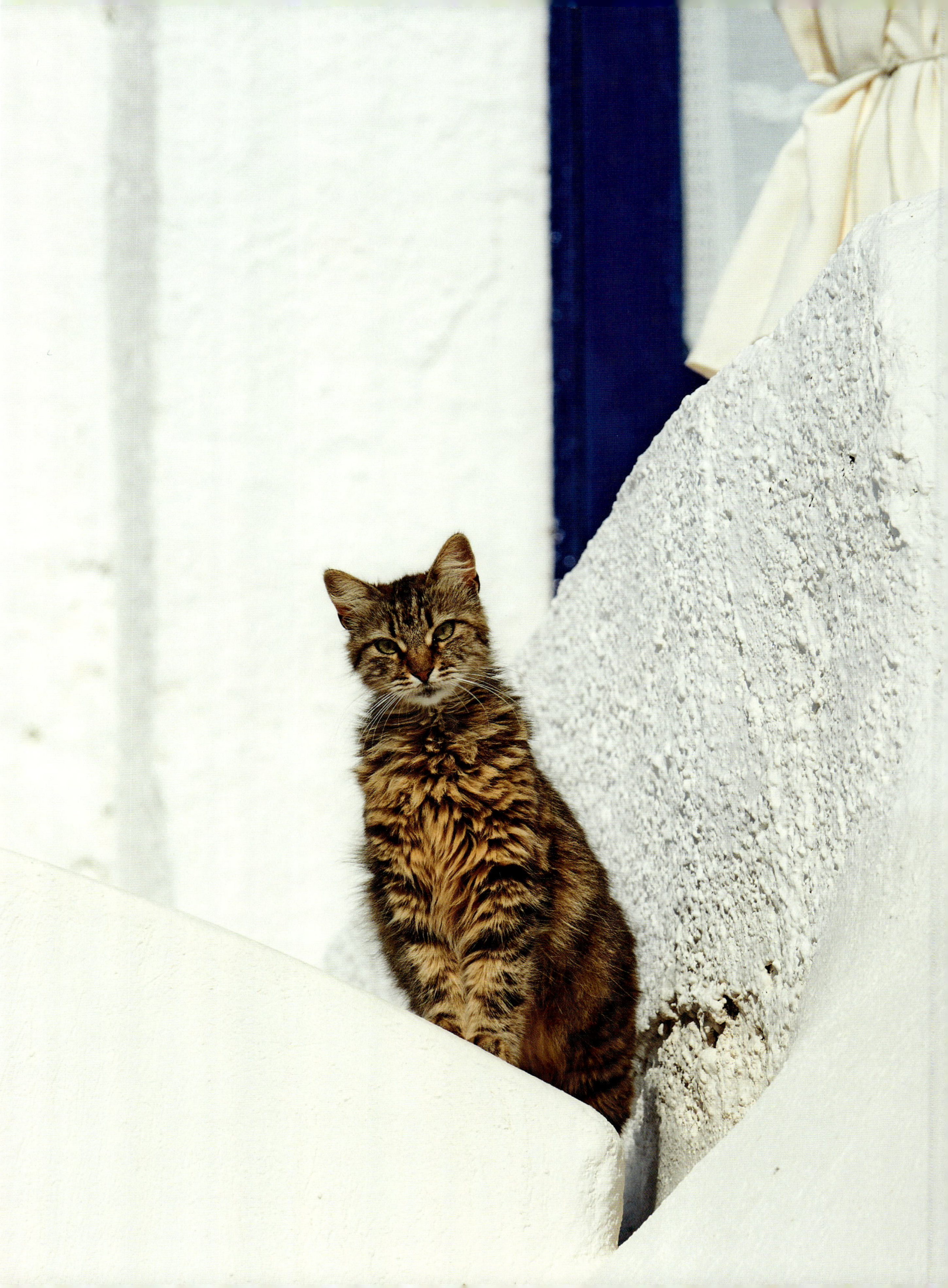

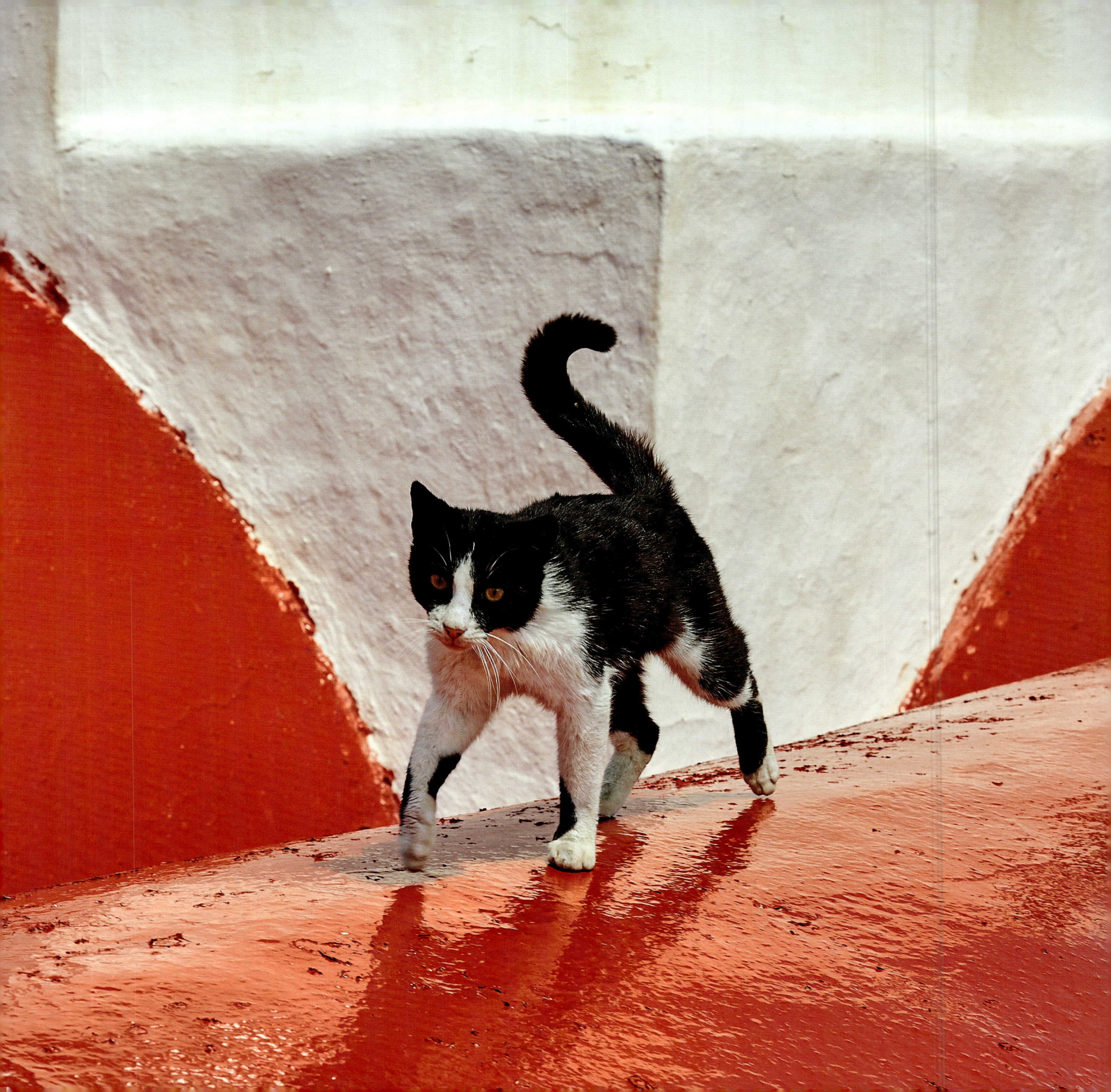

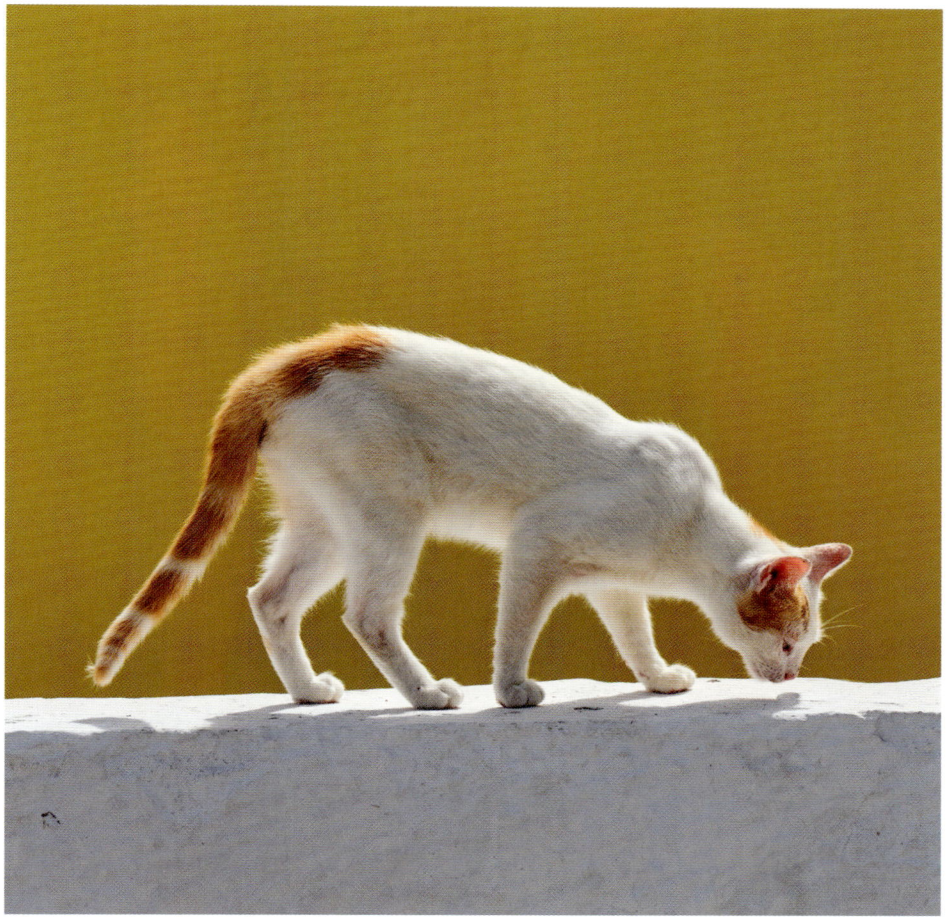

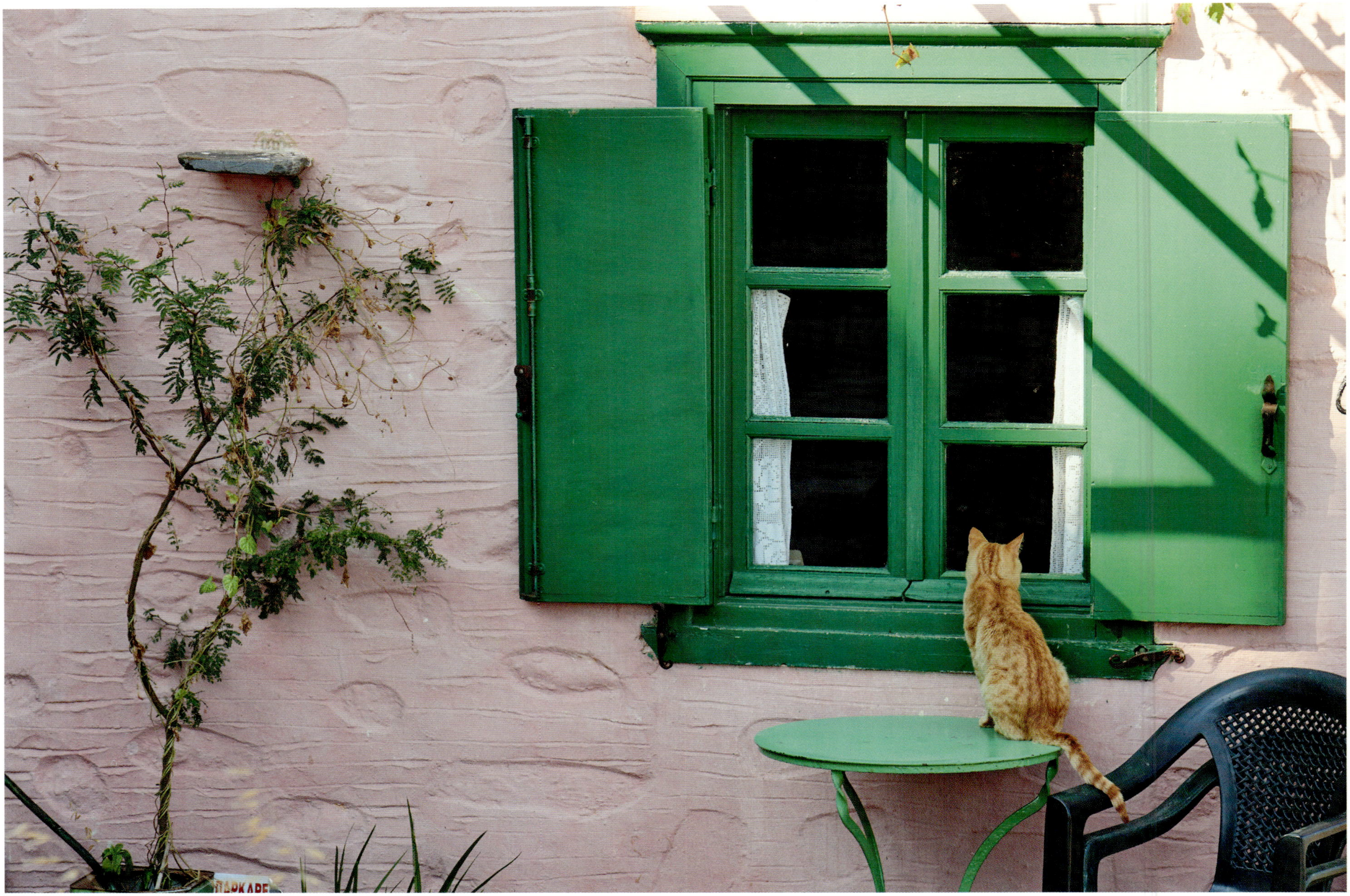

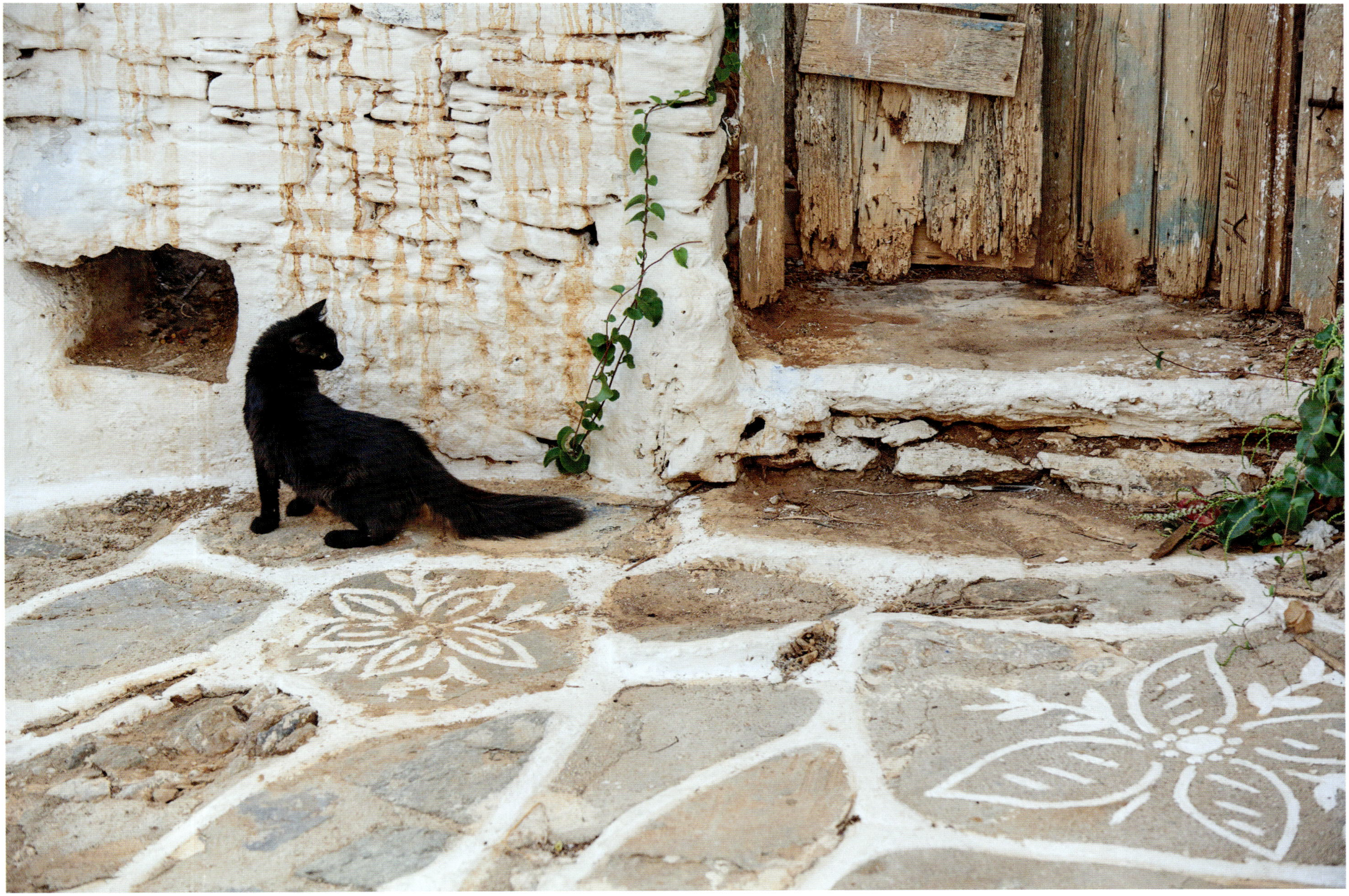

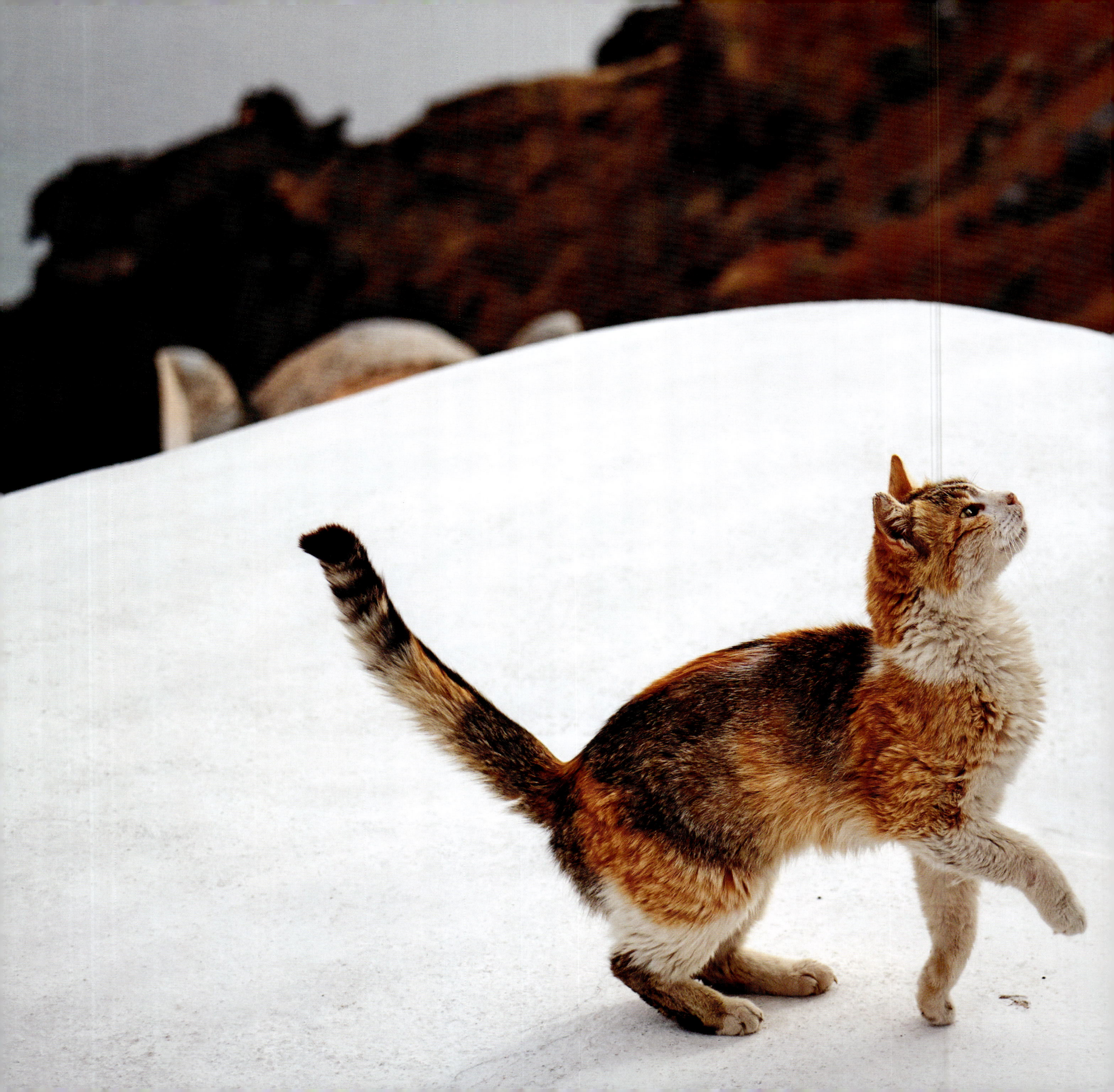

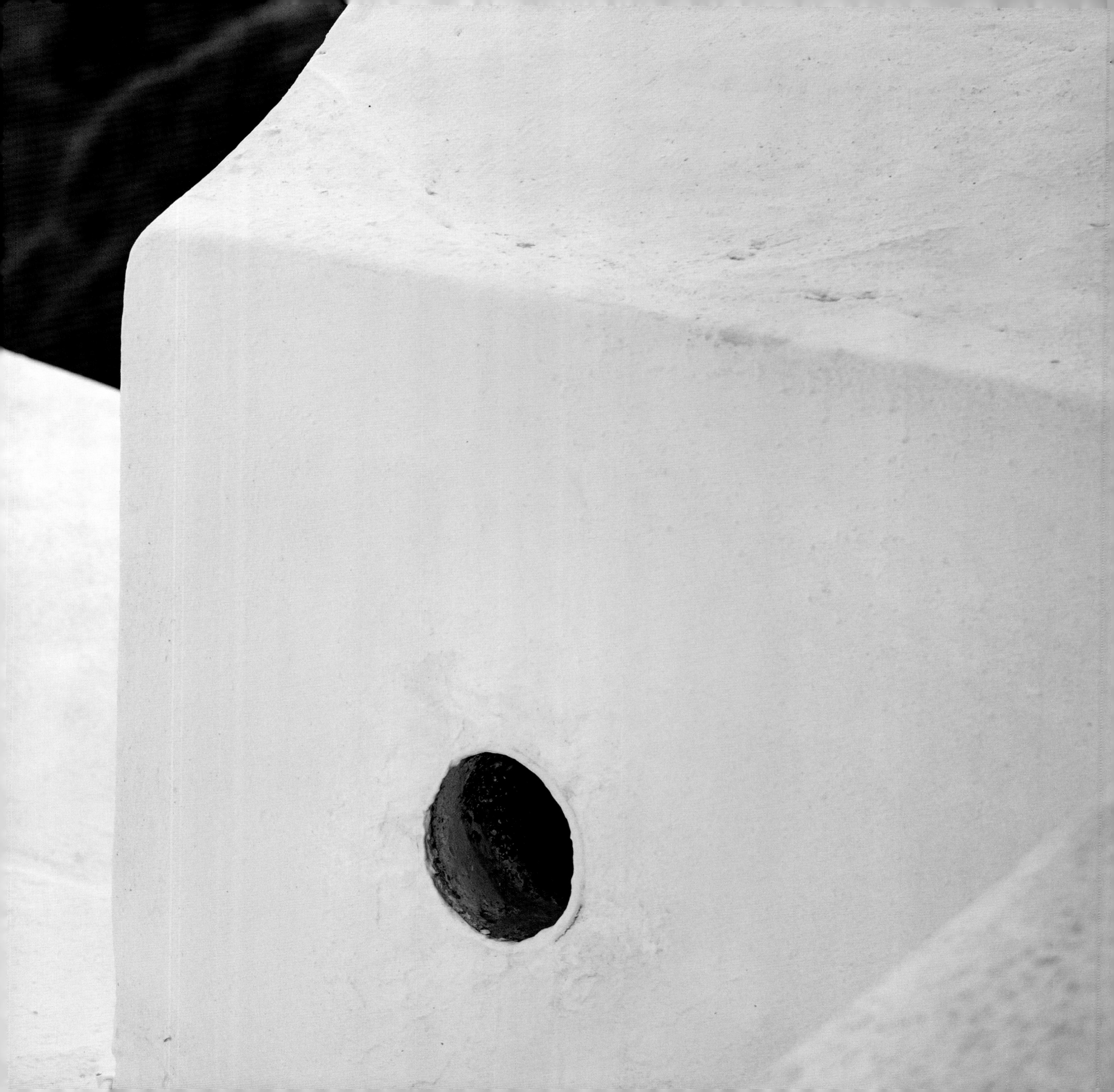

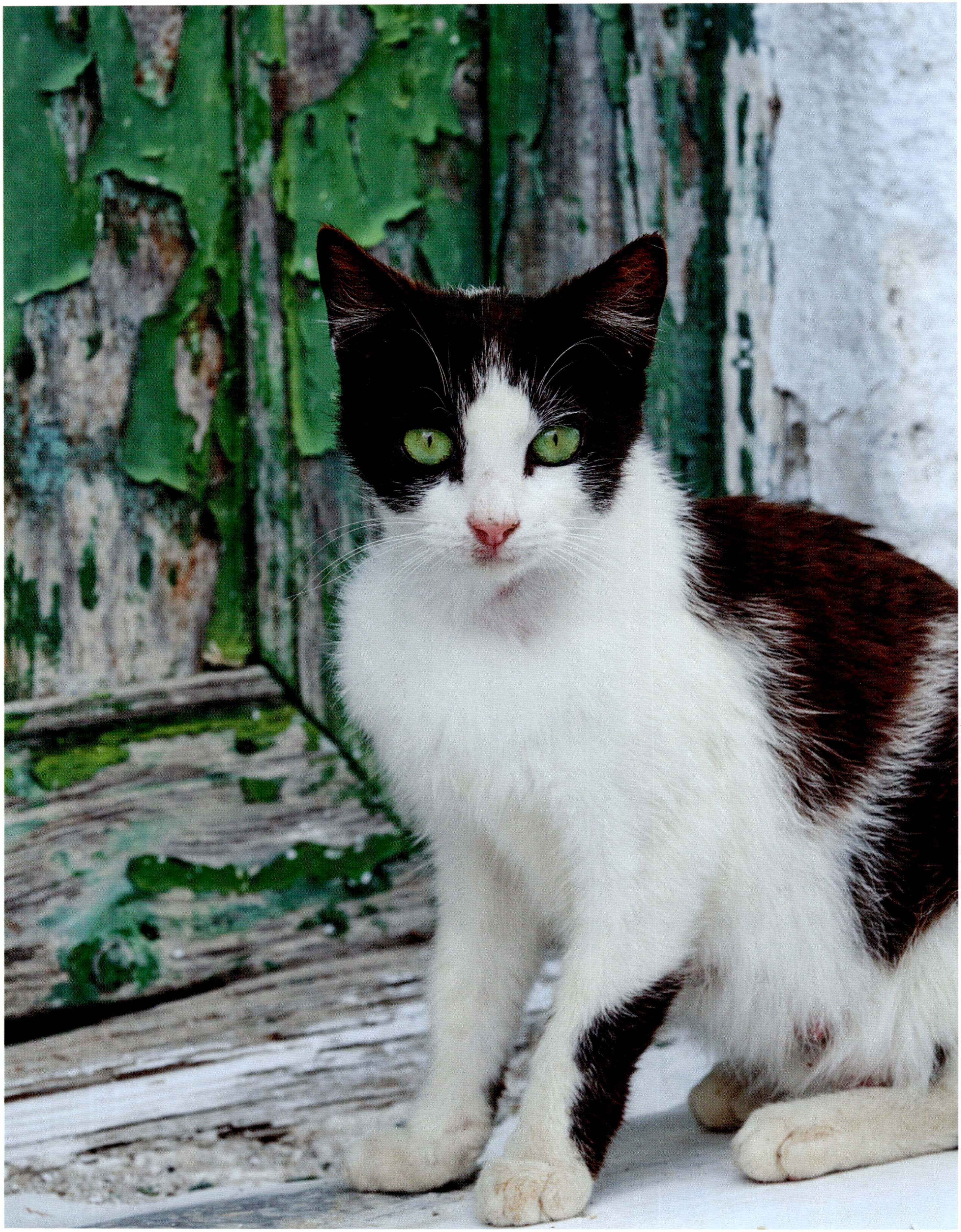

C'est l'élégance simple qui nous charme.

Ovide

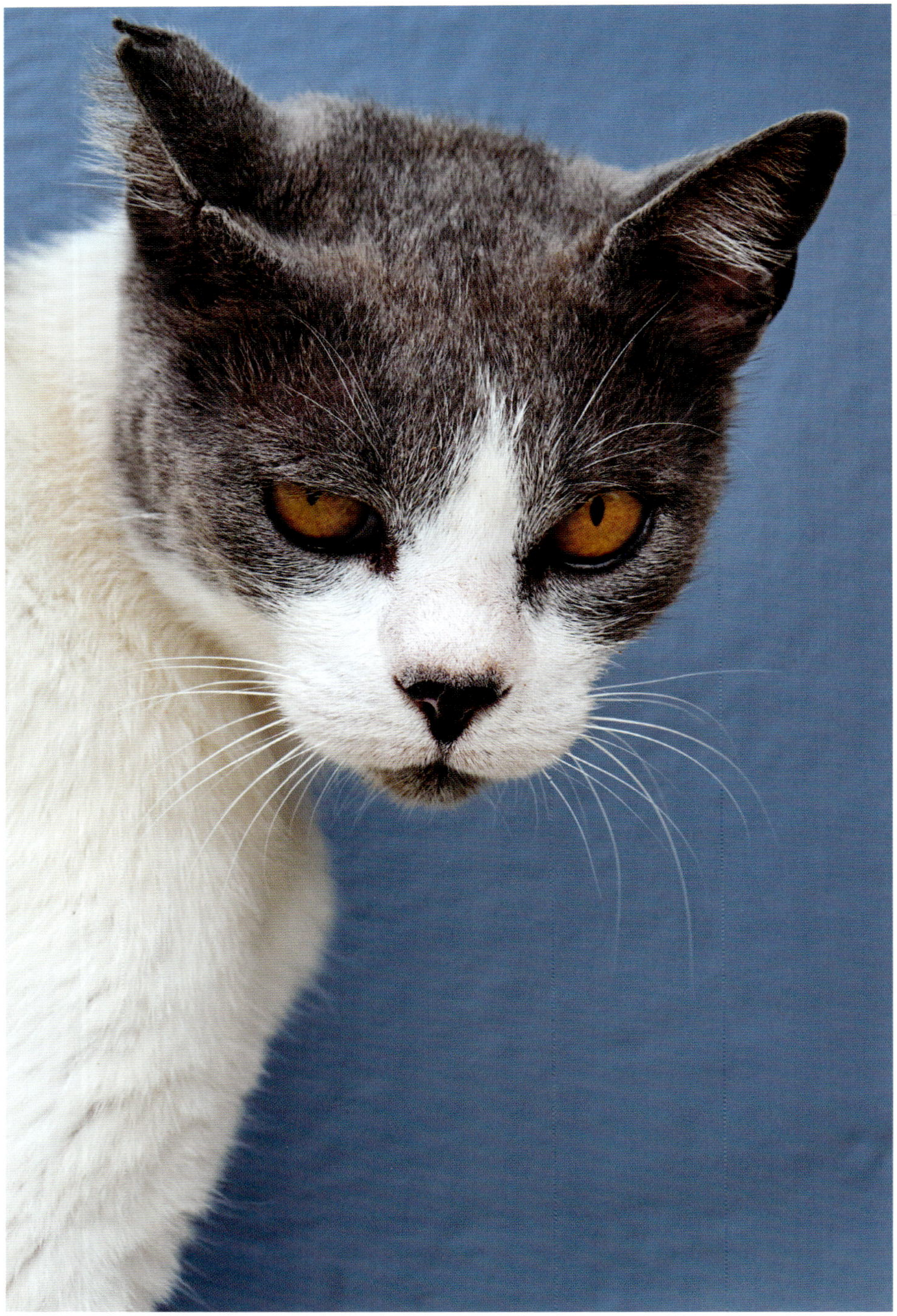
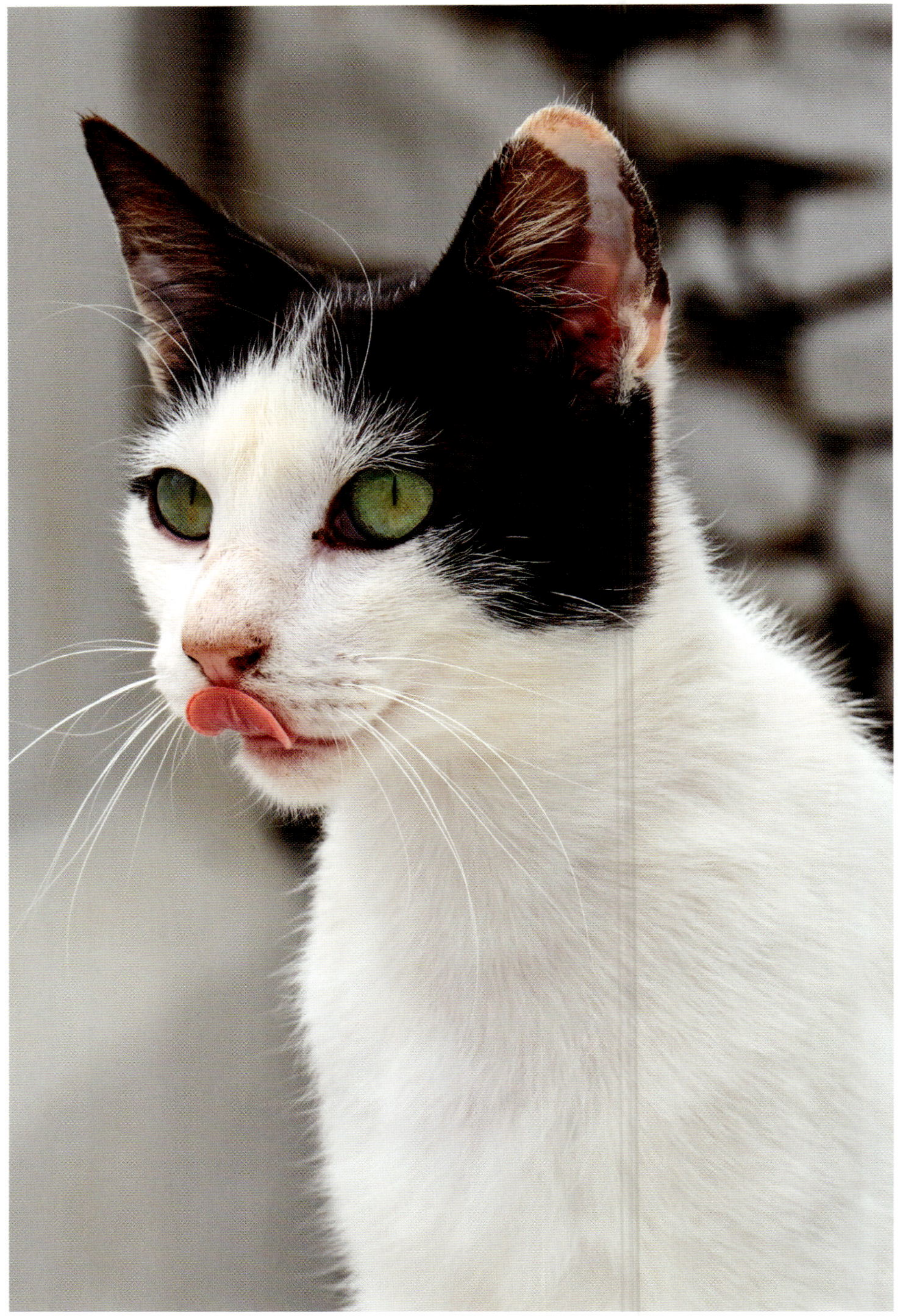

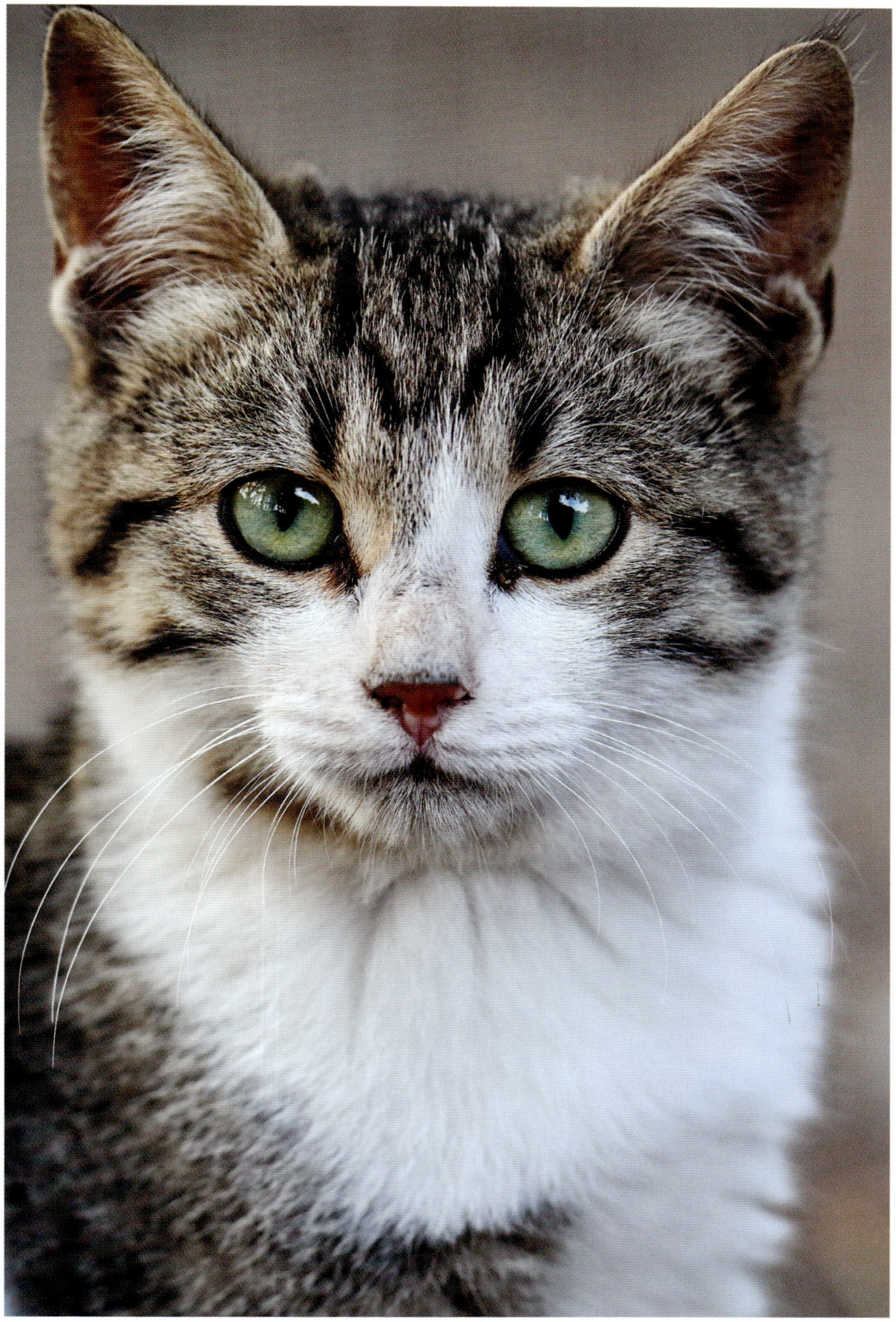

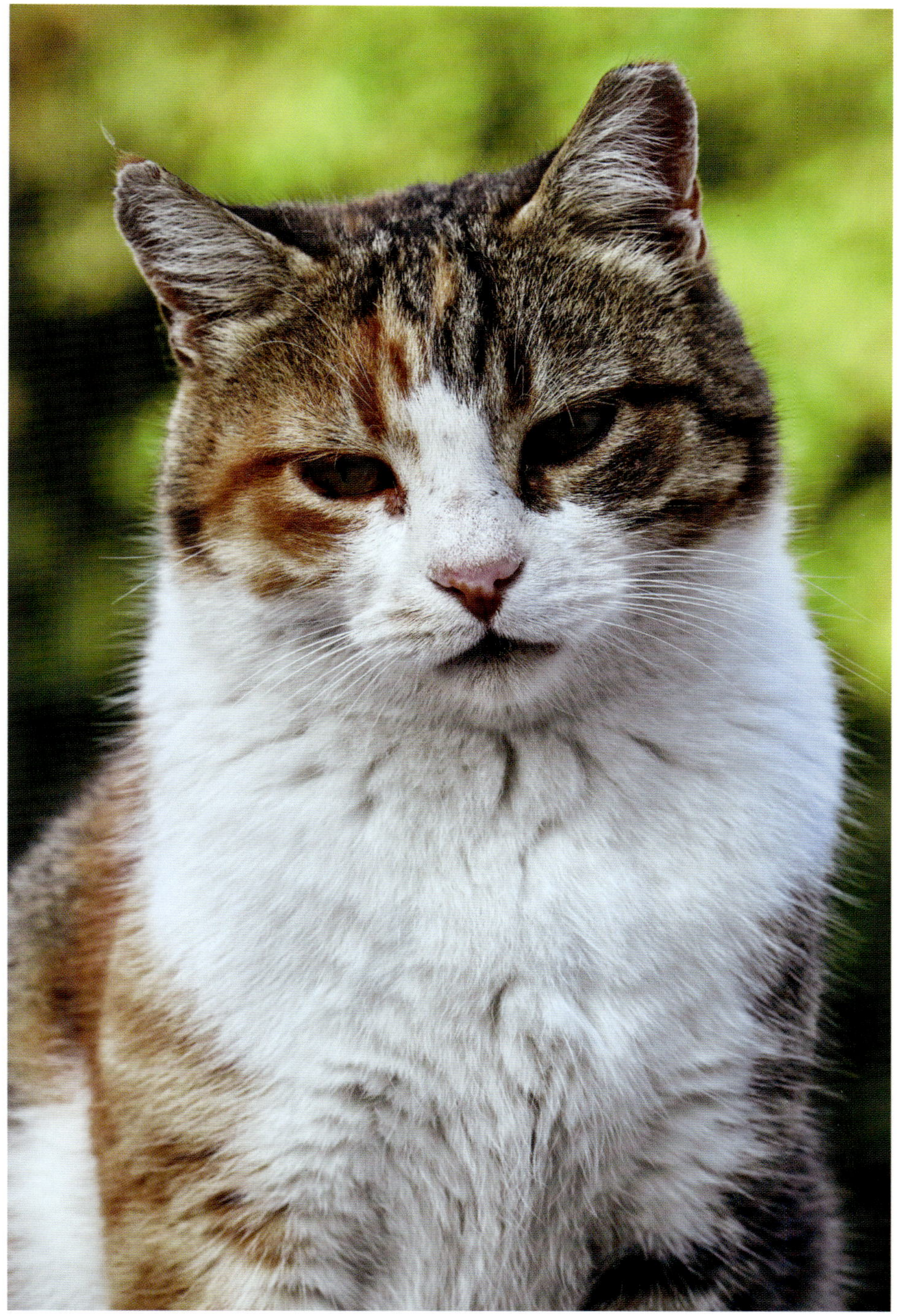

Les Chinois voient l'heure dans l'œil des chats.

Charles BAUDELAIRE

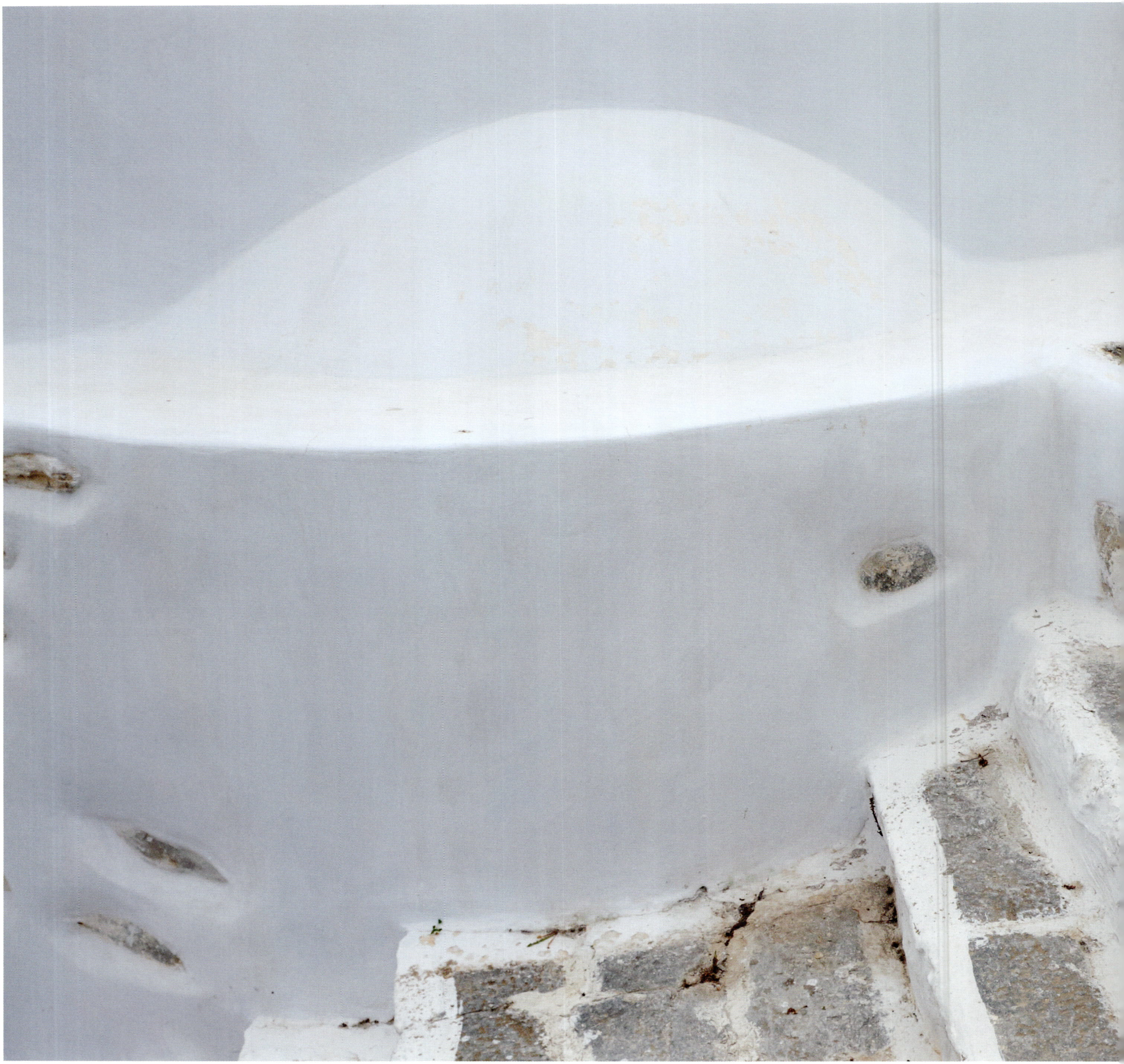

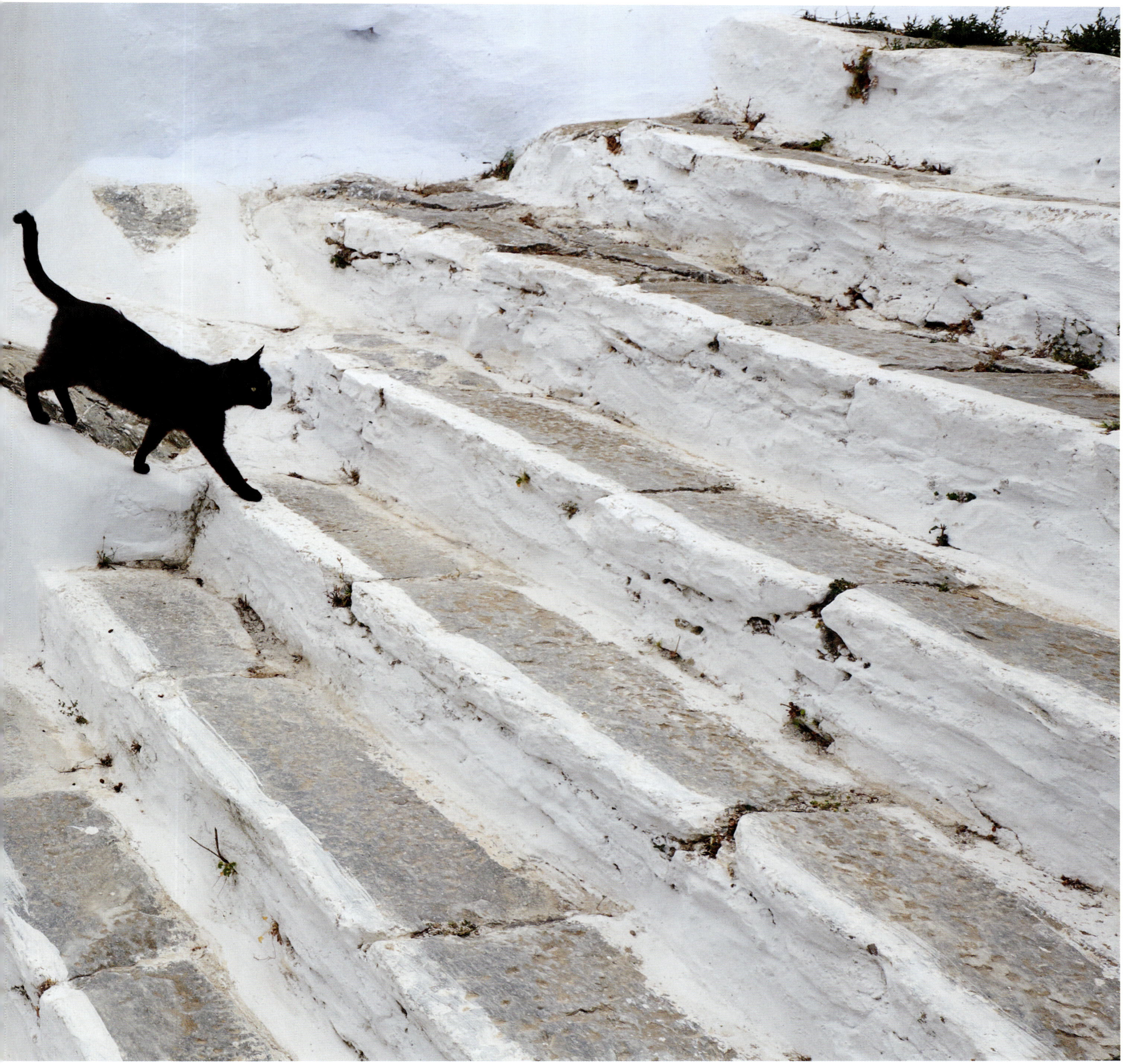

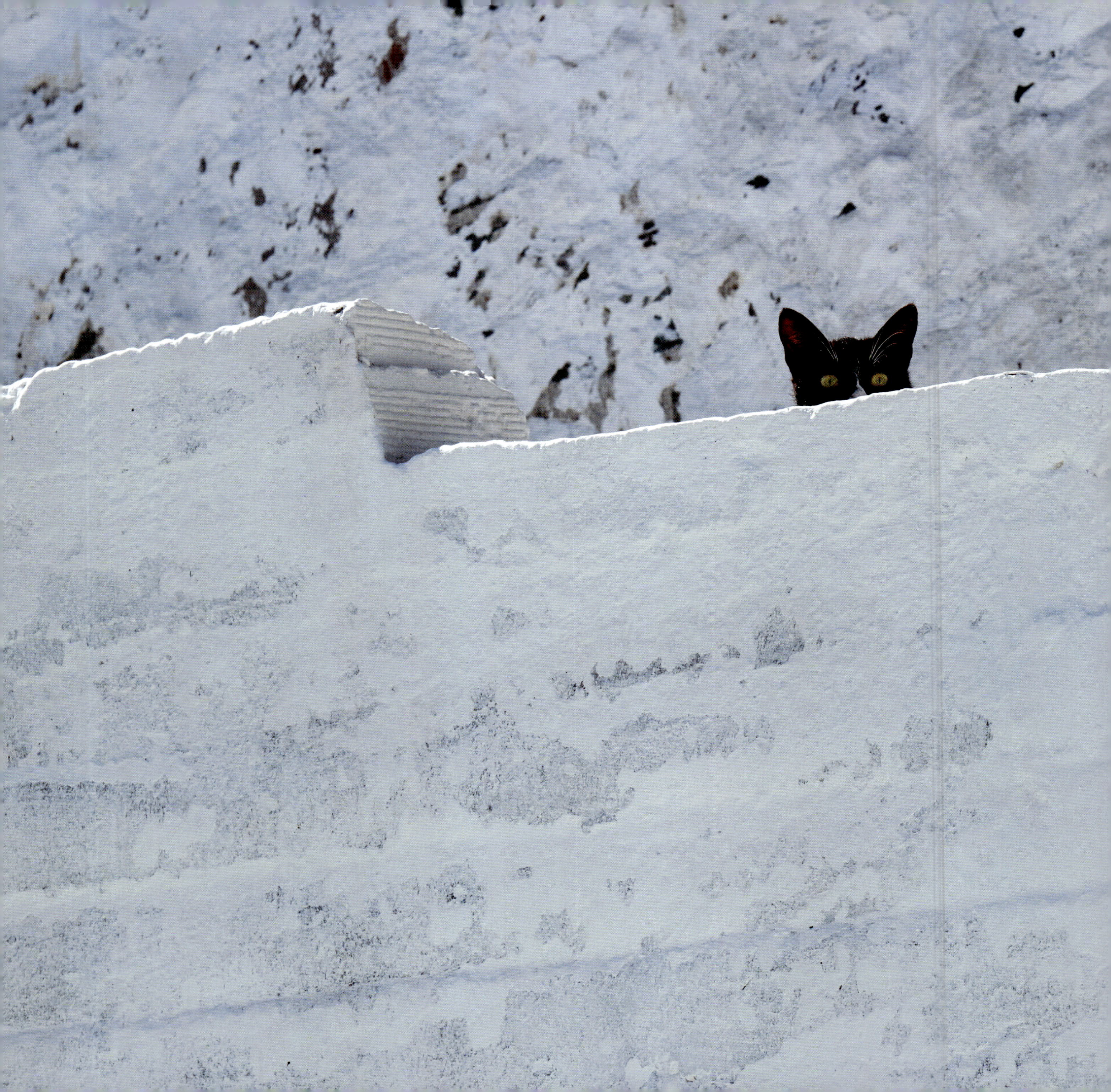

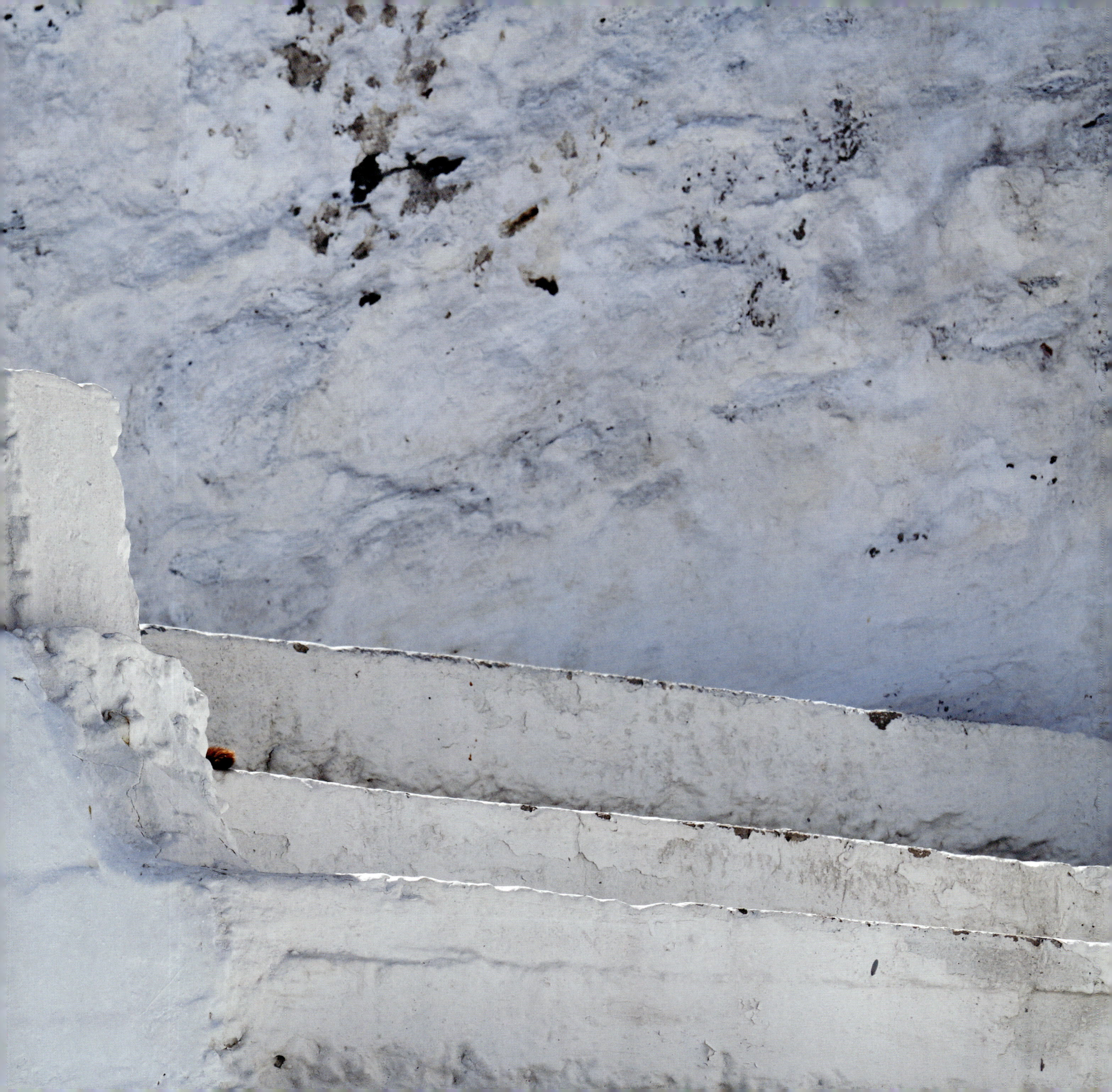

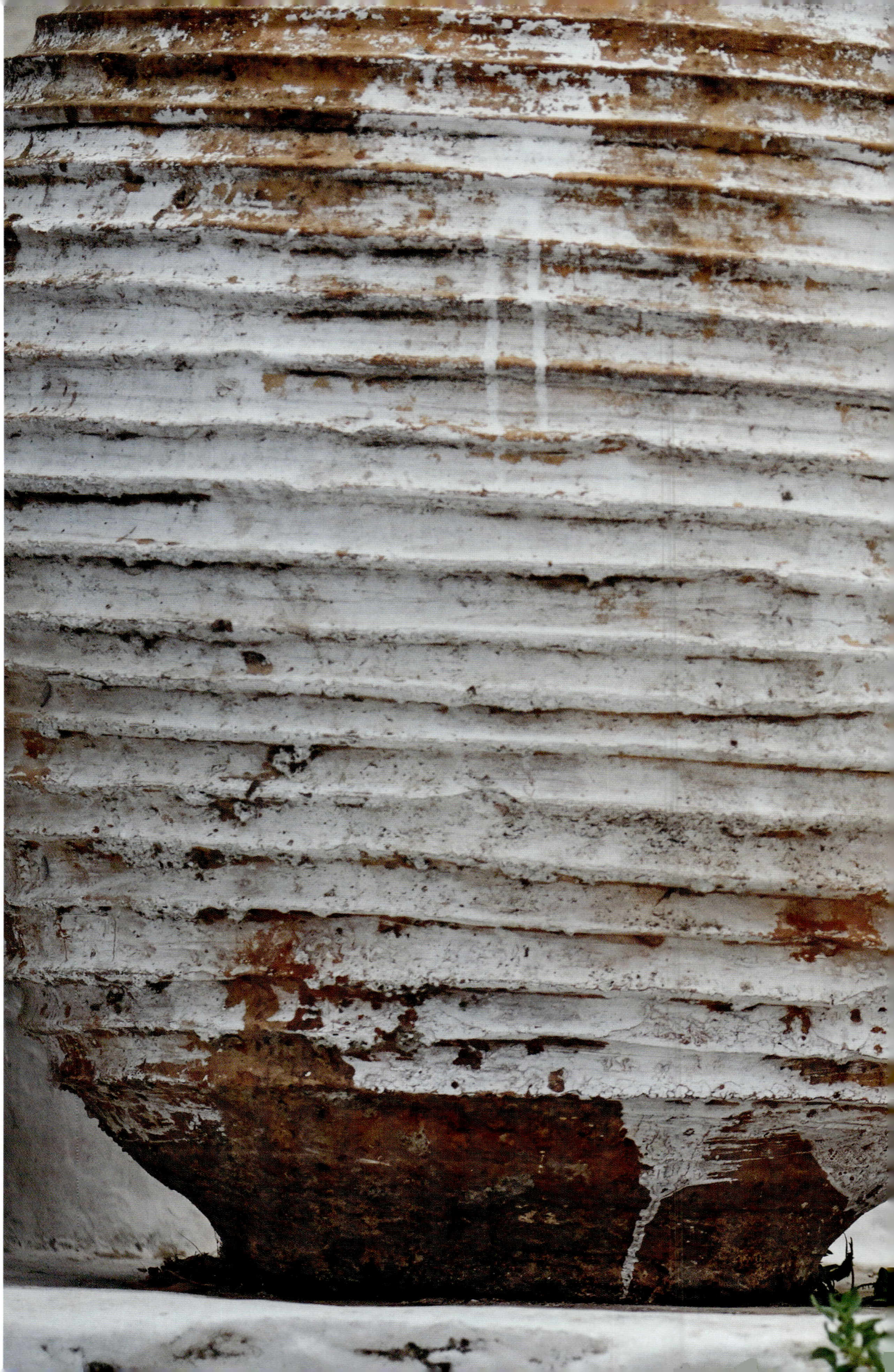

Vagabondage matinal pour ce félin à l'accent grec.

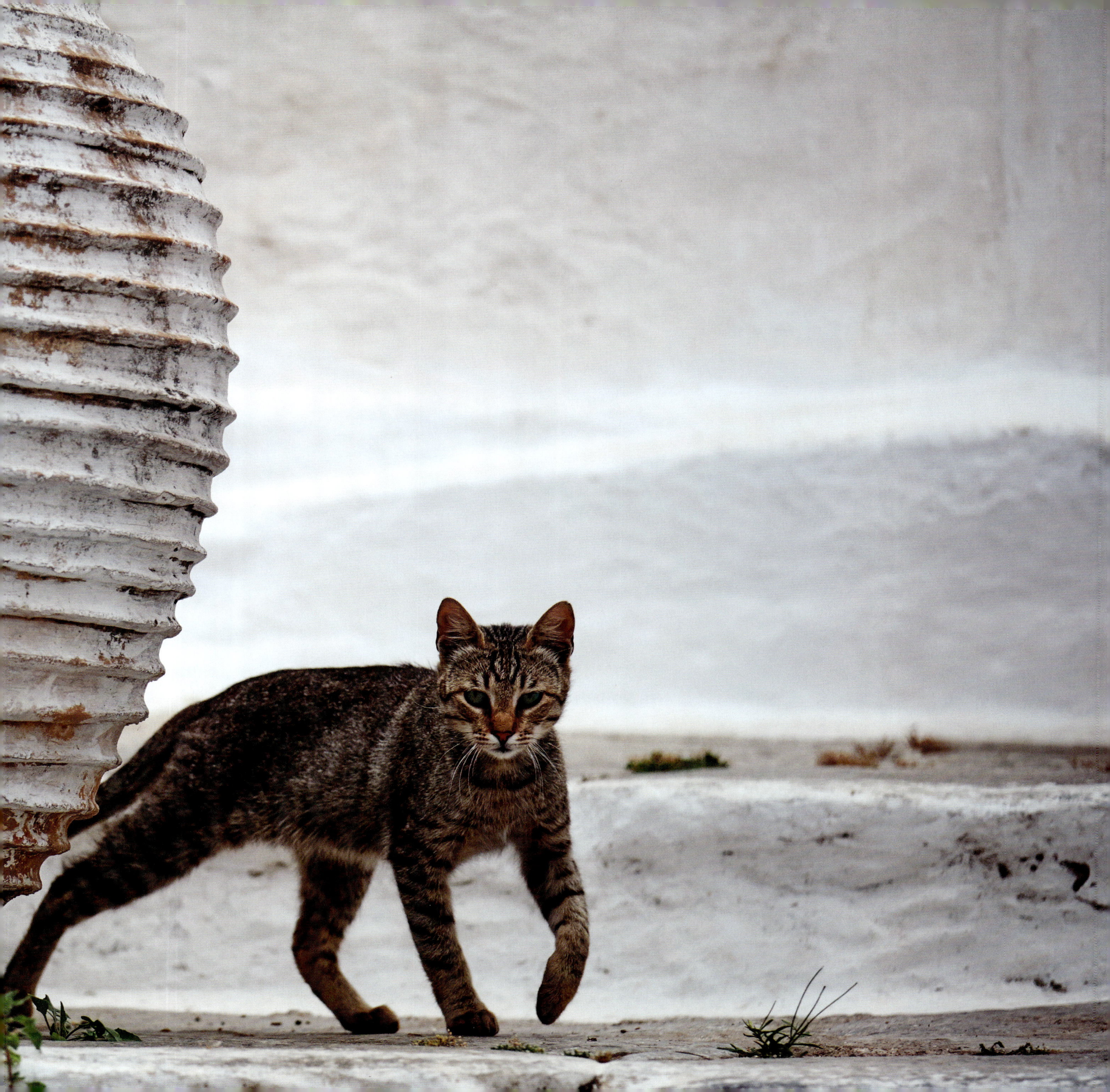

Il circule comme il lui plaît, visite son domaine à son gré,
peut se coucher dans tous les lits, tout voir et tout entendre,
connaître tous les secrets, toutes les habitudes
ou toutes les hontes de la maison.
Il est chez lui partout, pouvant entrer partout,
l'animal qui passe sans bruit, le silencieux rôdeur,
le promeneur nocturne des murs creux.

Guy de MAUPASSANT

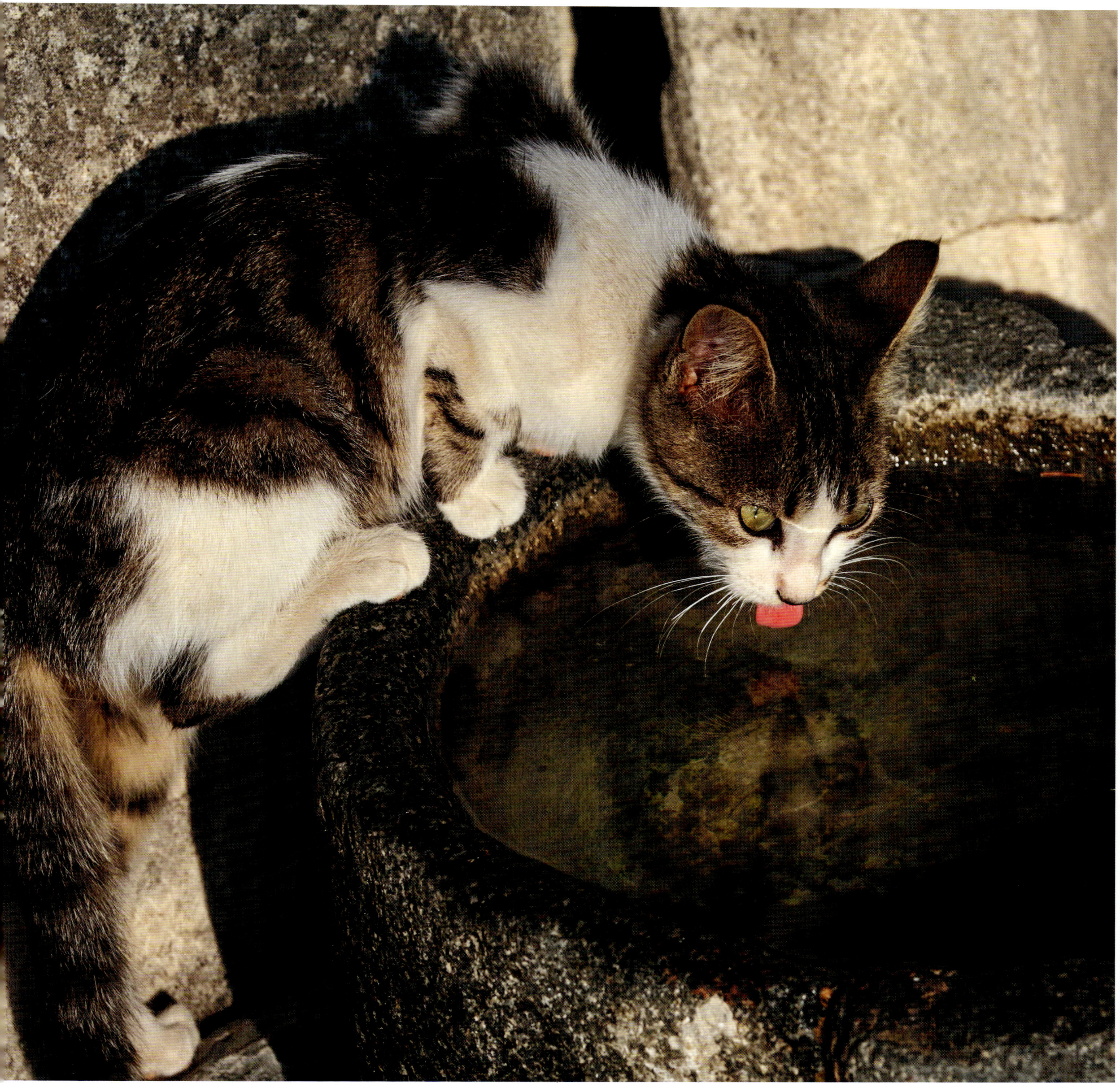

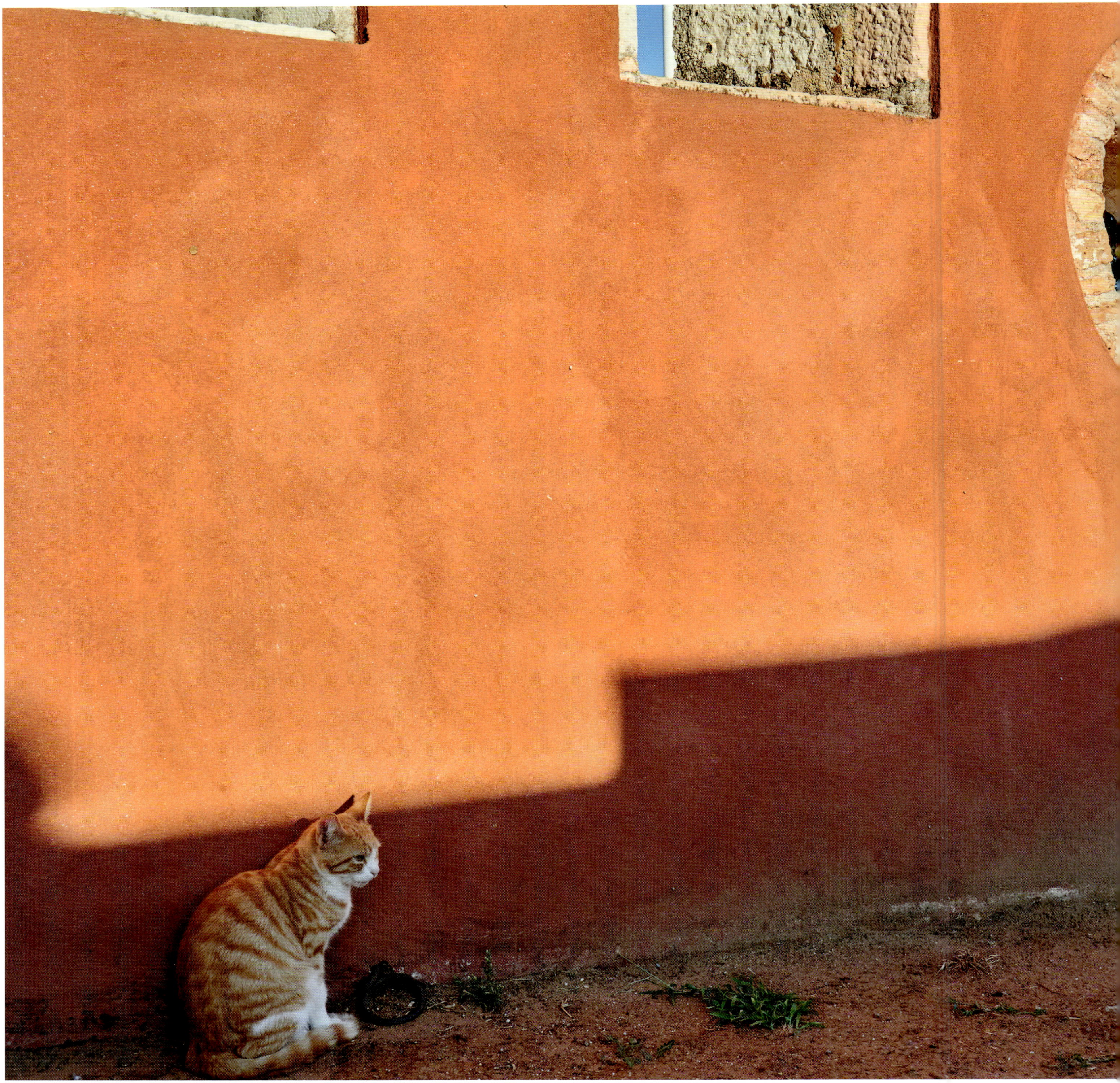

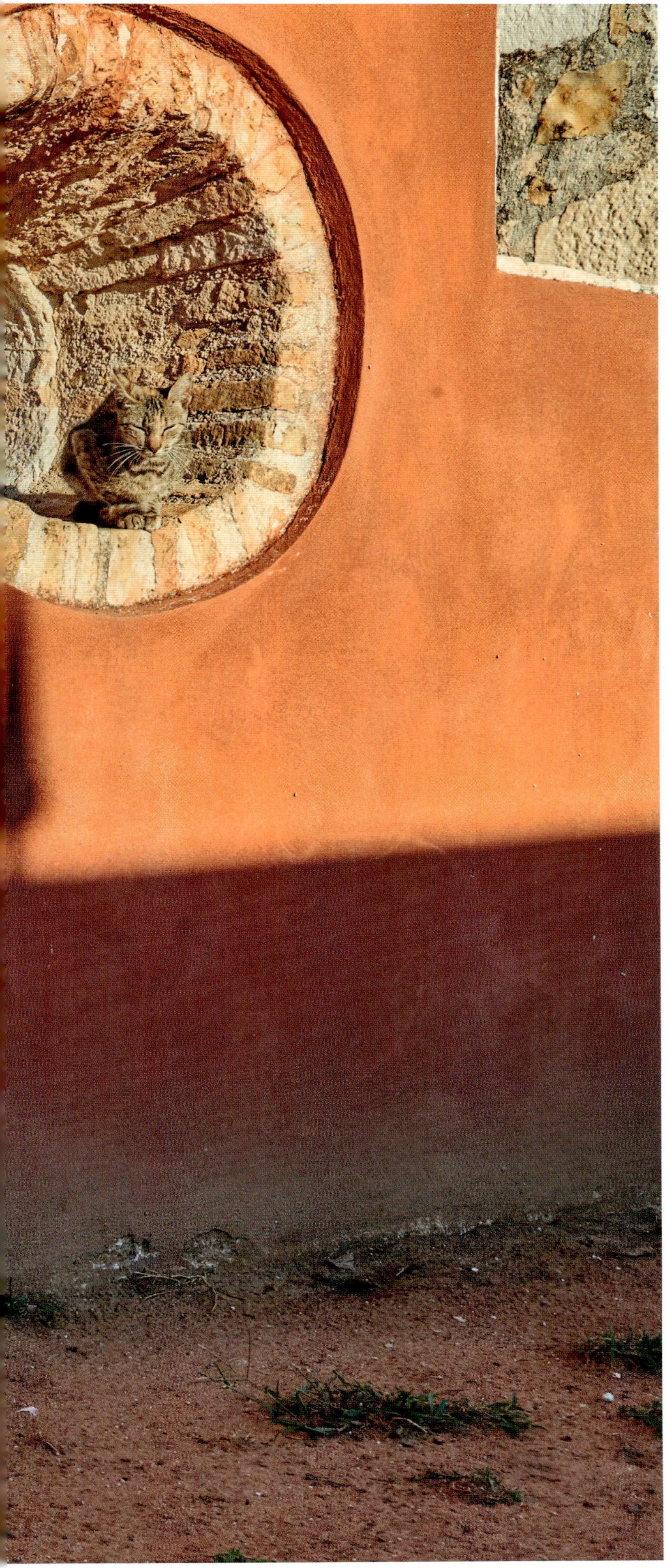

Les chats craignent l'eau,
c'est pourquoi ils préfèrent prendre
des bains de soleil.

Stéphane CARON

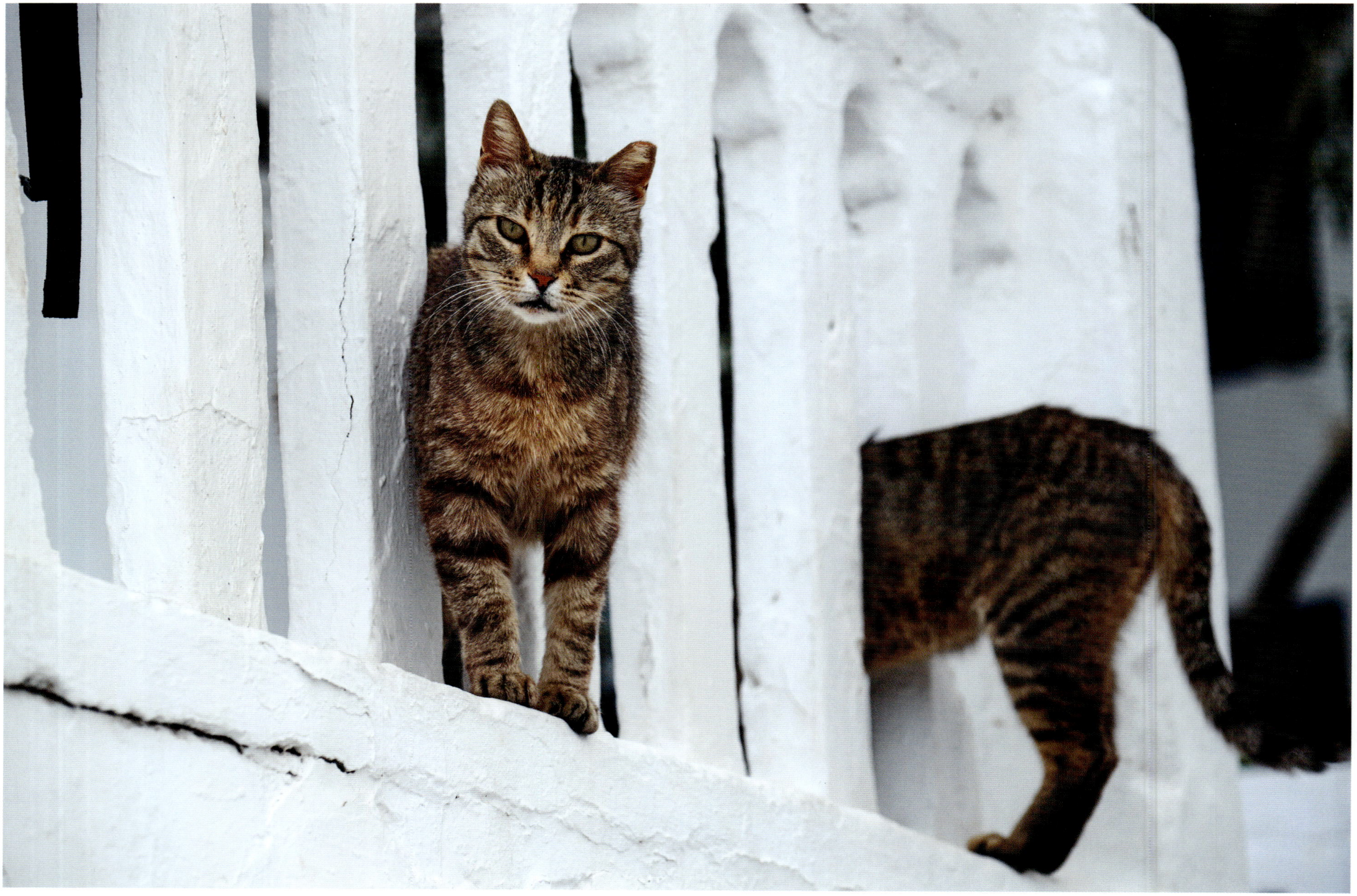

Dans les rues d'Ormos Egialis à Amorgos.

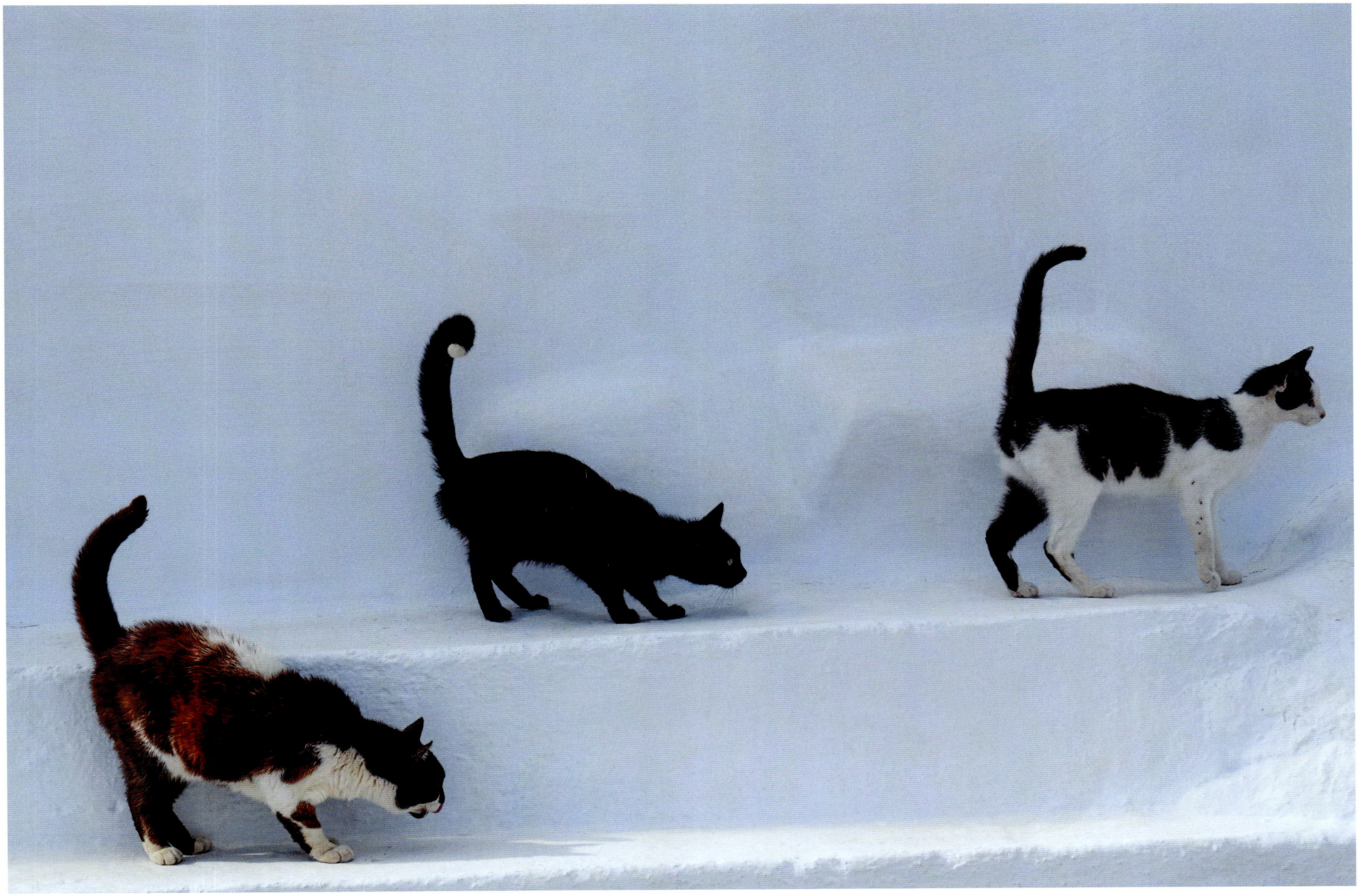

On dit que les crapauds portent sur le front un joyau qui brille la nuit ;
or moi je porte dans ma queue une magie héréditaire
qui peut ensorceler non seulement les dieux, les bouddhas, l'amour et la mort,
mais aussi la race humaine tout entière.

Sôseki NATSUME

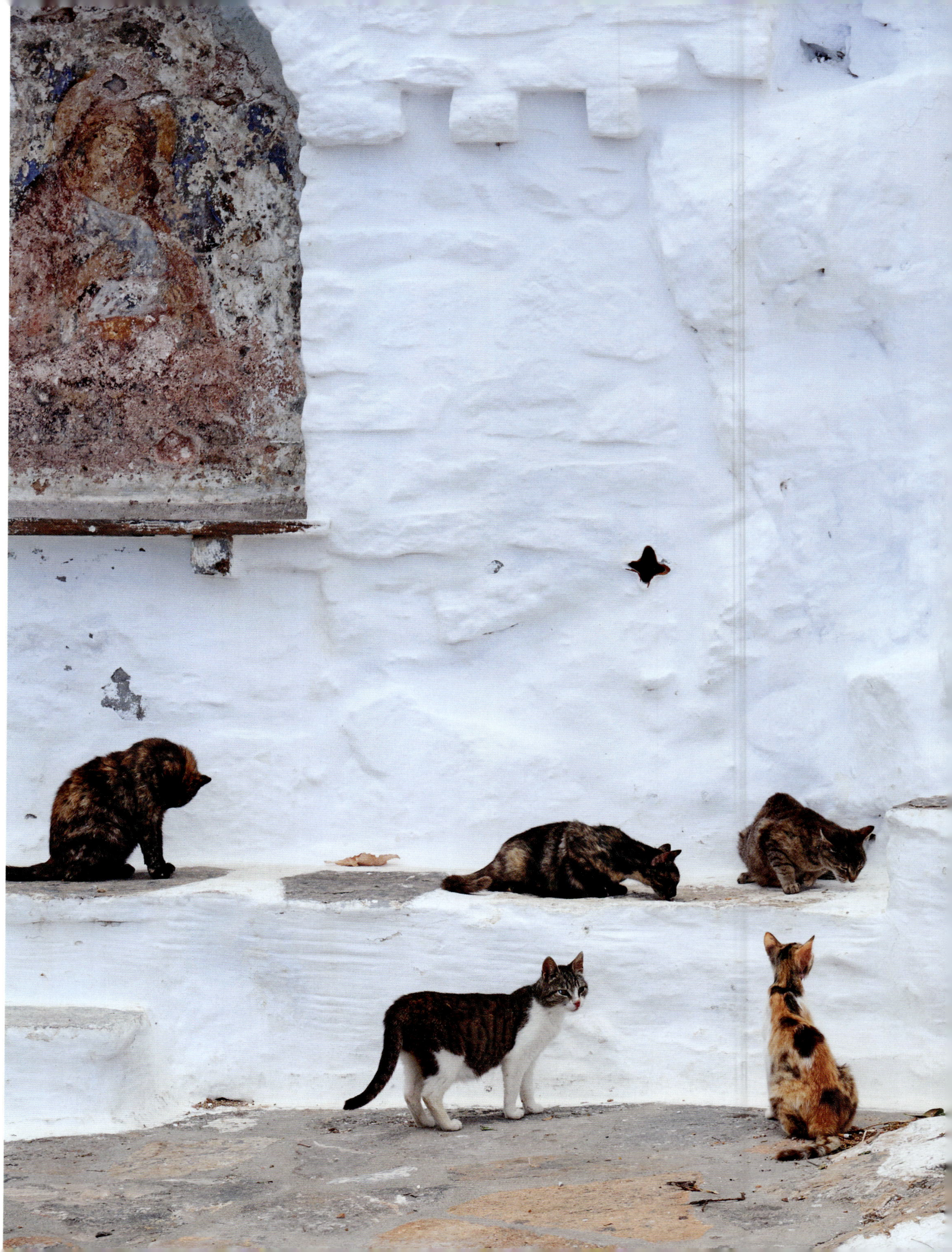

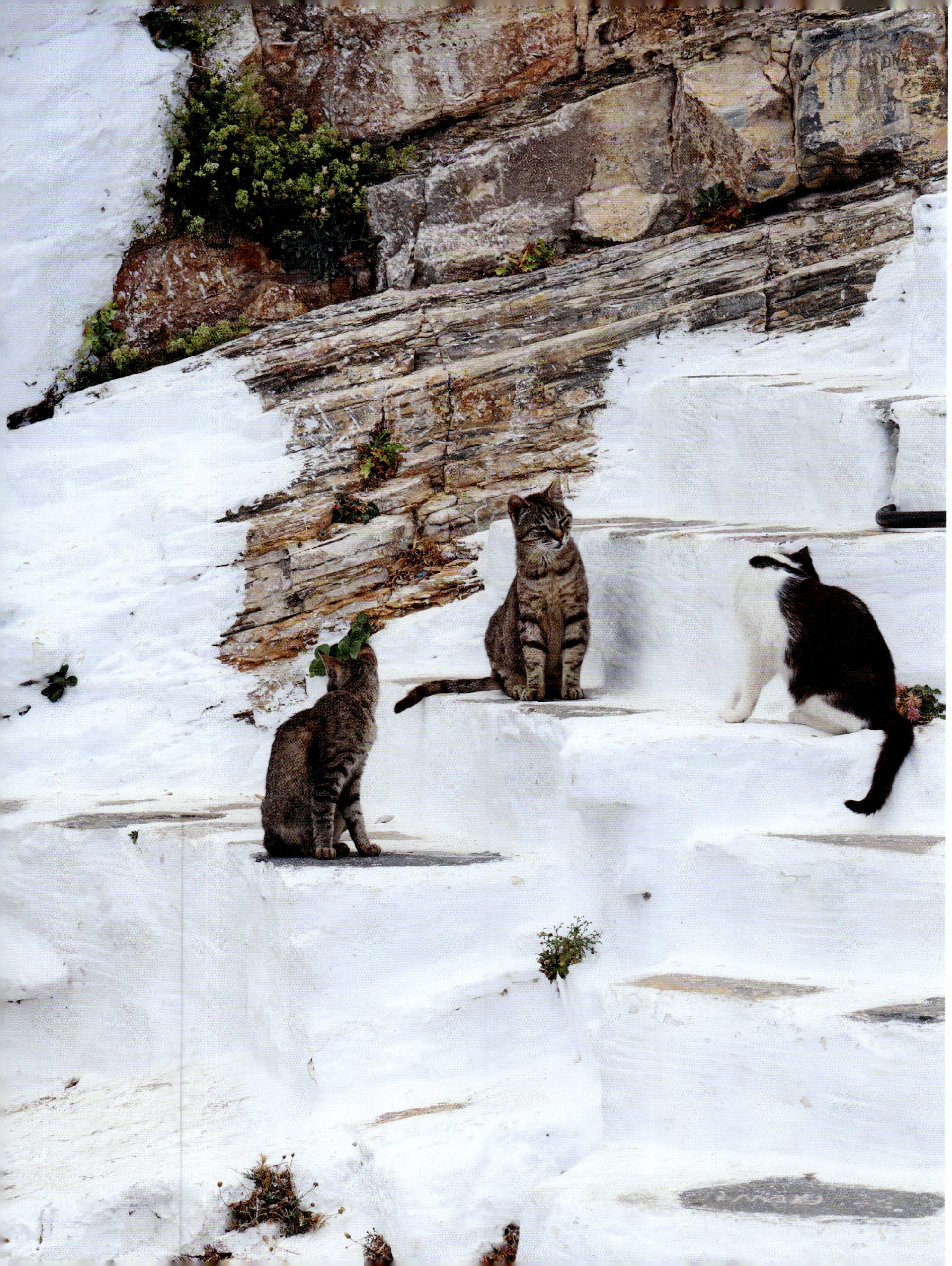

Tôt le matin, les chats
du monastère d'Agia Anna
à Amorgos attendent
patiemment que les popes
viennent leur apporter
leur repas.

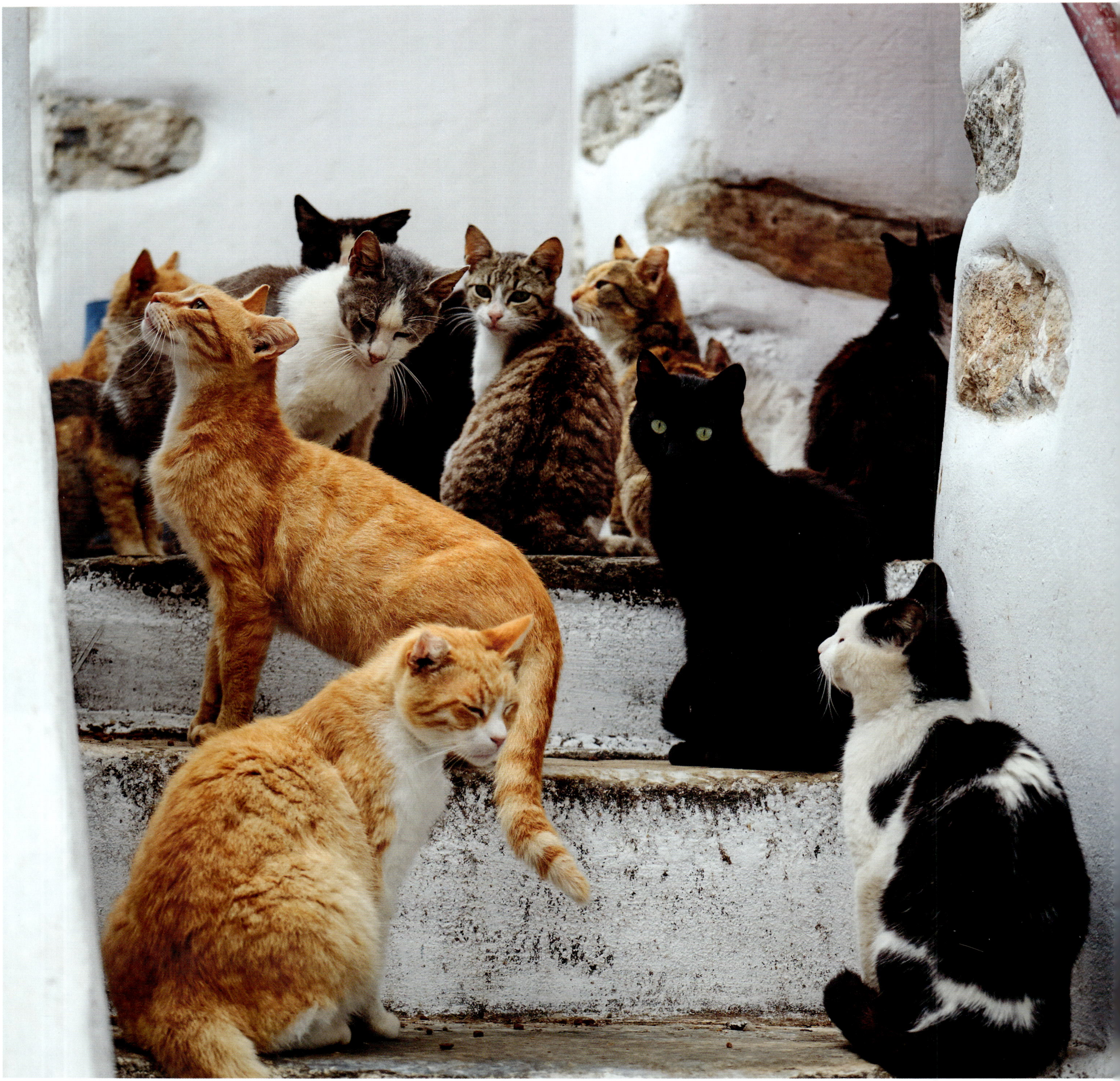

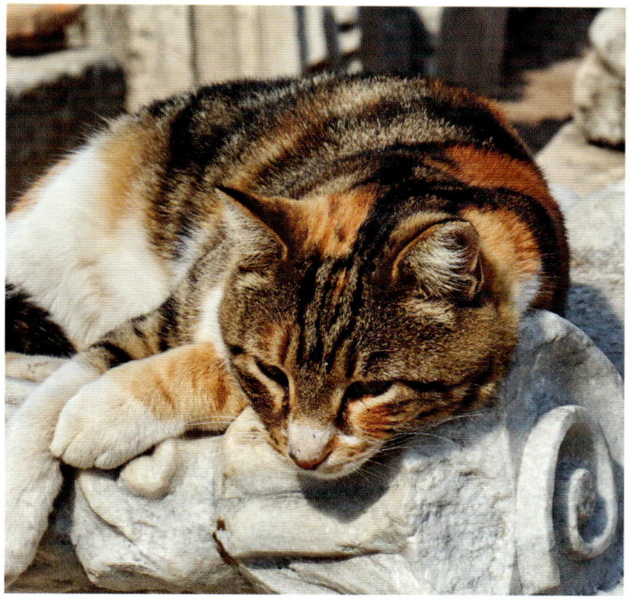

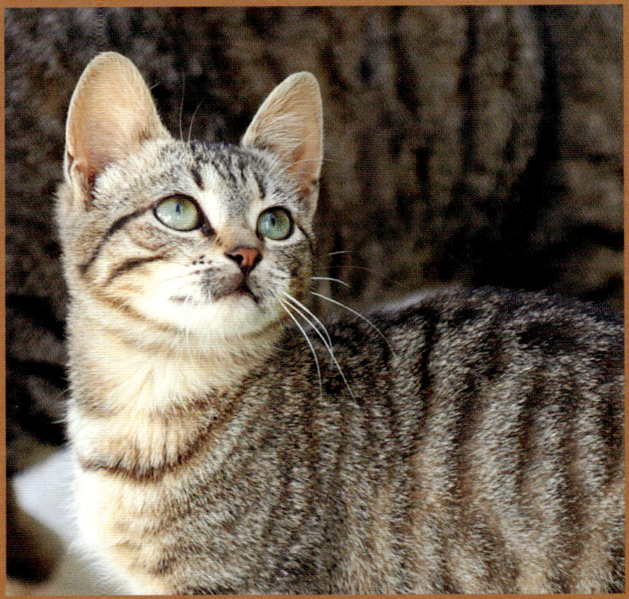

Curieux voyageurs

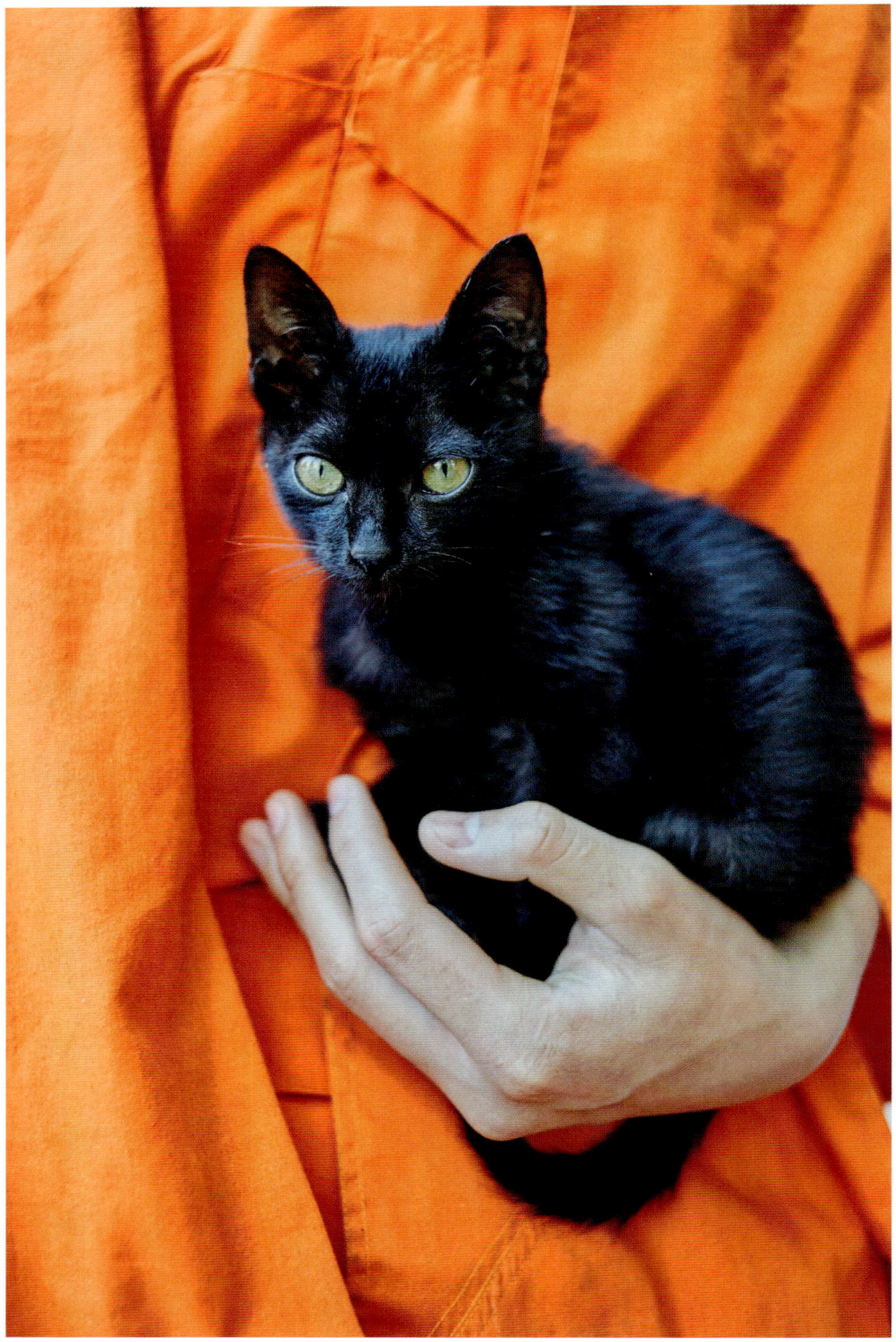

Irrépressiblement curieux, guidé par son infaillible museau auréolé de moustaches-antennes, le chat gambade joyeusement ici ou là avec une soif de nouveautés sans cesse renouvelée. En dépit d'une attention en constant éveil, piqué dans sa curiosité qui – dit l'adage anglais – peut le tuer, le plus craintif d'entre eux se laissera aisément circonscrire. Il cédera vite à quelques câlins furtifs après s'être laissé amadouer. Parmi nos rencontres félines, les plus mémorables sont évidemment celles où le chat timide aux premières approches a fini par devenir envahissant avant de s'installer sans partage sur nos genoux après quelques heures de prémisses. C'est d'ailleurs la raison pour laquelle l'homme a pu l'emmener partout autour du monde. Car si le chat est casanier, s'il prétend volontiers préférer un bon somme à un long et beau voyage, dès qu'il se retrouve dans un nouvel environnement, il se hâte de fureter dans les moindres recoins, guidé par son obsession de sécurité. Il n'y a guère d'endroit que le petit voyageur à pattes de velours ignore, ruelles et toits n'ont pas de secret pour lui, mer ou montagnes semblent son habitat naturel, il devient archéologue dans les cités antiques, qu'elles soient grecques ou romaines, et sait trouver refuge dans les monastères et les églises solitaires. Nous avons même repéré un chat nomade sur le toit d'une yourte mongole ! Amis des moines bouddhistes, les chats ont littéralement colonisé certains monastères d'Asie, nous les avons croisés déambulant négligemment au milieu de vénérables bouddhas, ou paisiblement assoupis sur les autels à offrandes sans que cela n'offusque le moins du monde moines ou fidèles… Chat bouddhiste, chat volant, chat marin, baroudeur solitaire ou compagnon attentif, le curieux voyageur a le don de se glisser partout, de s'octroyer tous les droits, de s'adapter discrètement à chaque situation jusqu'à se fondre dans tous les décors du monde dont il aime à devenir le gracieux épicentre.

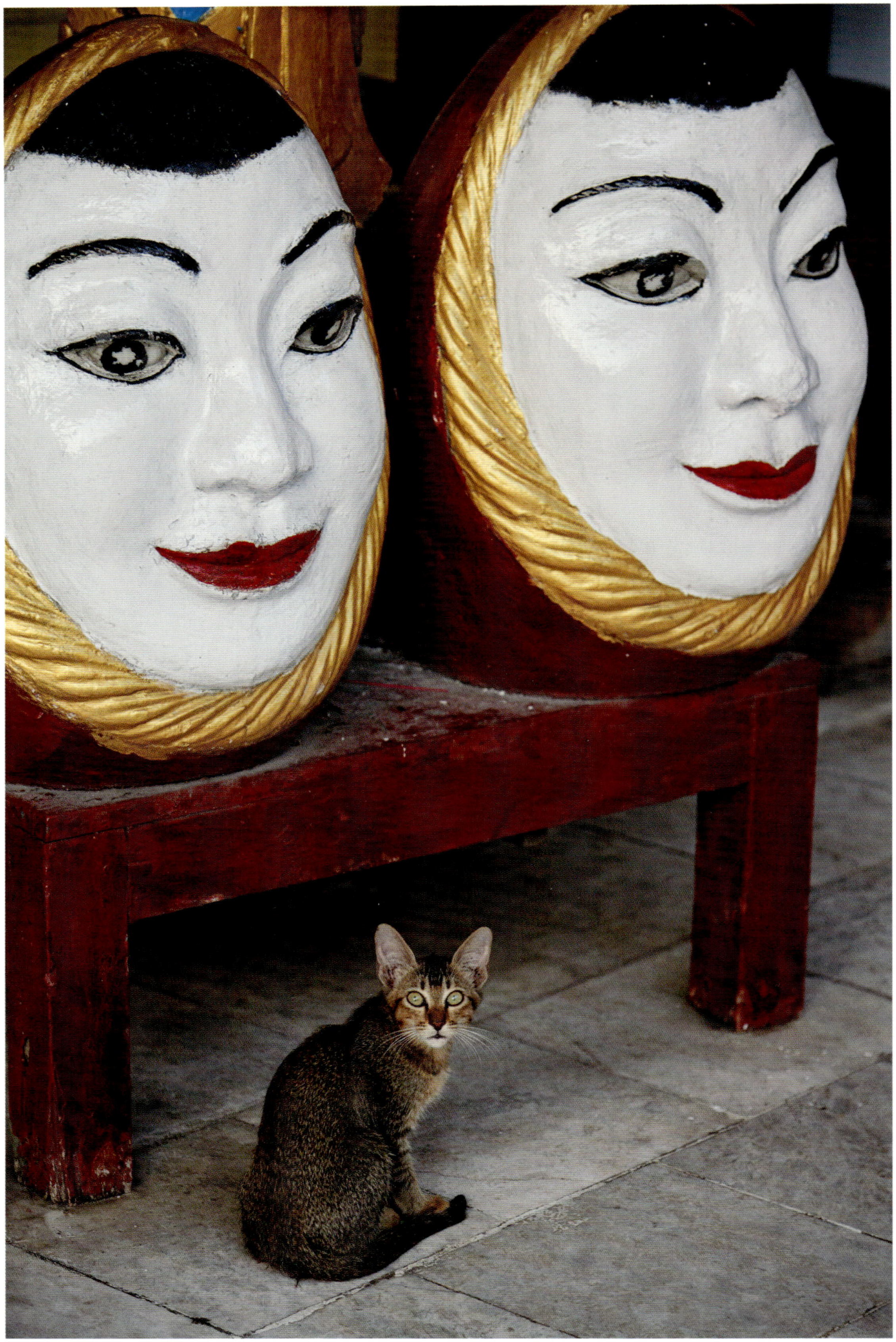

Qu'il soit dans un
temple bouddhiste
(à gauche en Birmanie)
ou hindou (à droite en Inde),
le chat est l'ami de toutes
les religions.

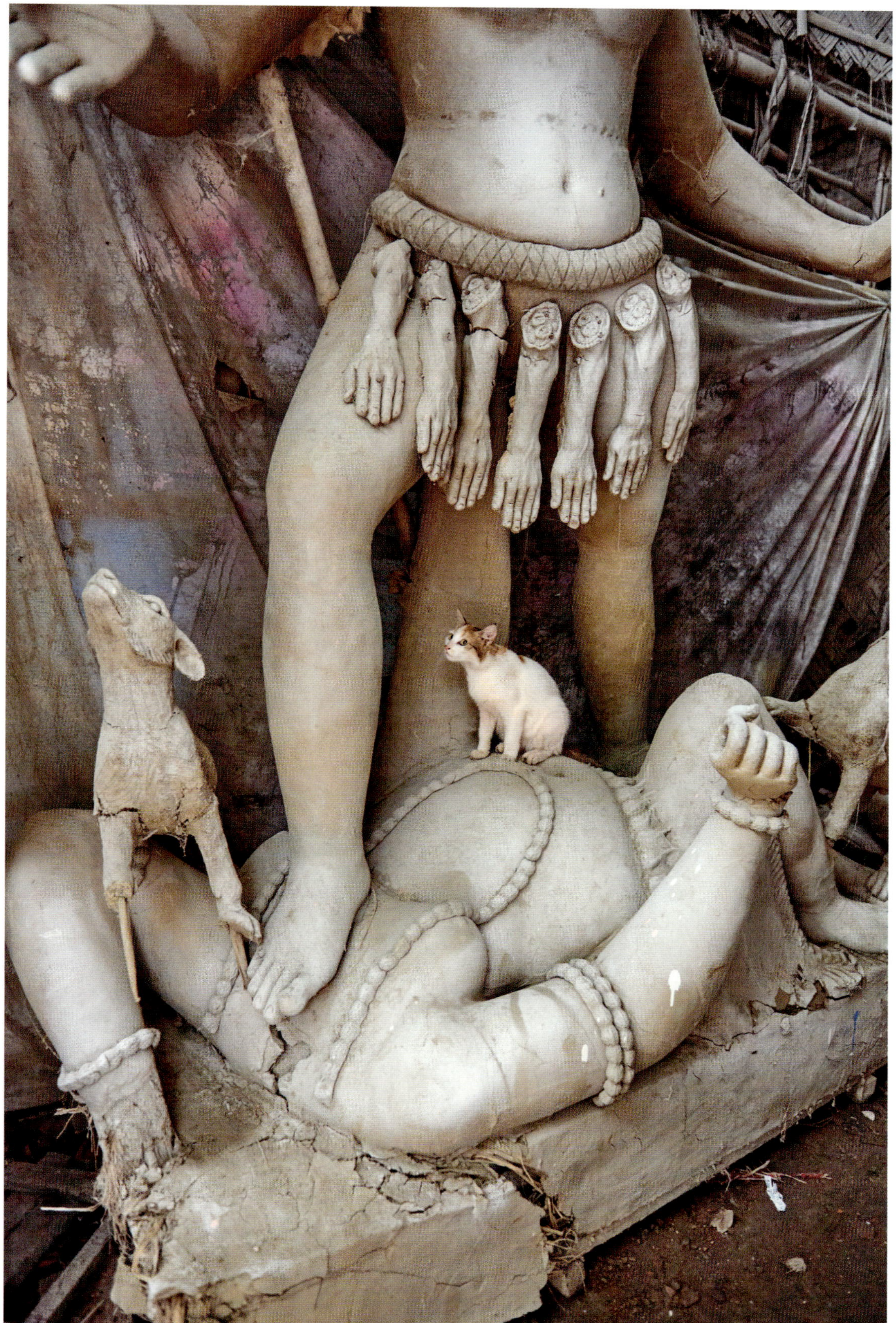

J'ai vécu avec plusieurs maîtres zen.
Tous des chats.

Eckhart TOLLE

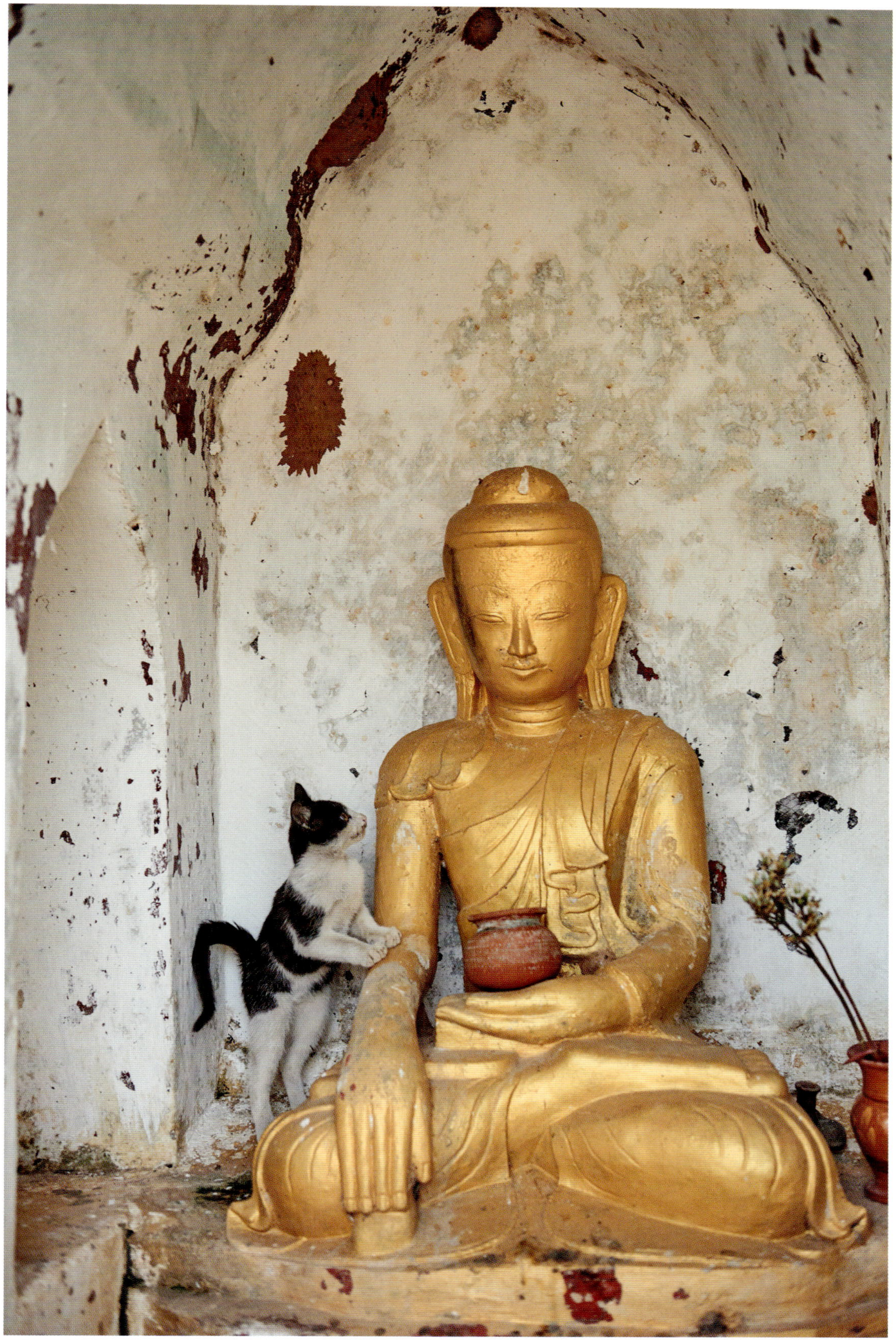

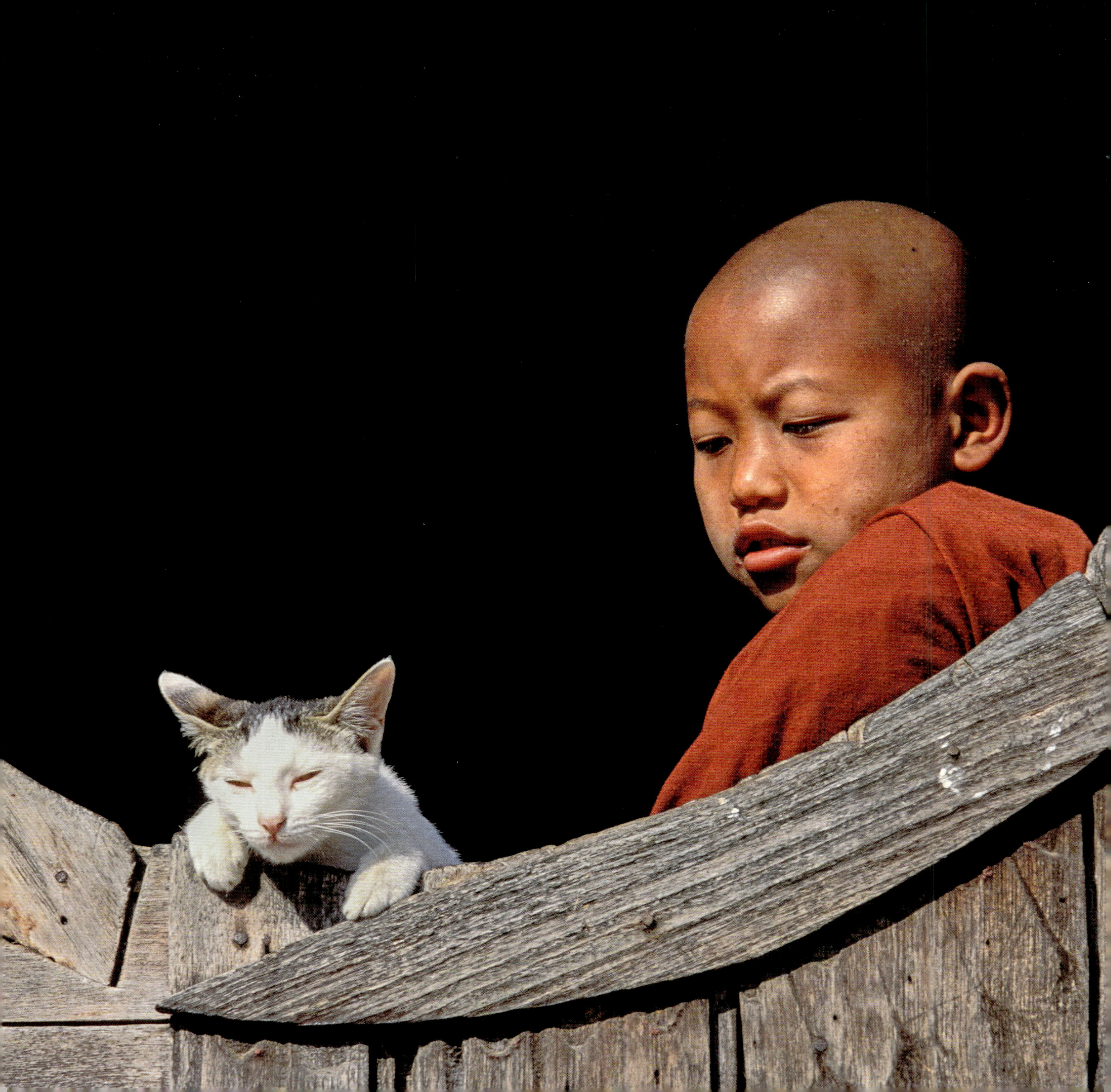

J'aime les chats, ces animaux de l'ombre qui viennent se blottir près du cœur et qui ronronnent des histoires que peu d'humains comprennent.

Jean MARKALE

Le moinillon et son chat
au monastère de Shwe Yan Pyay en Birmanie.

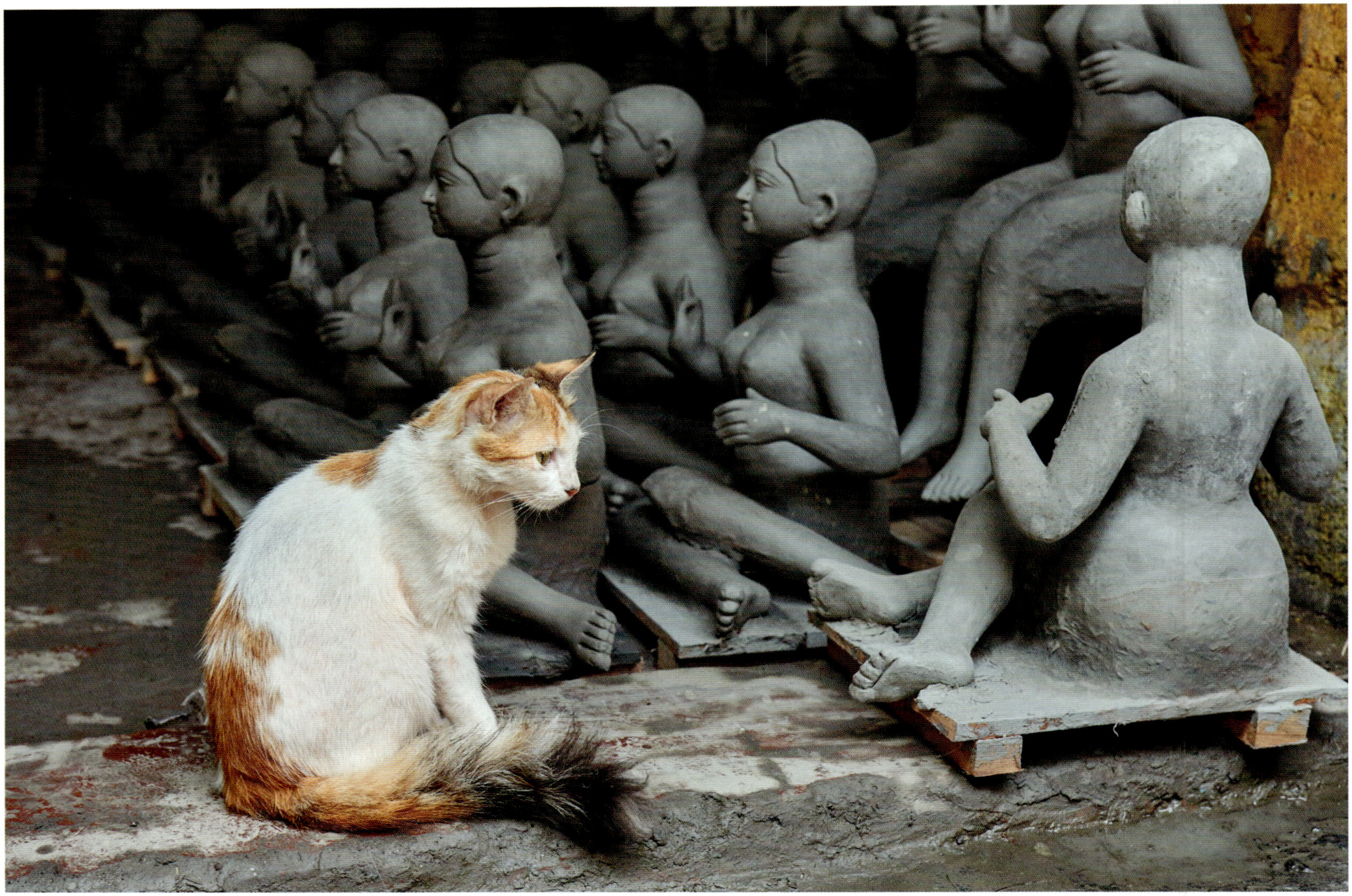

Dans le quartier des sculpteurs de divinités hindoues de Kumartuli à Calcutta en Inde,
il n'est pas rare de voir des chats qui tiennent fidèlement compagnie aux artistes.

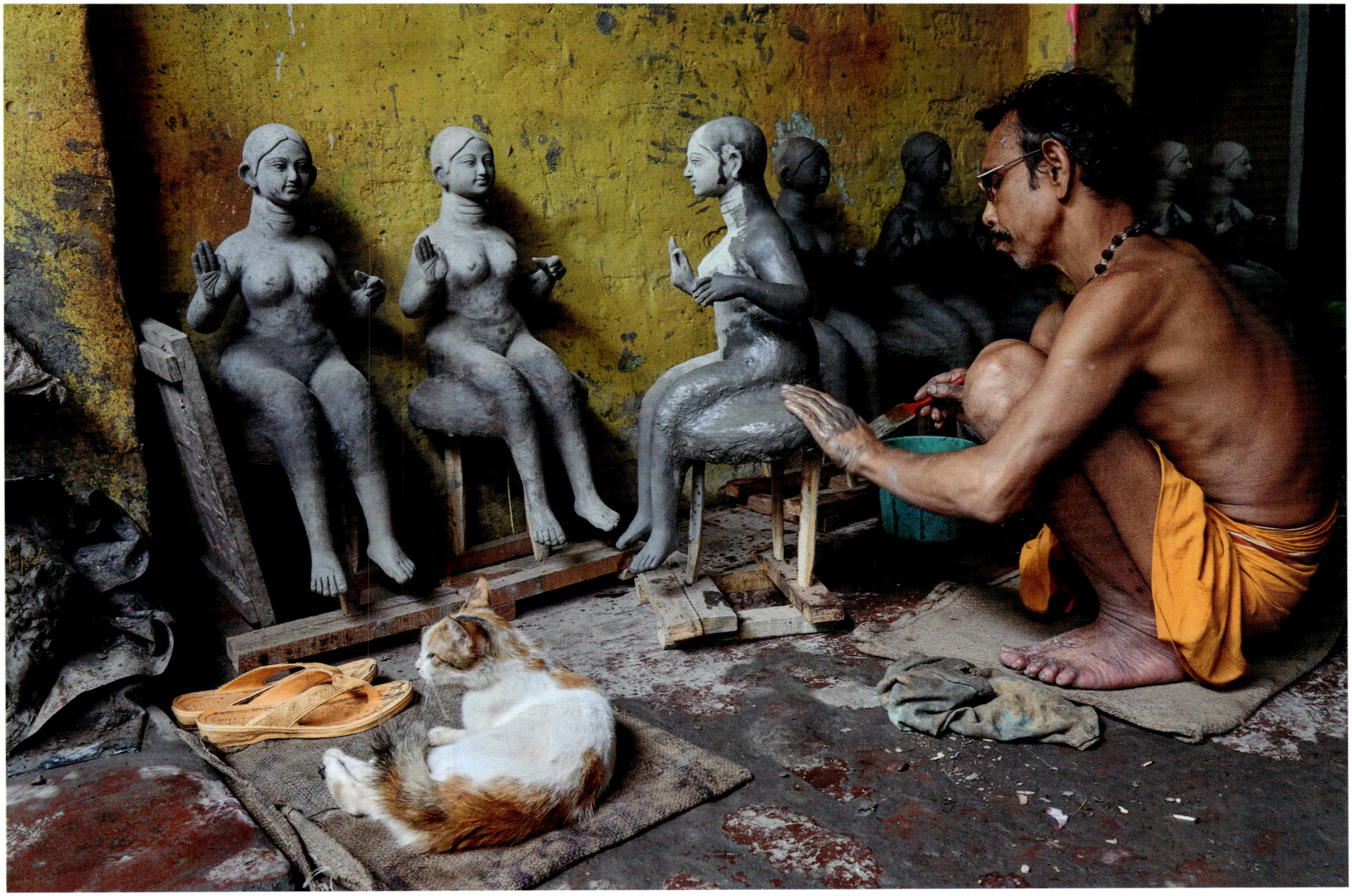

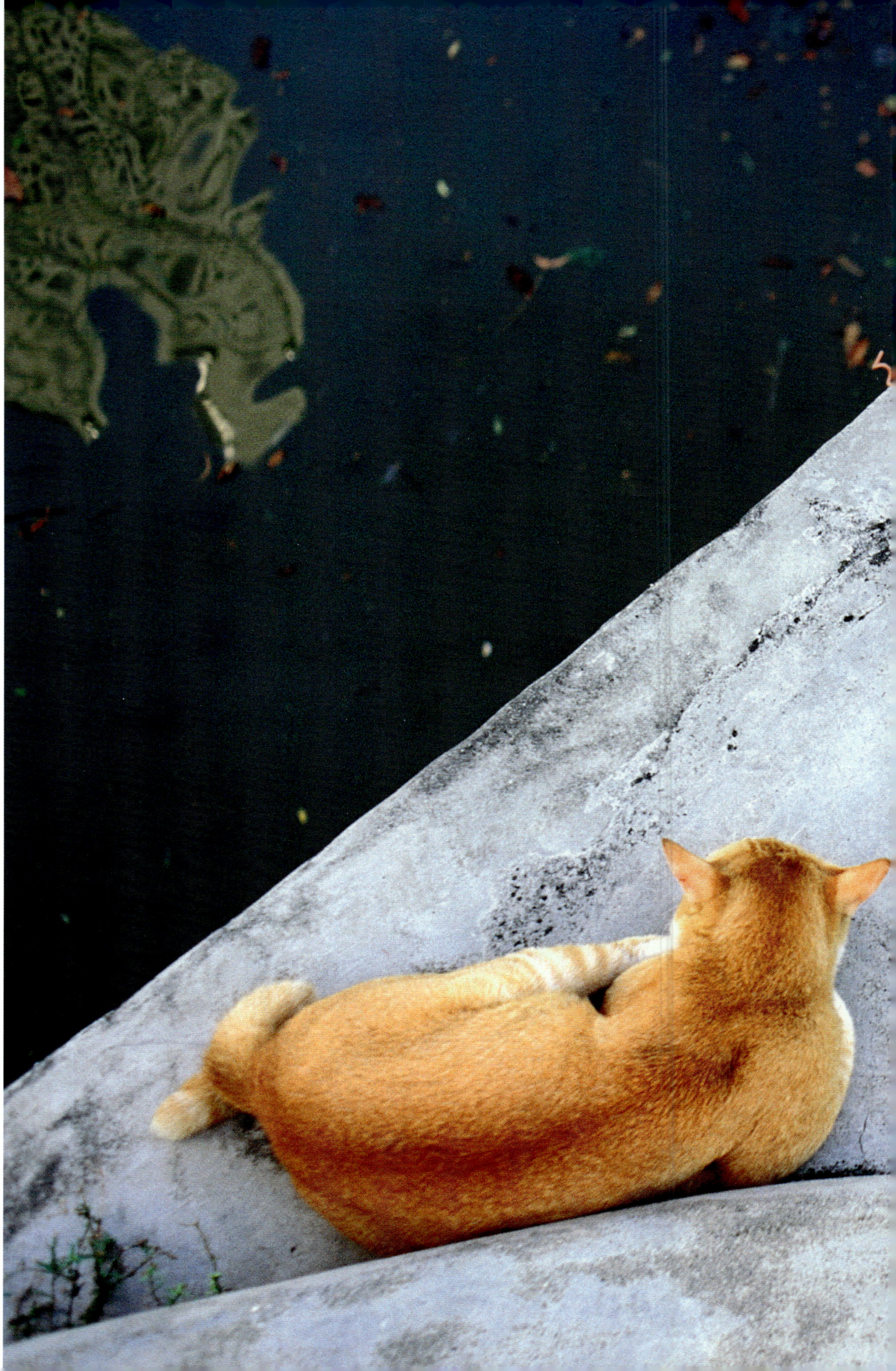

Le chat est une œuvre d'art,
ici sur un pont du centre-ville de Singapour.

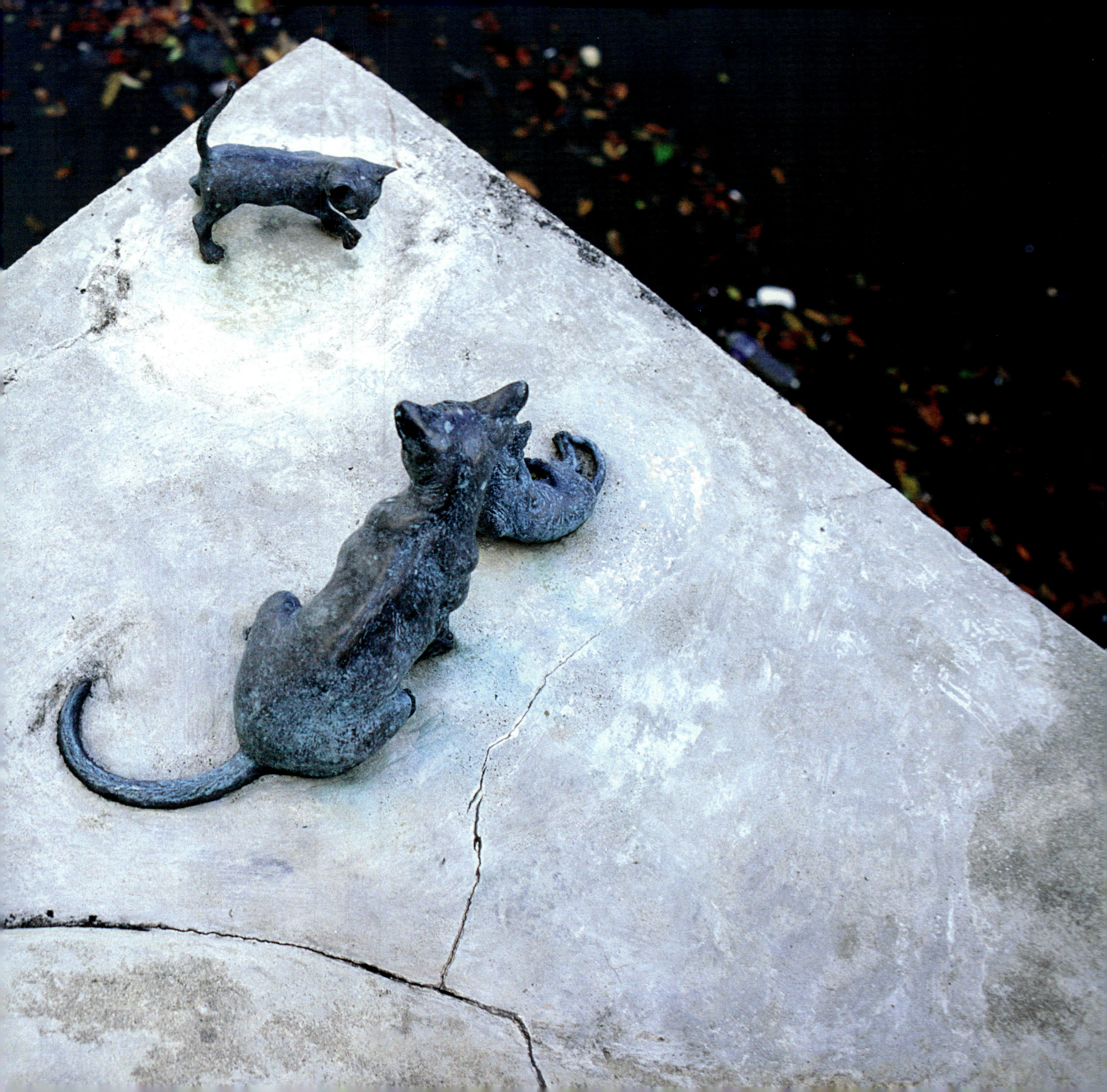

Entends et prête attention et écoute, car ceci advint et survint et devint et fut,
Ô ma Mieux-Aimée, à une époque où les animaux apprivoisés étaient sauvages...
Mais le plus sauvage de tous les animaux sauvages était le Chat.
Il allait son chemin tout seul et pour lui, tous les endroits se valaient.

Rudyard KIPLING

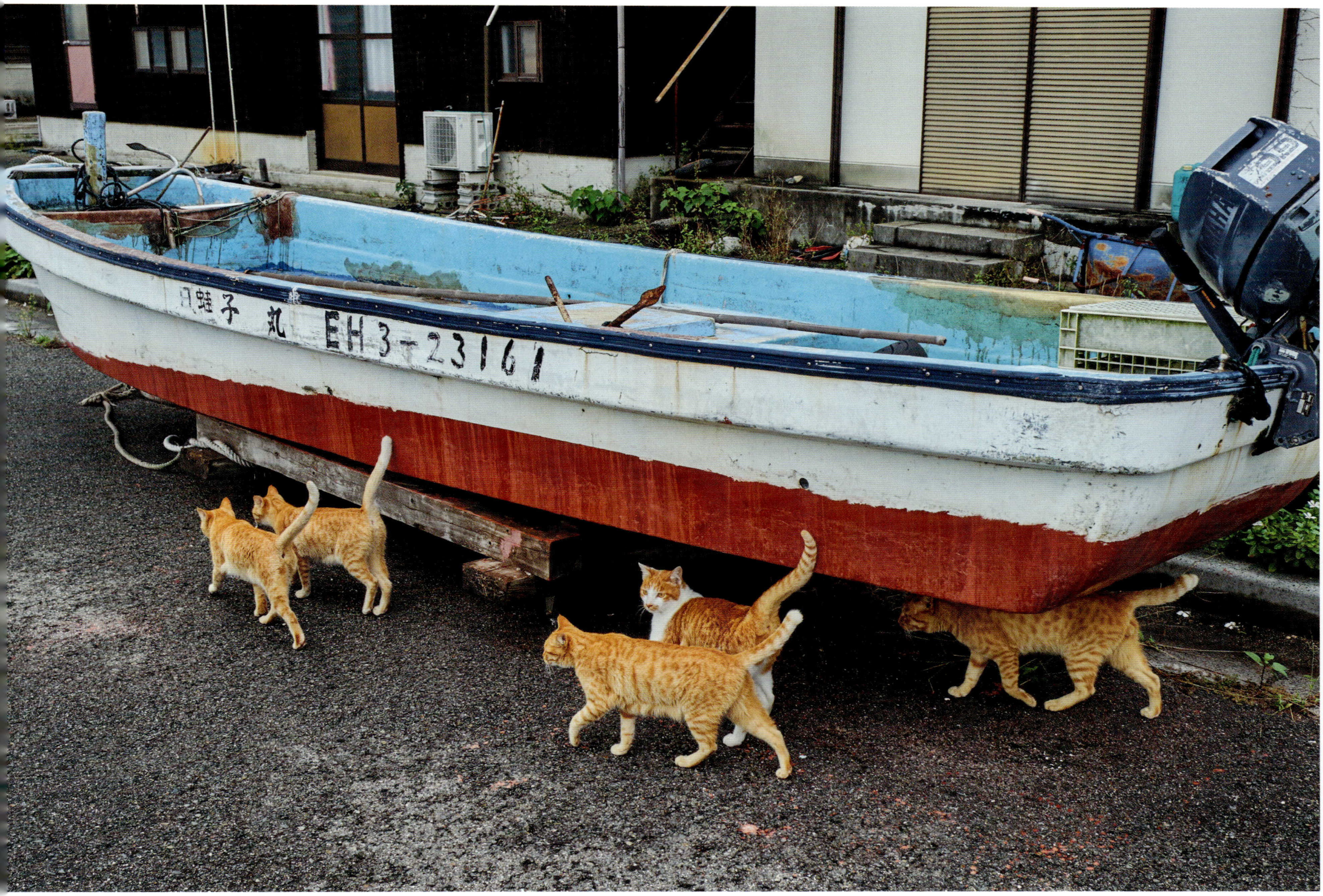
EH3-23161

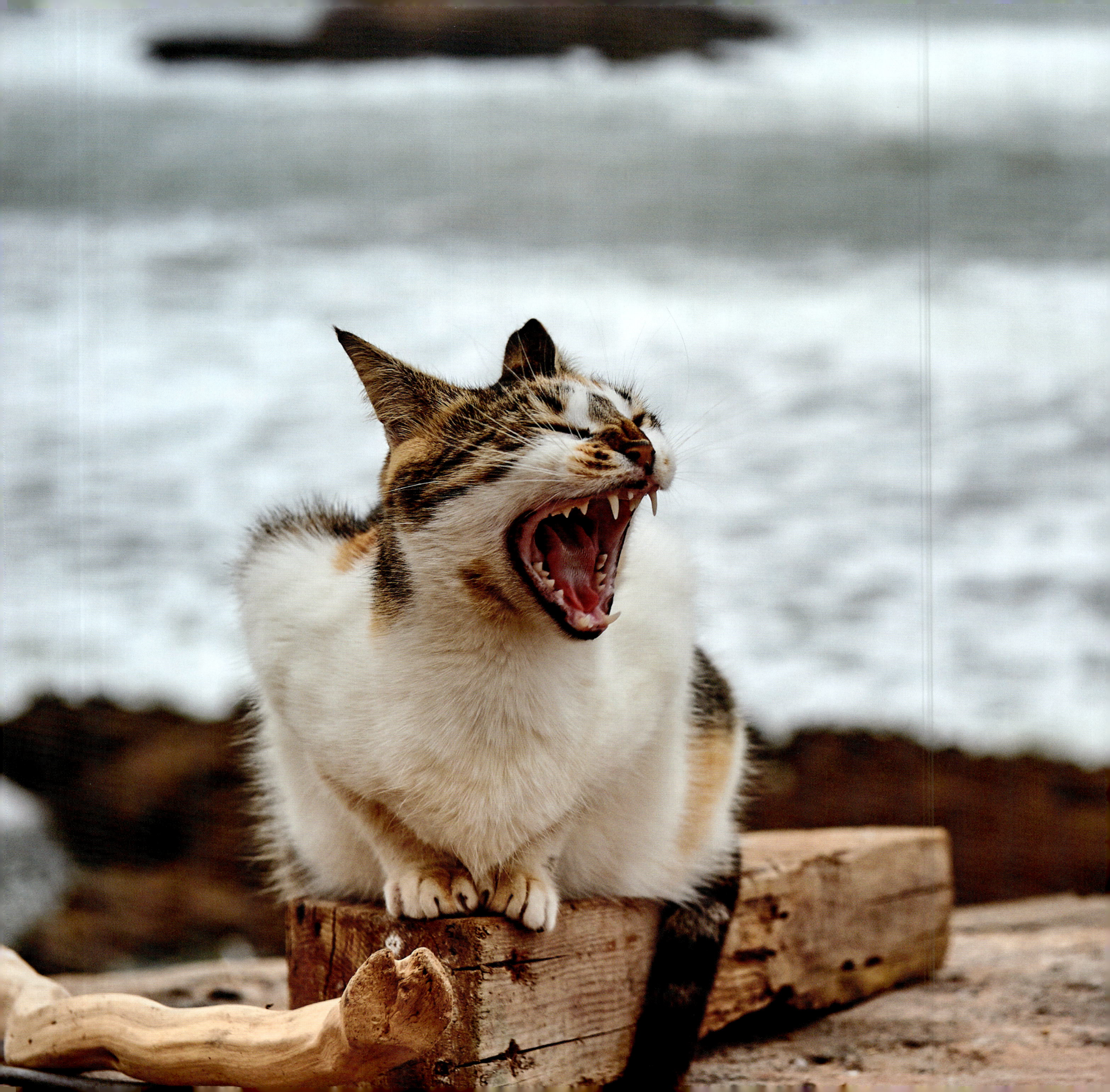

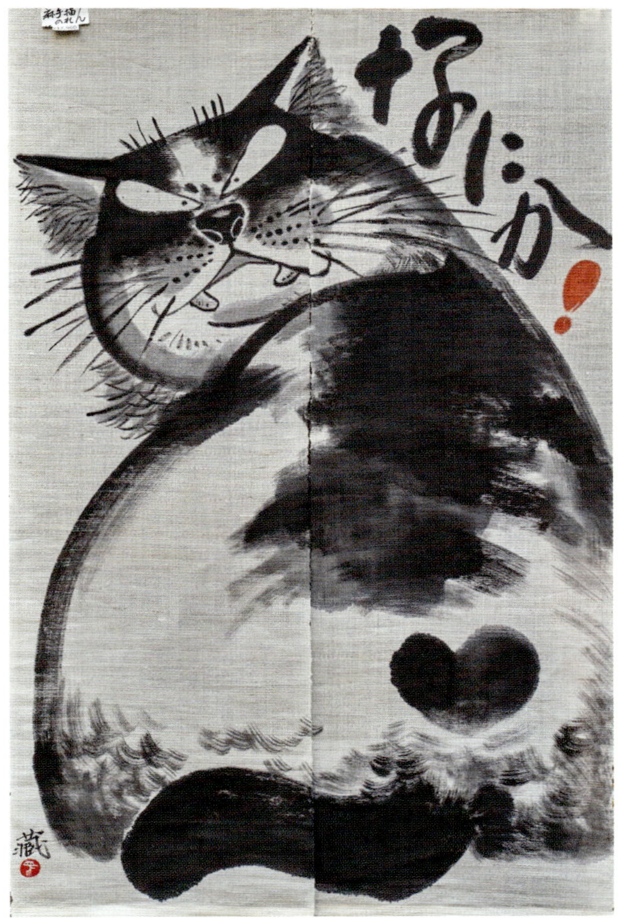
なにか!

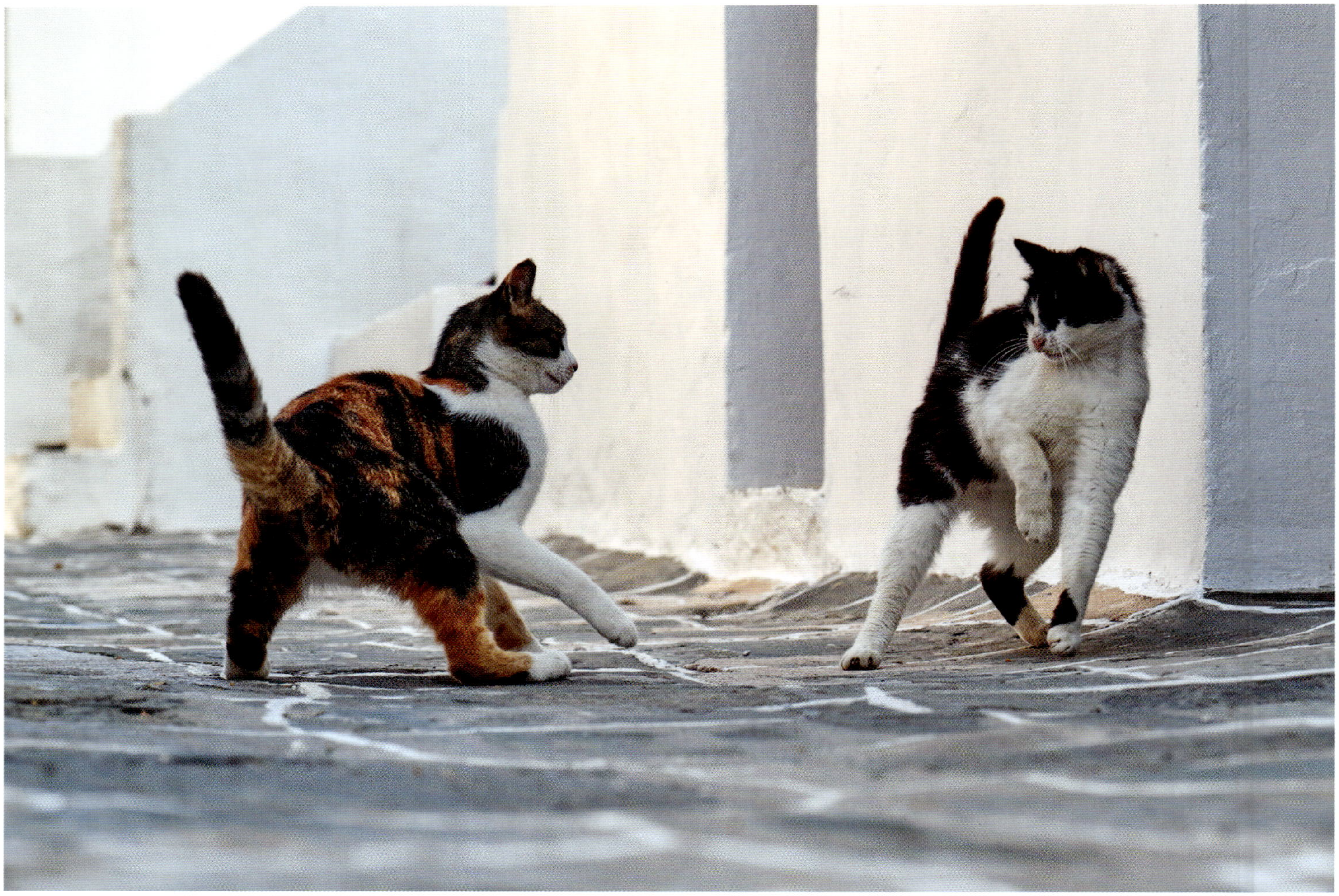

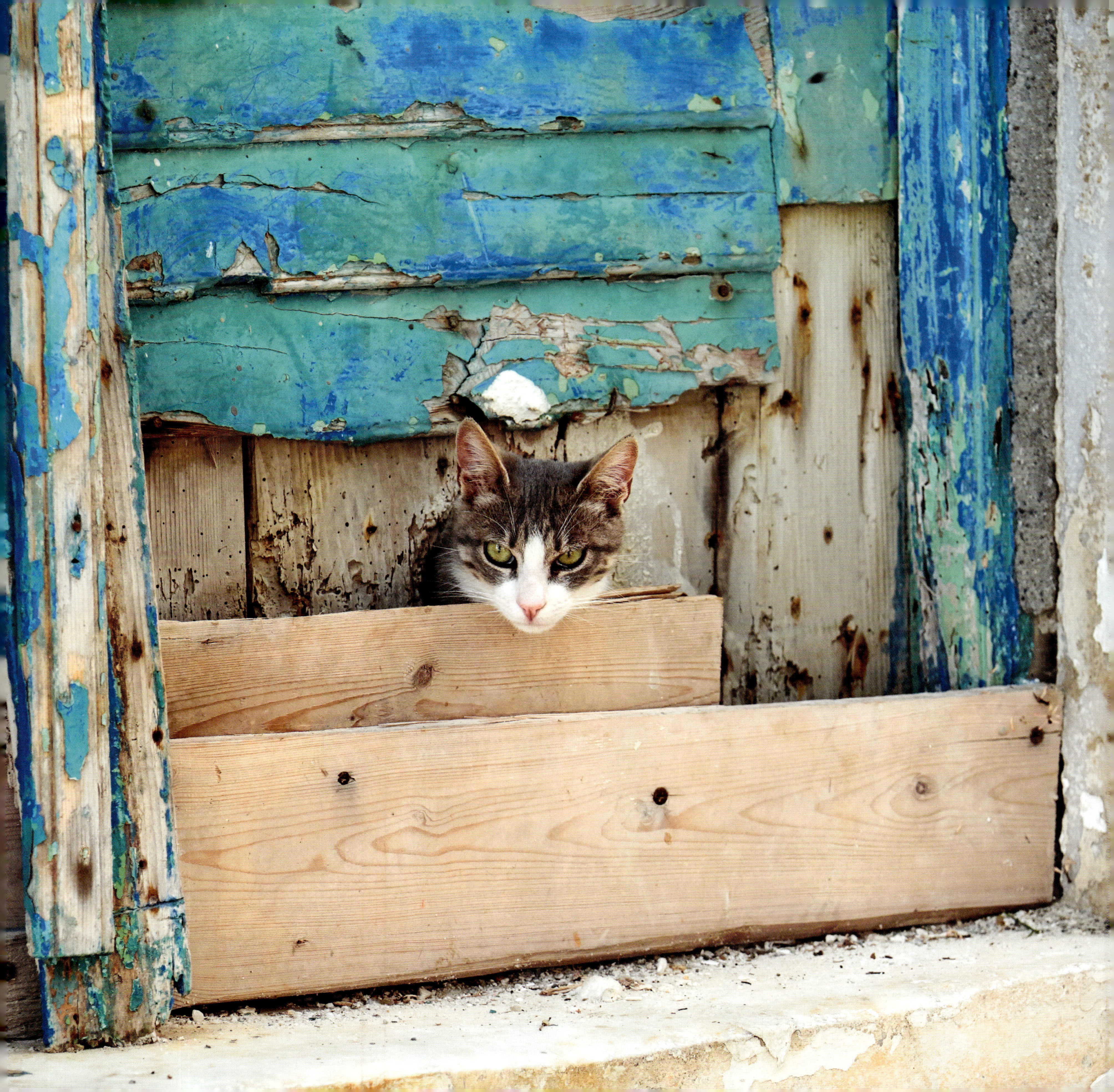

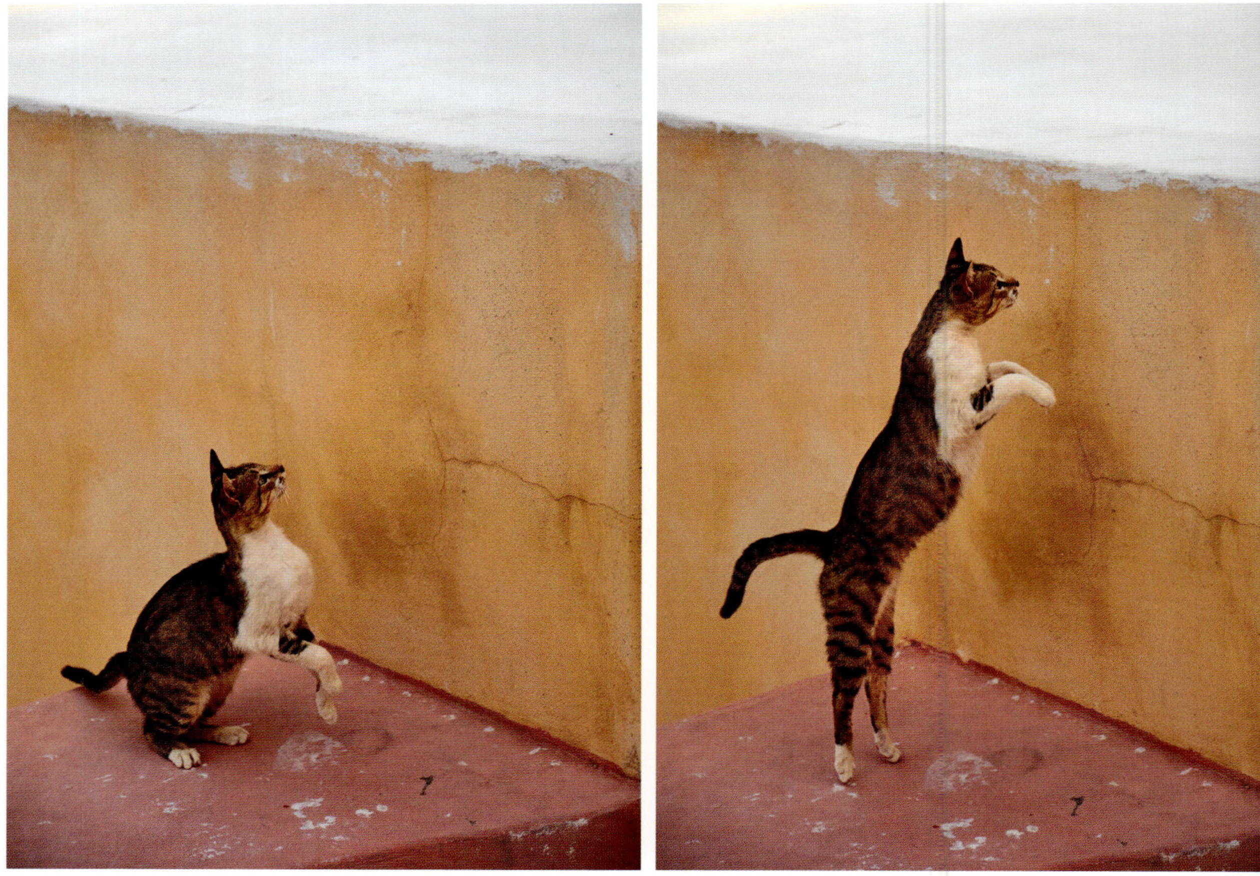

Je crois que les chats sont des esprits venus sur terre.
Un chat, j'en suis convaincu, pourrait marcher sur un nuage.

Jules VERNE

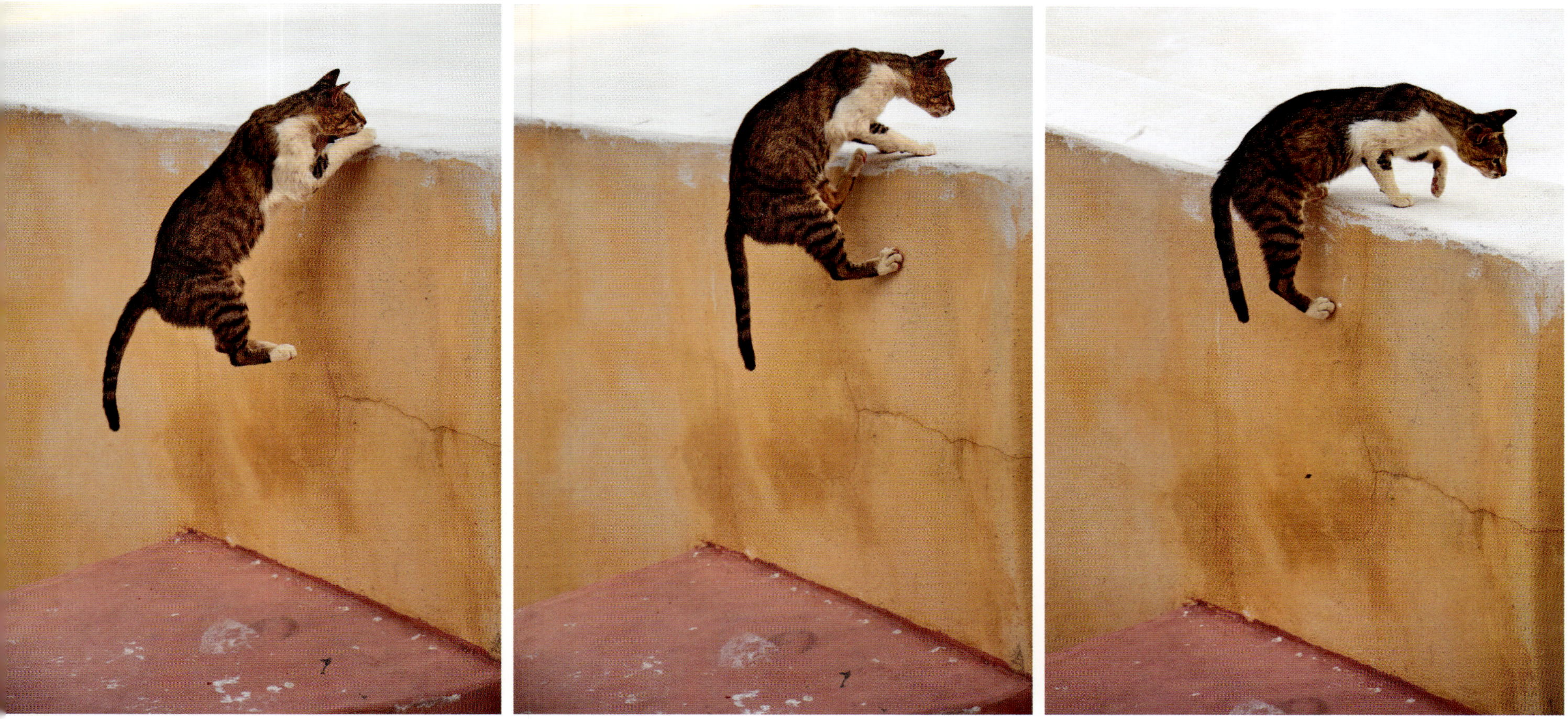

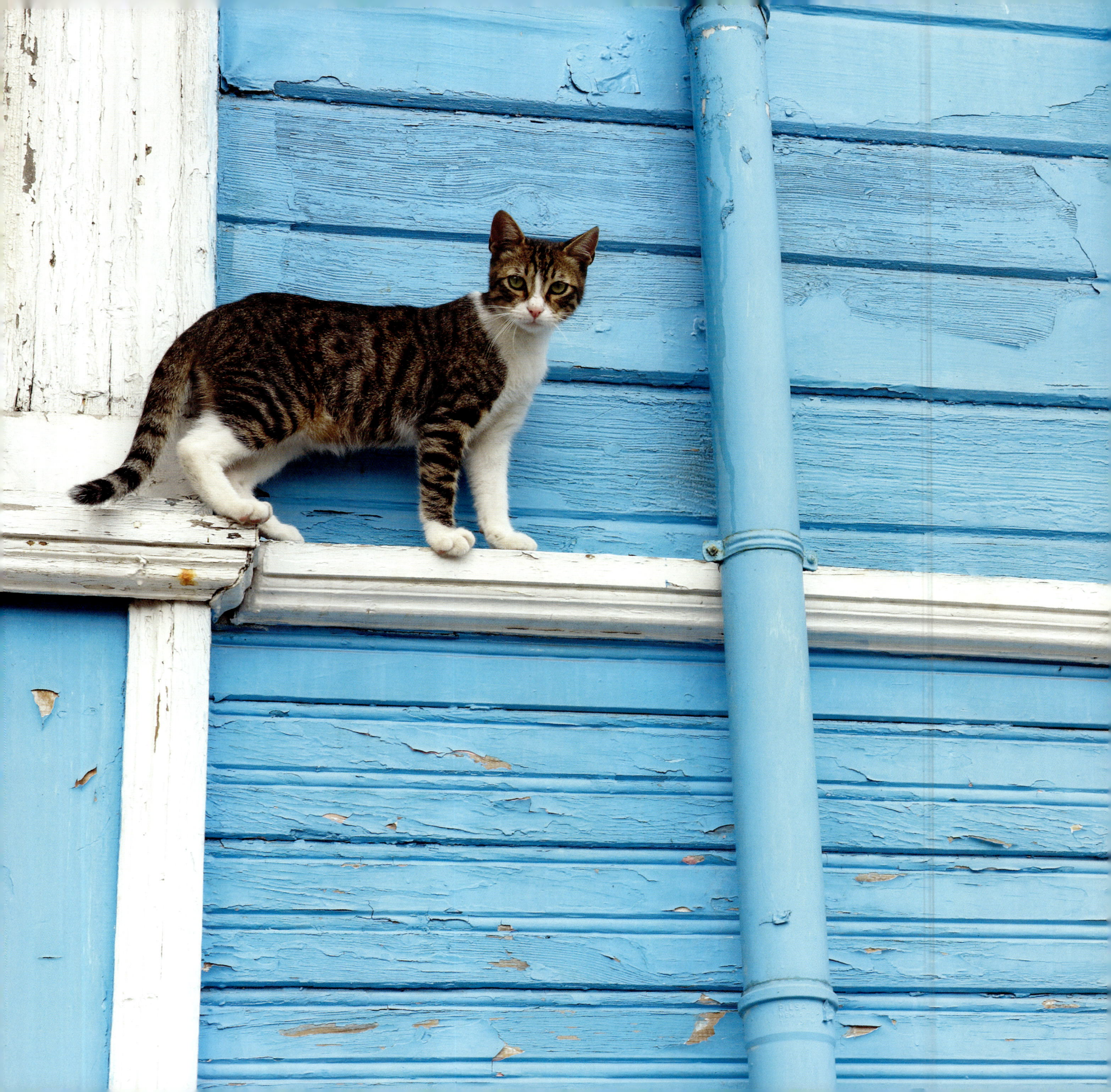

Le chat est un aristocrate.
Même le chat de gouttière le plus résolu,
le bâtard des bâtards.
Lui aussi est un dandy, un Brummel,
un prince des toits, à sa façon.
C'est un mystique de l'hygiène.
Un illuminé.

Frédéric VITOUX

Voie sans issue
pour cet habitant d'Istanbul en Turquie.

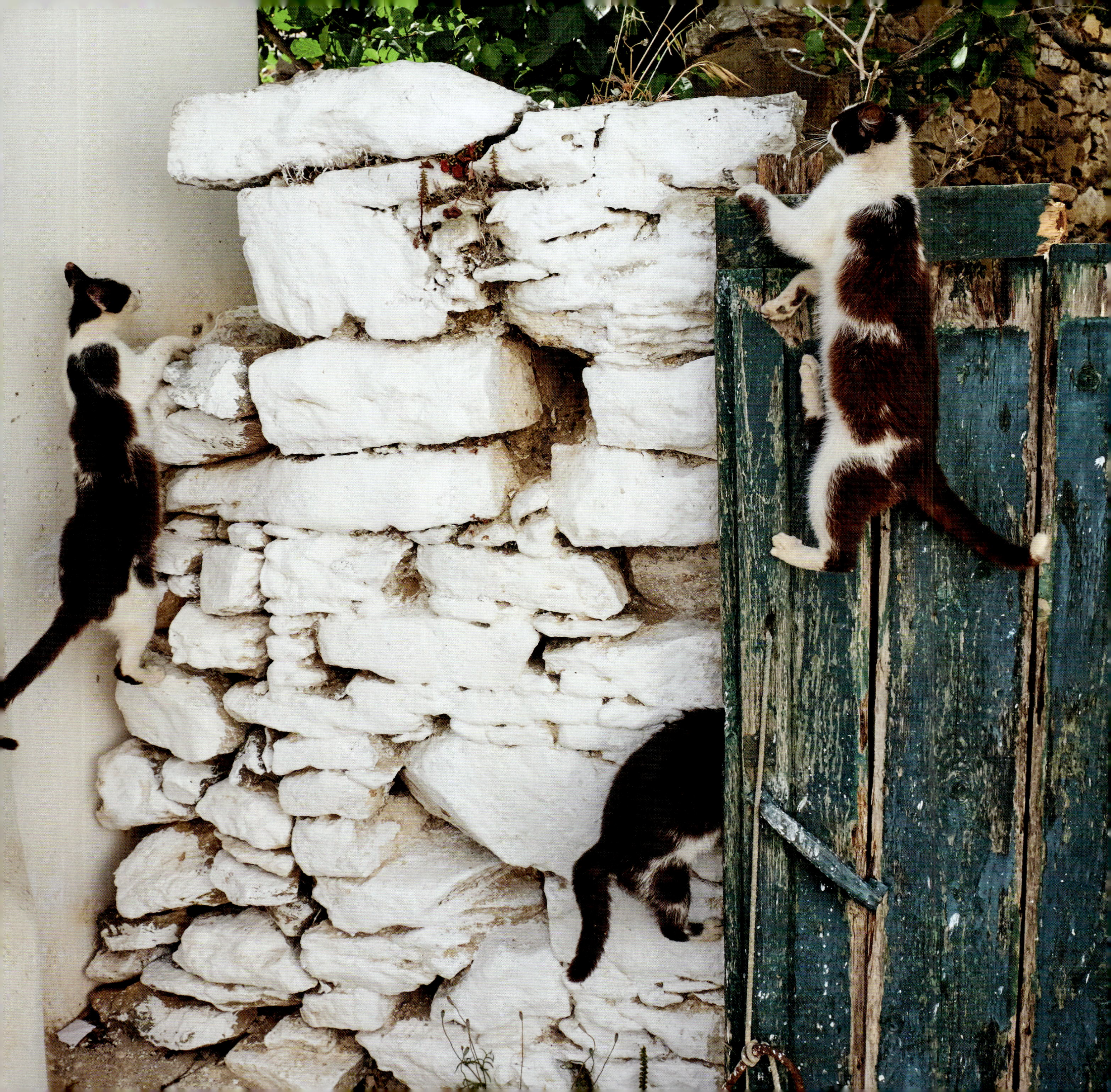

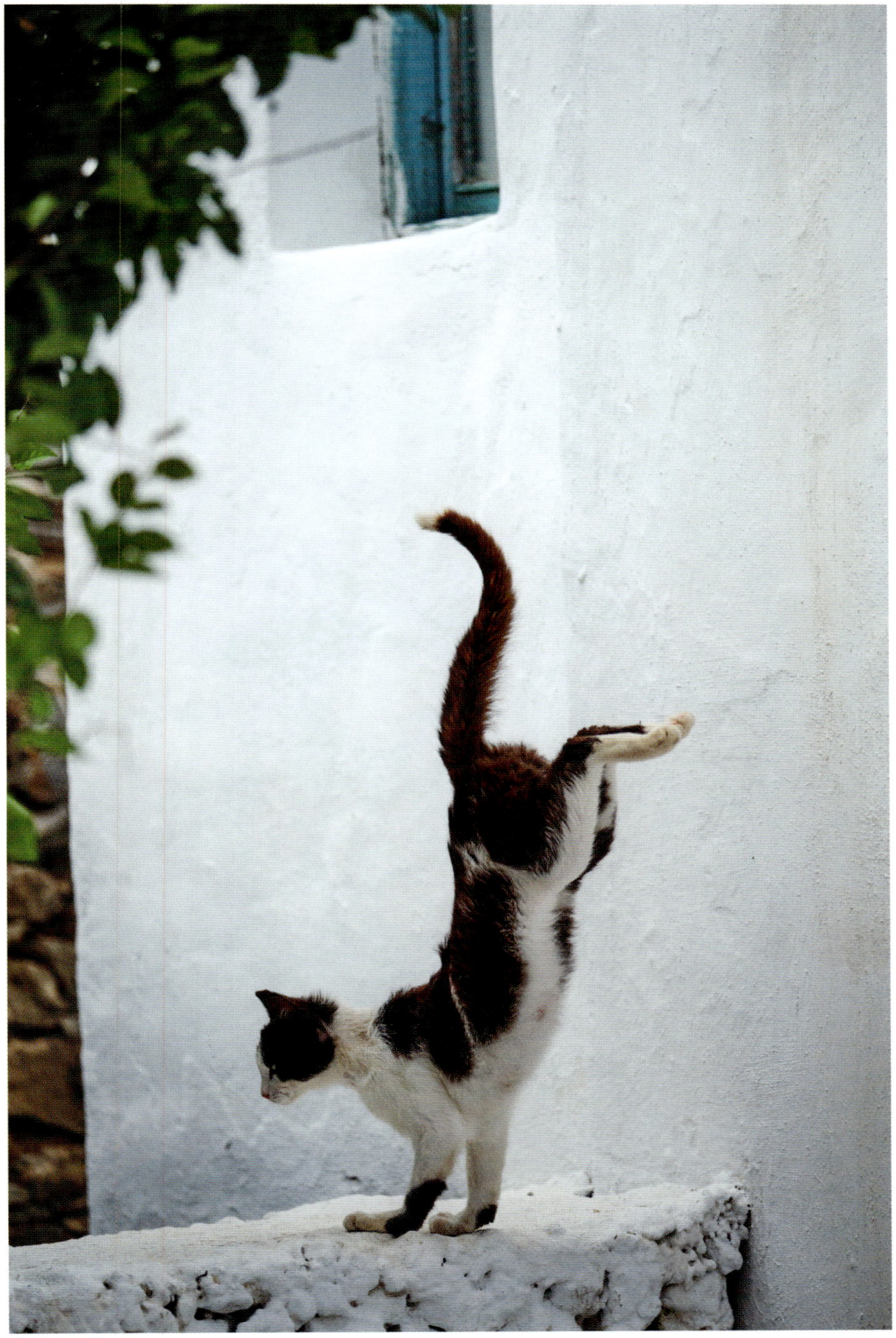

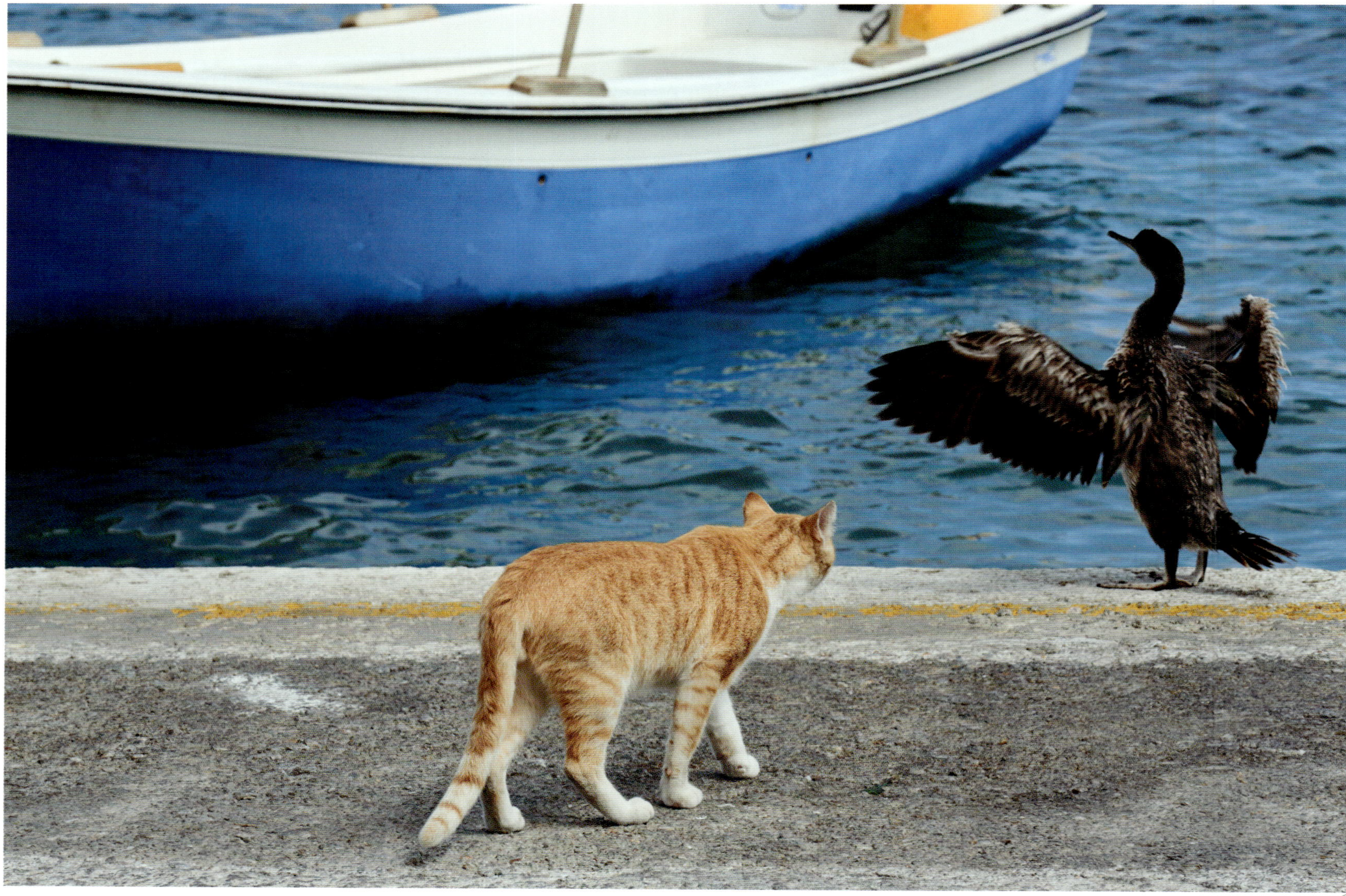

Cormoran et poule semblent trop gros pour le petit prédateur en mal de proie.

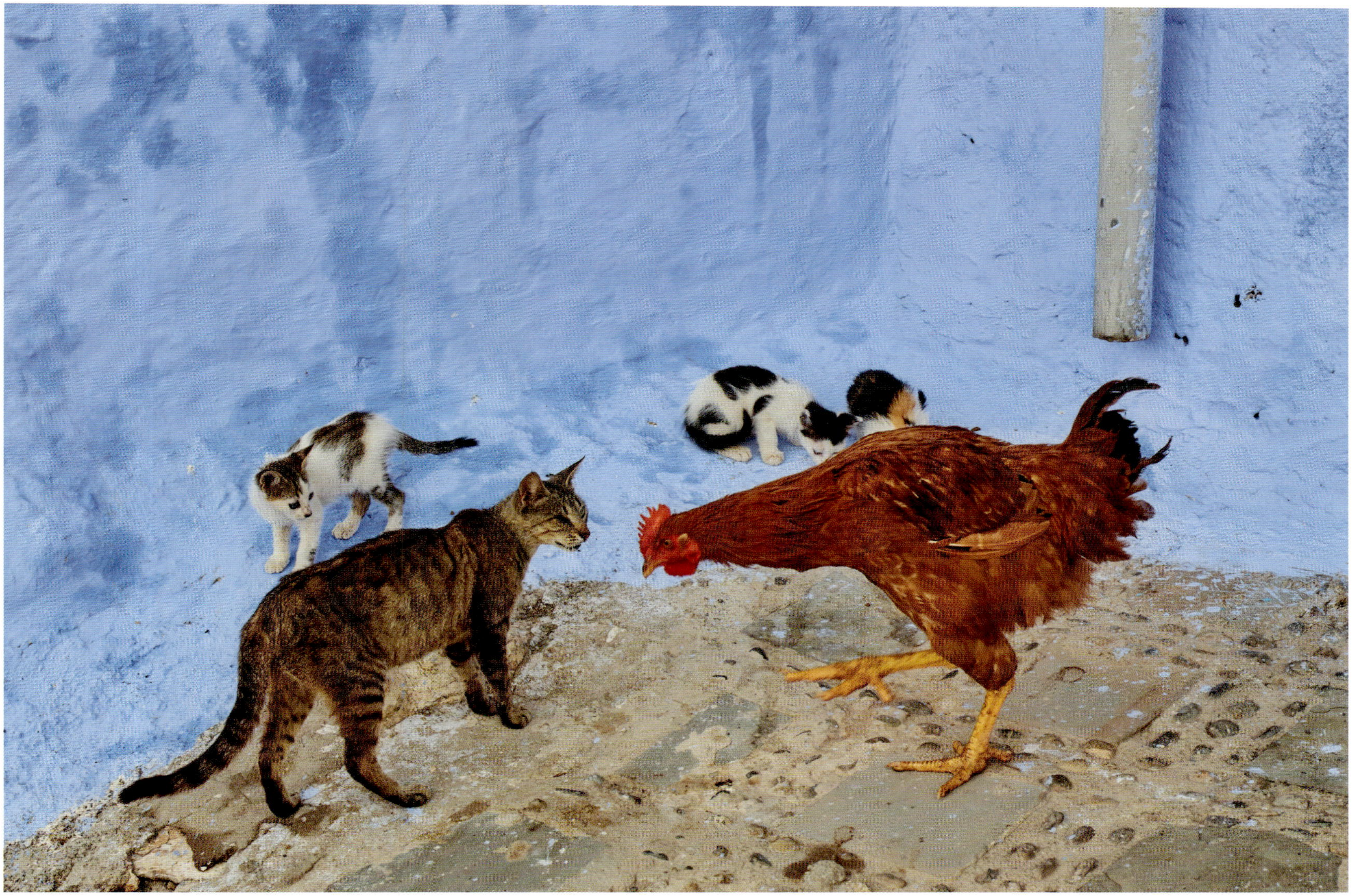

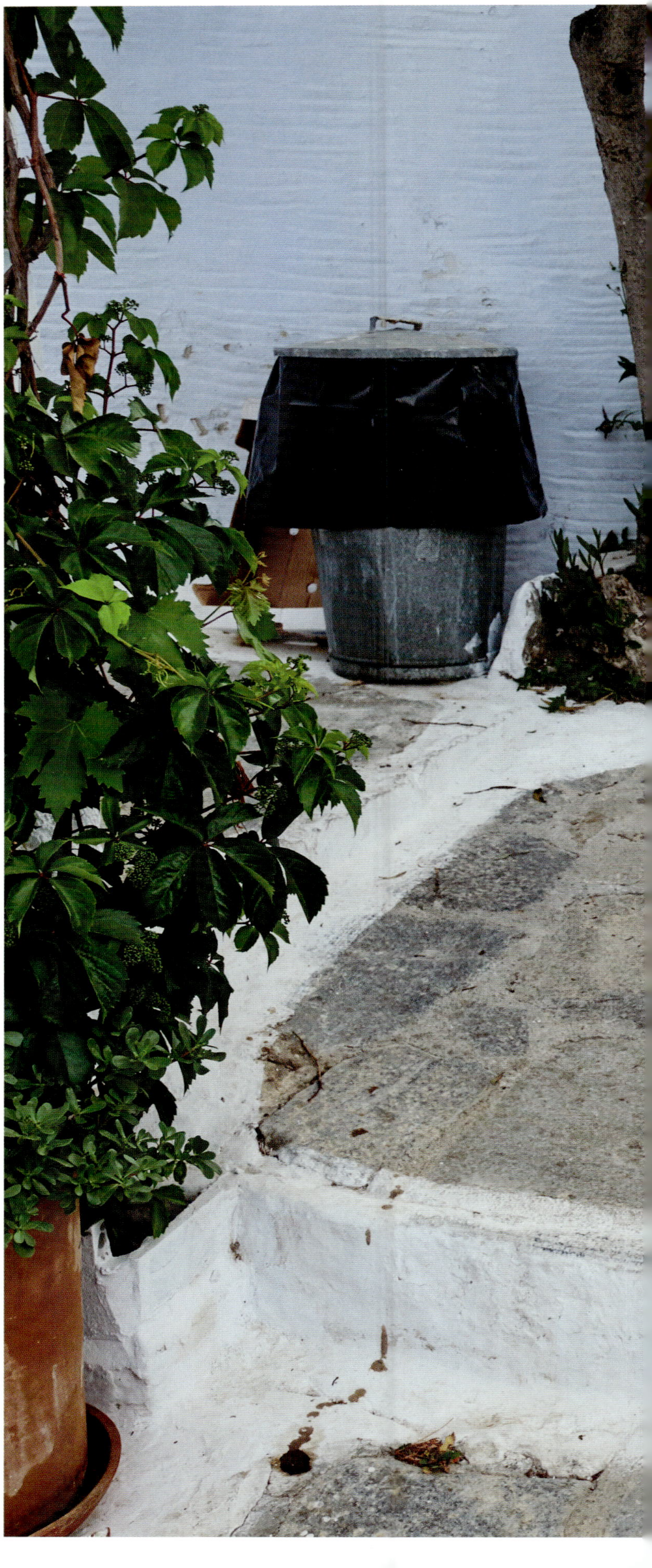

Vagabonds dans une ruelle des Cyclades.

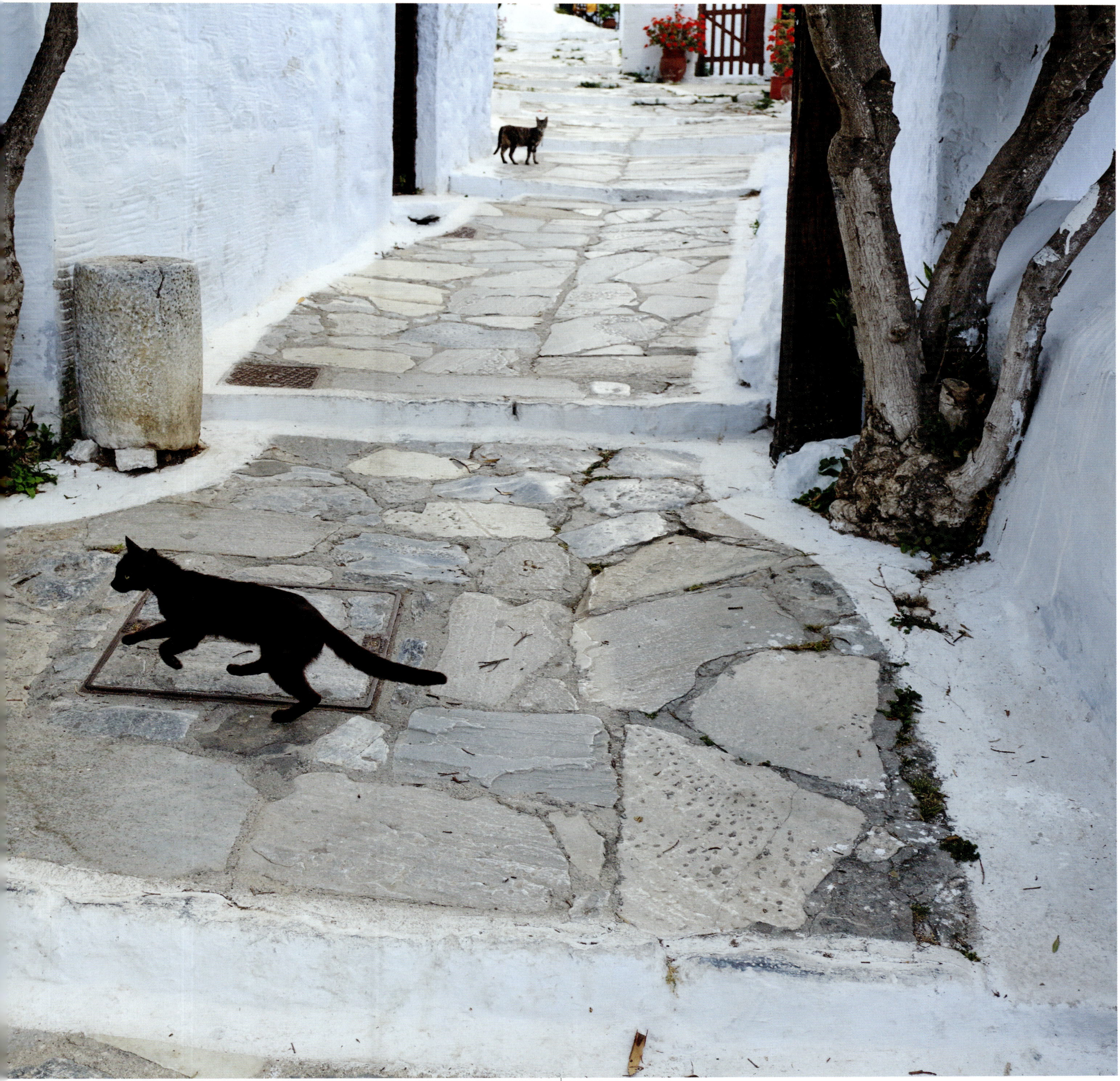

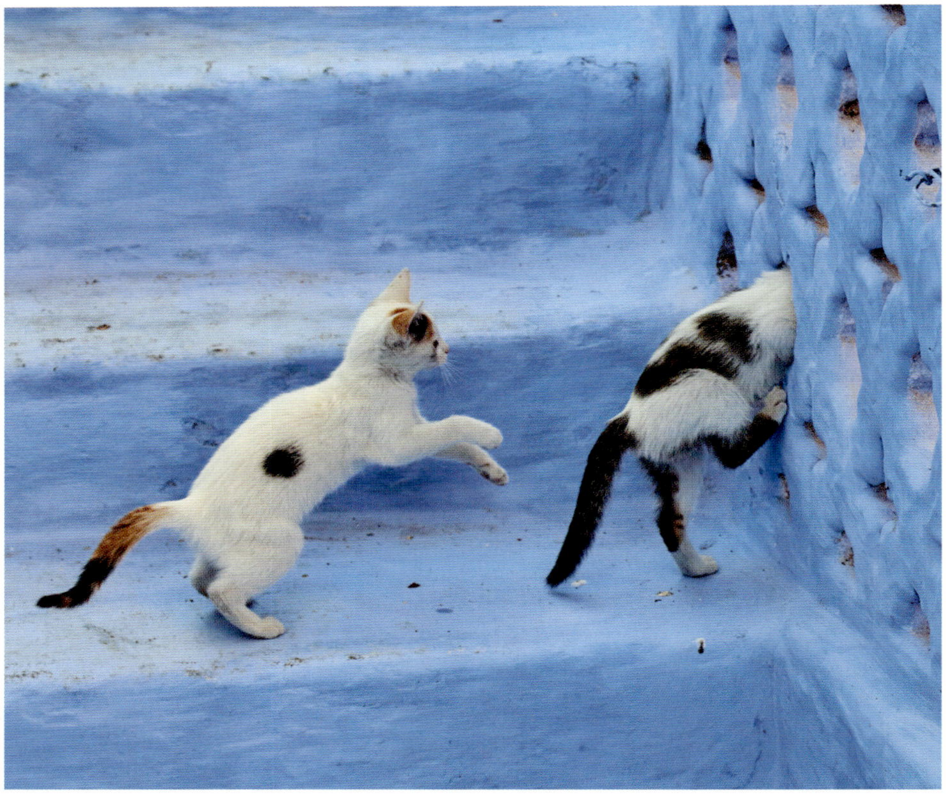

Chatons joueurs de Chefchaouen (ci-dessus)
et chaton curieux dans la médersa Bou Inania de Meknès au Maroc (à droite).

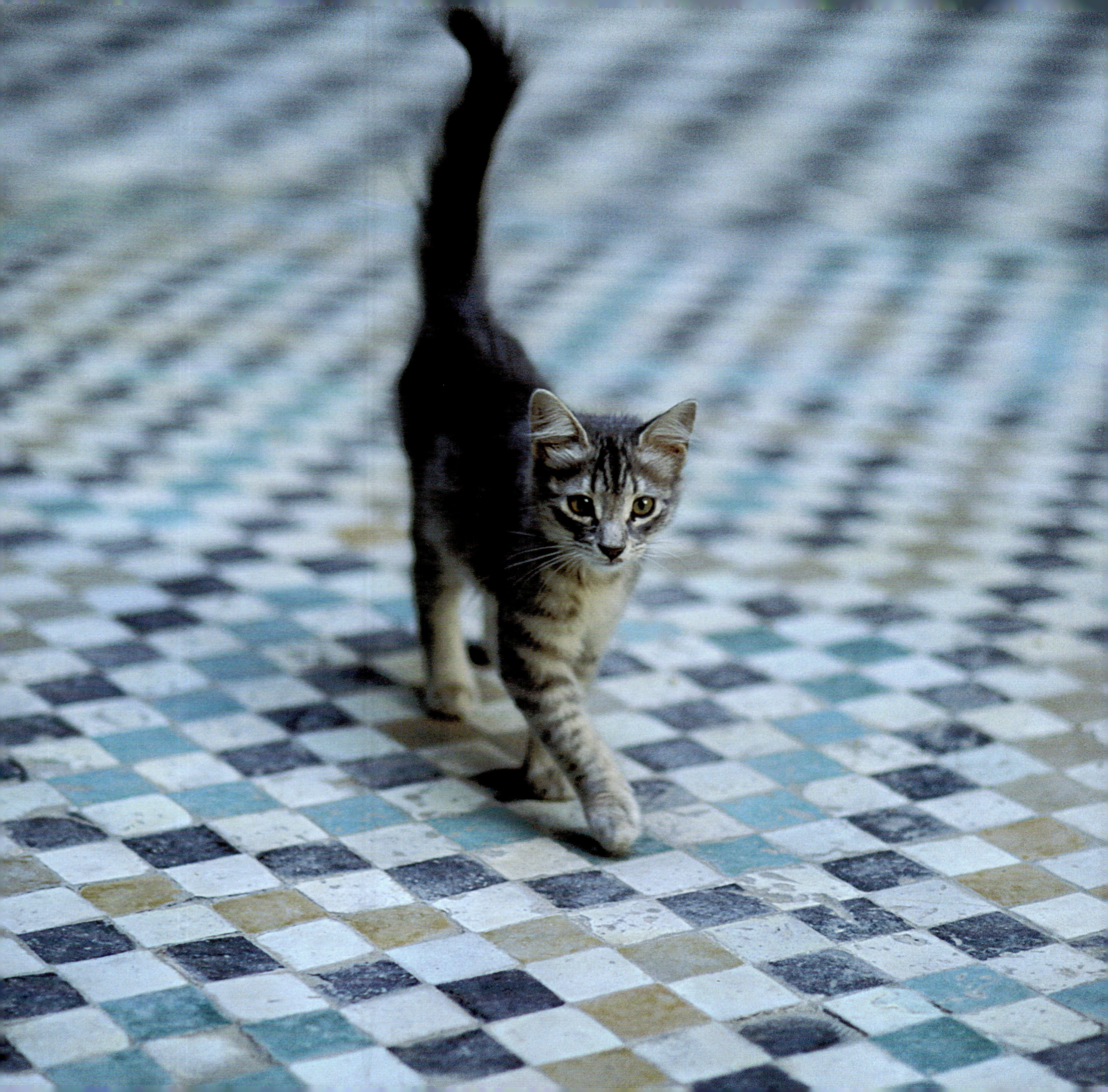

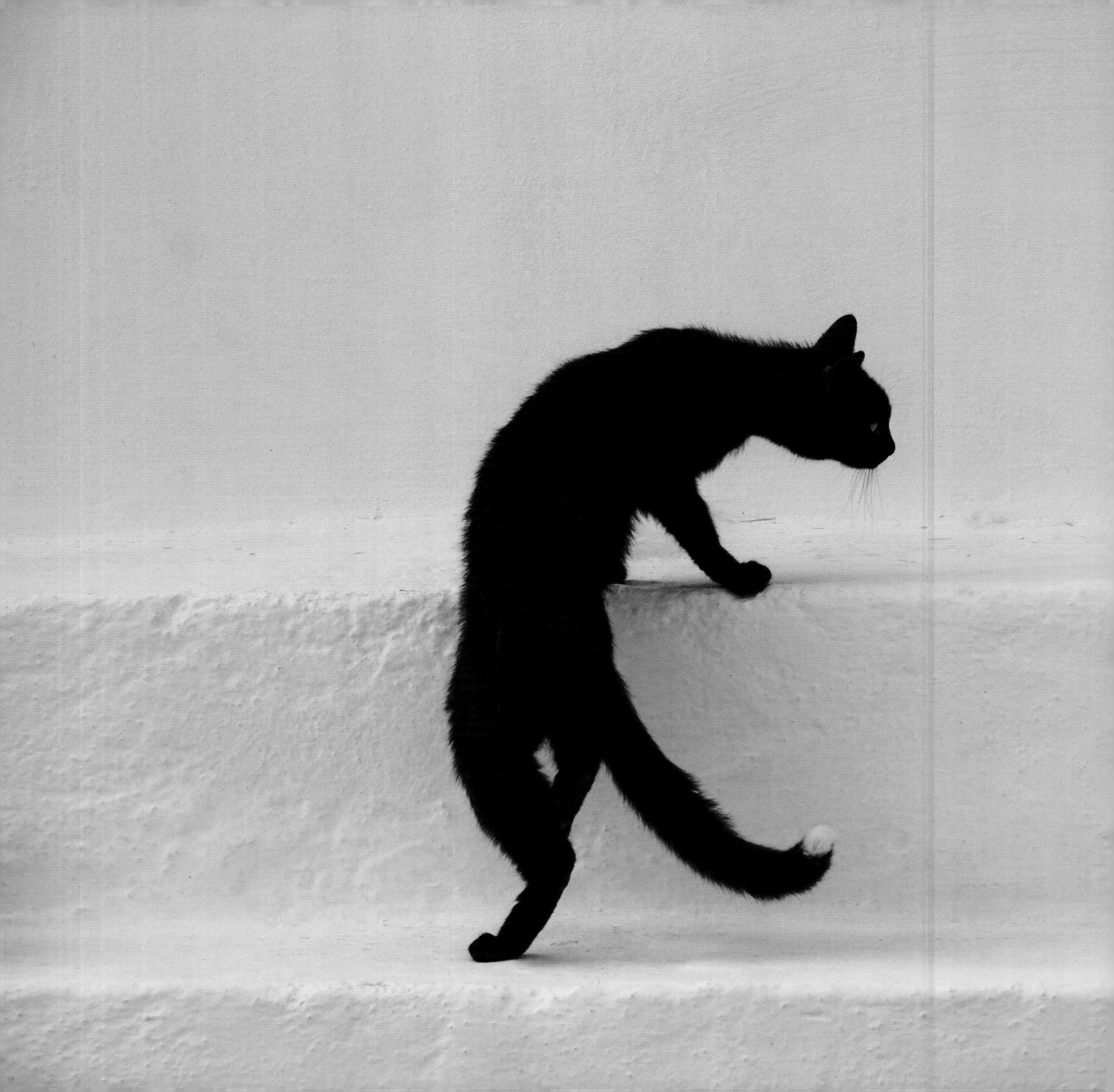

Libres comme les chats.
Et muets comme les pierres
où ils vont, où ils sautent,
où ils pelotonnent,
où ils se réchauffent dans
le rayon de soleil qui
colore et qui tombe.

Pascal QUIGNARD

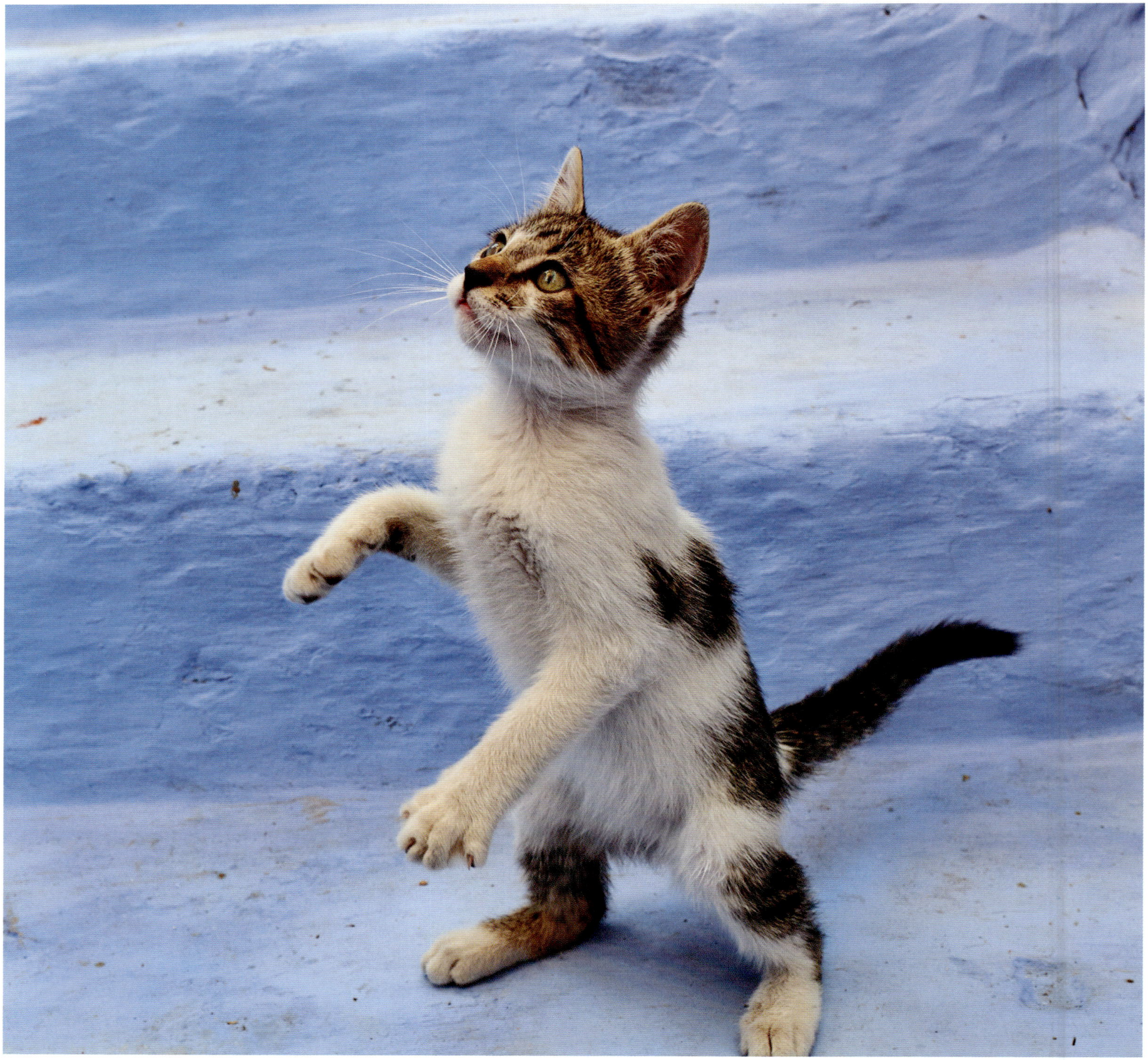

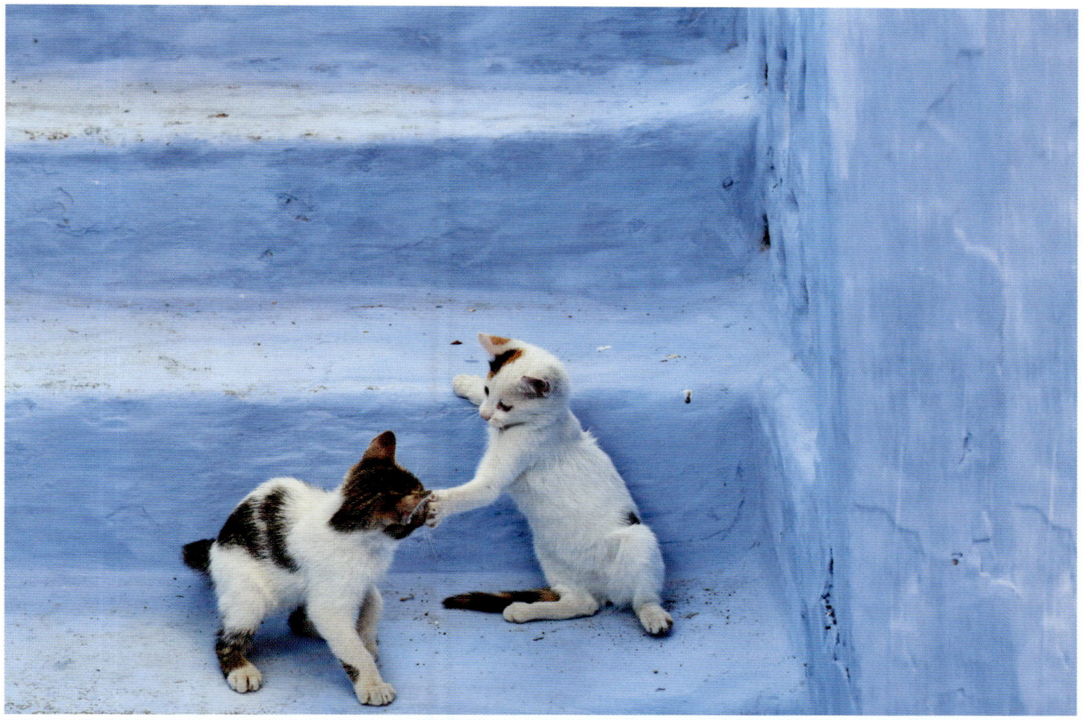

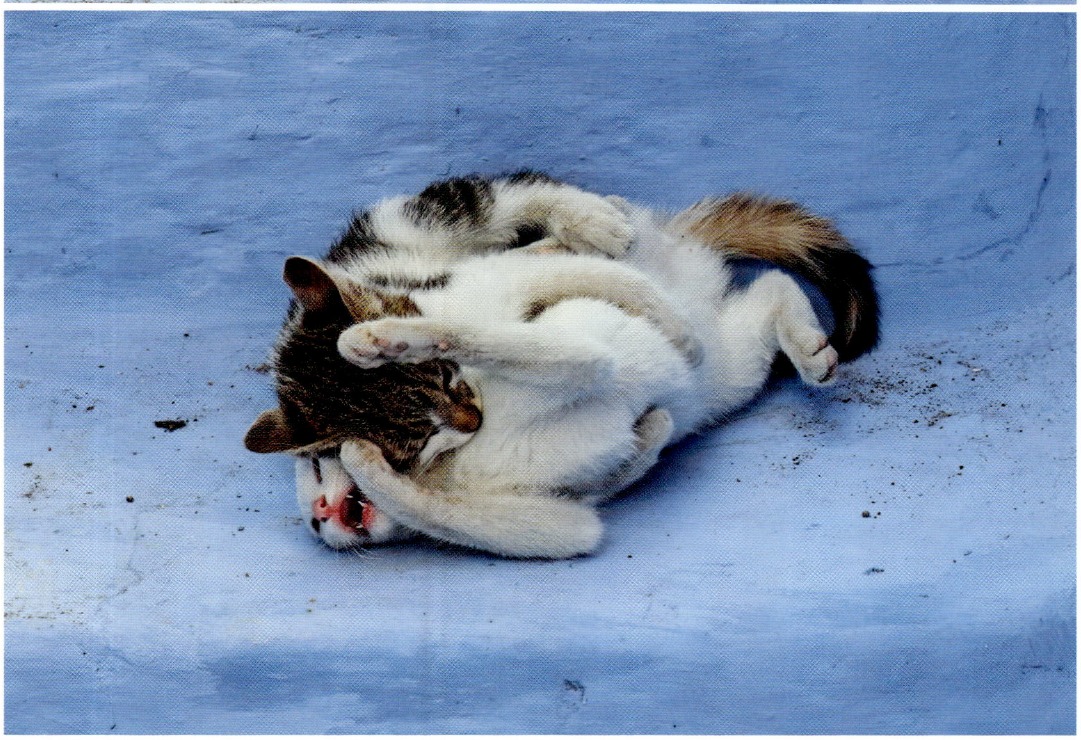

Qu'il coure vagabond de province en province...

Corneille

En Inde, comme ici dans une ruelle du vieux Calcutta,
les animaux sont souvent vénérés ou à tout le moins respectés.

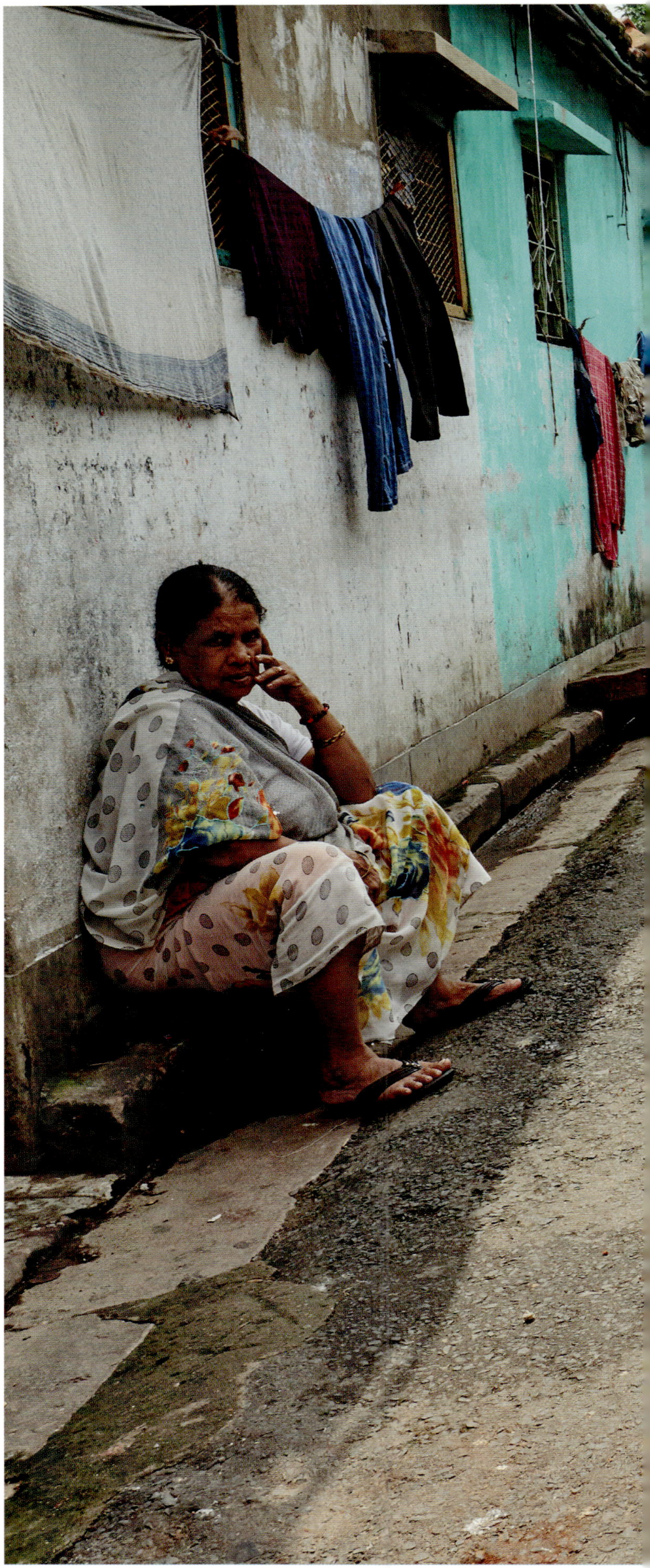

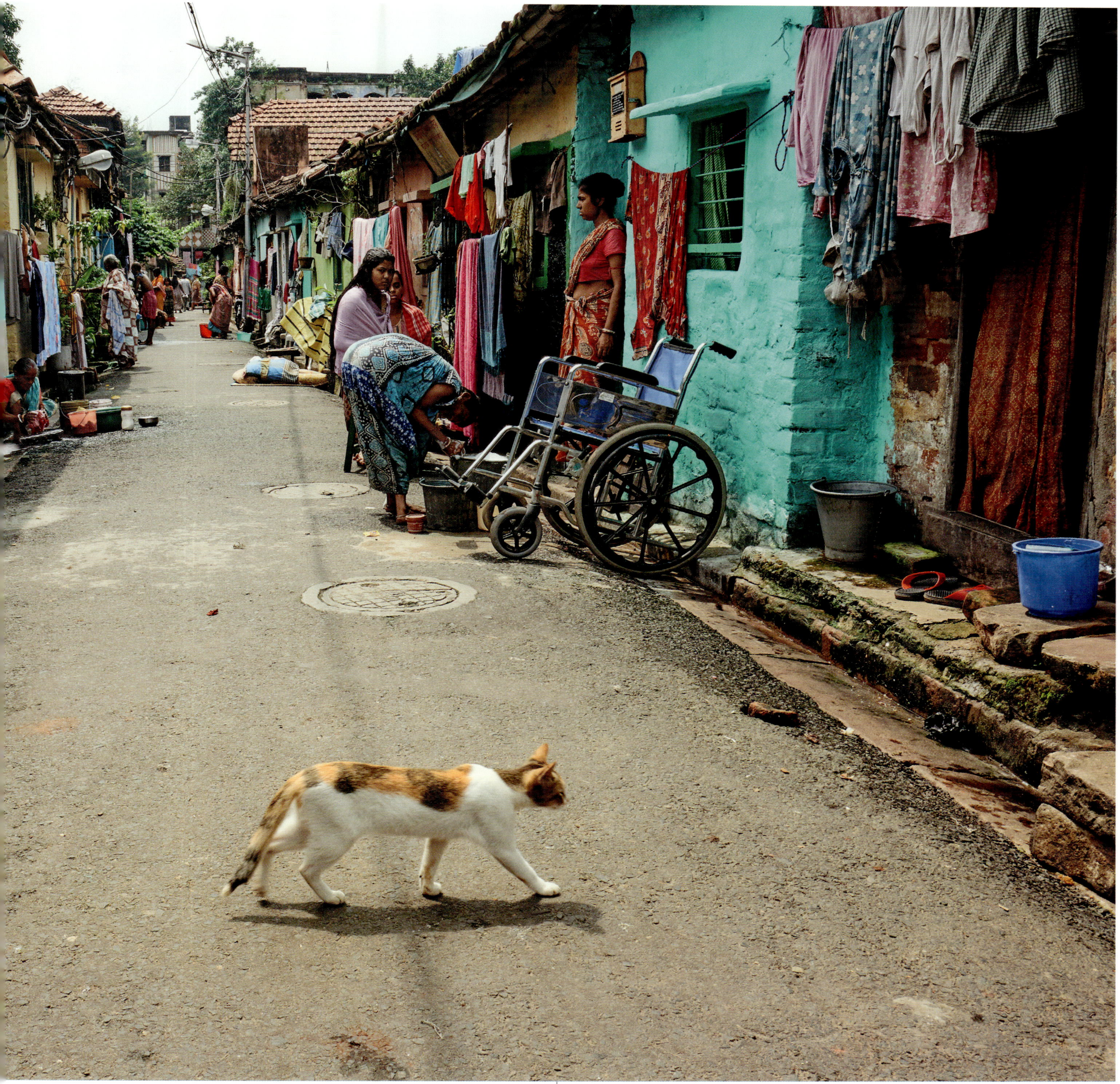

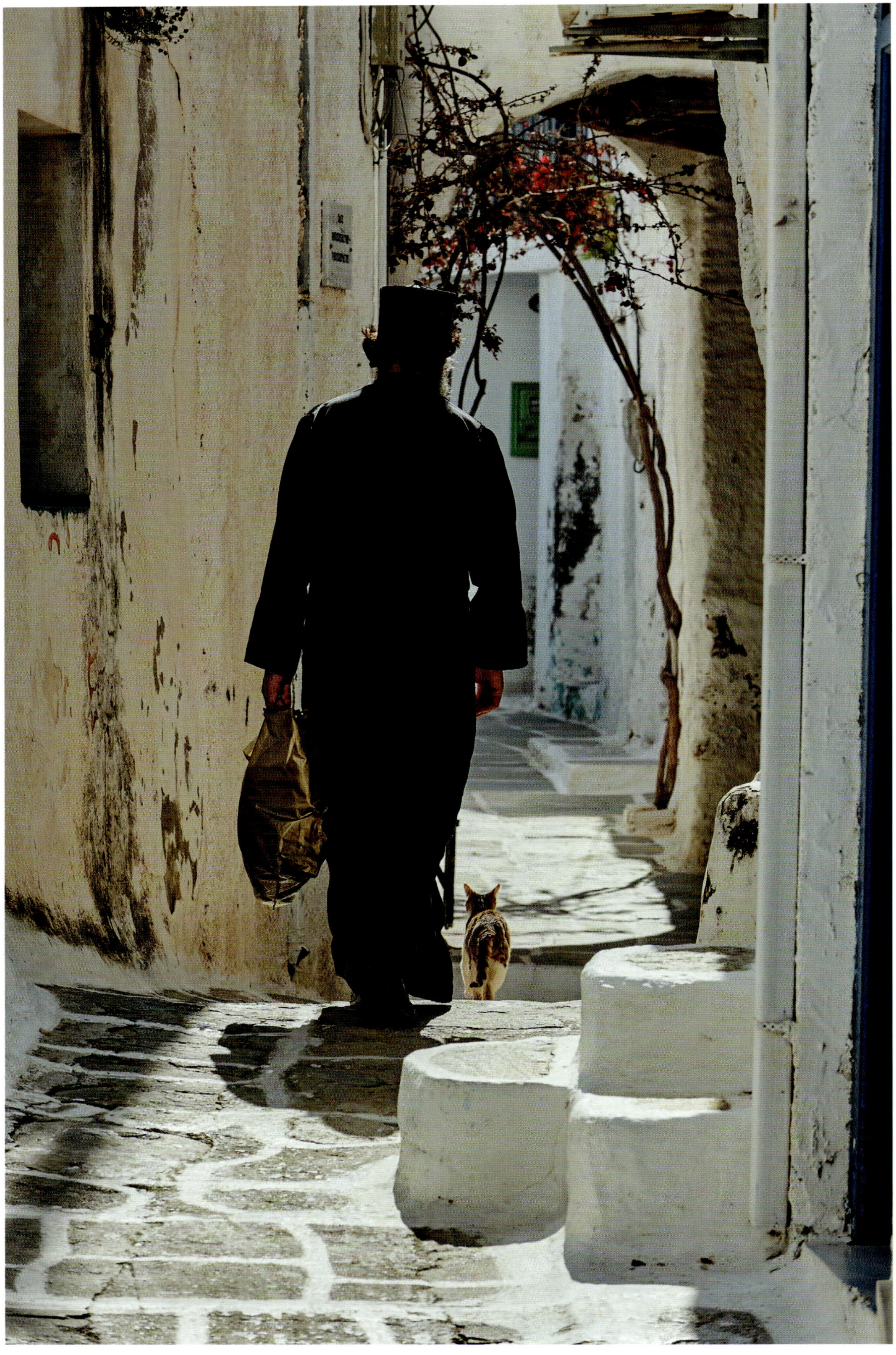

Le chat est le plus vieux
compagnon de l'homme.
Ici en Grèce (à gauche)
et en Chine (à droite).

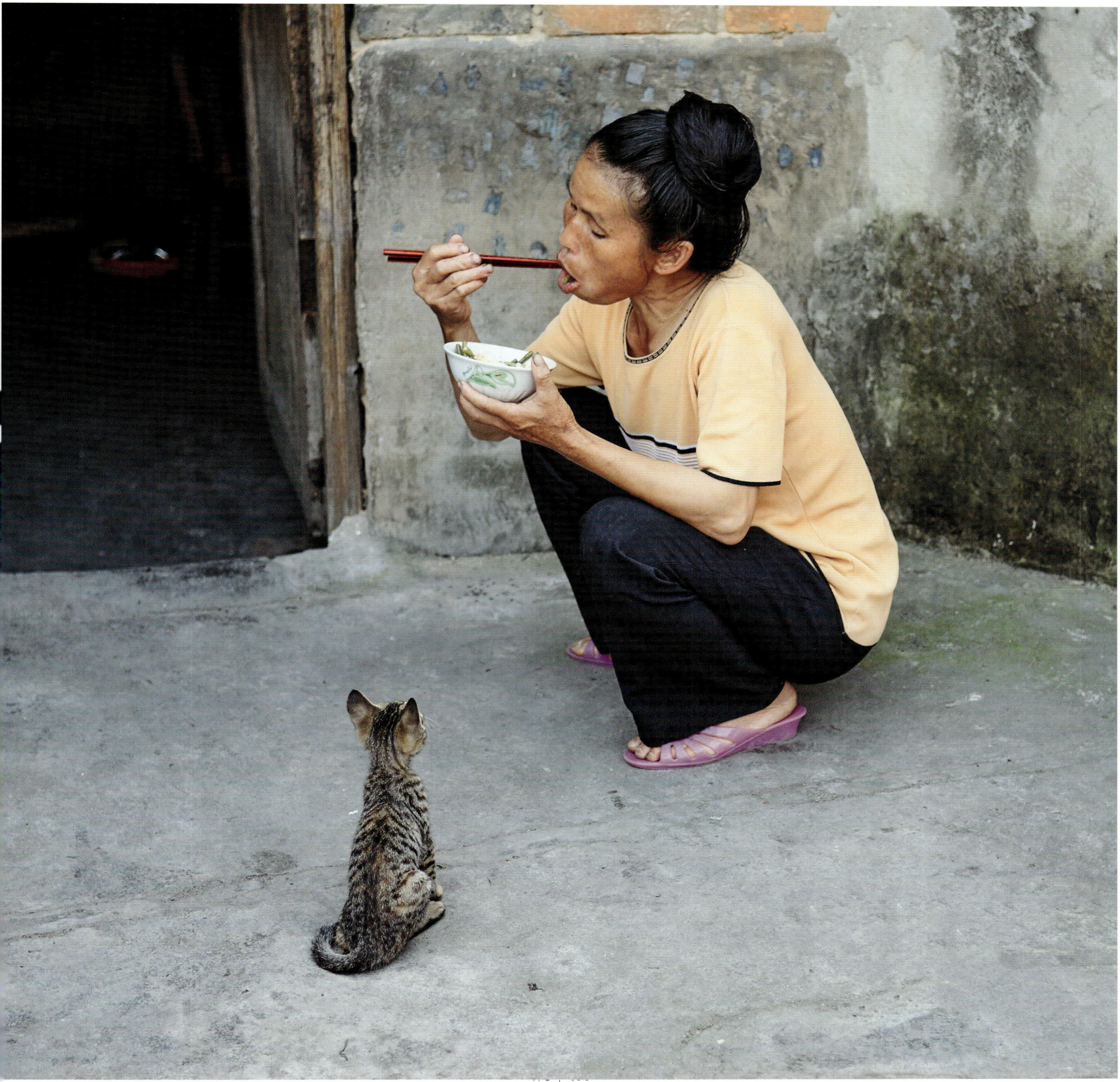

*Quelles sont les caractéristiques de la divinité ?
L'ubiquité, l'omniscience, l'omnipotence,
l'invisibilité, l'essence éternelle et l'amour.
On retrouve peu ou prou ces qualités dans toutes
les religions. Le chat, qui se déplace sans bruit,
sait disparaître avec talent, se multiplier sur
tous les continents, possède une nature divine.*

Stéphanie HOCHET

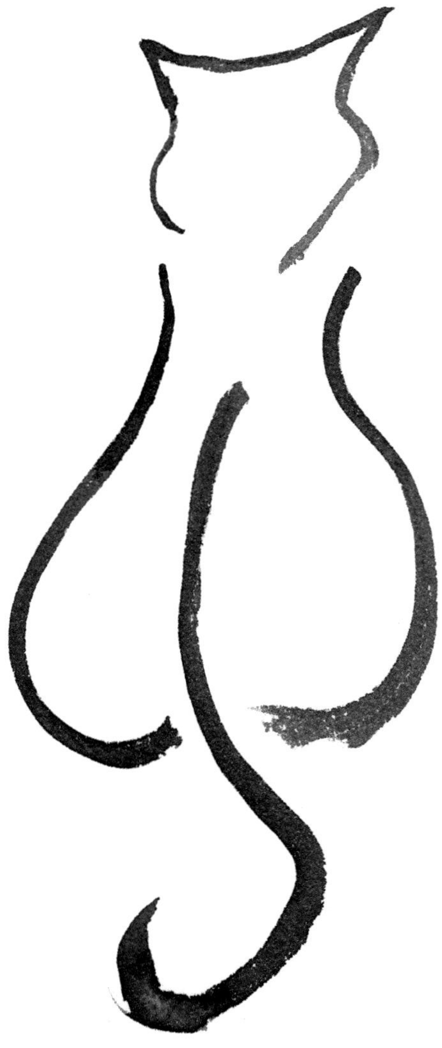

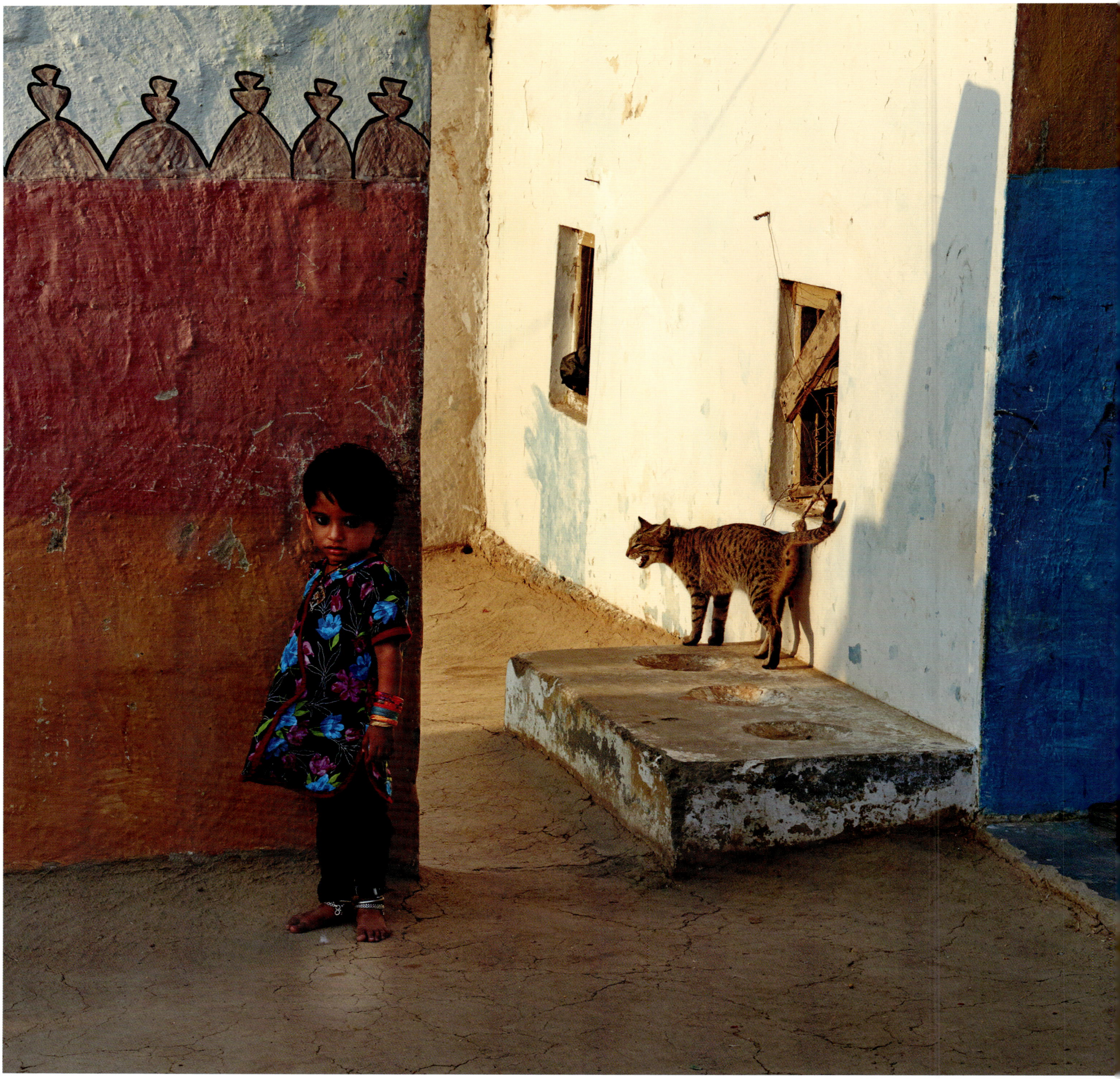

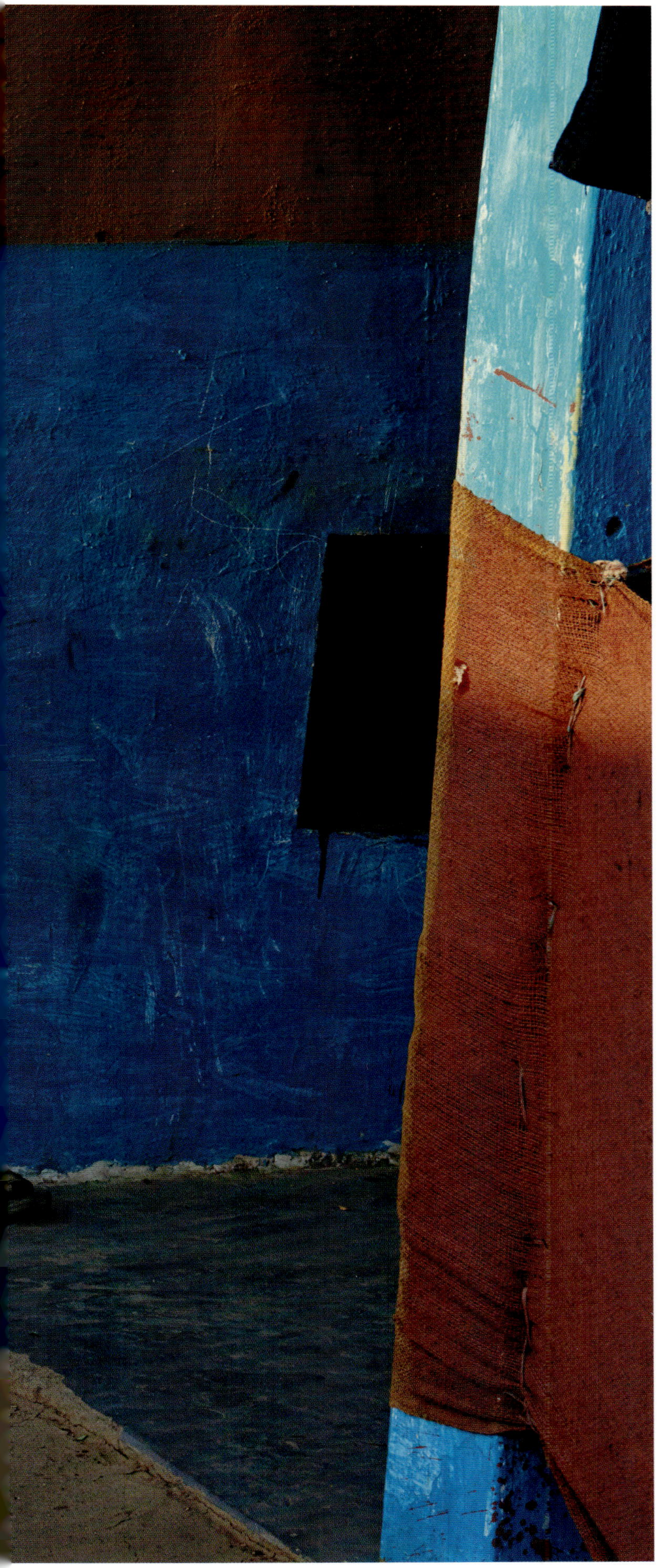

À ma connaissance,
le chat demeure le seul animal
dont toutes les émotions se lisent
au travers de l'orientation des oreilles,
pupilles et battements de queue.

Anne CALIFE

Jeux de couleurs dans le village de Hodka,
dans la province du Gujarat en Inde.

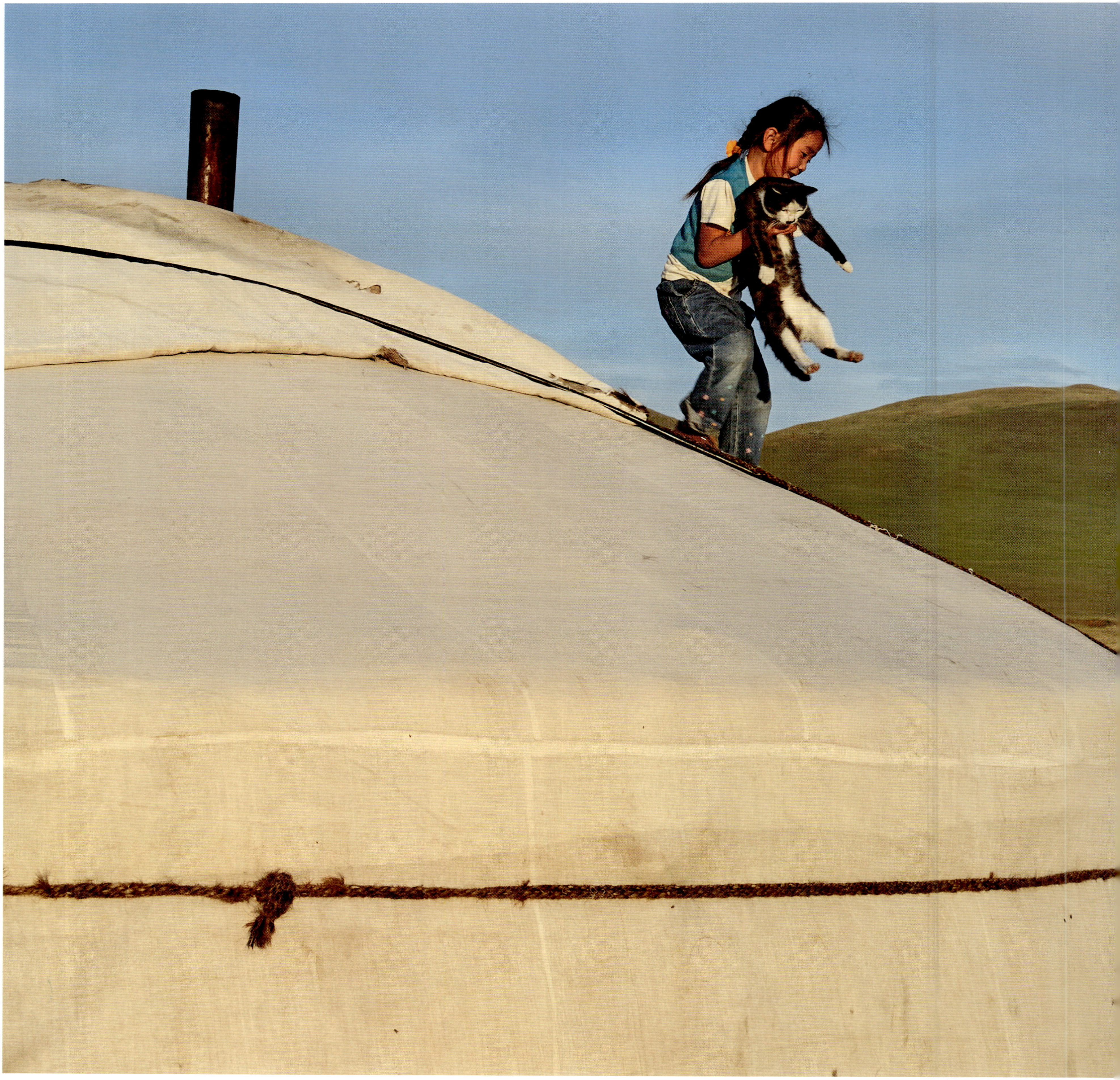

Mais pour le chat, le grand train, le palais, il les a vraiment en lui.
Ou plus exactement, ce n'est pas le palais, ni la masure qui peuvent changer, en quoi que ce soit, son comportement congénital de seigneur.

Gilbert GANNE

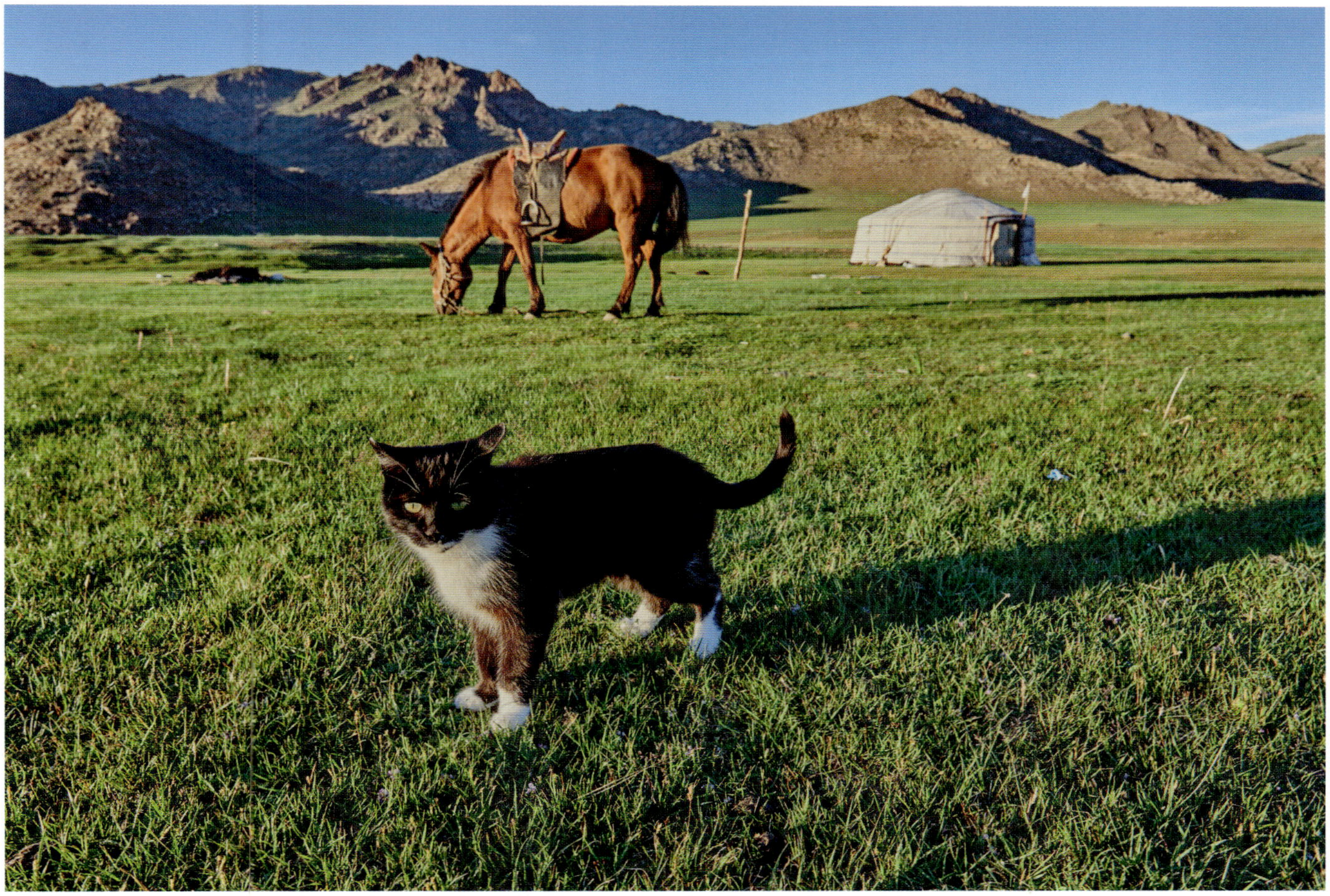

Si tous les nomades mongols vivent avec des chiens,
quelques-uns se sont pris d'affection pour le *muur*, le chat en mongol.

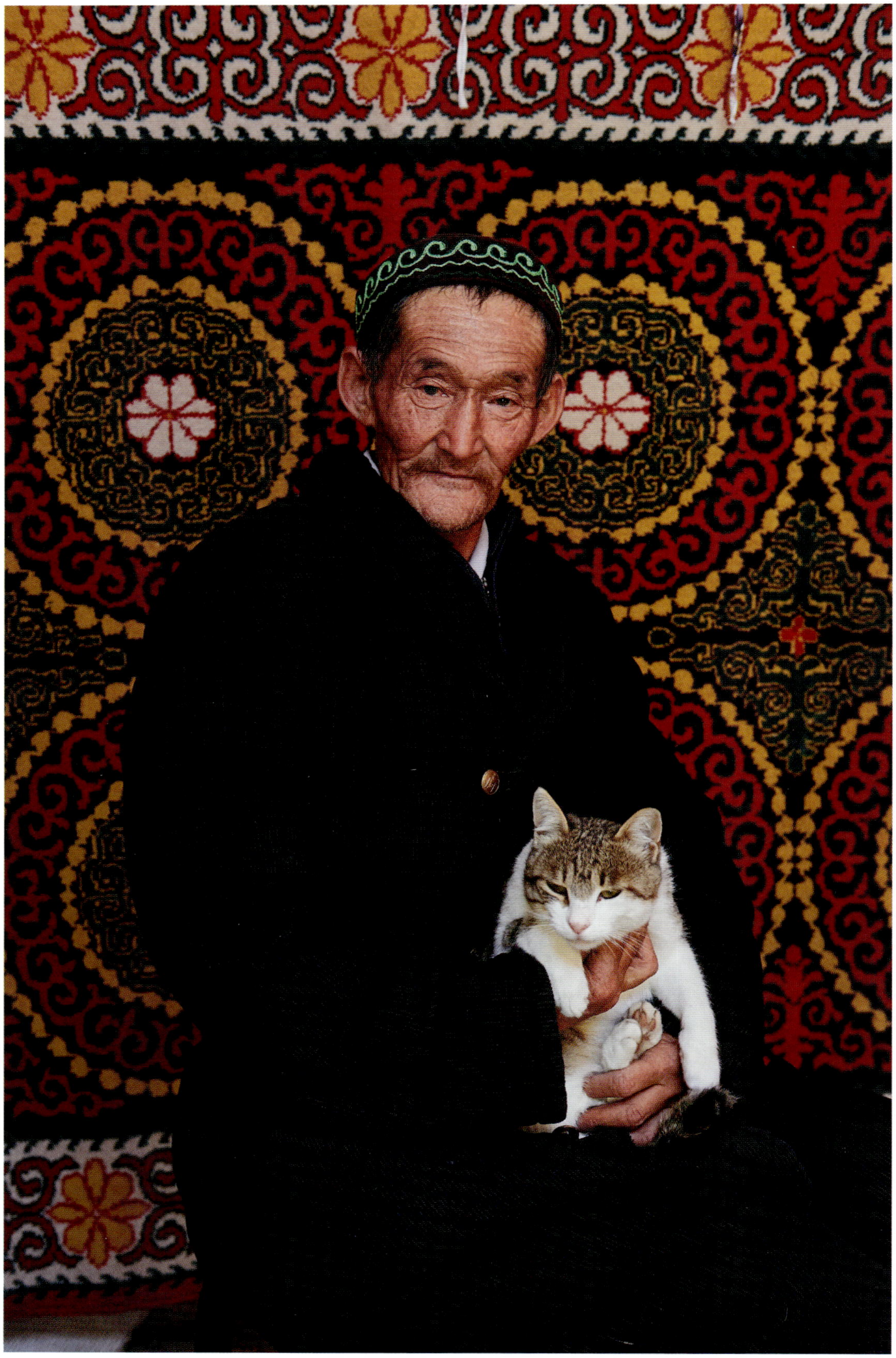

Ainsi trouve-t-on souvent des chats dans les mosquées, où ils sont bienvenus non seulement parce qu'ils éloignent les souris, mais aussi parce que les religieux pensent que le chat lui-même se livre à des ablutions. On a même comparé le ronronnement au dhikr, la psalmodie rythmée des soufis.

Annemarie SCHIMMEL

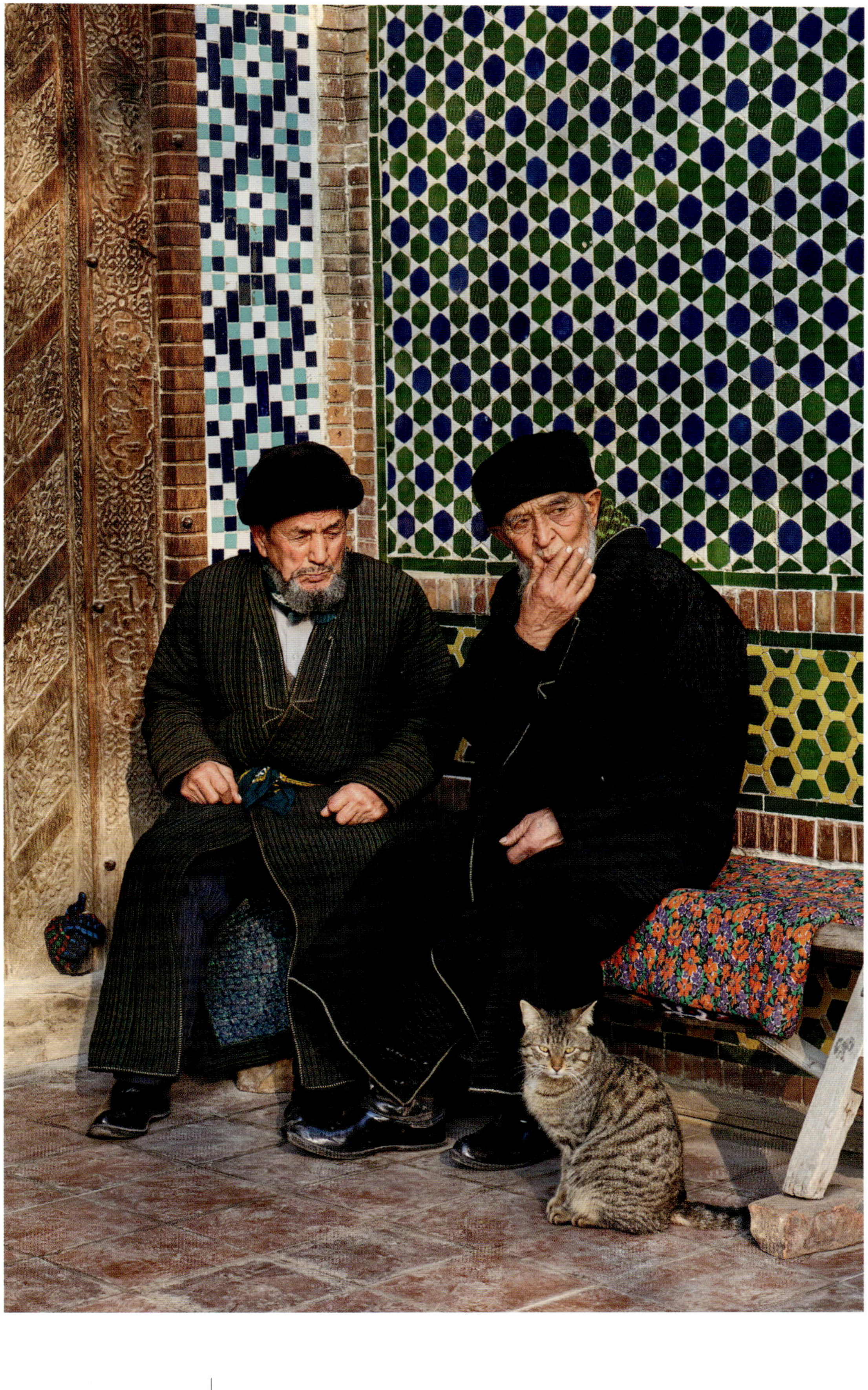

Que ce soit chez les Kazakhs (à gauche) ou chez les Ouzbeks (à droite), les chats sont nombreux et appréciés en Asie centrale.

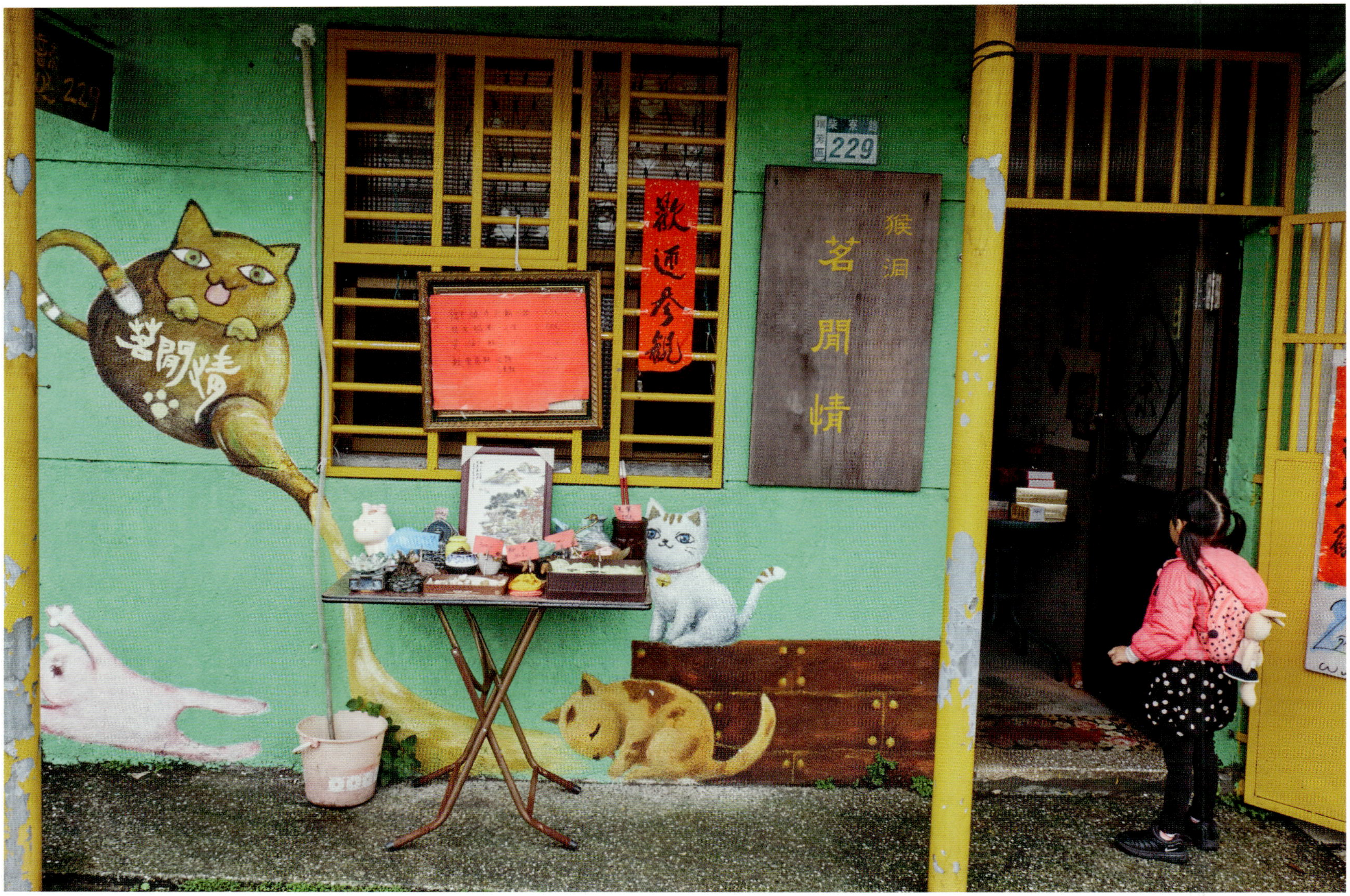

Un café à chat dans le village de Houtong à Taïwan.

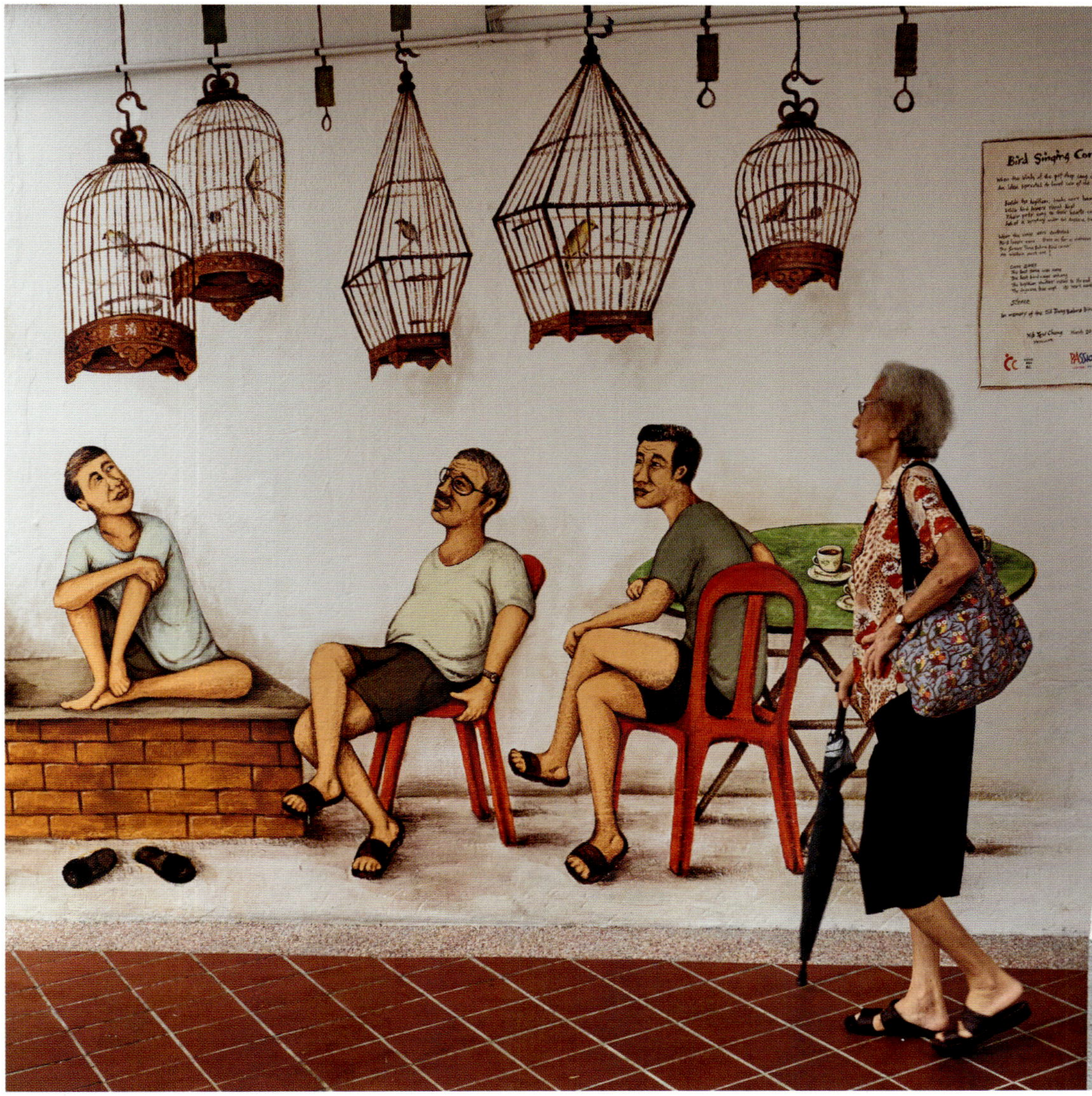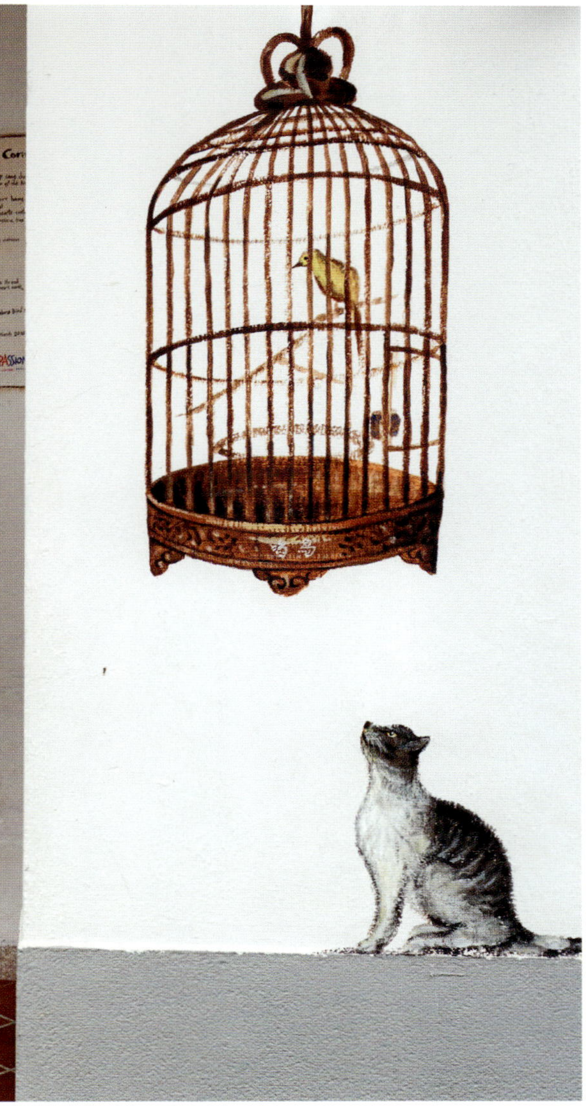

Peinture murale à Singapour.

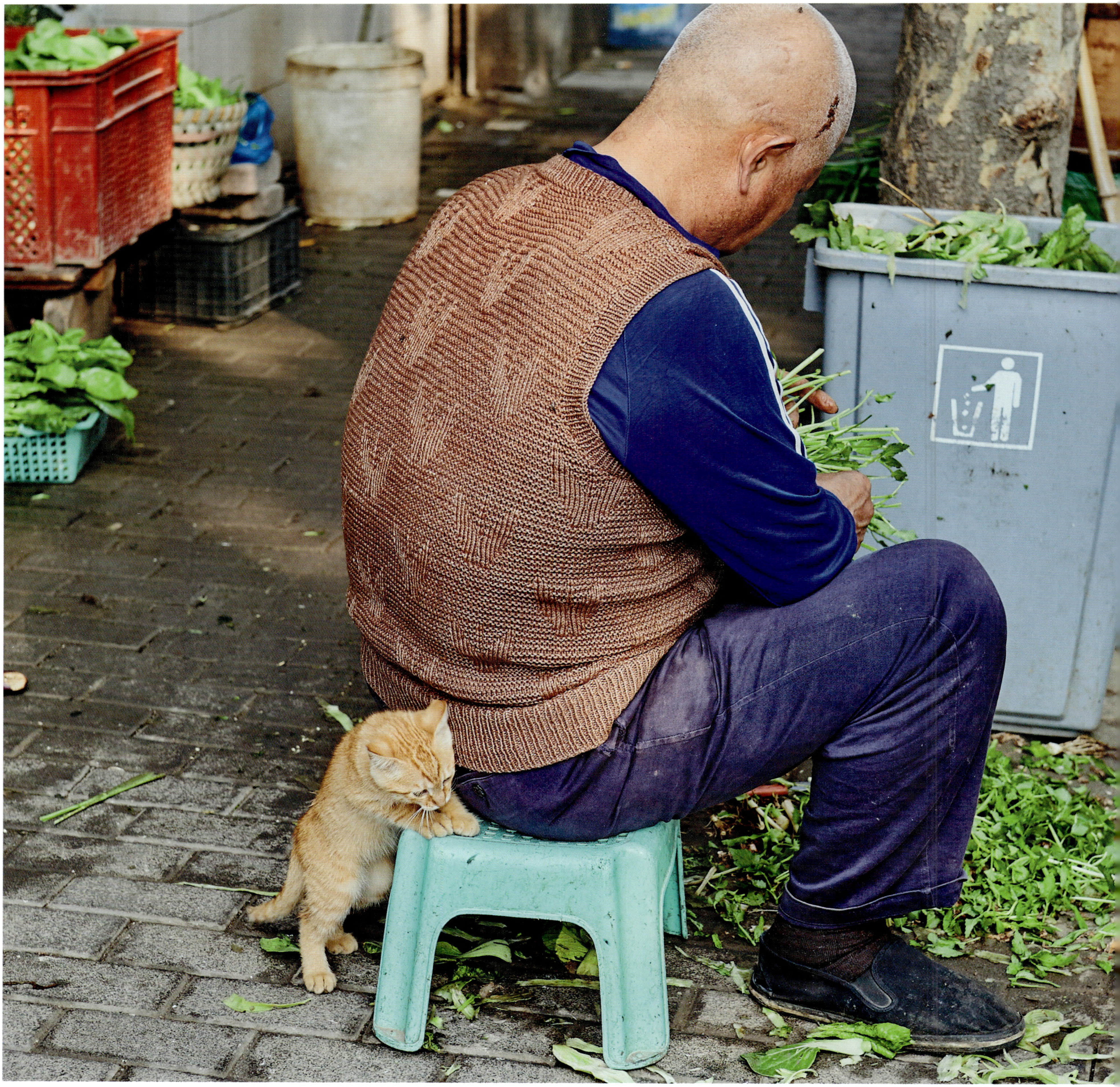

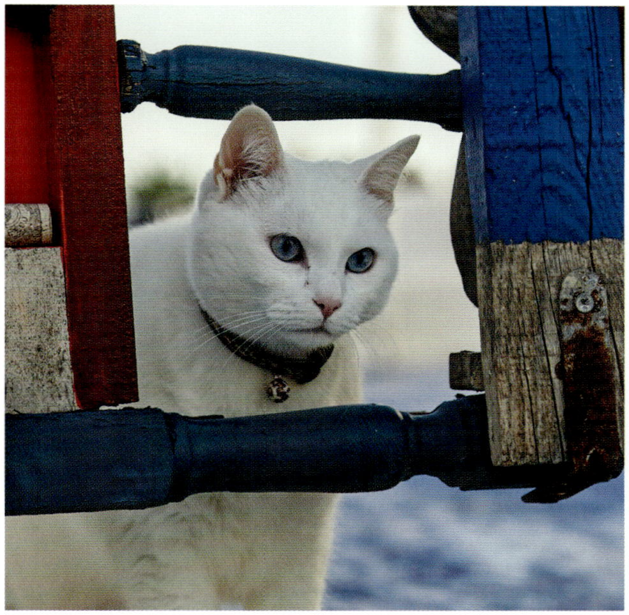

Chaton curieux dans une rue de Shanghai en Chine.

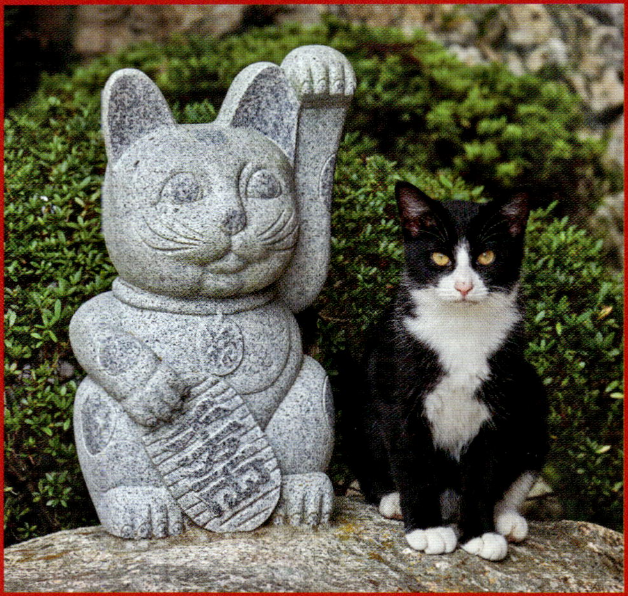

Grand large

Au pays du Soleil-Levant

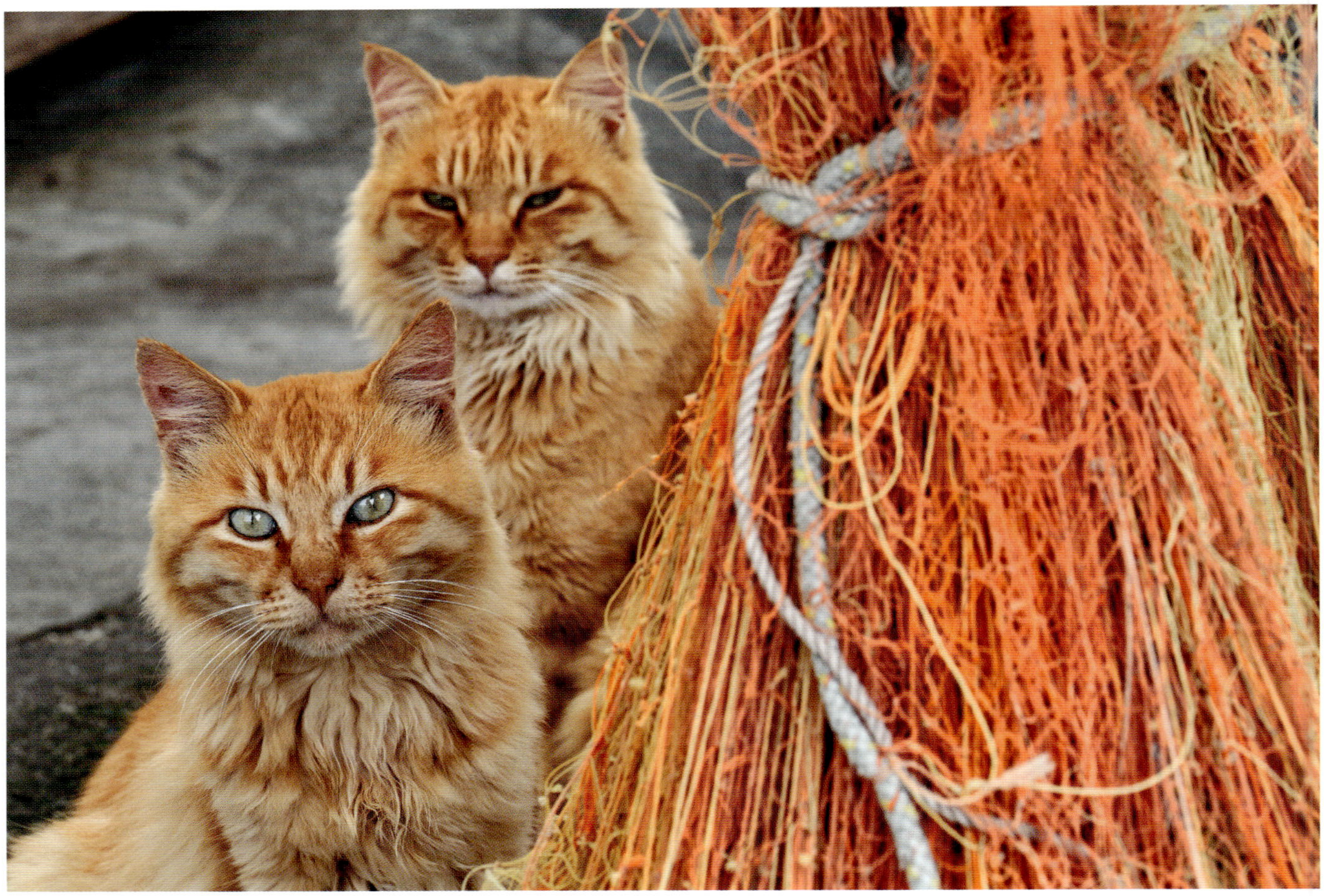

Summum de l'exotisme oriental à nos yeux, le Japon nous a longtemps fascinés. Ce pays et sa culture nous semblaient inaccessibles, trop lointain, trop différente… L'archipel nippon nous semblait un monde insulaire décidément à part. Ce n'est que très récemment que nous avons osé franchir le pas, lorsque nous avons découvert qu'au pays du Soleil-Levant on vouait un singulier culte aux chats.

On murmure que ceux-ci ont amené la sagesse du Bouddha et qu'un étrange chat blanc fut même élu prince au Xe siècle. Est-ce l'une ou l'autre des raisons pour lesquelles les Japonais vénèrent les chats avec autant d'intensité aujourd'hui encore ? Une véritable *chatmania* s'est en tout cas installée dans la culture japonaise depuis des siècles. Alors que ses congénères s'échinaient, aux quatre coins du monde, à rendre service à l'homme, le chat japonais vivait en seigneur dans l'oisiveté la plus totale, un roi ayant décrété qu'on ne devait pas faire travailler de si délicats et si beaux êtres… Dès son arrivée sur l'archipel, aux alentours du VIe siècle, le félin avait su imposer son charisme et gagner l'estime des humains. Considéré comme un symbole de prospérité et de richesse, le *Maneki-neko*, la statue porte-bonheur, est ainsi omniprésent. Cette flatteuse réputation s'est largement répandue ailleurs en Asie puisqu'on la retrouve en Chine, à Taïwan et bien sûr à Hong Kong.

Le Japon regorge de très nombreux cafés à chats spécialement créés pour assouvir le désir de caresses et de jeux des pauvres citadins en mal d'affection féline. La plupart des appartements au Japon sont en effet interdits aux animaux. On peut aussi visiter de surprenants temples où les Japonais viennent se recueillir et faire des offrandes devant des milliers de statues de chats impassibles. Mais le plus étonnant peut-être, ce sont les multiples « îles aux chats » où les félins sont plus nombreux que les humains tenus de les choyer avec attention.

Le Japon fut pour le chat
comme une seconde Égypte...
on lui éleva un temple,
il fut associé au culte du renard,
on lui adressa des vœux
pour la fécondité des terres,
il fut choyé et craint par les femmes,
on lui donna un rôle au théâtre,
il fut l'émissaire sacré du
royaume mystérieux de la nuit.

Nelly DELAY

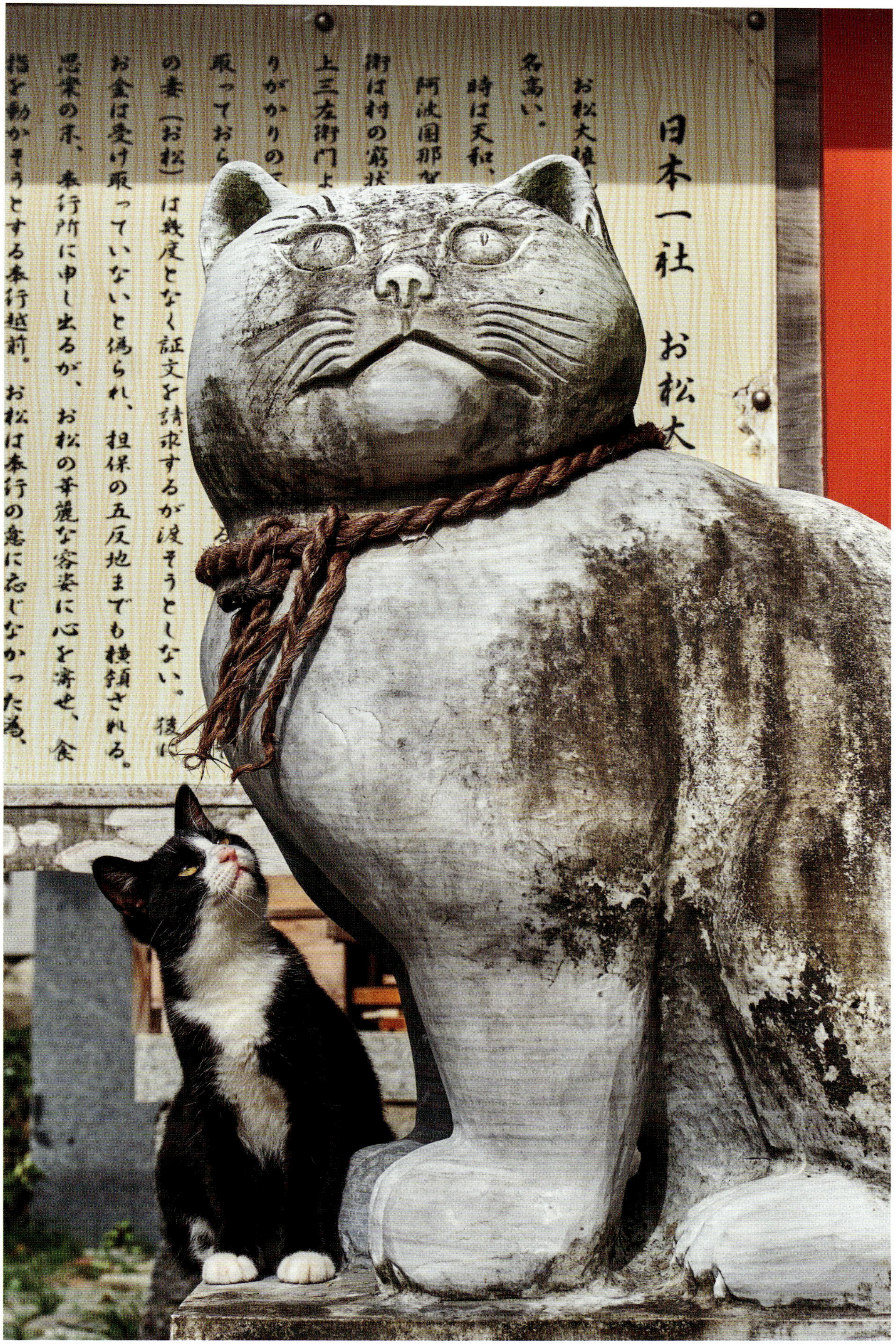
日本一社　お松大
名高い。
時は天和、
阿波国那賀
上三左衛門よ
の妻（お松）は幾度となく証文を請求するが渡そうとしない。後に
お金は受け取っていないと偽られ、担保の五反地までも横領される。
思案の末、奉行所に申し出るが、お松の華麗な容姿に心を寄せ、食
指を動かそうとする奉行越前。お松は奉行の意に応じなかった為、

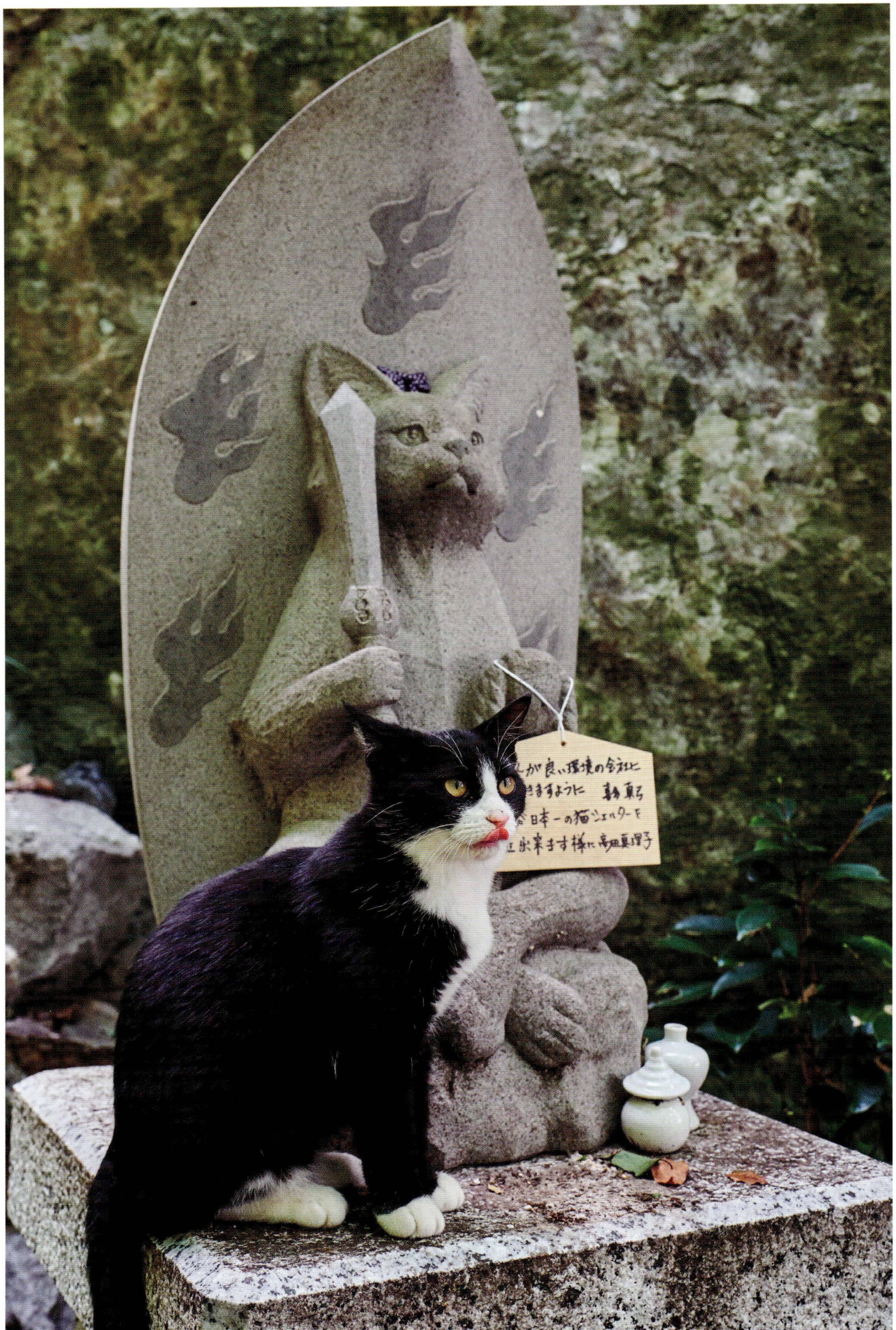
が良い環境の会社と
ますように
日本一の猫シェルターを
出来ます様に

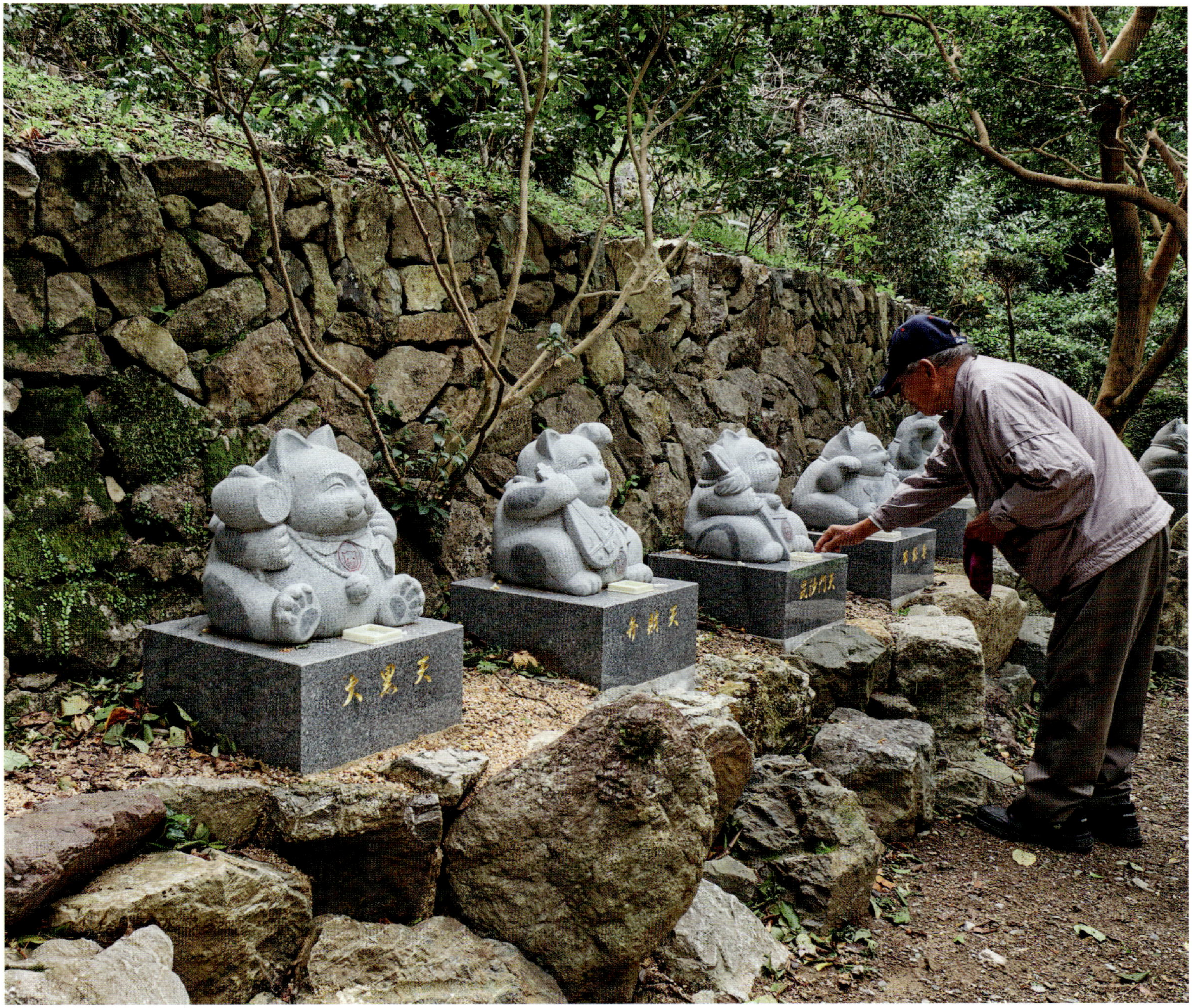

Dans ce temple dédié aux chats des environs de Tokyo, un pèlerin dépose une offrande aux pieds des *Maneki-neko*.

Non moins furtif que l'aube aventurière,
Non moins silencieux que le miroir,
Tu passes et je pense apercevoir
Sous la lune équivoque une panthère.
Par quelque obscur et souverain décret
Nous te cherchons. Nous voulons, fauve étrange
Plus lointain qu'un couchant ou que le Gange,
Forcer ta solitude et ton secret.
Ton dos veut bien prolonger ma caresse ;
Il est écrit dans ton éternité
Que s'accordent à ta frileuse paresse
Ma main et son amour inquiété,
Ton temps échappe à la mesure humaine.
Clos comme un rêve est ton domaine.

Guy de MAUPASSANT

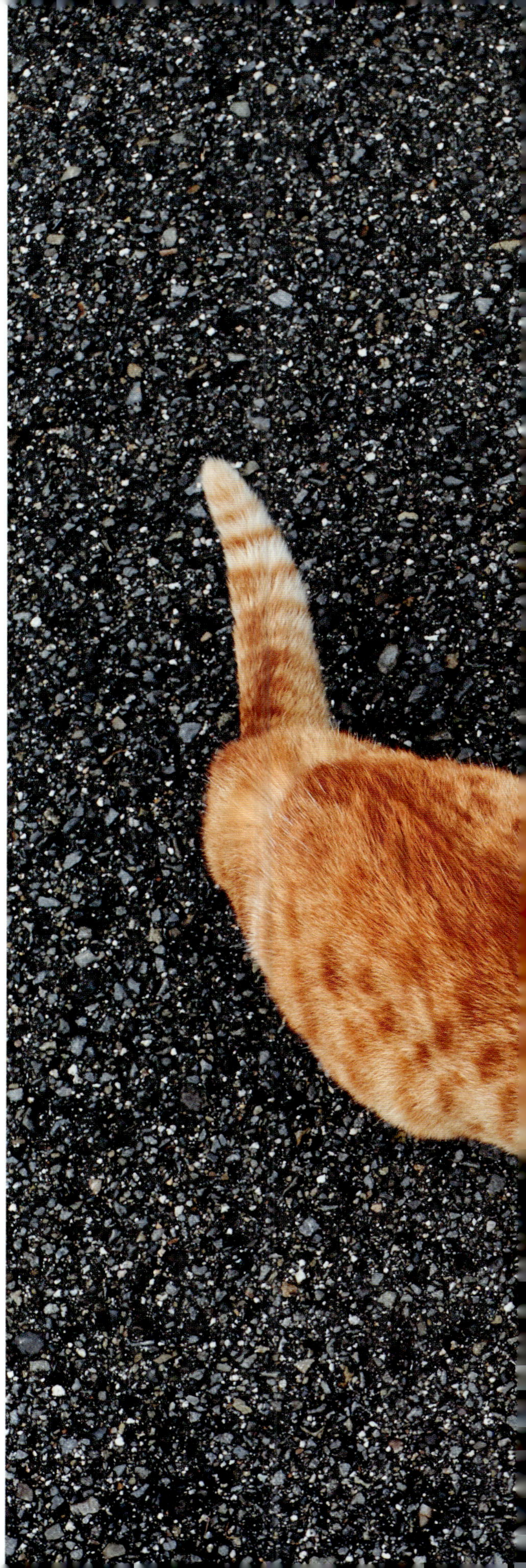

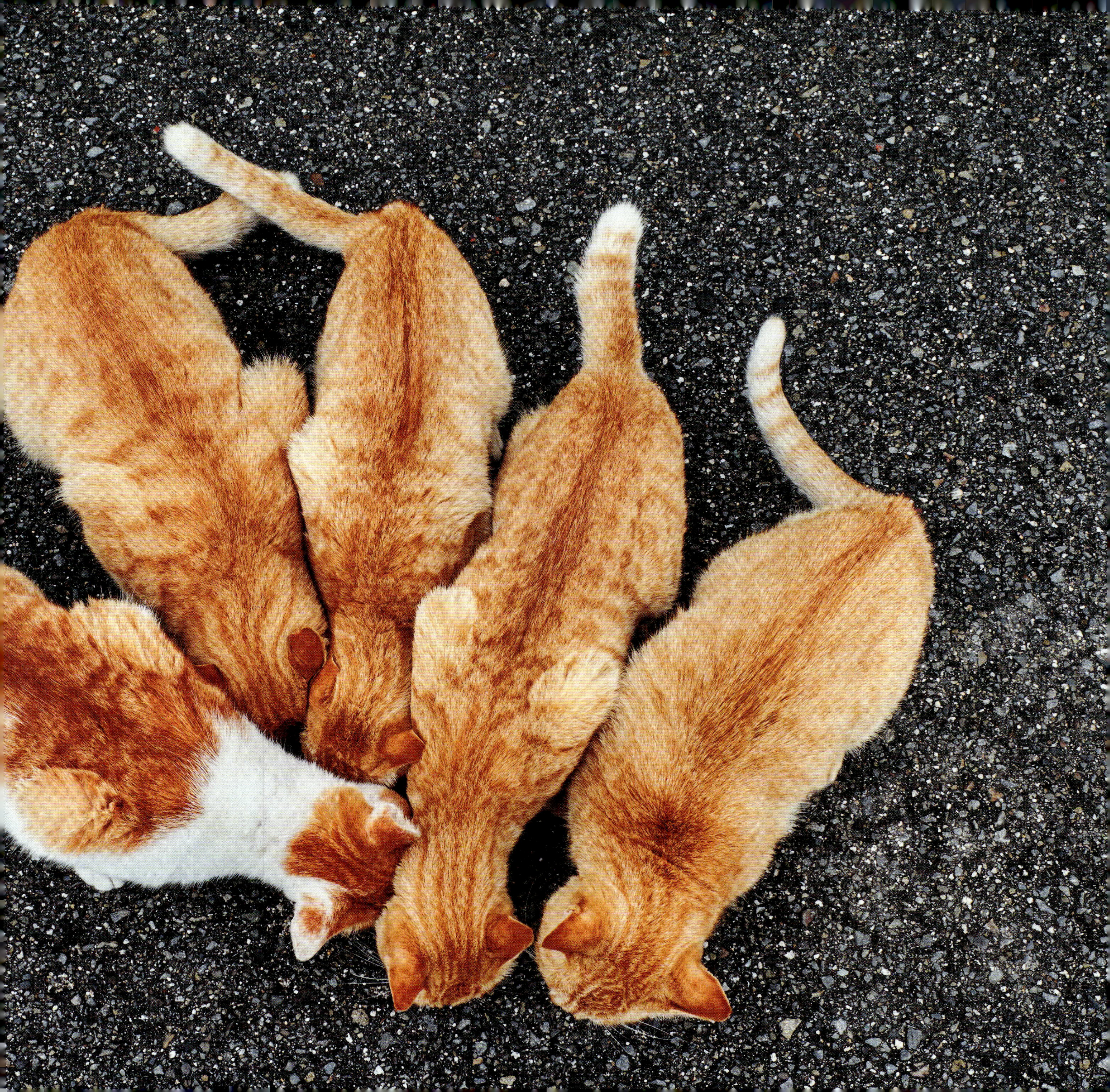

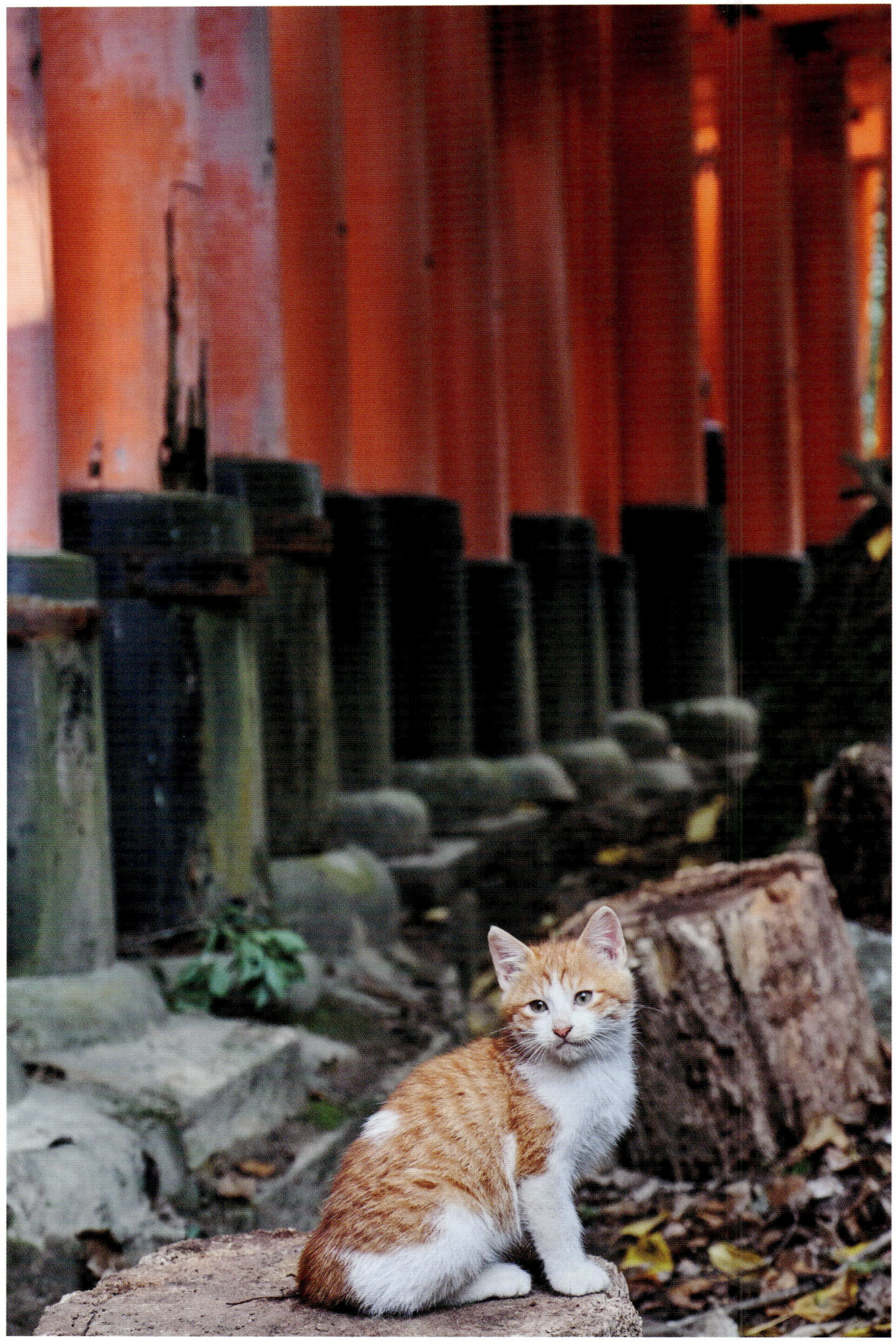

Temple de Fushimi Inari-Taisha à Kyoto.

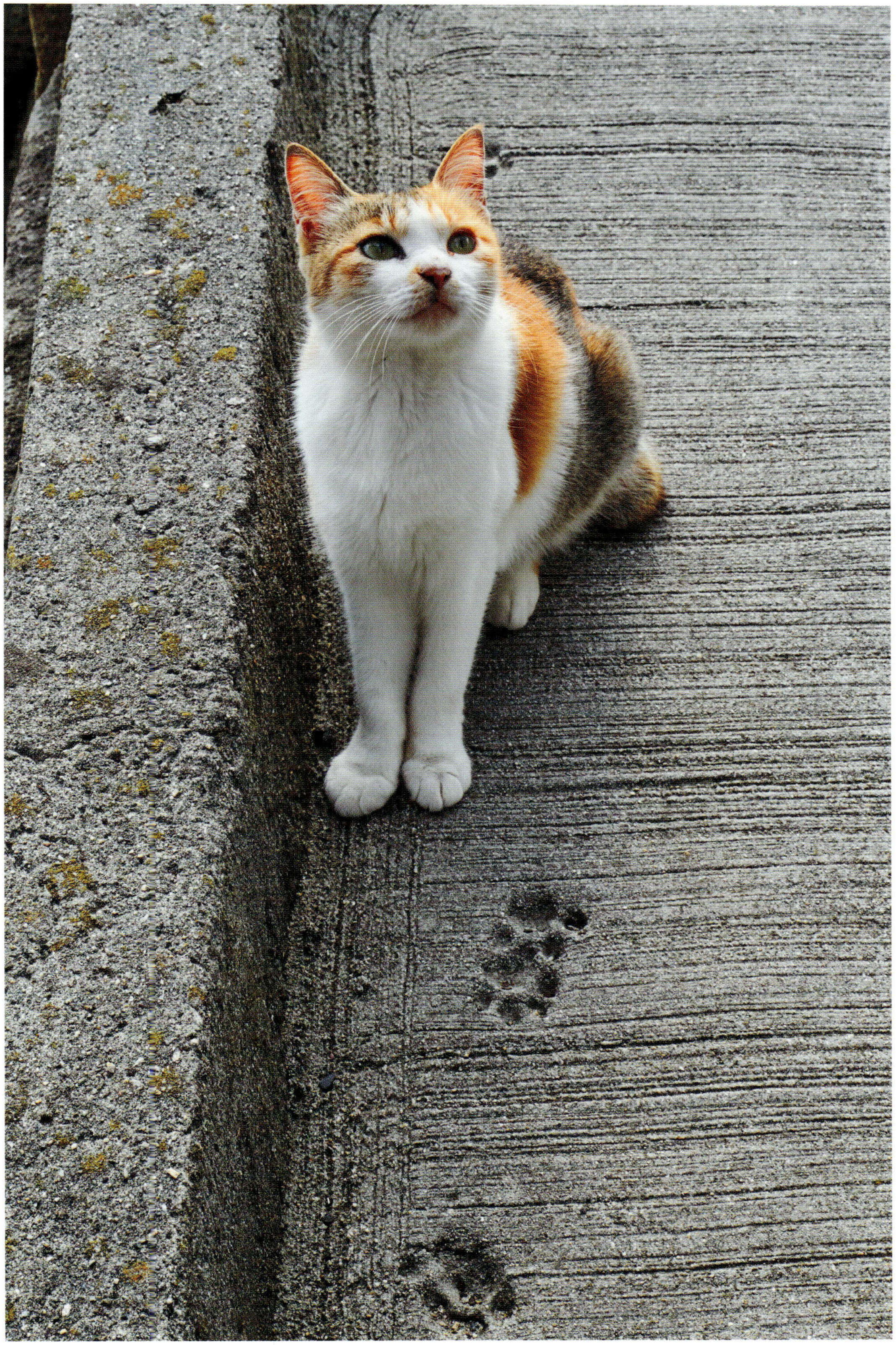

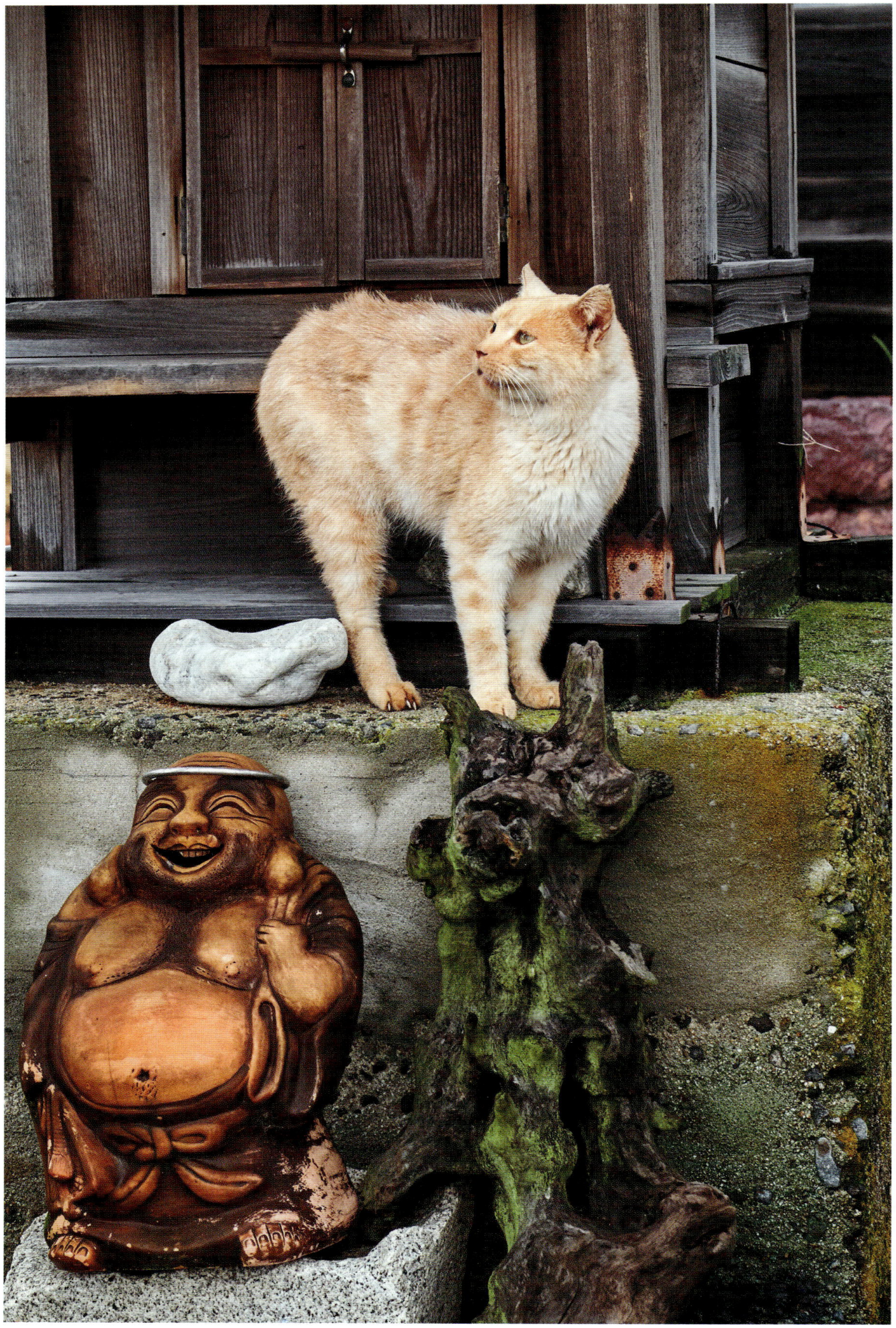

Muzuki-Jima est
l'une des nombreuses
îles aux chats
du Japon.

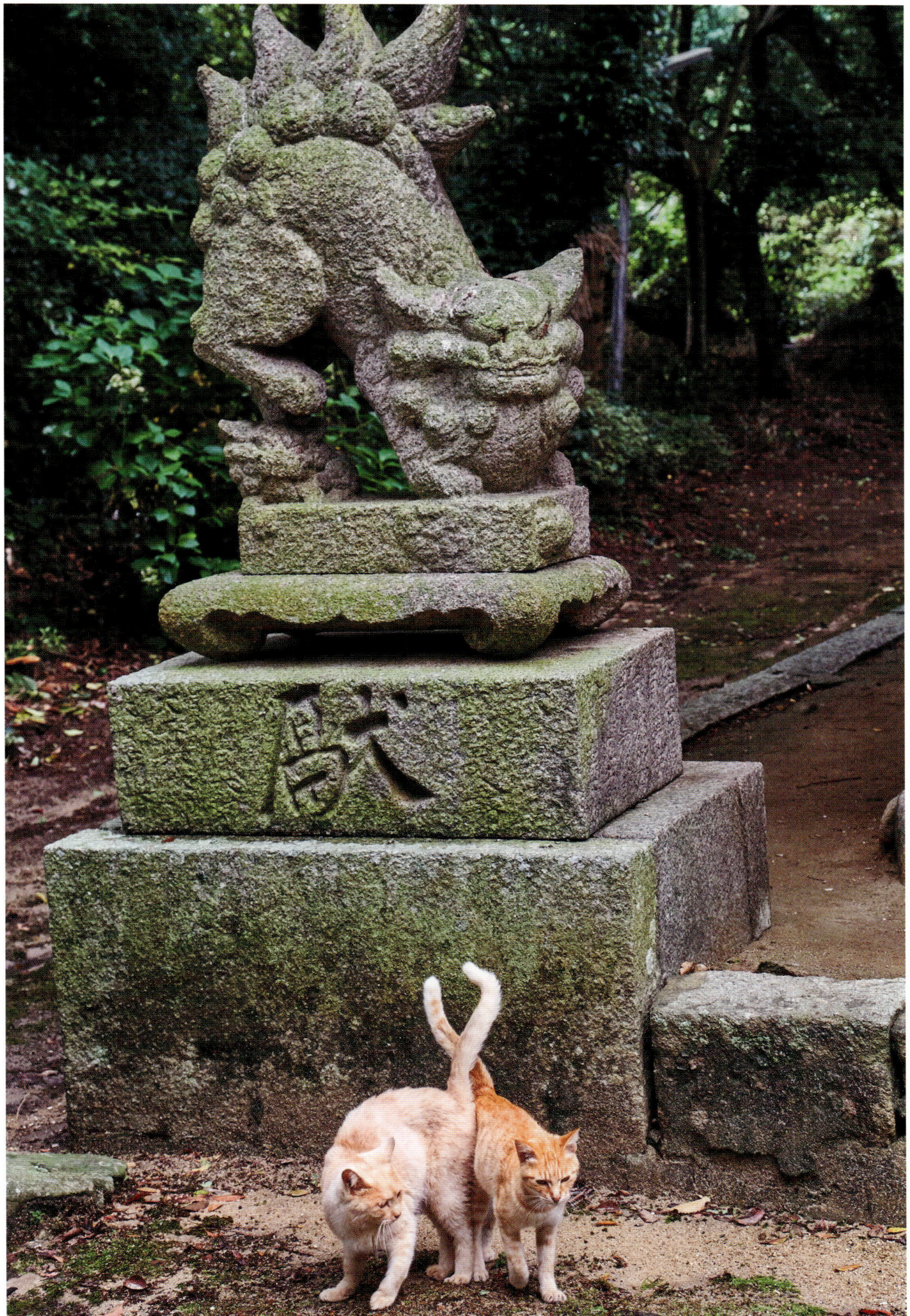

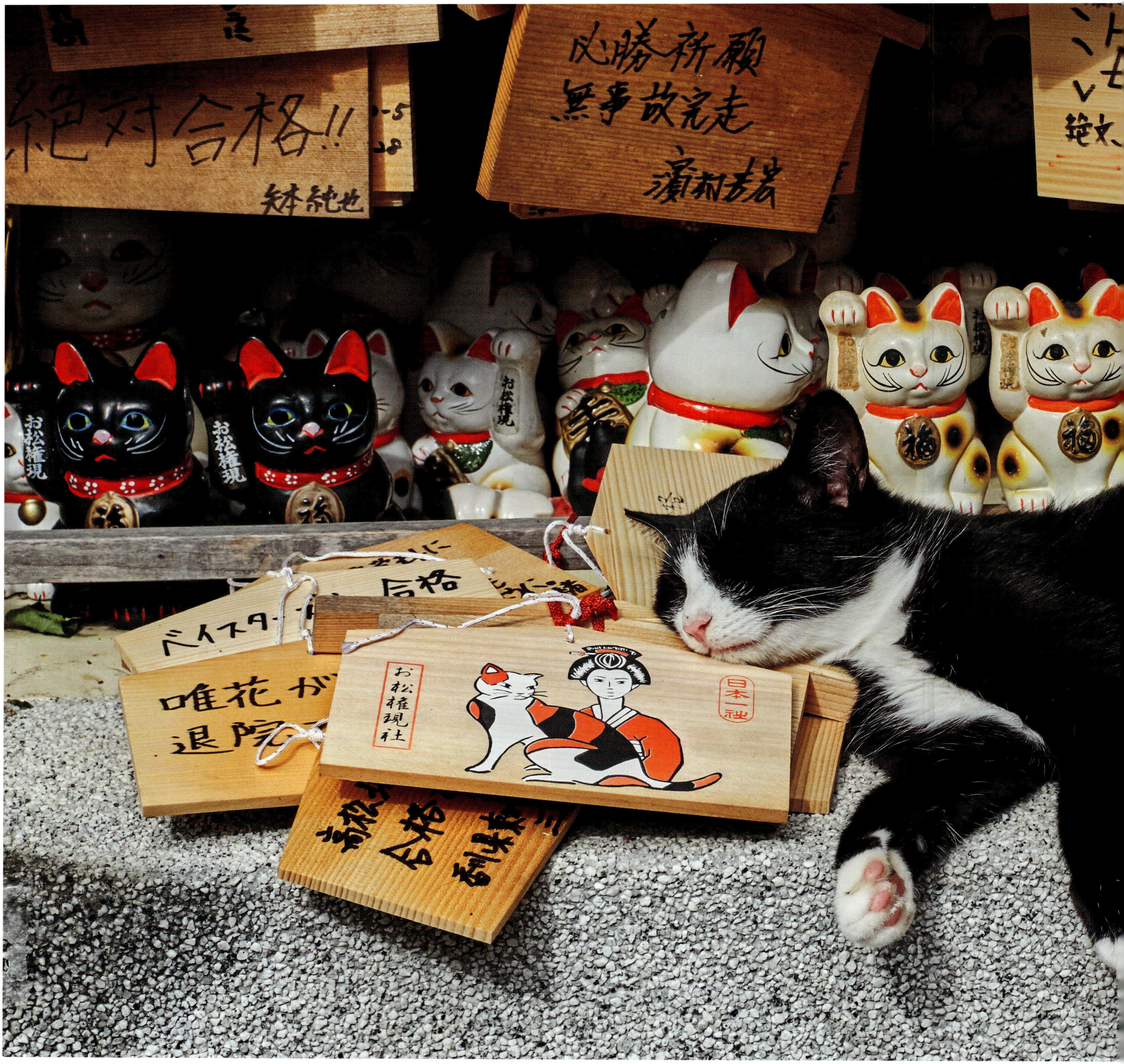
絶対合格!!
必勝祈願
無事故完走
お松権現
お松権現社
日本一社
合格

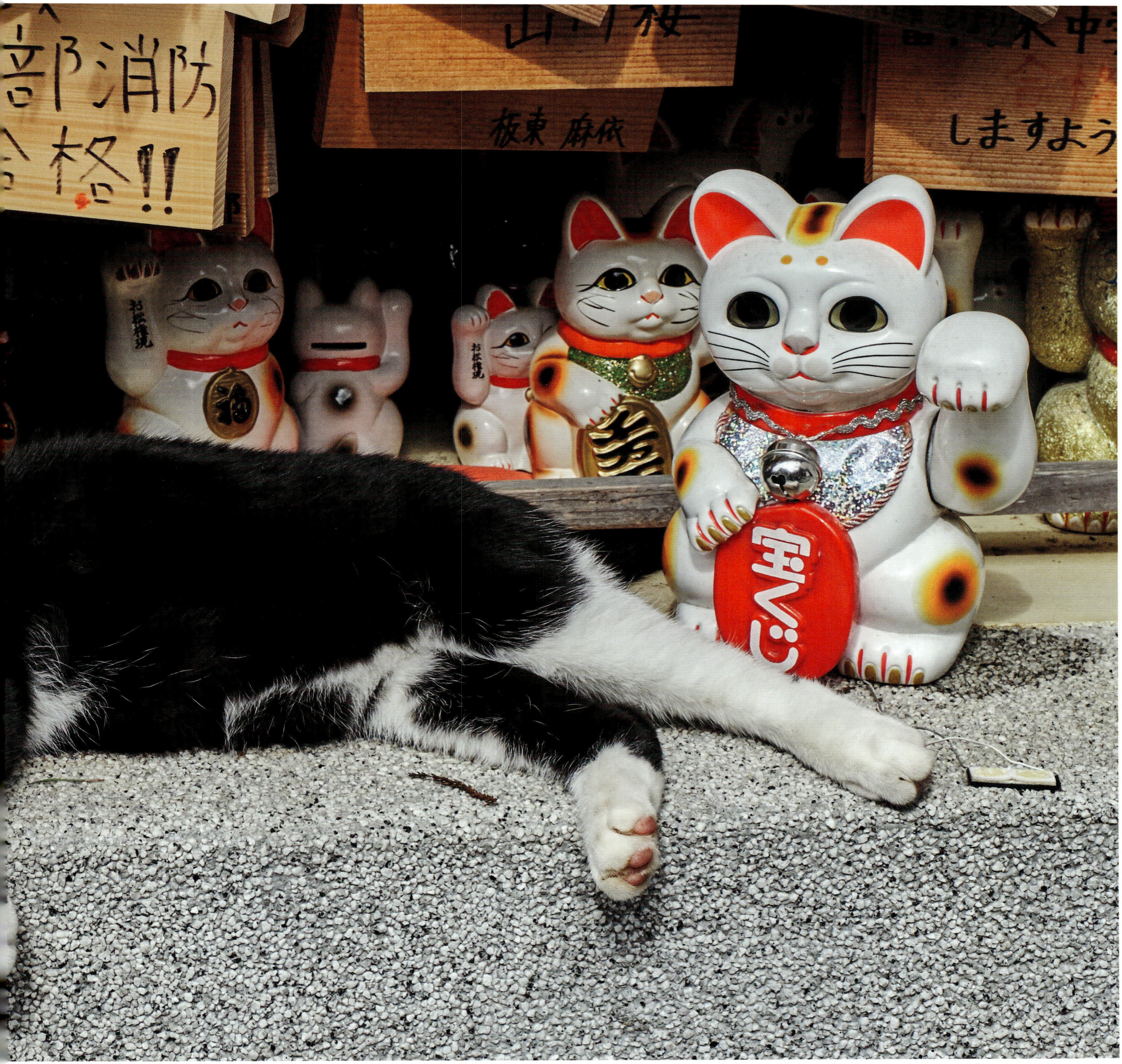
部消防
格!!
板東 麻依
しますよう
宝くじ

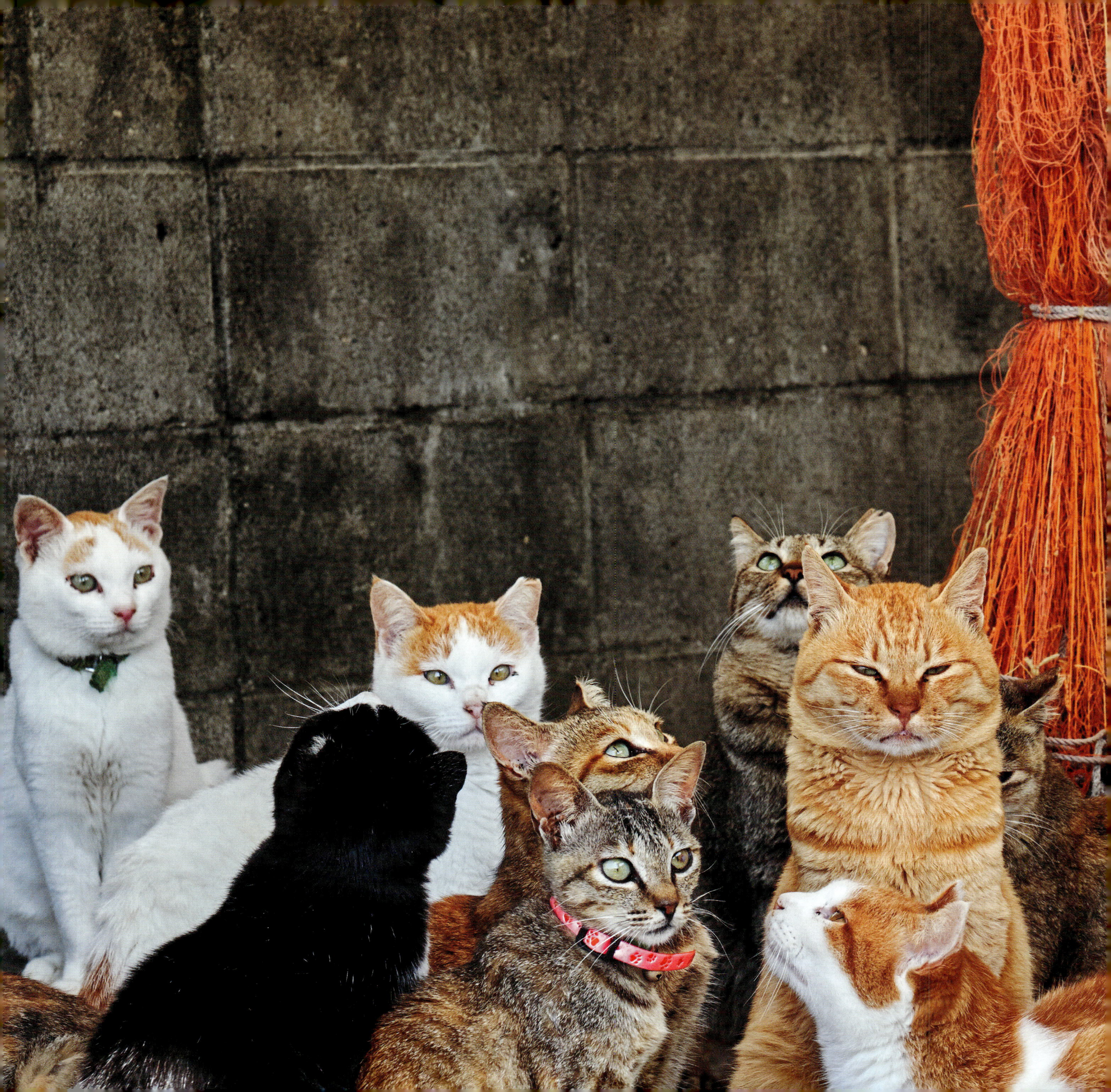

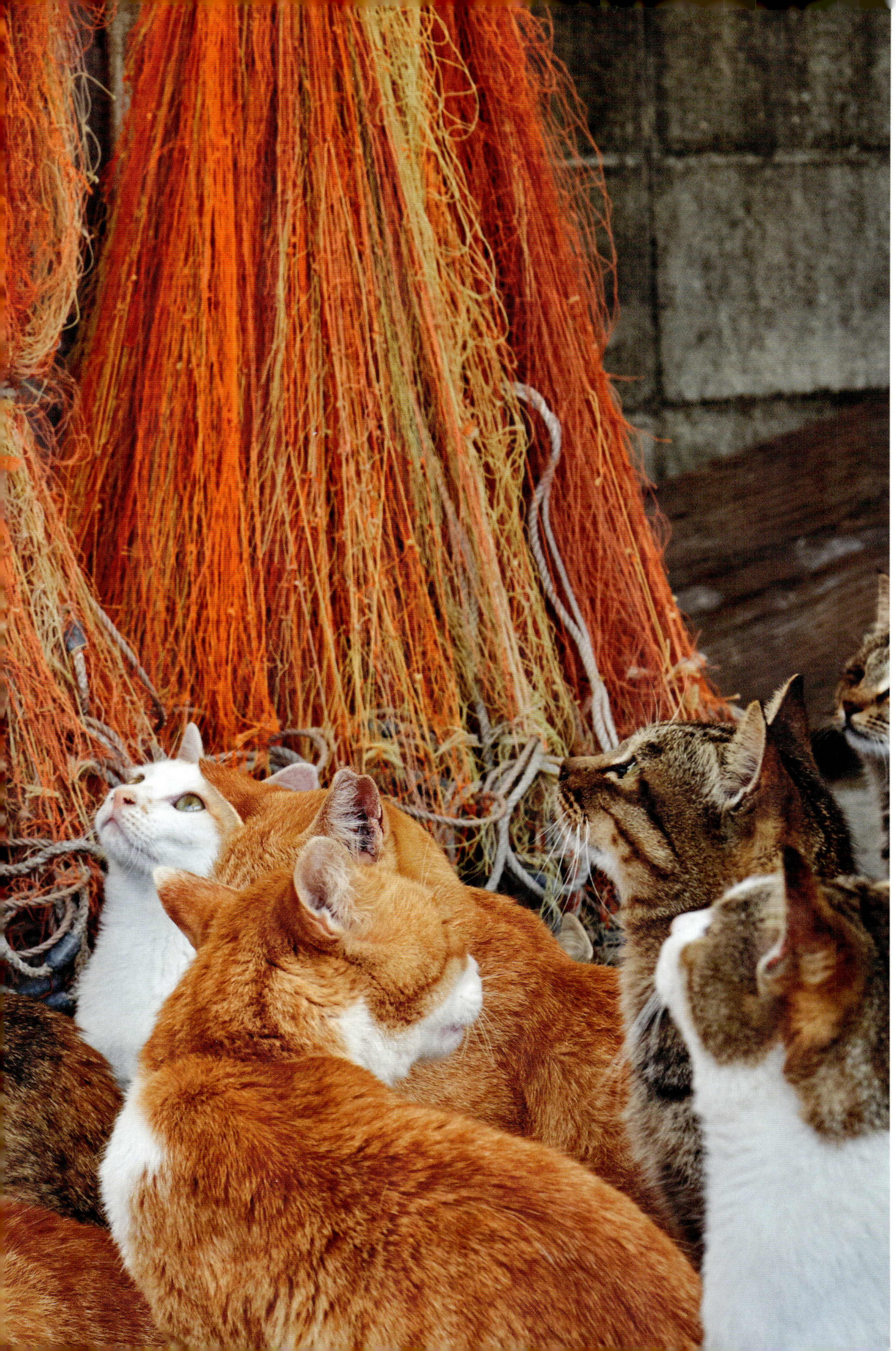

Chez tous les marins japonais,
la croyance est enracinée
que les chats tricolores
(blanc, roux et noir),
les nike-neko, *généralement*
des femelles, sont capables de
prévoir l'approche des tempêtes ;
ils grimpent au mât des navires
et en éloignent les âmes errantes
des naufragés qui ne seront
jamais en paix et vogueront
éternellement sur
la crête des vagues.

Nelly DELAY

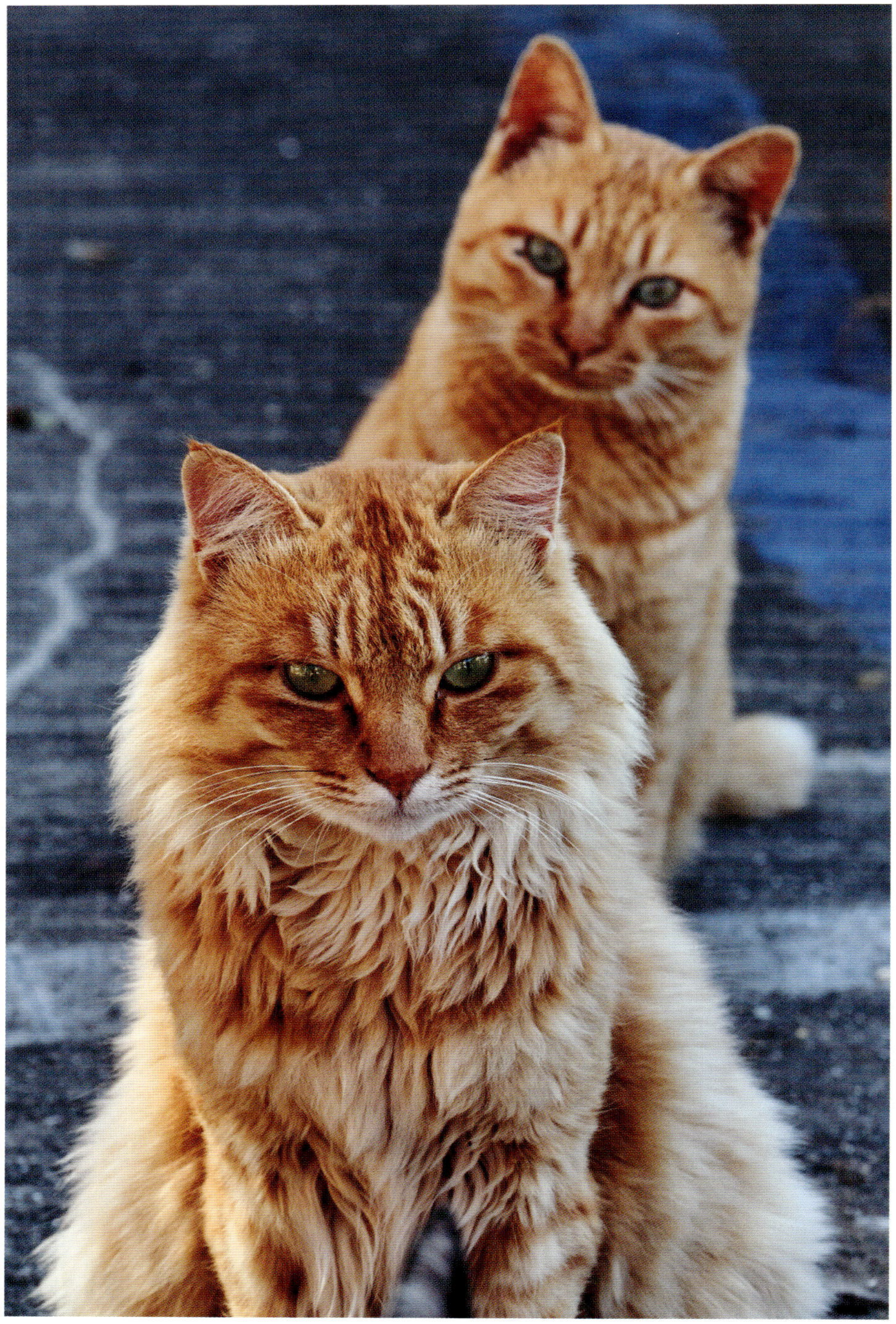

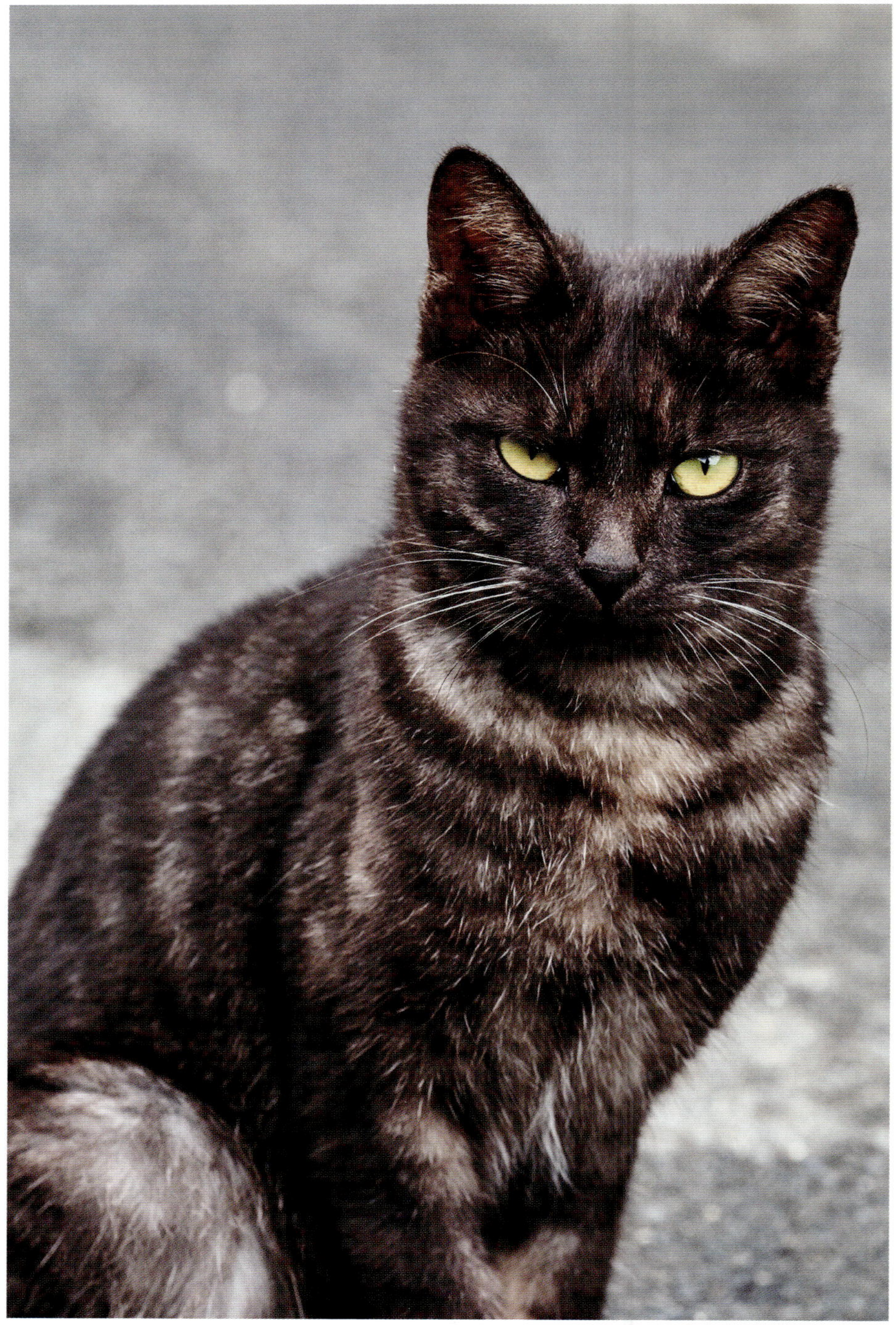

Galerie de portraits des habitants de l'île d'Ao-Shima au Japon.

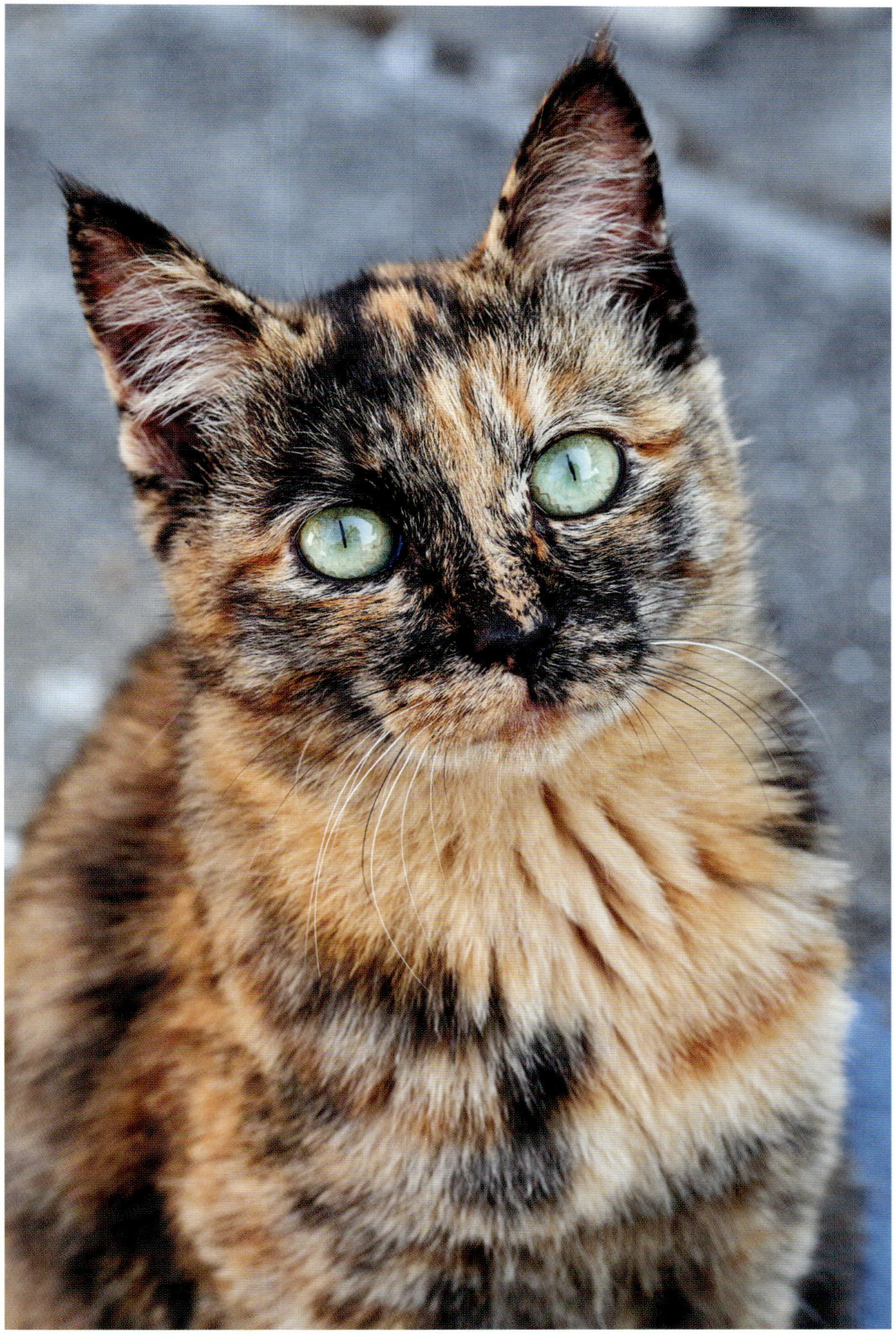

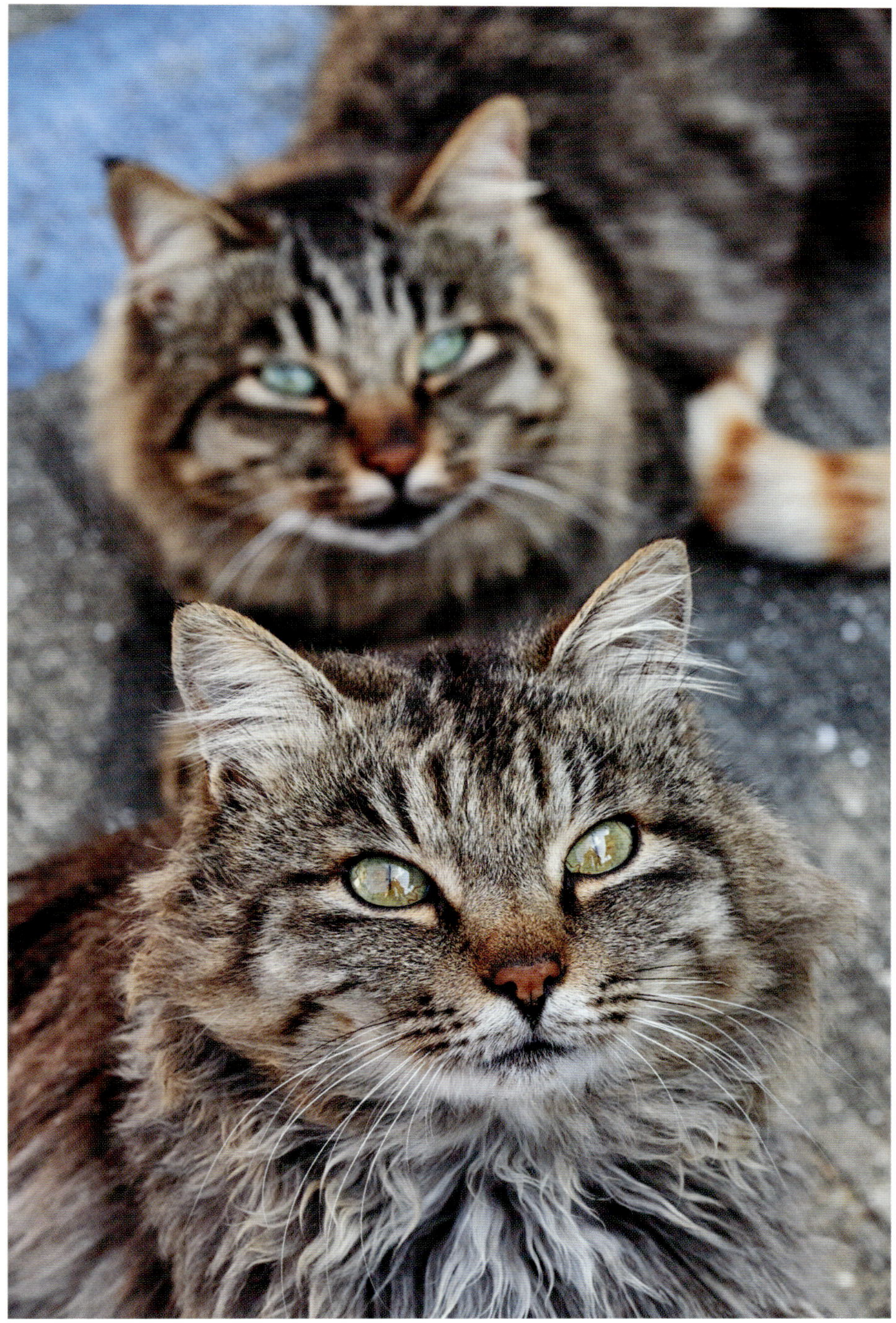

Les yeux des chats ! Il y a de la métaphysique dans les yeux des chats, une leçon pascalienne sur la vie.

Frédéric VITOUX

猫

[Chat]

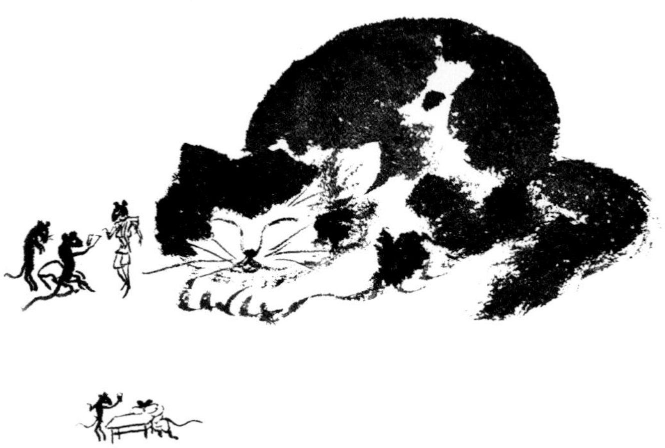

Je ne connais pas le chat.
Je sais tout de la vie et de son archipel
la mer et la ville incalculable
la botanique
la luxure des gynécées
le plus et le moins des mathématiques
le monde englouti des volcans
l'écorce irréelle du crocodile
la bonté ignorée du pompier
l'atavisme bleu du sacerdoce
mais je ne peux déchiffrer un chat.

Ma raison glisse sur son indifférence
ses yeux sont en chiffres d'or.

Pablo NERUDA

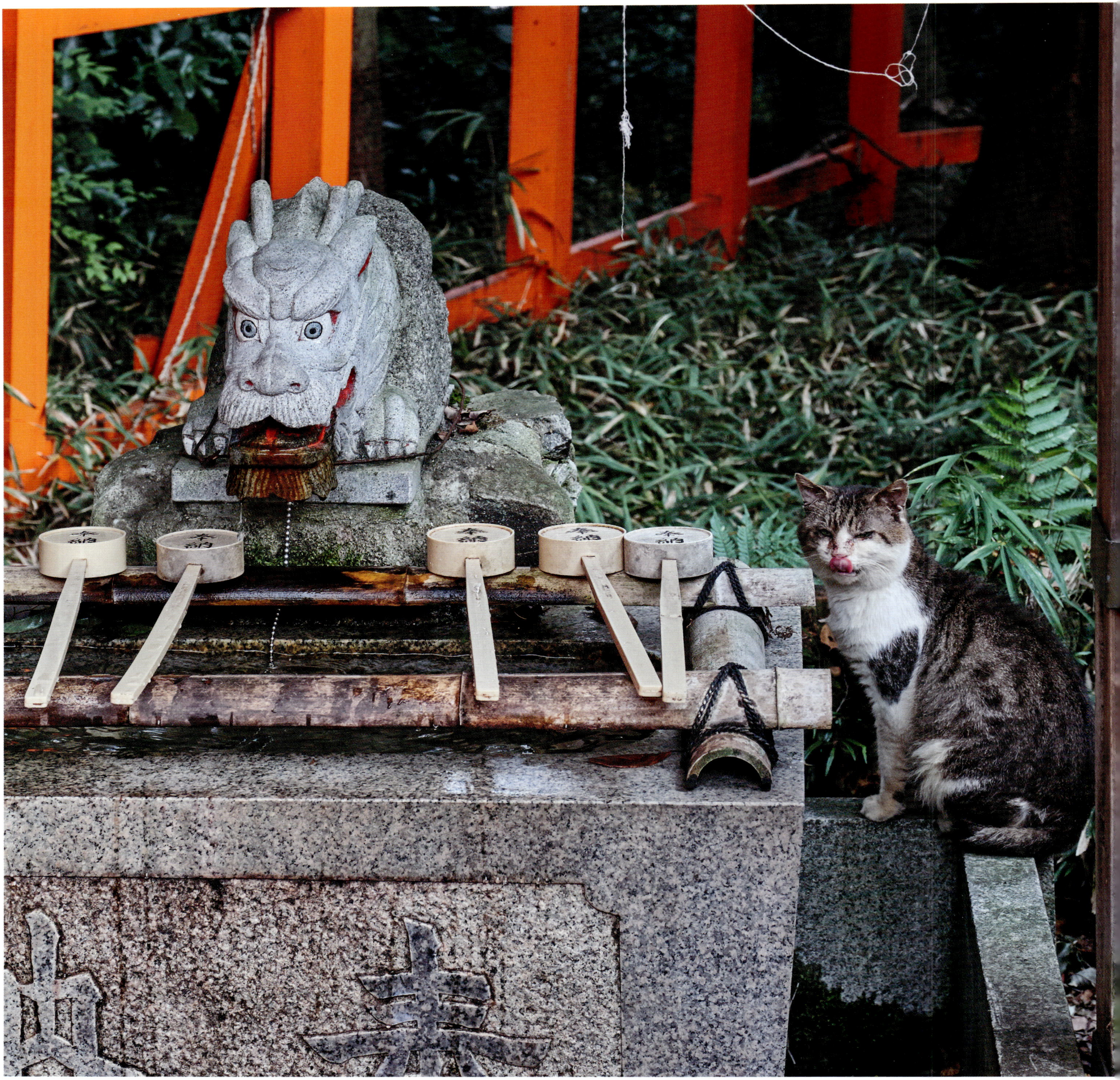

Les chats ont l'art de s'inscrire dans les plus beaux décors, ici le temple de Fushimi Inari-Taisha à Kyoto (à gauche) et le temple aux chats de Tokyo (à droite).

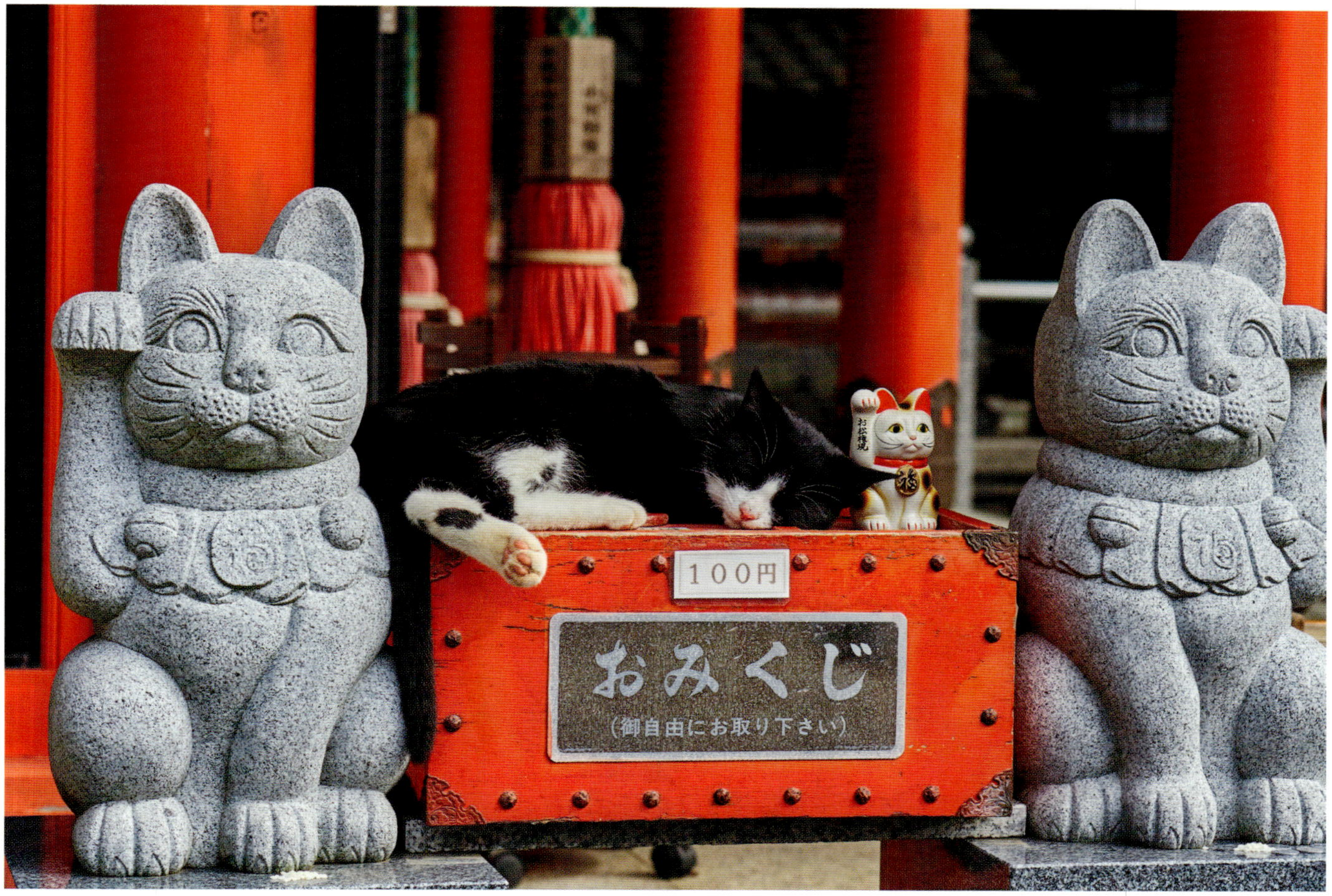

Les chats qui appellent sont religieusement
mis en vitrine par les marchands de toutes sortes,
les maisons de thé et les restaurants,
avec la certitude qu'ils attireront le client
et que la fortune s'ensuivra.

Nelly DELAY

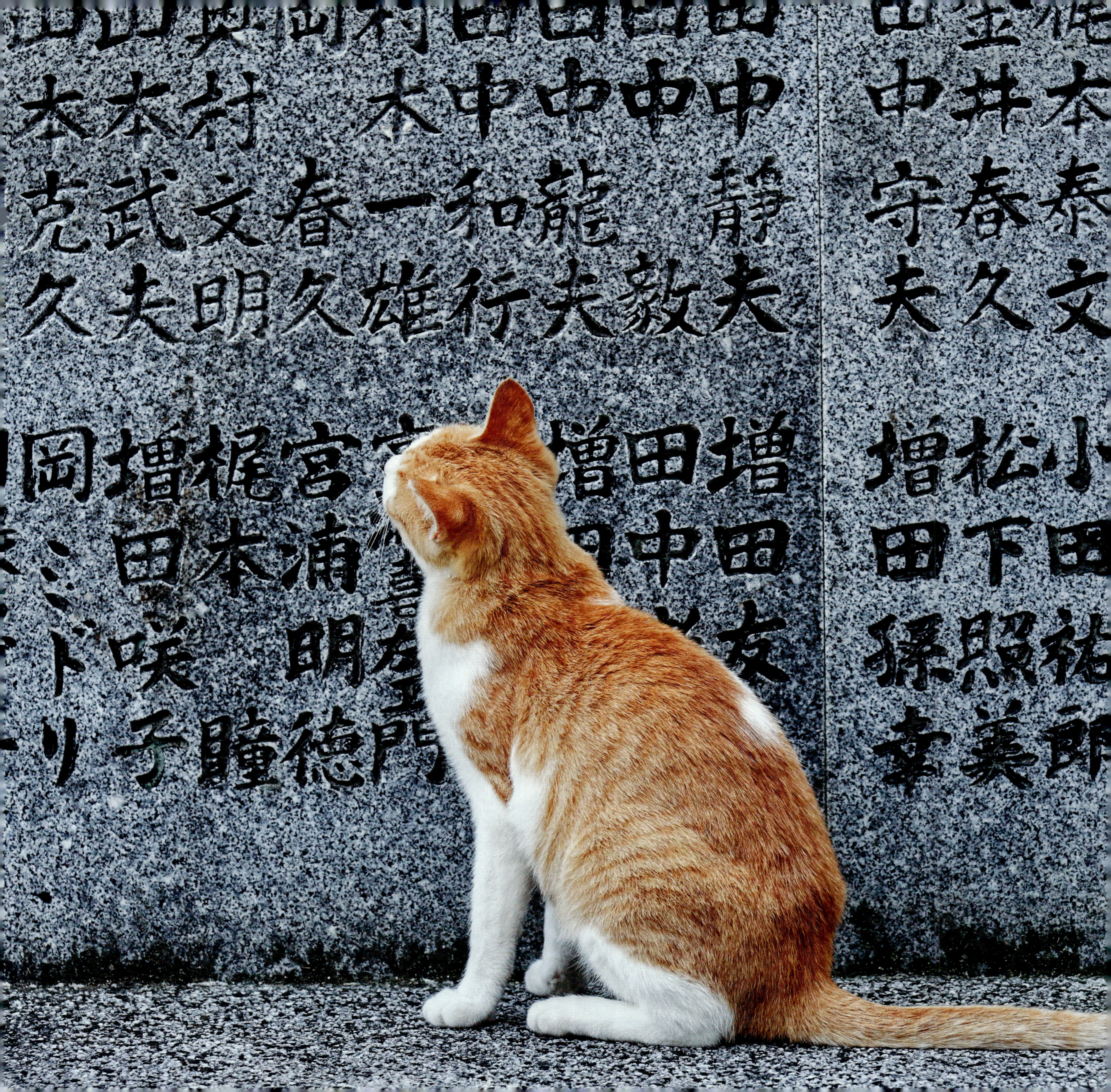

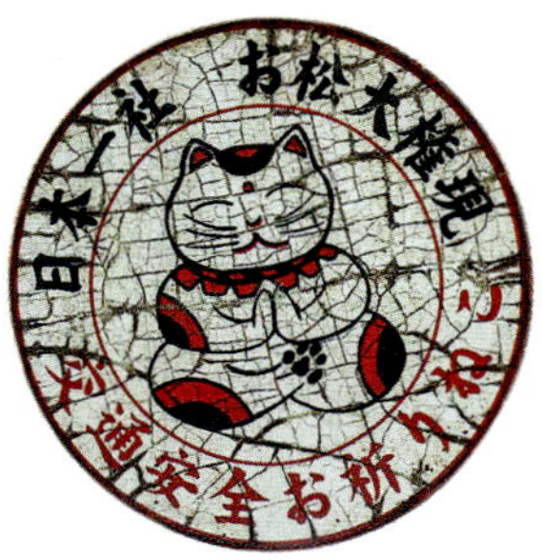

C'est une bête philosophique, tenant à ses habitudes,
amie de l'ordre et de la propreté. (...)
Séraphita restait de longues heures immobile sur un coussin,
ne dormant pas, suivant des yeux avec une extrême intensité d'attention,
des spectacles invisibles pour les simples mortels.

Théophile GAUTIER

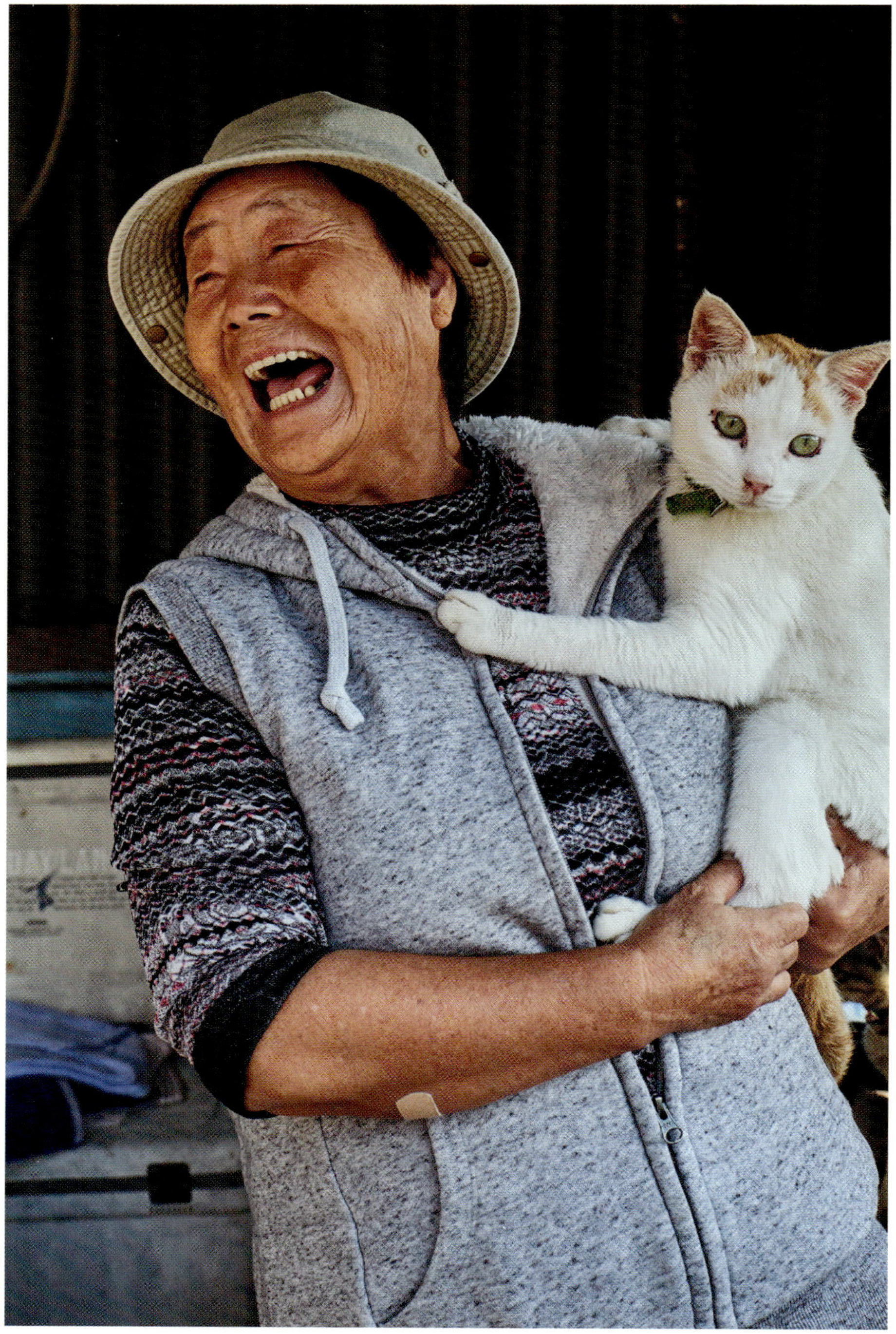

Madame Kamimoto San s'occupe avec joie d'une centaine de chats sur l'île d'Ao-Shima.

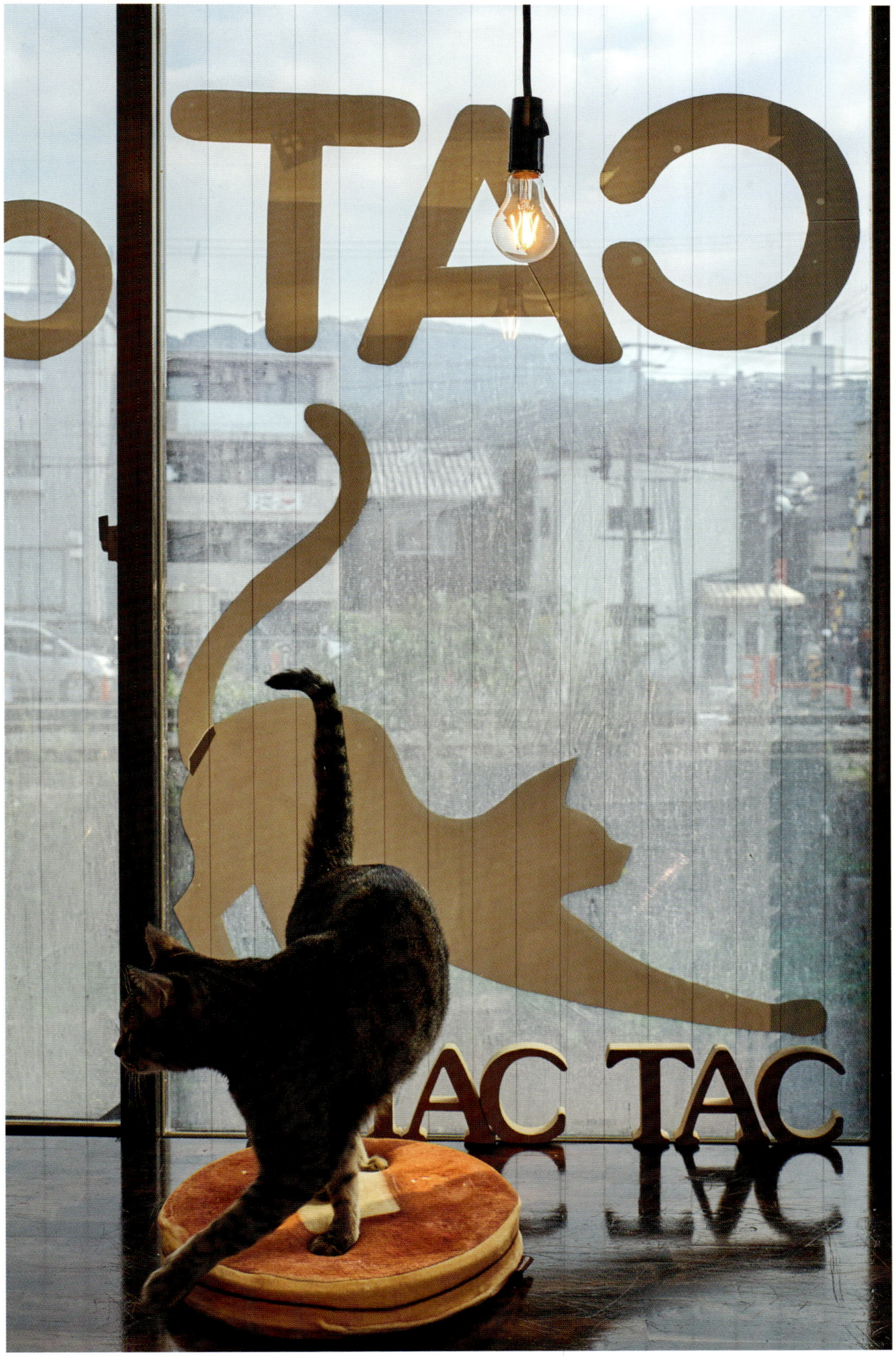

Café à chats dans la ville de Kyoto.

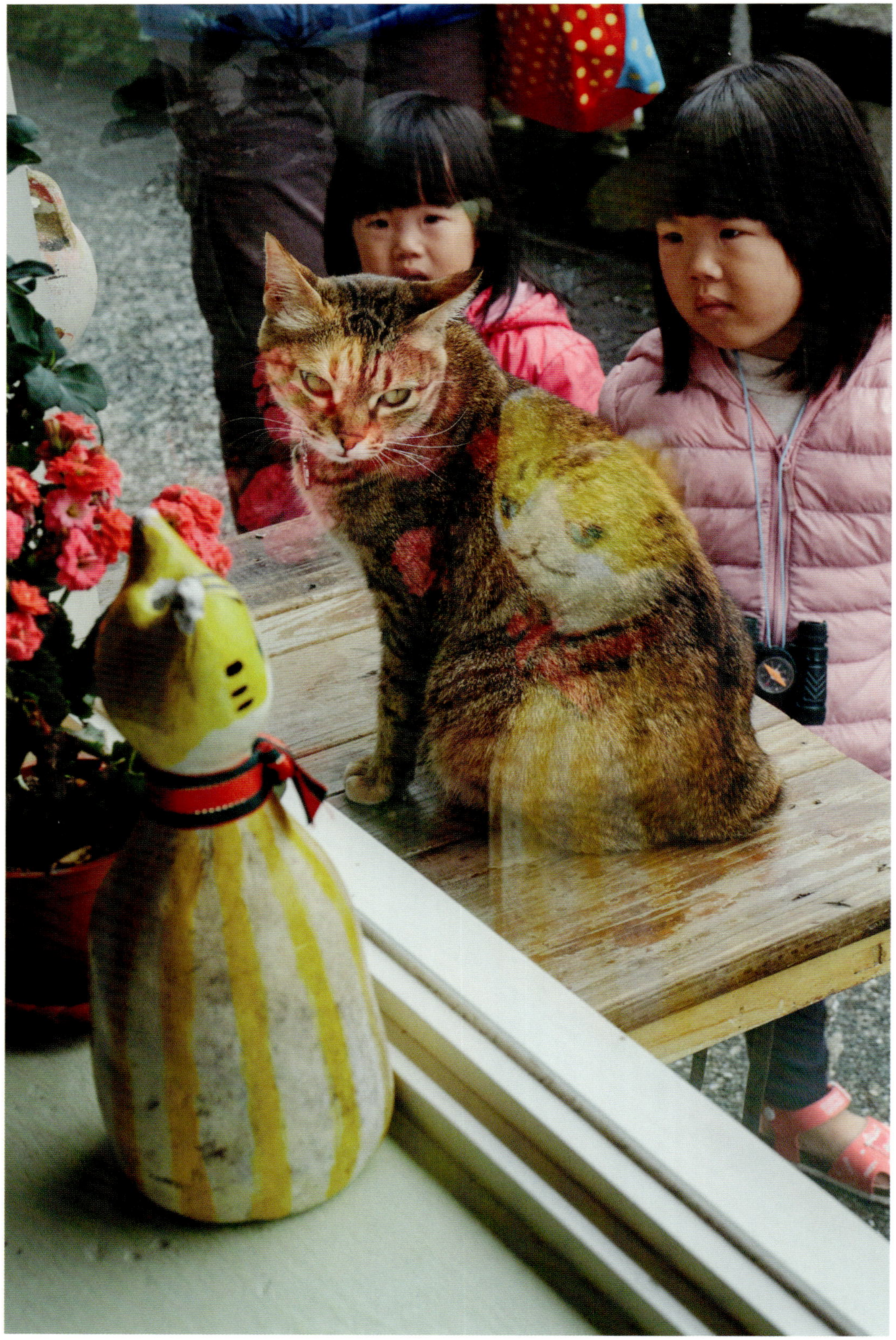

Village aux chats de Houtong à Taïwan.

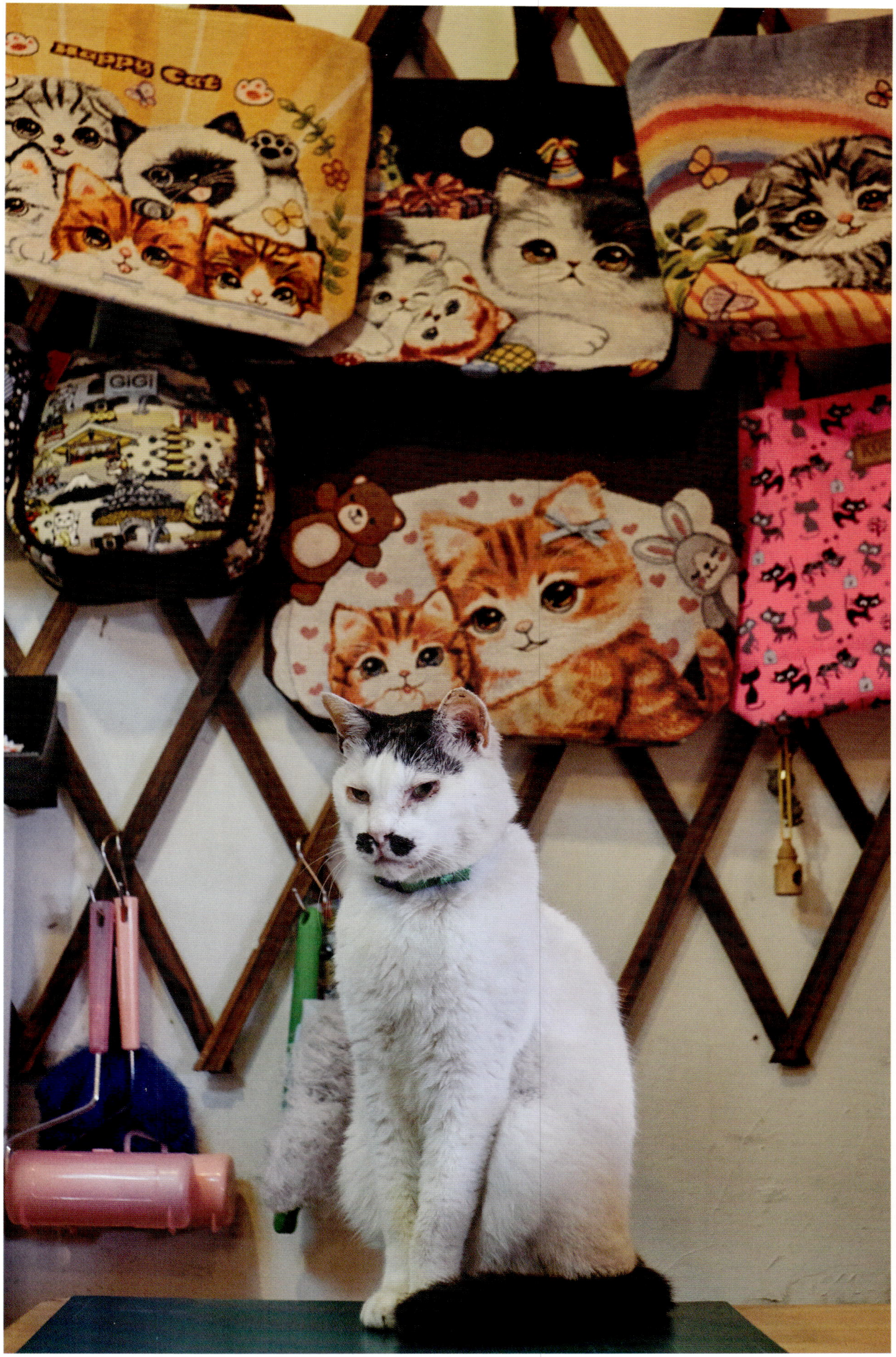

Chat à la moustache singulière
dans une boutique de Taïwan.

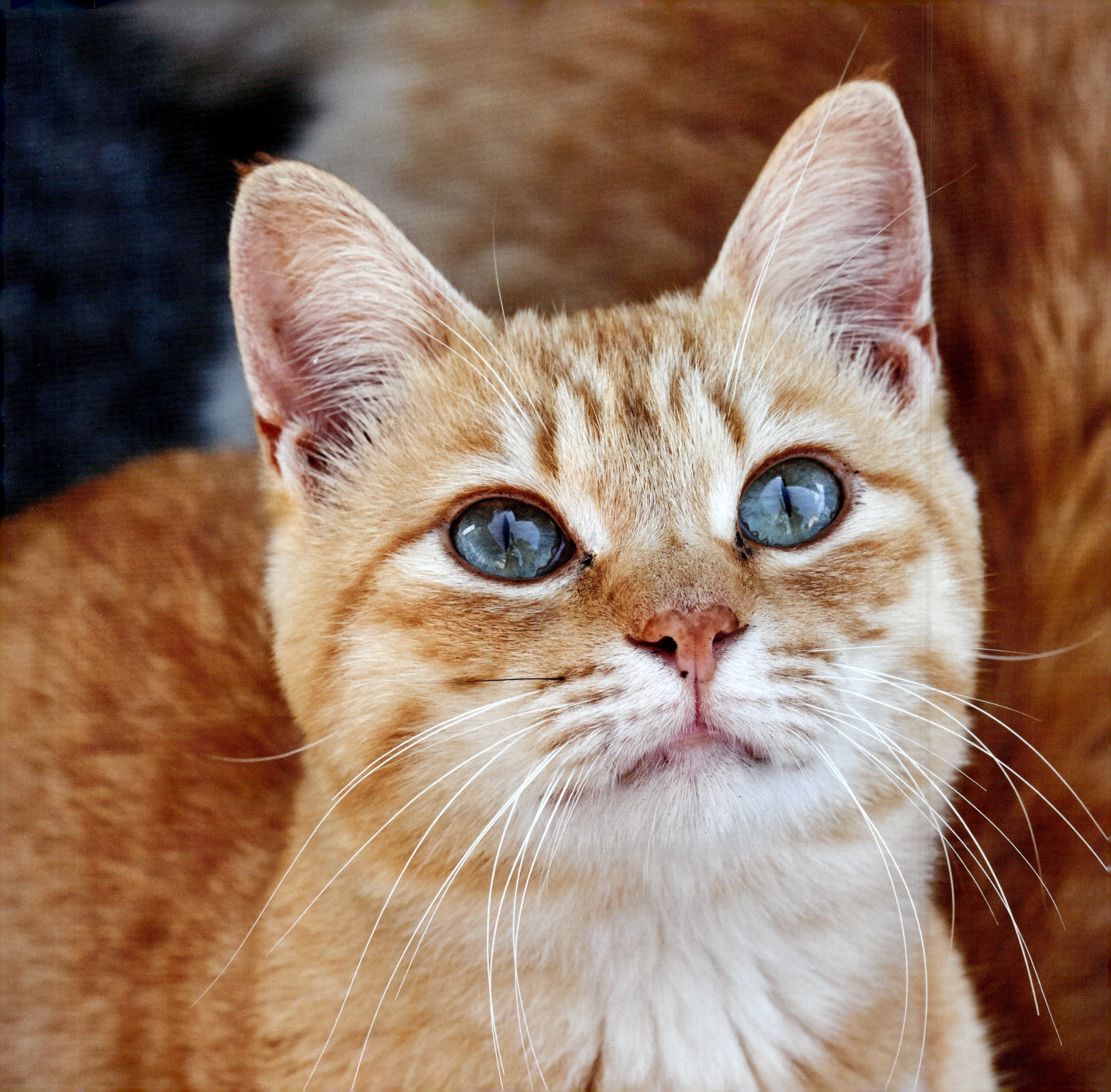

Les chats, eux, réalisent cette extraordinaire performance d'être toujours beaux.
Sur ce point-là, il ne peut y avoir discordance. Et ce que l'on oublie trop souvent,
c'est qu'une beauté sans attitudes, ou une beauté négligée, ce n'est déjà plus la beauté.
Aucune crainte à ce sujet avec les chats. Ils sont probablement la réussite
la plus achevée, la plus esthétique de la création. Ils sont d'abord spectacle.

Gilbert GANNE

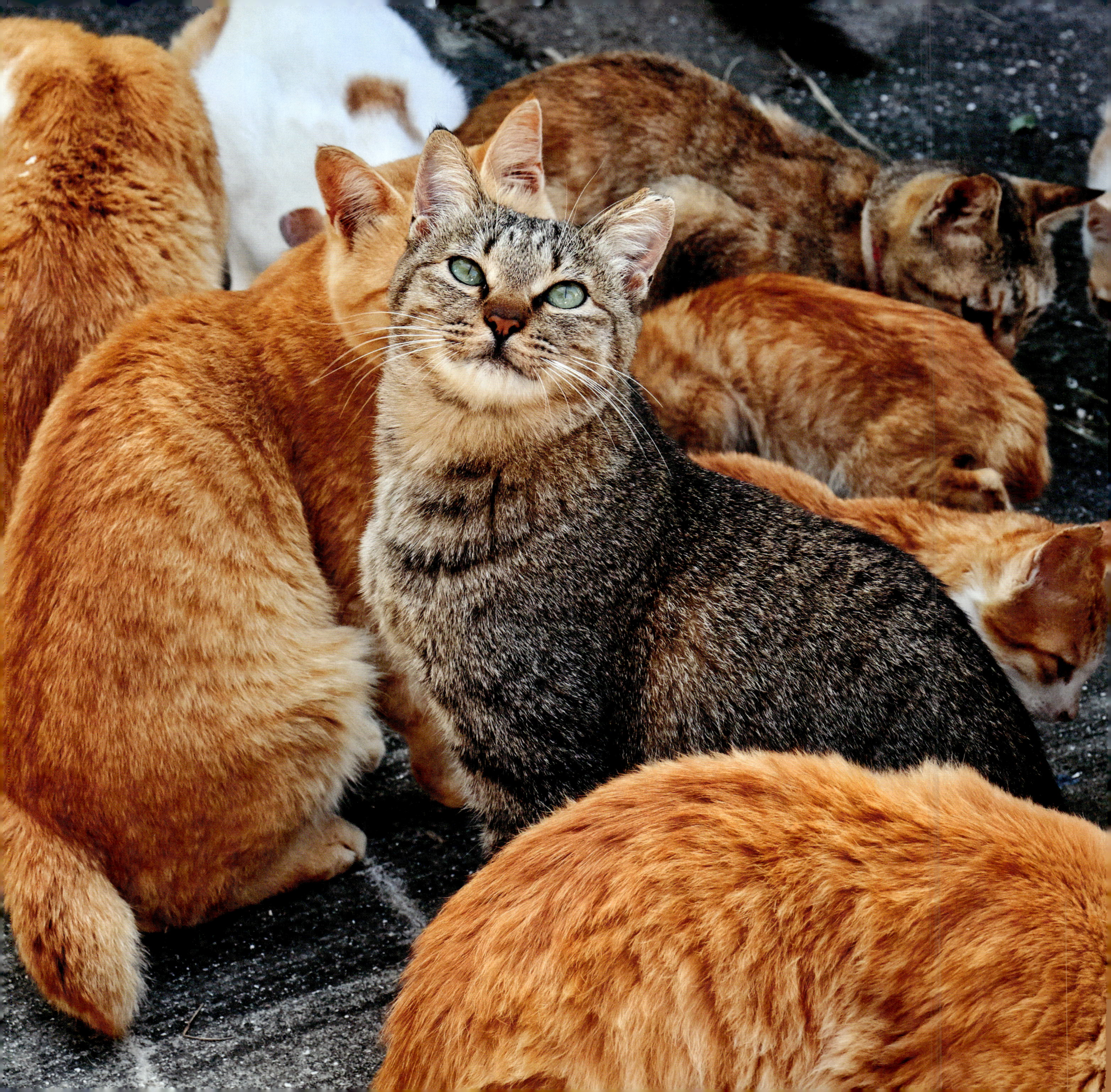

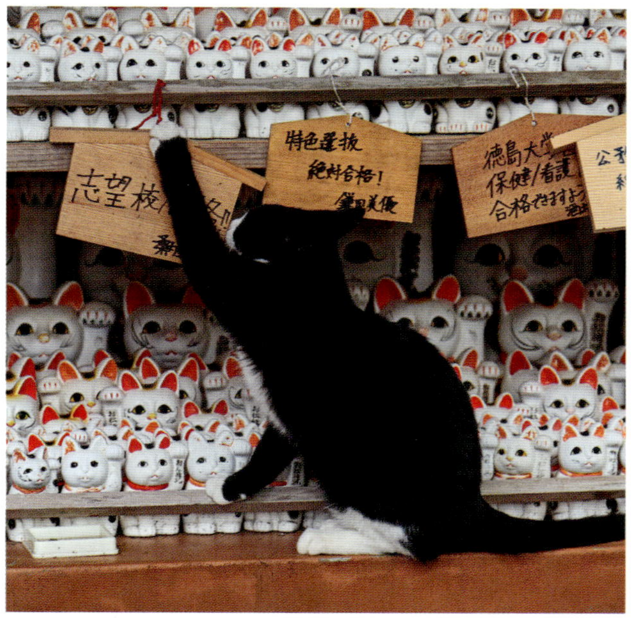
志望校
特色選抜
絶対合格!
保健/看護

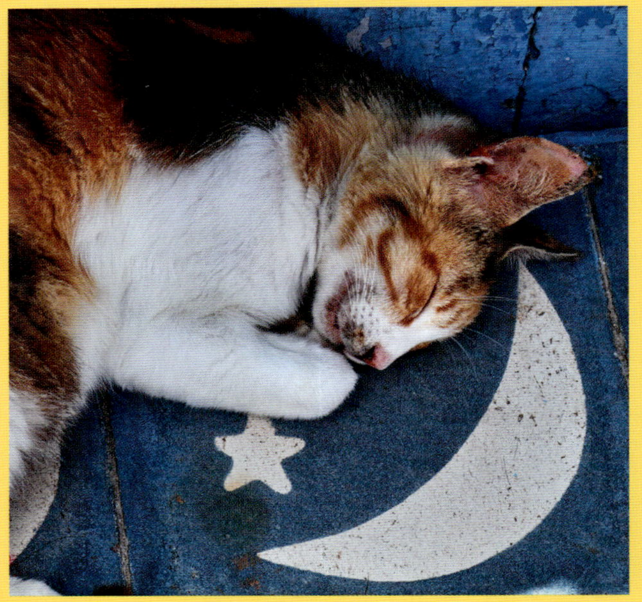

Le nomade immobile

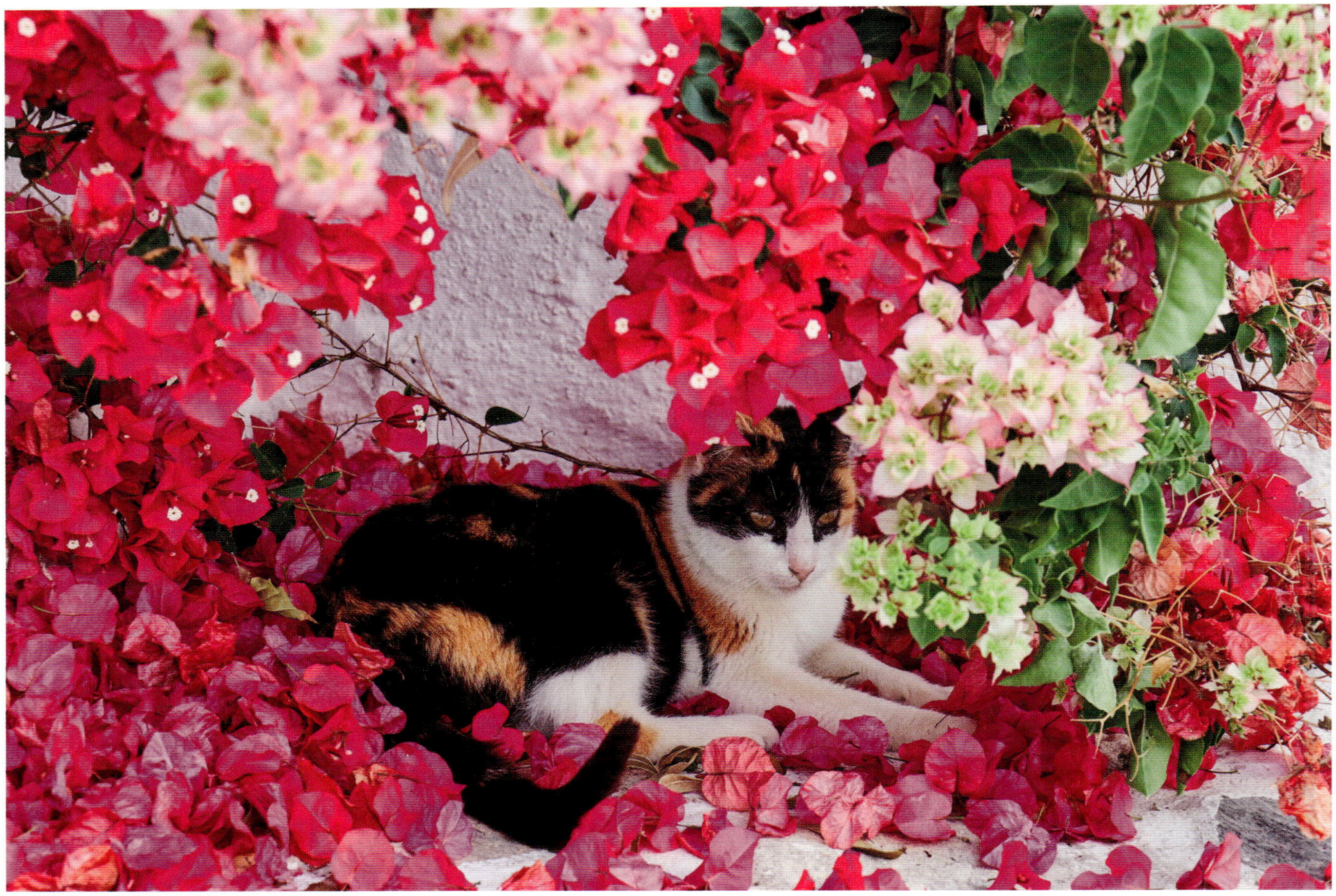

On dit volontiers que les chats dorment vingt heures par jour et c'est vrai que nous croisons partout beaucoup plus de chats dans les bras de Morphée qu'en pleine action…

De plein en délié, de contorsion alambiquée en étirement sans fin, les positions du chat qui dort, ou fait mine de s'assoupir, sont souvent inspirées, attendrissantes et pleines d'humour involontaire… Une patte arrière sous le menton, blotti tout en boule pour réduire son volume et conserver pieusement sa chaleur, la queue sur le museau ou, plus détendu voire désinvolte, alangui et abandonné, le ventre en l'air, la langue pendante ou la gueule effrontément ouverte.

Du Maroc au Japon en passant par Zanzibar, les chats ont partout le même rythme de vie. Lors de nos reportages, nous nous levons souvent à l'aube pour capter la magie de la lumière des premiers rayons de soleil sur des sites ou des paysages. Dès notre réveil, nous croisons les petites sentinelles à quatre pattes qui se faufilent subrepticement dans les ruelles désertées en quête d'un premier rayon réconfortant ou d'une proie isolée. Lorsque nous nous posons pour un café sur la place des villes ou des médinas, nos amis sont déjà en pause méditative, le regard implorant des miettes ou les yeux plissés en guise de salutation satisfaite à l'astre matinal. Plus tard dans la journée, lorsque le soleil est en son zénith, ils savent dénicher, avec adresse et célérité, les caches les plus incongrues pour piquer un somme déjà réparateur.

C'est l'heure du grand bivouac. La journée d'un chat semble vouée à la recherche de l'endroit le plus insolite, le plus douillet ou le plus calme pour profiter pleinement d'une sieste toujours renouvelée et, à son sens, toujours méritée. Plus la place lui semble sûre, plus son abandon est total. Il prend alors la pose et, lors de nos pérégrinations en clair-obscur, c'est à nous de le débusquer afin de le photographier, alerte et l'œil aux aguets, bien qu'il ne semble décidément chérir que la méditation.

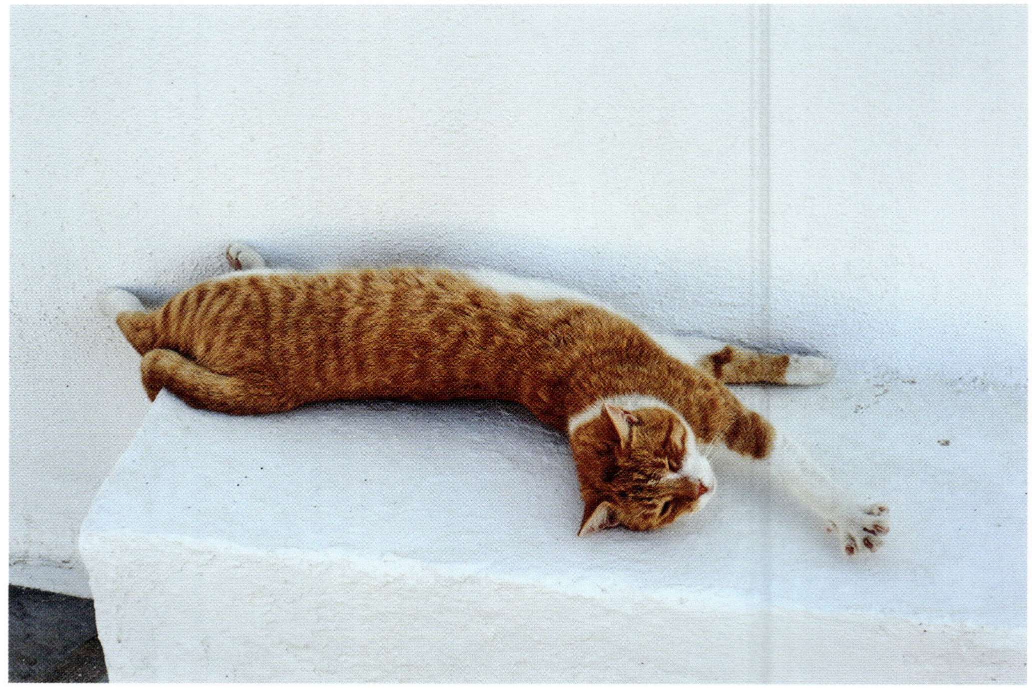

L'intelligence vient en dormant ; et le chat offre l'image salutaire d'un monde dont les conquérants véritables restent au lit.

Jean-Louis HUE

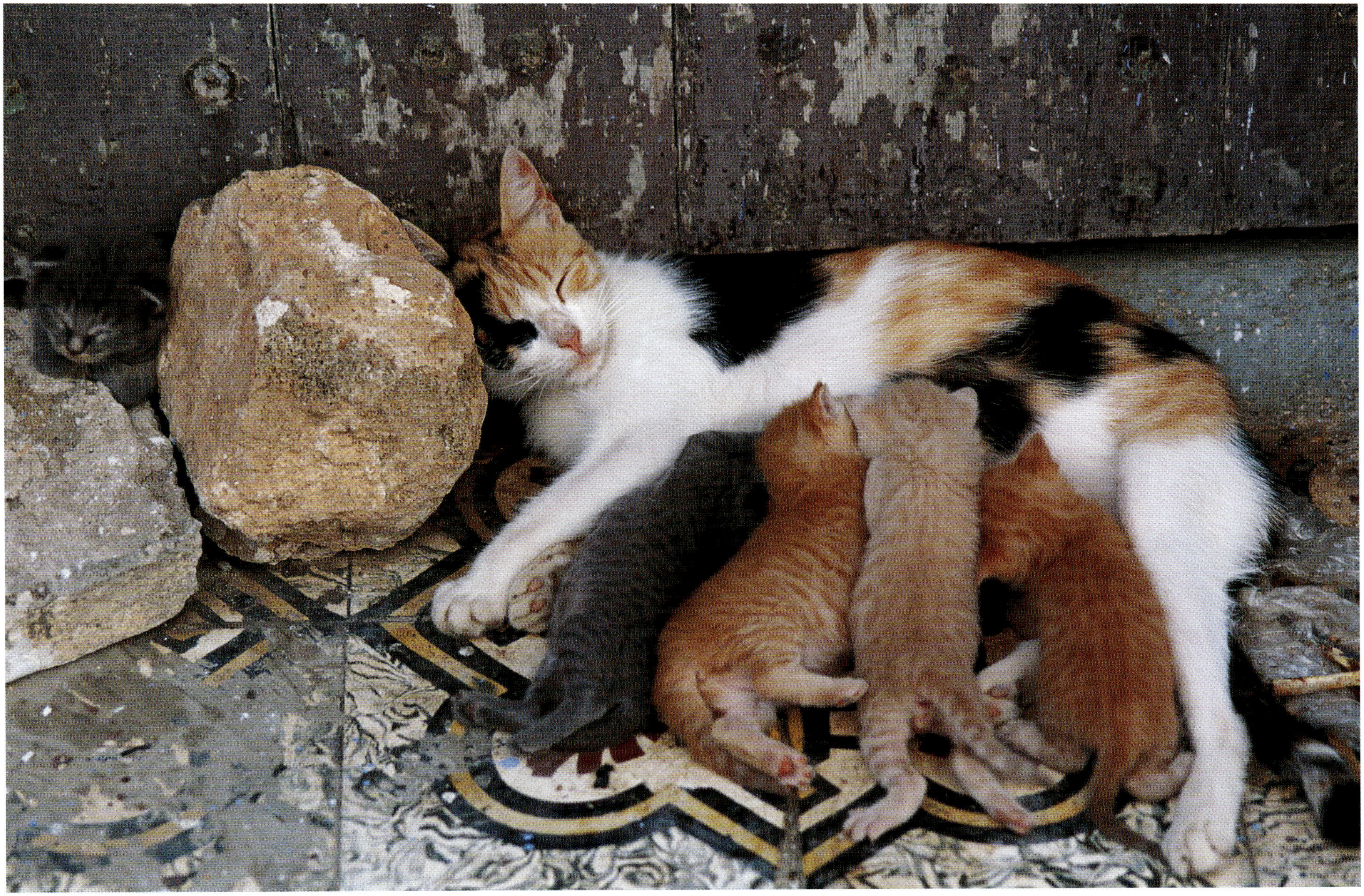

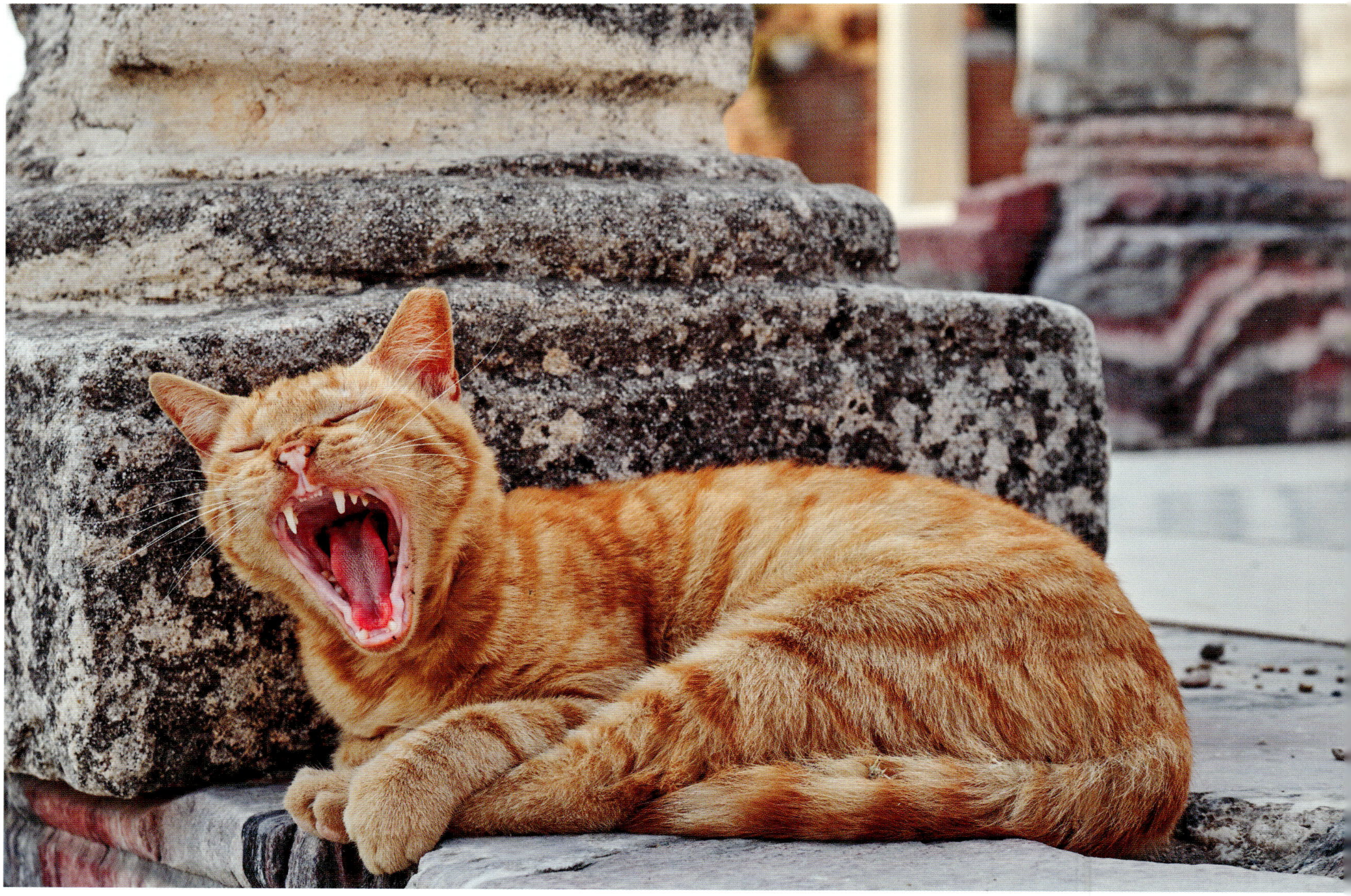

Dans le site archéologique d'Éphèse, à l'heure des grandes chaleurs, les chats se laissent aller pour une sieste réparatrice.

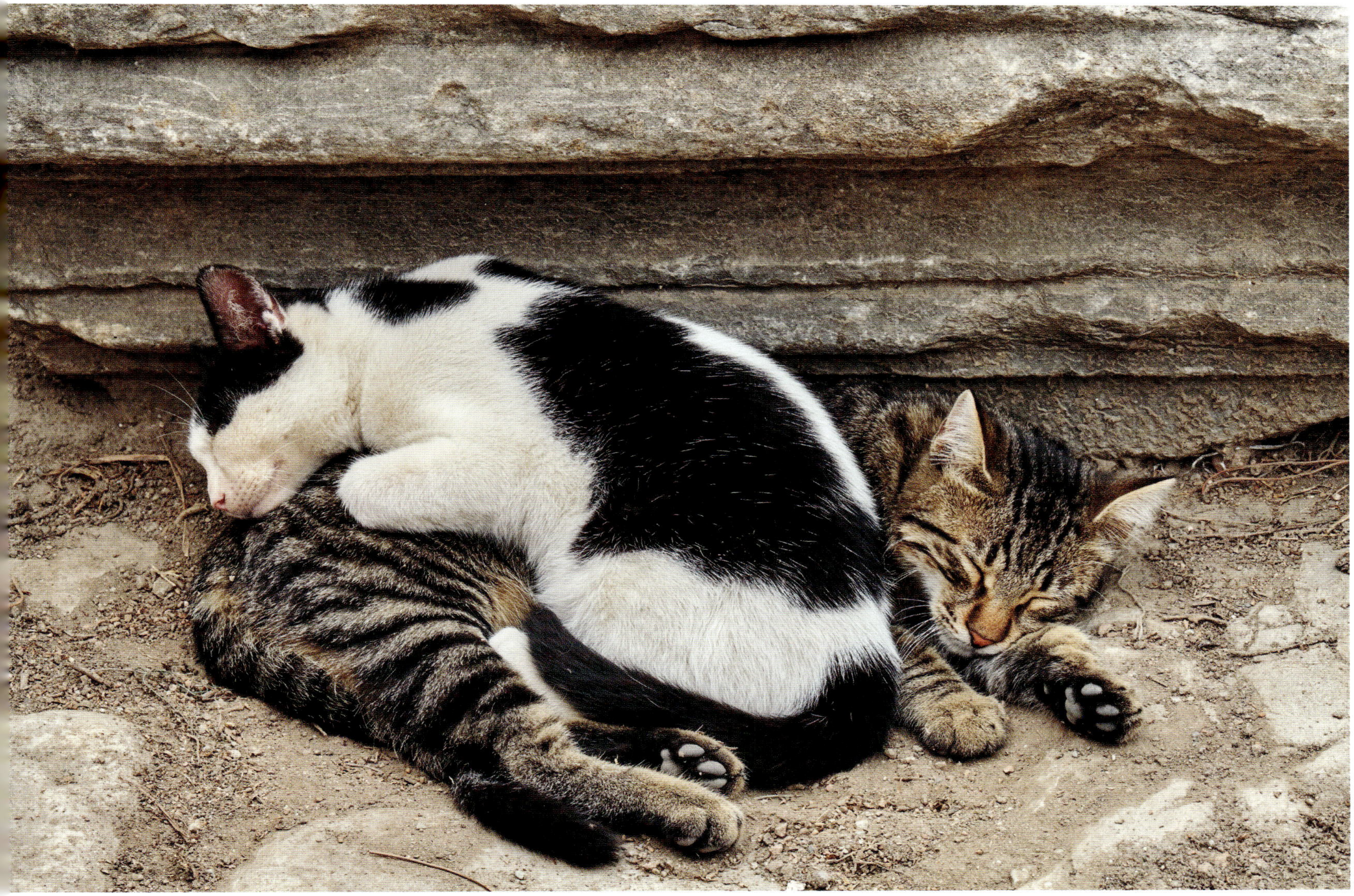

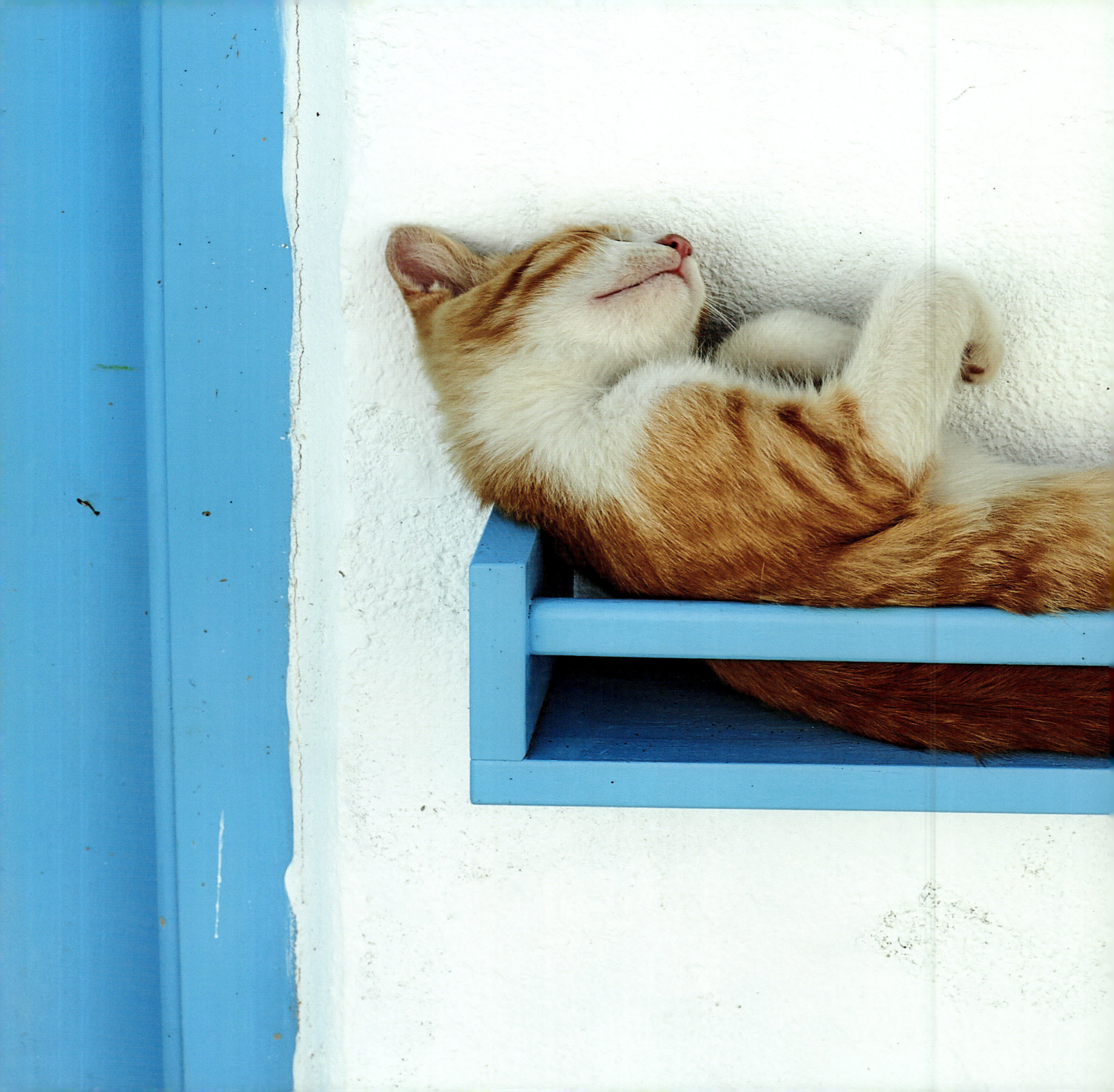

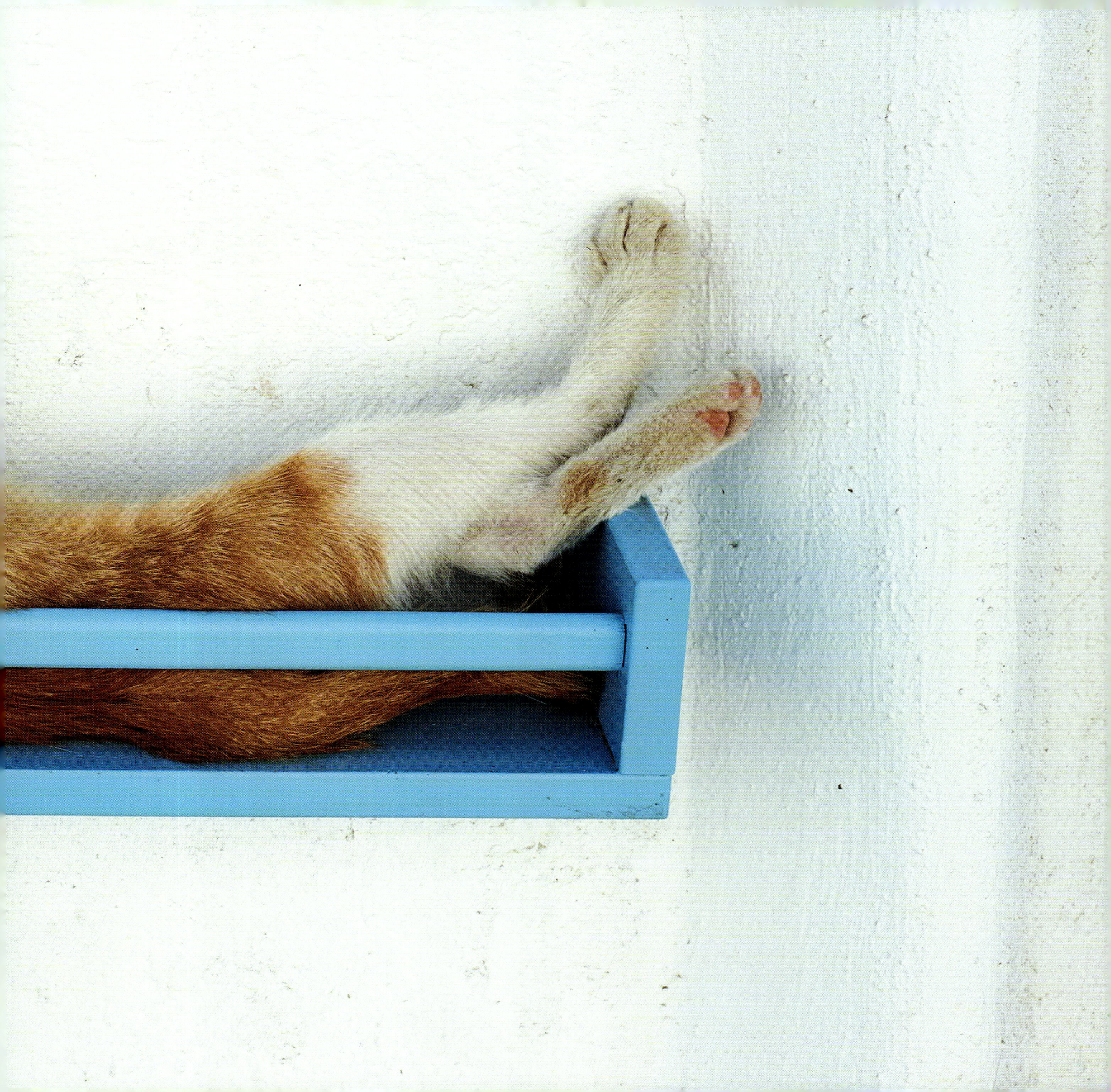

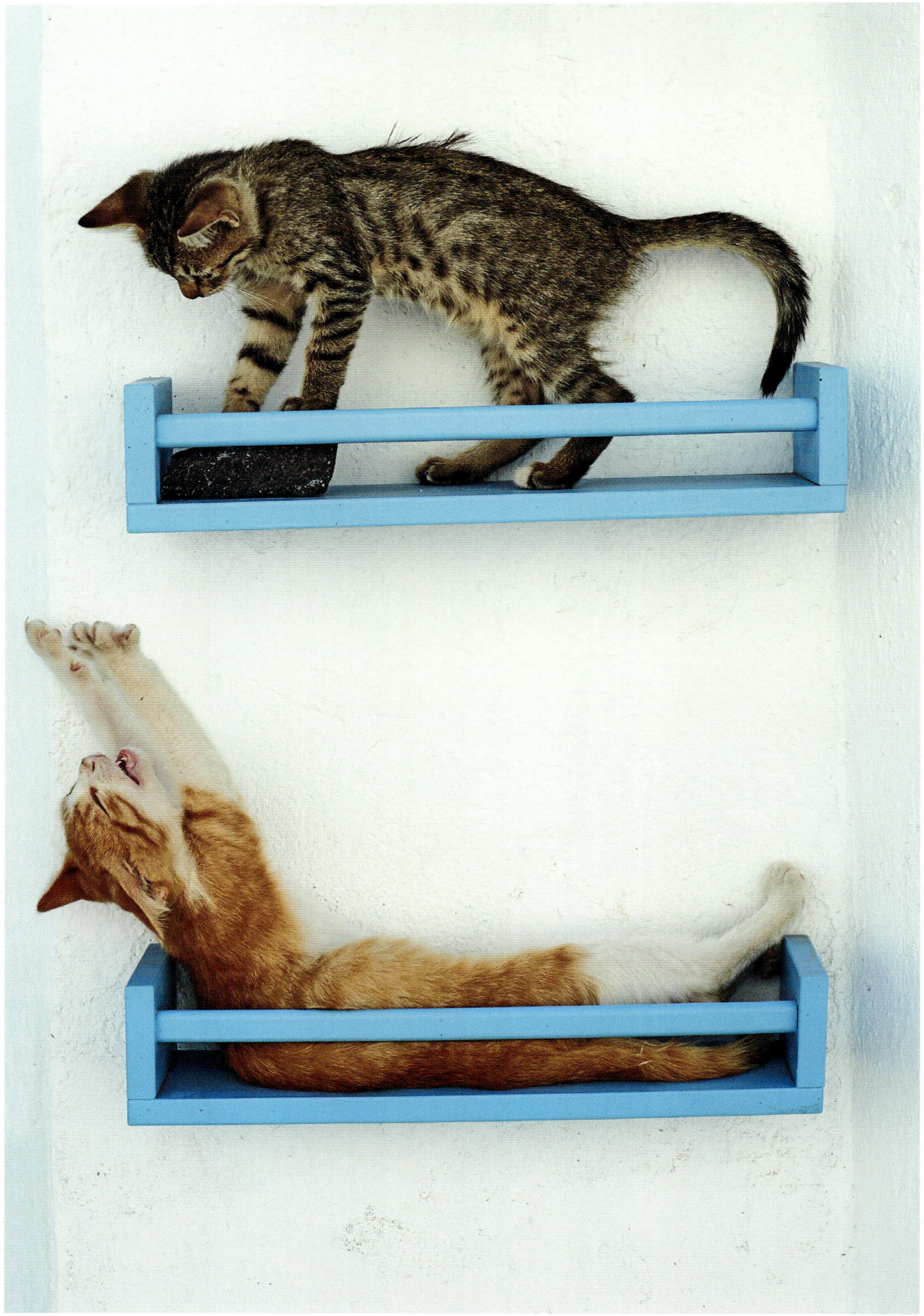

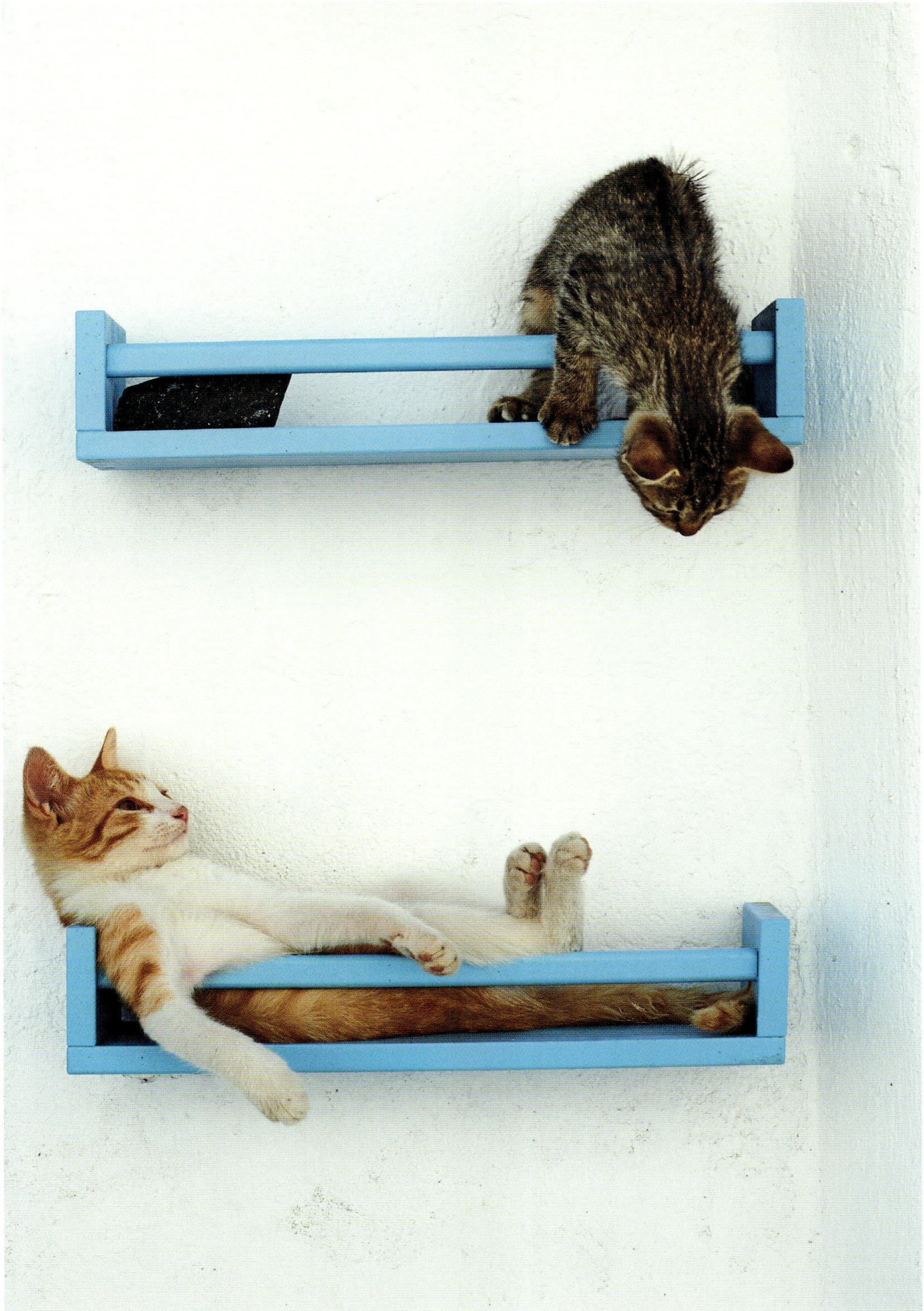

Ces deux chatons de
l'île cycladique de Sifnos
ont déniché l'endroit parfait
pour lézarder.

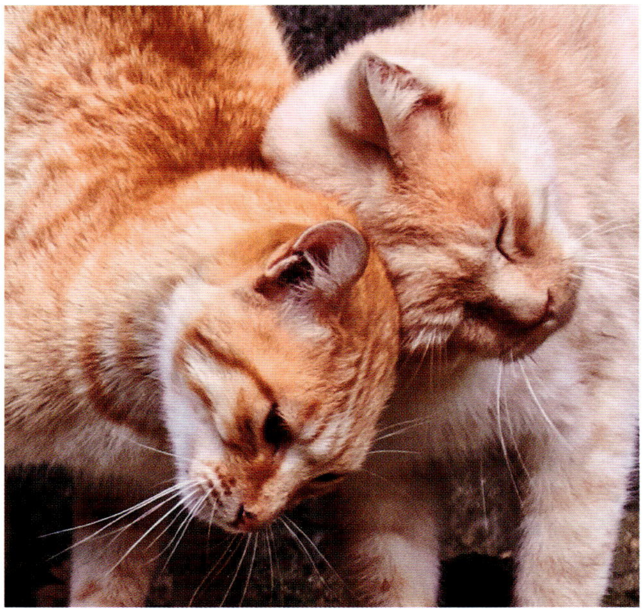

Banville rapporte que la chandelle de Camoens s'étant éteinte, le poète continue d'écrire son poème à la lueur des yeux de son chat. À la lueur des yeux de son chat ! Douce et fine lumière à laquelle il faut croire comme à un au-delà de toute lumière triviale. La chandelle n'est plus, mais elle fut. (...) Le chat, cette veilleuse animale, cet être attentif qui regarde en dormant, continue la veillée en accord de lumière avec le visage du poète illuminé par le génie.

Gaston BACHELARD

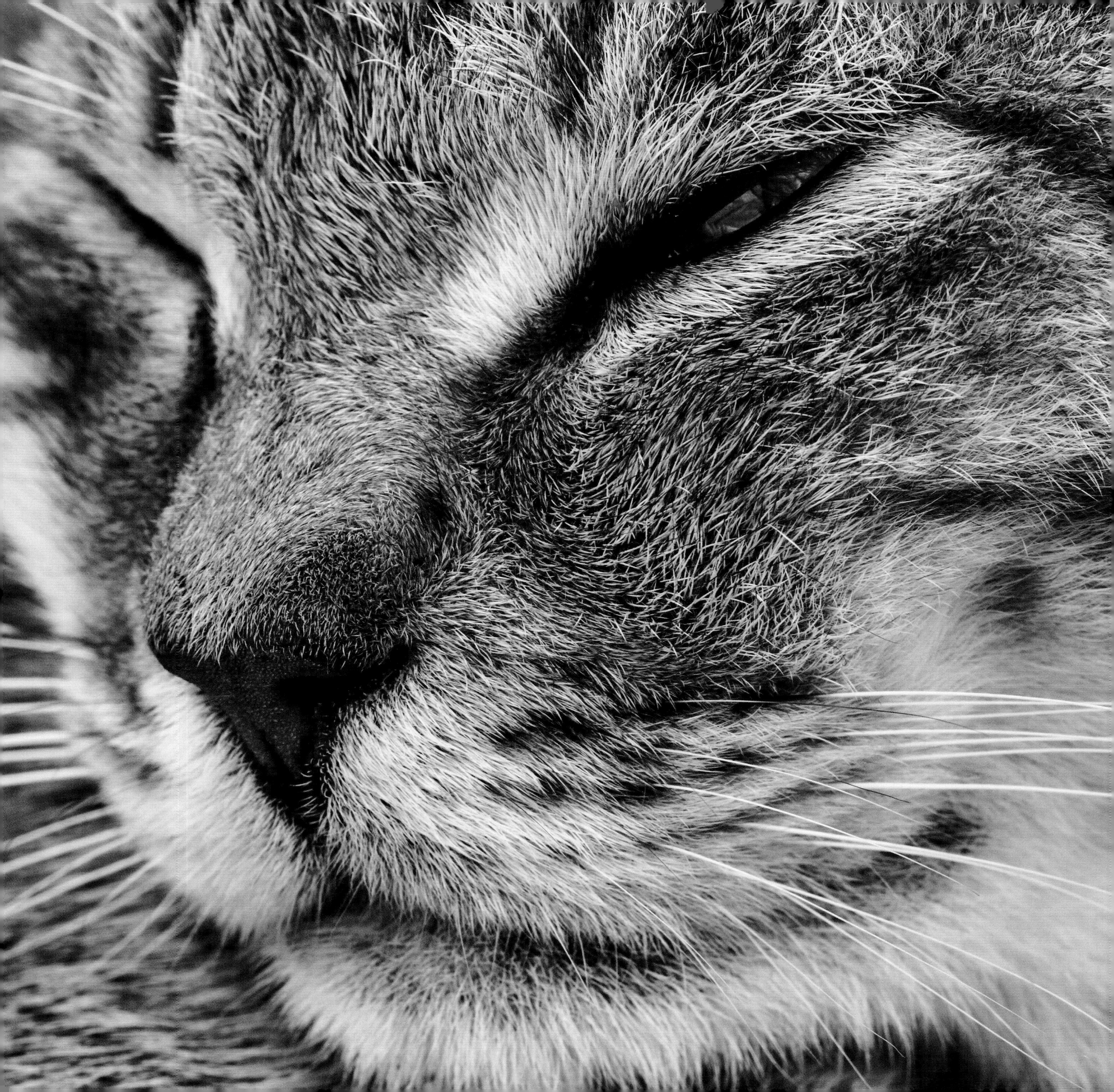

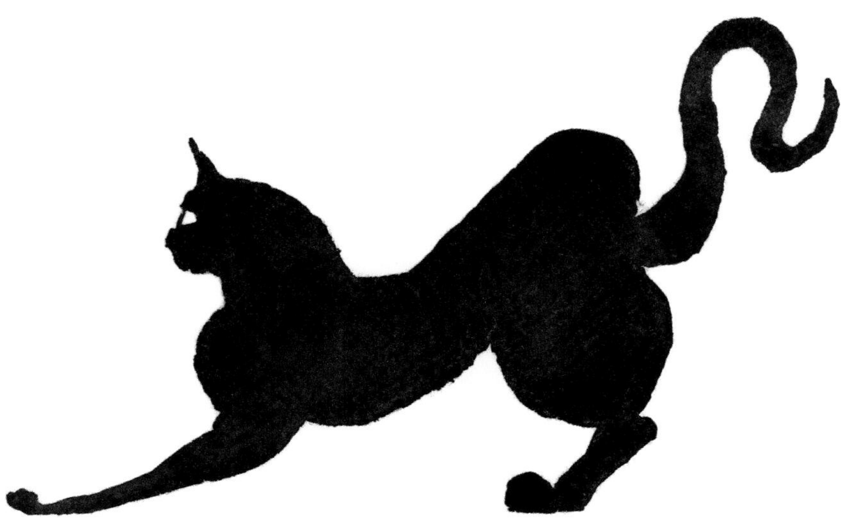

On dirait que je dors, parce que mes yeux s'effilent jusqu'à sembler le prolongement du trait velouté, coup de crayon hardi, maquillage horizontal et bizarre, qui unit mes paupières à mes oreilles. Je veille pourtant. Mais c'est une veille de fakir, une ankylose bienheureuse d'où je perçois tout bruit et devine toute présence…

Colette

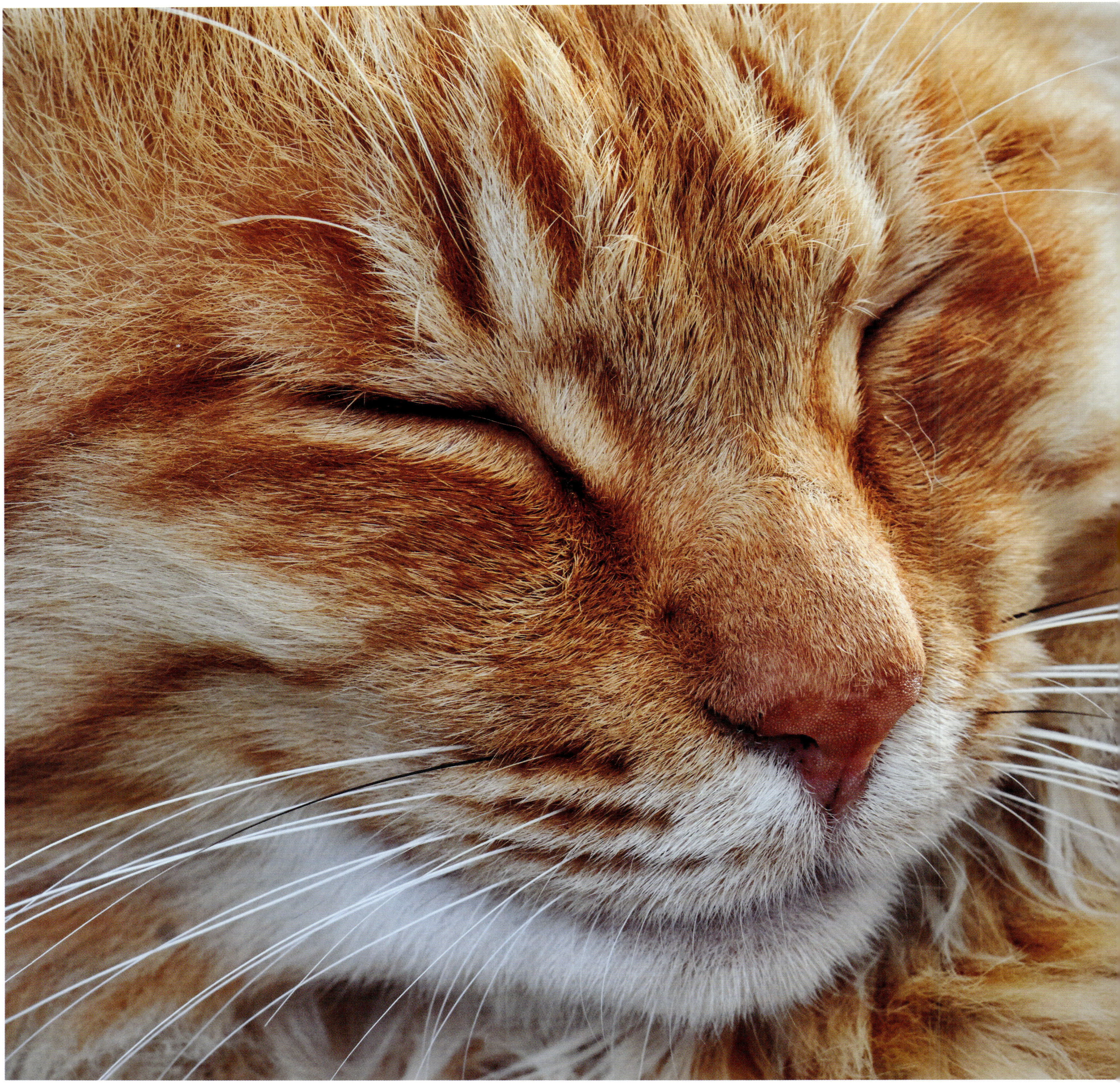

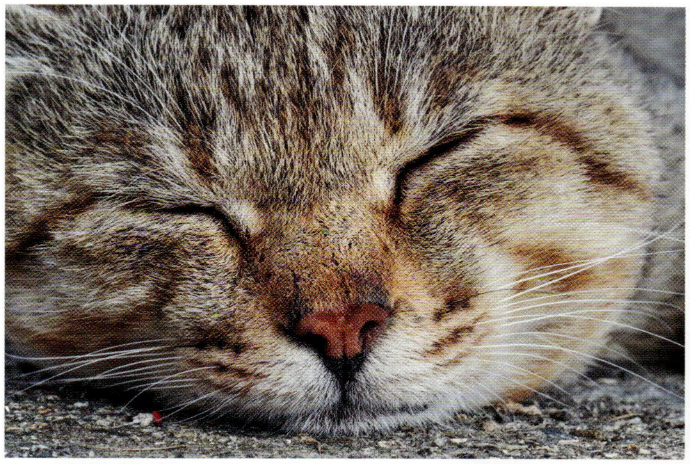
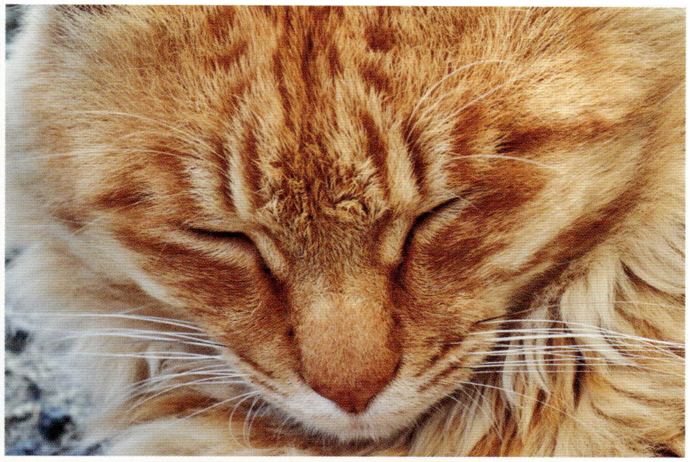
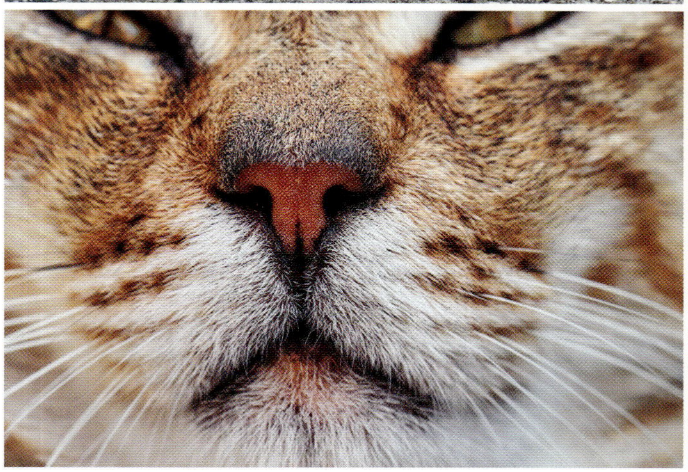
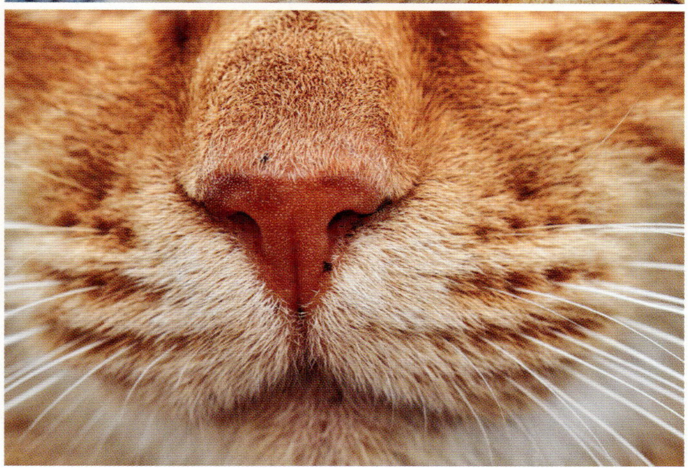

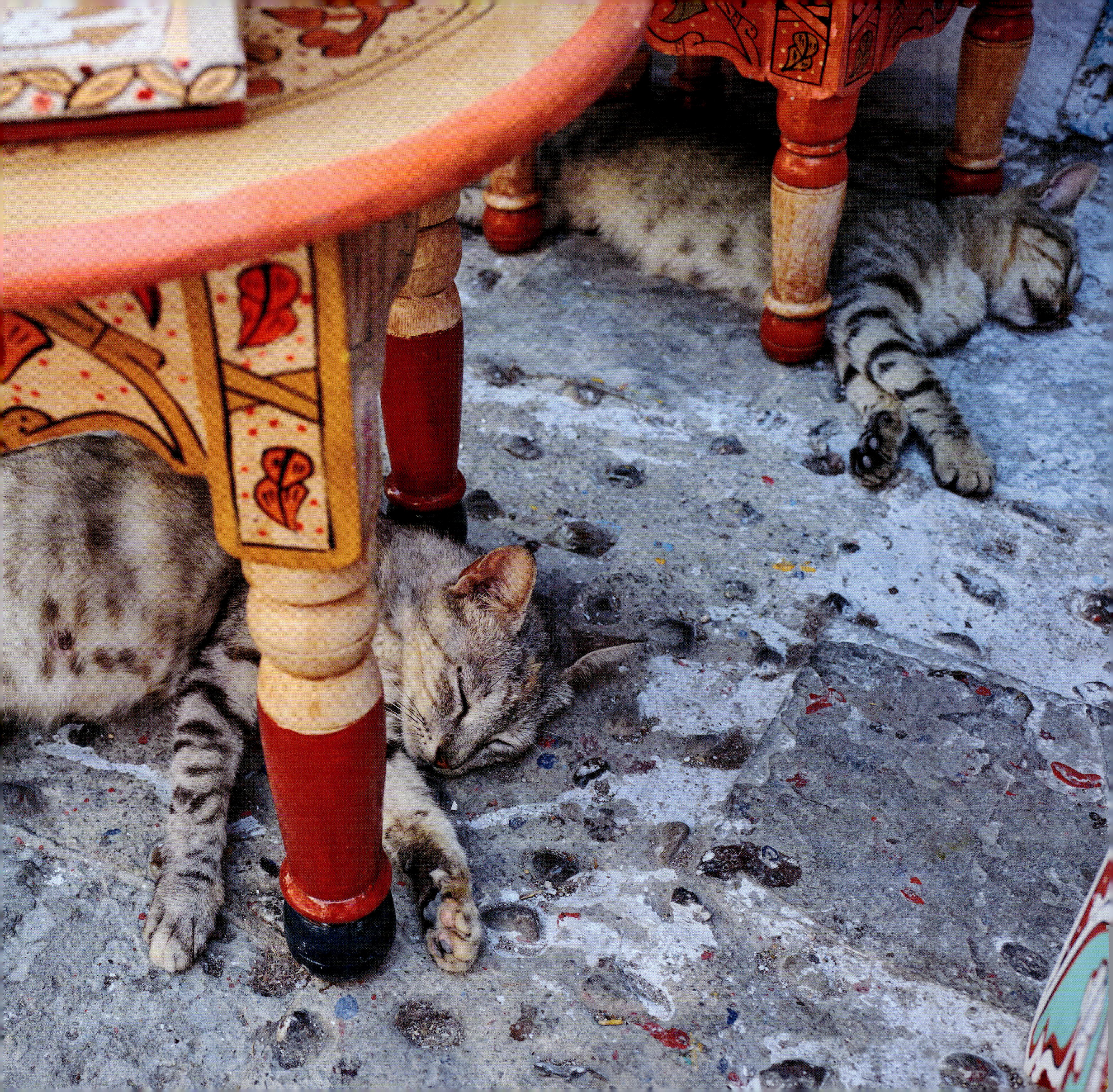

En ce qui concerne Léautaud, la manière bohème et sordide qui était la sienne me semble incompatible avec le tempérament du chat, toujours raffiné, et qui, pour être pleinement heureux, aurait besoin de luxe. Cette inclination est visible lorsque, de toutes choses répandues dans une pièce, il vient, d'un instinct infaillible, s'allonger sur la plus belle : chemise de soie, manteau de fourrure...

À défaut, sur la plus neuve, ou la plus moelleuse. Les chapeaux, s'ils sont bien propres, lui plaisent particulièrement. Et, si vous êtes en train d'écrire, il s'allonge sans façon sur la page blanche commencée, comme s'il voulait témoigner de la place qu'il occupe dans votre pensée. Mais il sait, lui, respecter vos silences, votre méditation.

Gilbert GANNE

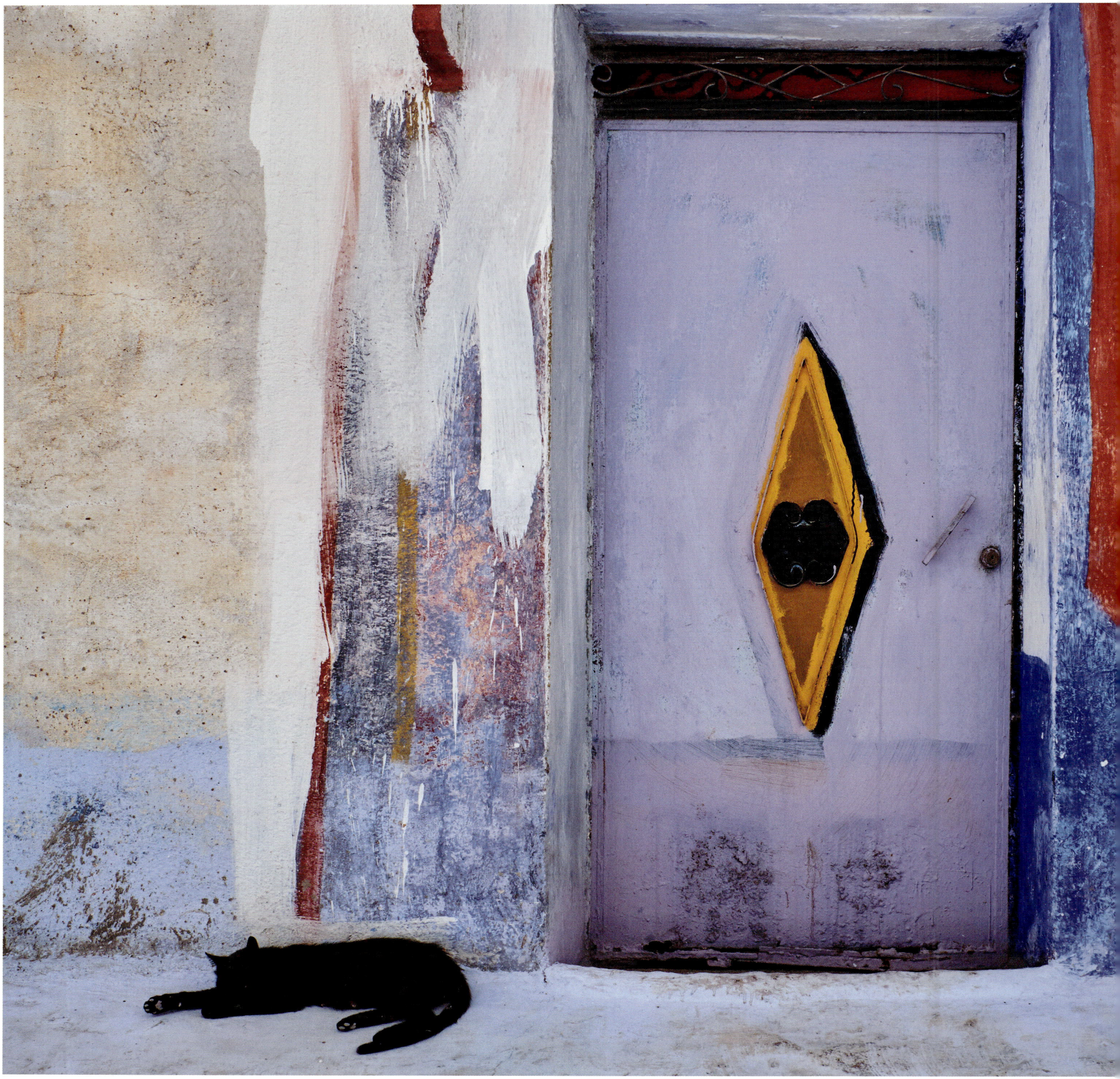

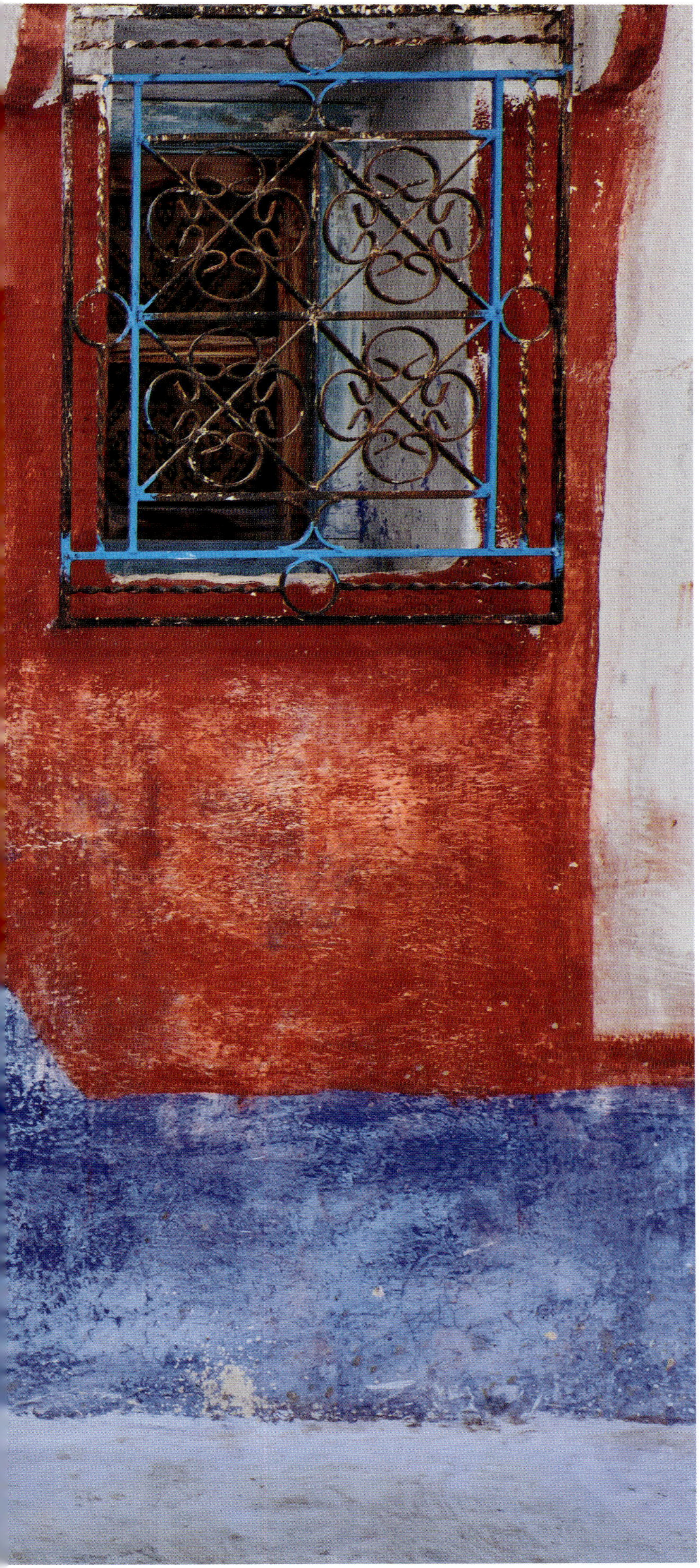

Résumons-nous : le chat est zen par essence.
Le reste est frivolité.

Frédéric VITOUX

Ambiance impressionniste à Chefchaouen.

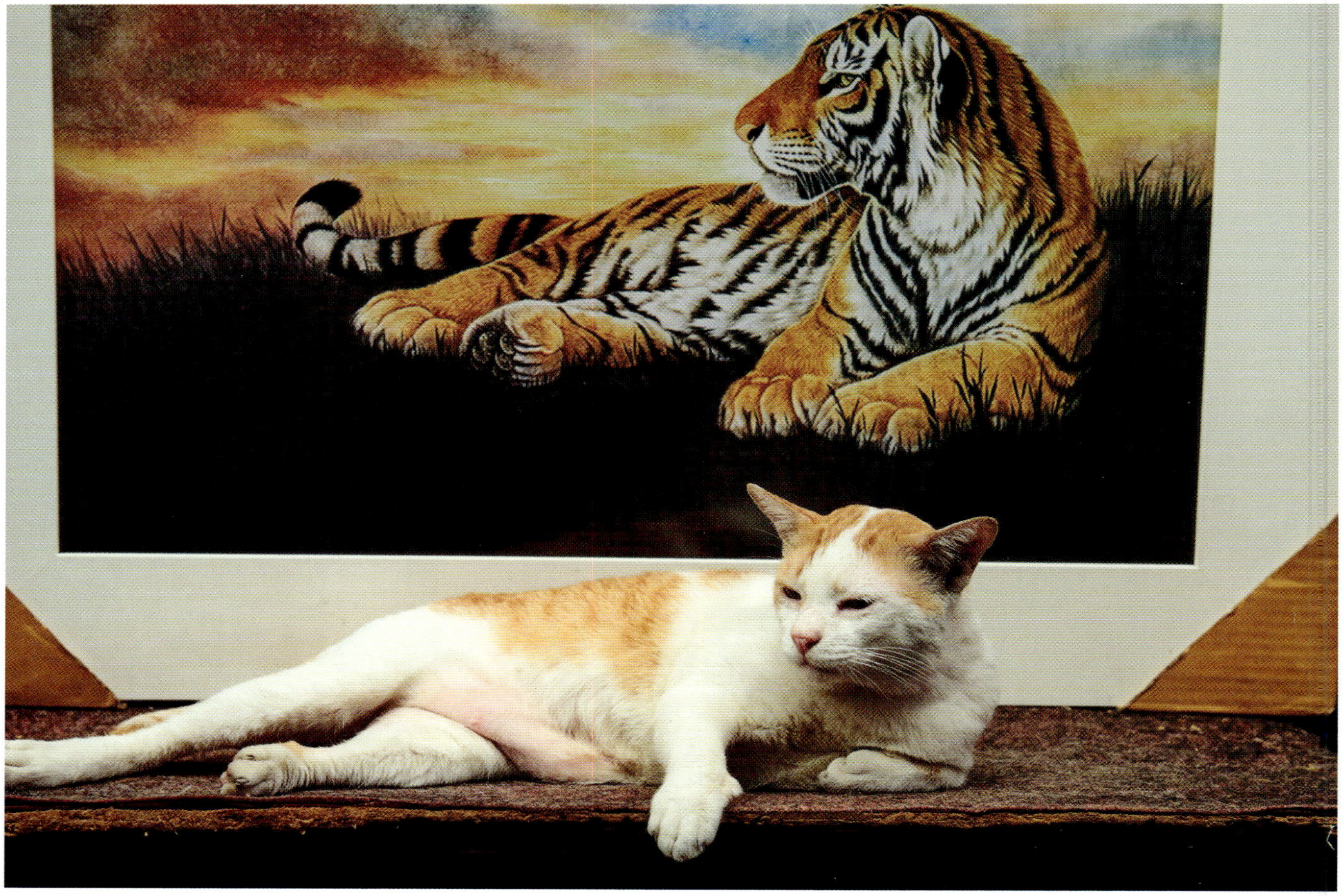

Petit tigre du marché de Bangkok en Thaïlande.

Si je ne puis partager la vie de ces grands
seigneurs dans leur jungle étouffante,
il me reste d'eux ce modèle réduit,
ce tigre d'appartement : mon chat.

Gilbert GANNE

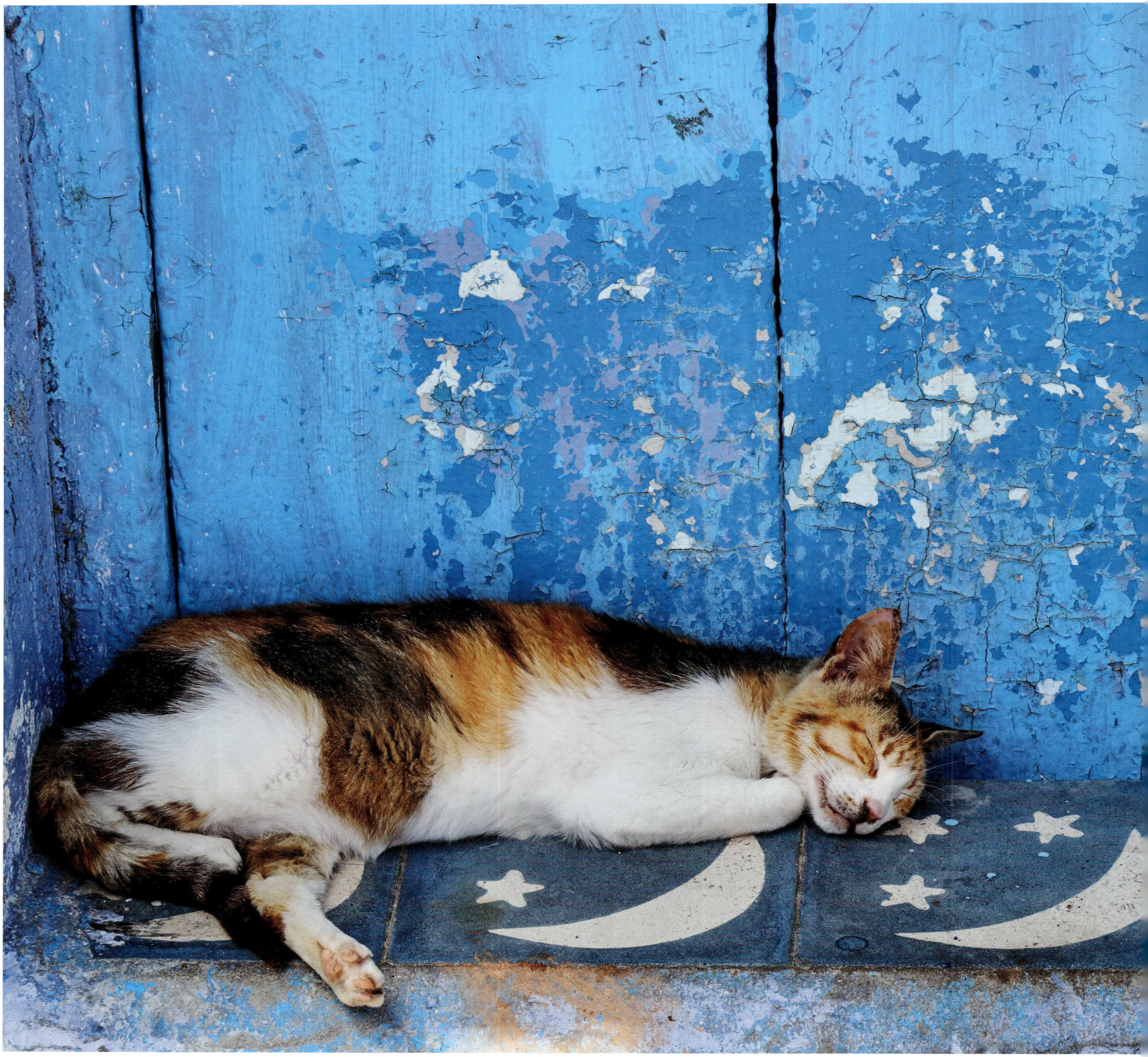

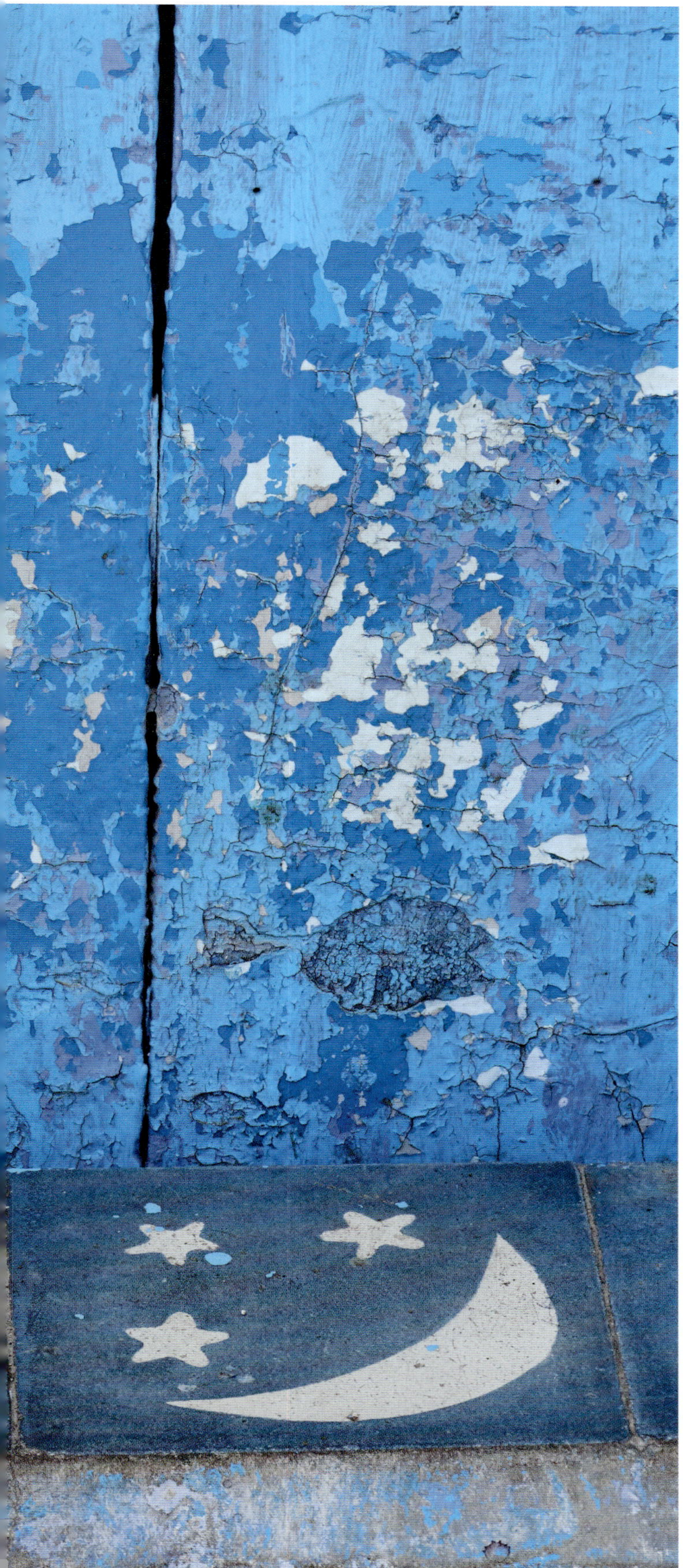

Les itinéraires du chat restent incertains,
mais s'il est un lieu dans l'univers
où il réside tout naturellement,
c'est la Lune.

Nelly DELAY

Tout autre est le chat.
Son indépendance
vis-à-vis de son maître,
sa présence affectueuse
mais intermittente,
ses disparitions énigmatiques
suivies de réapparitions mystérieuses,
la faculté qu'il a de pouvoir
marcher parmi les livres et
les encriers sans rien déranger,
tout cela en fait le compagnon
idéal de l'écrivain.

Michel TOURNIER

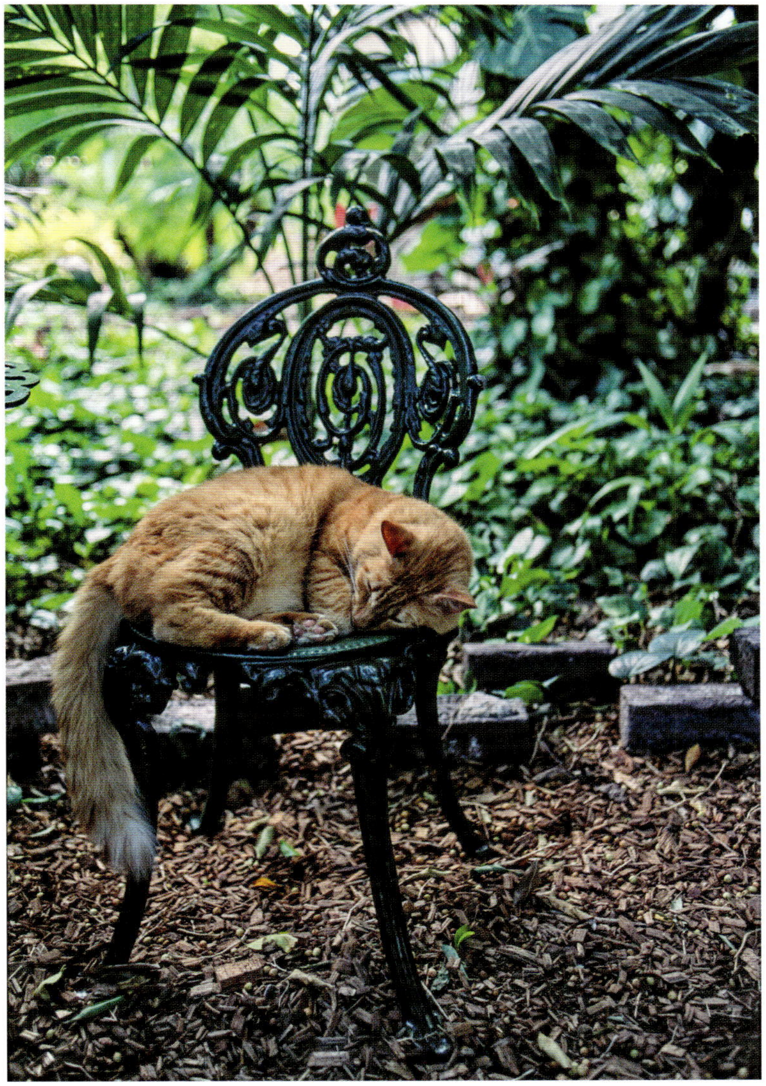

Un descendant des nombreux chats d'Hemingway se prélasse dans le jardin de la maison de l'écrivain à Key West, en Floride.

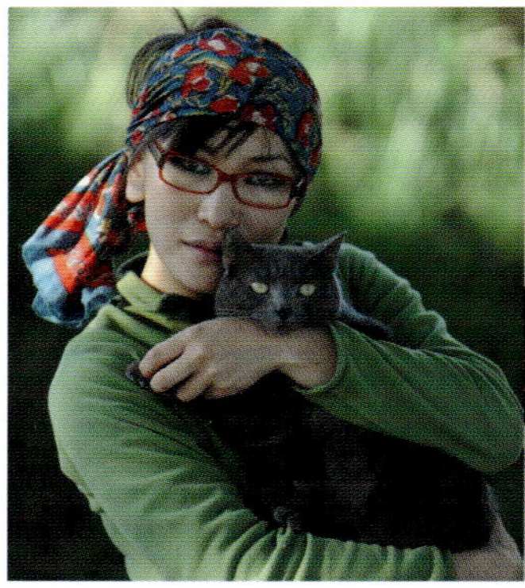 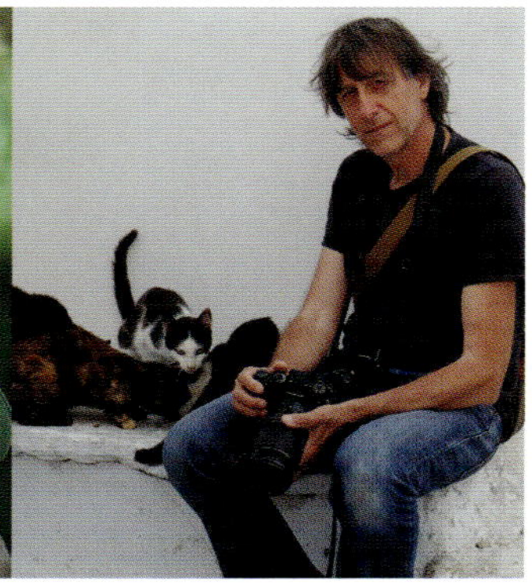

Tuul et Bruno Morandi nomadisent de par le monde depuis des années. L'une est née dans la steppe, l'autre au bord de la mer. Malgré les 10 000 km qui les séparaient, la rencontre a bien eu lieu et depuis dix-sept ans ces deux photographes partagent leur vie et leur passion. Après avoir grandi dans la steppe mongole et vécu une enfance nomade unique, Tuul atterrit à Paris pour ses études. Après un master à Paris en politique de la culture, elle se passionne pour l'art graphique et la photographie. Finaliste du Grand Prix *Paris Match* du Photoreportage Étudiant en 2005, Tuul entre alors dans le monde de la photo. Architecte de formation, Bruno a passé tous les étés de son enfance au pays de son père, la Toscane. On devine que ces paysages de collines où la lumière ne quitte jamais le registre de la peinture ont influencé son regard ainsi que son goût du voyage. C'est à 18 ans, lors d'un voyage dans les Himalayas, qu'il commence à se passionner pour la photographie.

Depuis leur rencontre, avec rigueur et passion, les deux photographes arpentent le monde à la recherche d'instants fugitifs pour capturer la grâce des gestes simples. Parfois, il s'agit d'un regard, d'un sourire ou d'une démarche. Curieux et ouverts, ils se jouent de la lumière, font claquer les couleurs et entrent en intime sympathie avec tous les peuples qu'ils rencontrent sans désemparer. Amoureux des chats, Tuul et Bruno ne passent jamais à côté d'une rencontre féline. Ils sont partis sur leurs traces aux quatre coins du monde et ce livre est le fruit de ce long travail et de toutes ces rencontres.

DES MÊMES AUTEURS :

- *La Mongolie de Gengis Khan*, (Hozhoni), 2017.
- *La Sicile*, Collection Grands Voyageurs (Chêne), 2005.
- *Tableaux du Rajasthan*, Éditions Arthaud (Flammarion), 2003.
- *Toscane Éternelle*, Édition Arthaud (Flammarion), 2002.
- *Villages de Toscane*, Édition Arthaud (Flammarion), 2002.
- *Népal, couleur et lumière*, Édition Arthaud (Flammarion), 2001.
- *Provence, l'esprit du goût*, Édition Plume (Flammarion), 2000.
- *Toscane, l'esprit du goût*, Édition Plume (Flammarion), 1998.

BIBLIOGRAPHIE

- Jean-Claude Ameisen
  Retrouver l'aube, Les Liens qui Libèrent.

- Gaston Bachelard
  La flamme d'une chandelle, Puf.

- Lorraine Chittock
  Chats du Caire. Le legs éternel des pharaons
  préface d'Annemarie Schimmel,
  Bibliothèque de l'image.

- Nelly Delay
  Le paradis des chats, Philippe Picquier.

- Gilbert Ganne
  Orgueil de la maison, Plon.

- Maurice Genevoix
  Roû, La Table ronde.

- Stéphanie Hochet
  Éloge du chat, Rivages.

- Inaba Mayumi
  20 ans avec mon chat, Philippe Picquier.

- Natsume Sôseki
  Je suis un chat, Gallimard.

- Frédéric Vitoux
  Petit dictionnaire amoureux des chats, Pocket.

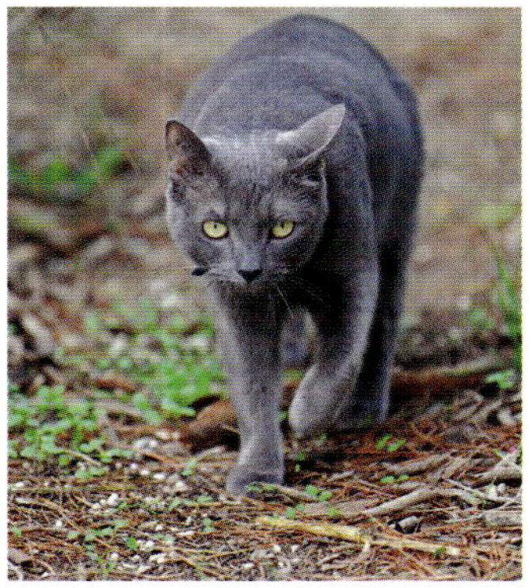

REMERCIEMENTS

Merci à toi Mujra, notre féline, notre tigresse, notre amour de chat, notre source quotidienne d'émerveillement, notre gracieuse et spirituelle copine que nous abandonnons un peu trop souvent à ton goût, et merci à Rose et Jean-Yves qui t'accueillent lors de nos diverses pérégrinations.

Merci à nos fidèles éditeurs Nûriël Lux et Bernard Chevilliat, amoureux des chats (ils en nourrissent quotidiennement une trentaine dans leur Ardèche sauvage), un immense merci à vous deux pour votre générosité, votre confiance sans faille et pour nous avoir permis de réaliser ce livre qui nous est cher.

Merci à tous les chats qui ont croisé notre route, nous ont offert quelques instants de bonheur simple et qui ont supporté avec patience les photographes obstinés que nous sommes.

Merci à toi Patrice pour tes talents de graphiste et de maquettiste et pour ta sensibilité à mettre en page notre travail.

Merci à toi Christine pour ton beau travail d'infographie qui a permis de transposer nos photos vers l'impression.

La totalité des photos de ce livre ont été réalisées avec les boîtiers Fujifilm X-T2 et X-Pro2. Merci à Franck Portelance et à toute l'équipe de Fujifilm France pour nous avoir fait confiance et nous avoir confié les excellents boîtiers et optiques de la série X.

Les gitans, les chats errants
et les roses trémières
savent quelque chose sur l'éternel
que nous ne savons plus.

Christian BOBIN

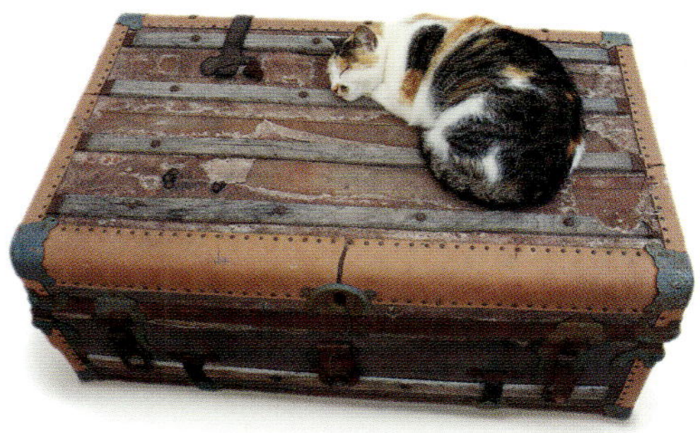

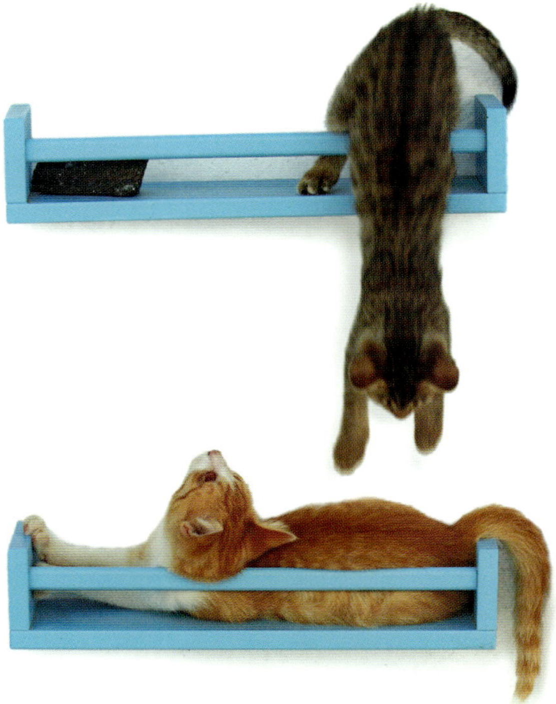

Conception graphique : Patrice Brousseaud
Photogravure : Christine Courtois

Retrouvez l'ensemble des ouvrages des Éditions HOZHONI sur www.editions-hozhoni.com

ISBN 978-2-37241-050-2
Dépôt légal : octobre 2018
Achevé d'imprimer en septembre 2018 en France
par Pollina sur papier issu de forêts gérées durablement - 85771.

MIXTE
Papier issu de sources responsables
FSC® C102228